PENSANDO COMO UM NEGRO

ensaio de hermenêutica jurídica

CONTRACORRENTE

Adilson José Moreira

PENSANDO COMO UM NEGRO

ensaio de hermenêutica jurídica

2ª edição

SÃO PAULO
2024

CONTRACORRENTE

Copyright © EDITORA CONTRACORRENTE
Alameda Itu, 852 | 1º andar |
CEP 01421 002
www.editoracontracorrente.com.br
contato@editoracontracorrente.com.br

EDITORES
Camila Almeida Janela Valim
Gustavo Marinho de Carvalho
Rafael Valim
Walfrido Warde
Silvio Almeida

EQUIPE EDITORIAL
COORDENAÇÃO DE PROJETO: Erick Facioli
REVISÃO, PREPARAÇÃO DE TEXTO E REVISÃO TÉCNICA: Amanda Dorth
DIAGRAMAÇÃO: Pablo Madeira
CAPA: Maikon Nery

EQUIPE DE APOIO
Fabiana Celli
Carla Vasconcelos
Regina Gomes
Nathalia Oliveira

Dados Internacionais de Catalogação na Publicação (CIP)
(Câmara Brasileira do Livro, SP, Brasil)

Moreira, Adilson José
 Pensando como um negro : ensaio de hermenêutica jurídica / Adilson José Moreira. -- 2. ed. -- São Paulo : Editora Contracorrente, 2024.

 Bibliografia.
 ISBN 978-65-5396-147-0

 1. Brasil - Relações raciais 2. Direito - Filosofia 3. Hermenêutica (Direito) 4. Negros - Brasil - Condições sociais 5. Racismo I. Título.

23-173269
CDU-340.132.6

Índices para catálogo sistemático:
1. Hermenêutica jurídica : Direito   340.132.6
Aline Graziele Benitez - Bibliotecária - CRB-1/3129

@editoracontracorrente
Editora Contracorrente
@ContraEditora
Editora Contracorrente

*Este livro é dedicado a
Alcides Cipriano Moreira (in memoriam)
e a Luiz Eustáquio Moreira (in memoriam)*

Eu gostaria de saber
como é a sensação de ser livre
Eu gostaria de poder quebrar
Todas as correntes que me prendem
Eu gostaria de poder dizer
Todas as coisas que eu gostaria de dizer
Dizer em alto e bom som
Para o mundo todo ouvir
Eu gostaria de poder compartilhar
Todo amor que há em meu coração
Remover todas as barreiras
Que nos mantém separados
Eu gostaria que você soubesse
O que significa ser quem sou
Então você veria e concordaria
Que todo homem deveria ser livre

Eu gostaria de poder dar
Tudo que eu posso dar
Eu gostaria de poder viver
Tudo que eu posso viver
Eu gostaria de poder fazer
Todas as coisas que eu posso fazer
E quando eu chegasse no limite
Começaria tudo de novo

Bem, eu gostaria de poder ser
Como um pássaro no céu
Quão doce seria
Se eu encontrasse um jeito de voar
Oh, eu voaria alto para o sol
E olharia lá embaixo para o mar
Então cantaria que eu sei – yea
Então cantaria que eu sei – yea
Então cantaria que eu sei
Eu saberia como é a sensação
Oh, eu saberia como é se sentir livre
Oh, eu saberia como é a sensação
Sim, eu saberia
Oh, eu saberia
Como é a sensação
Como é a sensação
De ser livre

Nina Simone

SUMÁRIO

PREFÁCIO
Fabio Francisco Esteves 13

PREFÁCIO
Guilherme de Azevedo 19

NOTA DO AUTOR À SEGUNDA EDIÇÃO 25

AGRADECIMENTOS 31

APRESENTAÇÃO 35

PRÓLOGO – QUEM PODE FALAR PELOS SUBORDINADOS? 41

PENSAR COMO UM NEGRO: CONSIDERAÇÕES INICIAIS 51

CAPÍTULO I – SOBRE COMO EU ME TORNEI UM JURISTA NEGRO 65

CAPÍTULO II – HERMENÊUTICA JURÍDICA E NARRATIVAS PESSOAIS 101

CAPÍTULO III – INTERPRETANDO O DIREITO COMO UM SUBALTERNO 115

    3.1 Como a condição de subalternidade é reproduzida? 122

    3.2 Discriminação institucional e governança racial 132

CAPÍTULO IV – O JURISTA QUE PENSA COMO UM NEGRO E A MITOLOGIA LIBERAL 141

CAPÍTULO V – PODE UM JURISTA QUE PENSA COMO UM NEGRO INTERPRETAR O DIREITO DE FORMA OBJETIVA? 153

    5.1 Como pensa um jurista branco? 154

    5.2 O jurista branco e o processo de reificação do mundo 163

    5.3 O mito da neutralidade e da objetividade 169

    5.4 As transformações da hermenêutica filosófica e constitucional 173

CAPÍTULO VI – QUAL É O LUGAR DA RAÇA NA INTERPRETAÇÃO JURÍDICA? 191

    6.1 Sobre a dimensão política da identidade 192

    6.2 Racialização e estigmas raciais 197

    6.3 A questão da consciência racial 201

    6.4 O liberalismo racial brasileiro 209

    6.5 Sobre projetos de dominação racial 214

    6.6 O valor econômico da raça 218

    6.7 Sobre a racialização dos espaços sociais 223

    6.8 Sobre os problemas da neutralidade racial 228

CAPÍTULO VII – O "HUMANISMO RACIAL BRASILEIRO": O NOSSO RACISMO PARTICULAR 239

CAPÍTULO VIII – SOBRE A IMPORTÂNCIA DO PROTAGONISMO NEGRO 257

CAPÍTULO IX - ALGUMAS CONSIDERAÇÕES SOBRE O PRIVILÉGIO ... 275

CAPÍTULO X - SOBRE RESPEITABILIDADE SOCIAL ... 289

CAPITÚLO XI - INTERSECCIONALIDADE, MULTIDIMENSIONALIDADE E CONSCIÊNCIA MÚLTIPLA ... 313

CAPÍTULO XII - QUAL É O SENTIDO DA IGUALDADE PARA UM JURISTA QUE PENSA COMO UM NEGRO? ... 331

    12.1 O que um jurista branco entende por igualdade? ... 335

    12.2 Como um jurista que pensa como um negro deve analisar a igualdade? ... 338

    12.3 A igualdade constitucional e as desigualdades de *status* ... 341

CAPÍTULO XIII - HERMENÊUTICA NEGRA E INTERPRETAÇÃO DA IGUALDADE ... 353

    13.1 Hermenêutica Negra e princípios constitucionais ... 354

    13.2 O jurista que pensa como um negro é um ativista? ... 366

CONCLUSÃO: PENSAR COMO UM NEGRO ... 381

REFERÊNCIAS BIBLIOGRÁFICAS ... 385

PREFÁCIO

Oriundo de uma típica família brasileira do interior do país, pobre e preta, me tornei magistrado. À época, mesmo sem compreender muitas coisas, carregava comigo as experiências dos processos de subordinação atravessados na minha vida, na dos meus pais, da minha família e da nossa comunidade. O sentido sobre justiça e Direito, para mim, era no mínimo confuso, afinal havia uma lei igual para todos.

Ainda que intuitivamente, o desejo era construir uma trajetória profissional que contribuísse por um Poder Judiciário mais sensível às violações de direitos em espaços apagados e de gente tornada invisível e esquecida. Durante a realização do curso de Direito segui tomado por incompreensões acerca do princípio de que todos são iguais perante a lei e de que ela seria igual para todos. Não eram meus pais, eu e muitos outros, pessoas?

No exercício da jurisdição a inquietação persistia, a lei que se aplicava igualmente para todos não concretizava os direitos na mesma medida. Ainda que com meu esforço para olhar além do texto, recuperando as minhas experiências para o processo de atribuição de sentido ao material com o qual trabalhava, a igualdade não passava de um projeto vazio, especialmente em relação às pessoas negras. Mas, não seria eu um juiz, intérprete da lei na sua dimensão mais profunda, a da aplicação da norma?

Adilson Moreira, sem dúvidas um dos maiores juristas da atualidade, interrompe o curso da prática hermenêutica universalista do princípio da igualdade, cuja pré-compreensão, distante do Sul, é perversa com uma sociedade marcada por profundas desigualdades raciais como a nossa, causadas pelas subalternidades instituídas para garantir privilégios para determinados grupos e desvantagens para outros.

A interpretação não pode ser vista com um processo neutro e objetivo. Assim, o formalismo jurídico é desafiado, pois não permite a remoção das hierarquias de poder que permeiam as relações raciais em nossa sociedade, ao contrário, sustenta as suas reproduções de forma sofisticada.

Com isso, a hermenêutica negra tem o propósito de mostrar o papel central que a raça ocupa no processo de interpretação da igualdade em um sentido relacional que visa eliminar vínculos arbitrários de dominação entre grupos que afetam o *status* de igualdade do indivíduo. Prioriza-se, assim, a proteção dos grupos sociais em situação de subalternidade em razão da raça.

Se para homens e mulheres negras não basta a afirmação de que são pessoas, pensar como um jurista negro ressignifica a história dos direitos nesse país. Para a minha família e outras tantas, é passar a ter as condições para nos afirmar como pessoas negras que somos, pertencentes a um grupo racializado que tem o direito à igualdade de *status*.

O tratamento desigual surge em decorrência do pertencimento a grupo social tido socialmente como desprovido das competências para atuar nos espaços institucionalizados. Assim, a raça passa a ser componente indispensável para a compreensão das relações sociais e também do Direito. Sim, eu sou um juiz!

A transformadora proposta de Adilson Moreira objetiva romper com um certo caráter transcendental da hermenêutica jurídica. Há nesta obra o seu desvelamento político. O intérprete realiza sua atividade a partir de sua subjetividade, essa constituída no seio de uma cultura e de um determinado processo político. Nestas arenas é que se dá a escrita desta obra, o capítulo I tece letras que pulsam a vida e as memórias da trajetória pessoal, social e profissional do autor, como elementos necessários para a compreensão do seu lugar no mundo e no Direito, na condição de um jurista negro.

No capítulo II, o autor relaciona o pensar como jurista negro com a interpretação da igualdade para determinar que este processo não pode ser neutro, pois não pode ignorar a maneira como raça e Direito se comunicam nos diferentes níveis da tomada de decisão estatal, em particular a jurisdicional. Segue explicitando a razão pela qual a técnica *storytelling* é importante como perspectiva hermenêutica, pois interpreta o Direito no contexto social em que se pensa a opressão racial com o emprego de uma consciência múltipla.

Ainda na trilha da tematização dos mundos de vida na atividade interpretativa, no capítulo III, Adilson propõe que o jurista que pensa como um negro deve estar ciente de que ele precisa interpretar o Direito a partir do ponto de vista de um subalterno, pois significa conceber a realidade na qual ele vive diante das condições concretas da existência e das restrições materiais que fazem parte da vida de grupos que estão em situação permanente de subordinação. Do contrário, o sentido do direito à igualdade não apreenderá o fenômeno da exclusão social e menos ainda, a necessidade de sua remoção. Sim, eu sou um juiz negro!

O capítulo IV questiona a postura hermenêutica liberal que não permite que a emancipação das pessoas negras se realize porque o jurista não considera a experiência concreta da vida das pessoas, o que impede que privilégios sejam reconhecidos.

A forma objetiva de interpretar deve ser afastada por jurista negro, pois ela defende a noção de que as pessoas existem de maneira abstrata, tal como o intérprete, substituído por um sujeito metafísico que cumpre todas as funções em nome da neutralidade jurídica – uma verdadeira mitologia –, condição para a reificação das normas jurídicas já que as relações sociais que elas regulam são representadas como que expressassem uma realidade objetiva, enquanto os vários processos responsáveis pela criação dela são encobertos ou suprimidos, escapando-se das possibilidades de a interpretação constitucional realizar os ideais de justiça social. Essa é a tese construída no capítulo V.

No decisivo capítulo VI, o autor situa o lugar da raça na interpretação jurídica. Para Adilson, o jurista que pensa como um negro compreende a si mesmo e sua raça como elementos que possuem historicidade. O ato de interpretação significa integrar essas duas instâncias dentro de uma perspectiva única.

O humanismo racial como tecnologia que sustenta a ideologia da democracia racial, admitindo apenas o racismo como comportamento individual, compromete o objetivo central da hermenêutica negra e a transformação social em busca de uma cidadania racial, como veremos adiante no riquíssimo capítulo VII.

A hermenêutica negra como postura interpretativa requer a ocupação pelos corpos negros dos espaços de poder, com todo o simbolismo e a concretude que possam proporcionar em termos de redução do racismo institucional. Em um Poder Judiciário, como no espaço acadêmico jurídico, predominantemente brancos, o protagonismo negro, tratado no capítulo VIII, representa a condição de mudança do curso do fazer institucional na aplicação do princípio da igualdade.

No capítulo IX, finalizando o conjunto de premissas para a apresentação da potente proposta para interpretação do princípio da igualdade, articulada nos dois últimos capítulos, Adilson não deixou de considerar a posição de privilégio das pessoas brancas em relação aos benefícios que auferem com o racismo e como ele atua de forma sistemática, silenciosa e dissimulada para sustentar o mito da meritocracia.

Não sou um juiz, sou um magistrado negro, e sim, agora, como obra do poder das letras desse livro, penso como um juiz negro!

PREFÁCIO

Rejeito o individualismo e a neutralidade racial como princípios centrais de interpretação da igualdade. Minhas vidas negras (não é apenas sobre mim) enfatizam o caráter relacional do princípio da igualdade para garantir que grupo ao qual pertenço não experimente a desigualdade de *status*. Atravesso a (e na) jurisdição que exerço, não mais de forma solitária pelos cantos dos fóruns e dos gabinetes, há comigo um ENAJUN – Encontro Nacional de Juízes e Juízes Negros, protagonista do projeto de transformação das *experivivênias* negras para a remoção das hierarquias arbitrárias e a conquista da cidadania igualitária. Este é o sentido da igualdade para este jurista negro de consciência múltipla sobre mim e sobre o meu povo, Adilson Moreira.

Na quadra histórica em que chega esta segunda edição, em tempos sombrios e tempos de esperança, em meio à revisão de legislação sobre ações afirmativas, da instituição de um Ministério da Igualdade Racial e da fundação de um Pacto Nacional do Judiciário pela Equidade Racial, a hermenêutica negra e o seu ambicioso projeto permitirão que sigamos rompendo a linearidade da história na interpretação jurídica. É a vez de as vozes dos vencidos constituírem os sentidos das promessas talhadas no texto constitucional comprometido com a igualdade racial.

Mais do que um presente para a comunidade jurídica, esta obra a reconstitui enquanto espaço acadêmico e de práticas normativas, com o incremento das cosmovisões necessárias para uma hermenêutica plural e negra, que leve a Constituição a sério, quanto à missão de reconstruir a nossa sociedade. Mãos e mentes à obra, caros leitores e leitoras.

FABIO FRANCISCO ESTEVES

Juiz de Direito, professor de Direito Constitucional e de Direito Administrativo da Escola da Magistratura do Distrito Federal, mestre em Direito pela Universidade de Brasília (UNB), doutorando em Direito pela Universidade de São Paulo (USP), ex-vice-Presidente da Associação dos Magistrados Brasileiros (AMB), co-fundador do Encontro Nacional de Juízes e Juízas Negros – ENAJUN e do Fórum Nacional de Juízas e Juízes contra o Racismo e Todas as Formas de Discriminação – FONAJURD, co-criador do Projeto Falando Direito para educação em cidadania, Presidente da Comissão Multidisciplinar de Inclusão do TJDFT, membro da Comissão de Juristas da Câmara dos Deputados para revisão da legislação antirracista, membro da Comissão para Promoção da Igualdade Racional no Processo Eleitoral, do Tribunal Superior Eleitoral – TSE, foi Presidente da Associação dos Magistrados do Distrito Federal (AMAGIS-DF), nos biênios de 2016/2018 e 2018/2020.

PREFÁCIO

O que é pensar como um negro? Qual o local da raça na produção de sentido de uma interpretação jurídica? Pode o princípio constitucional da igualdade ser materializado sem o reconhecimento de subjetividades hierarquizadas socialmente? Como pensa o jurista branco? Perguntas como estas não costumam ocupar espaços de destaque em obras de hermenêutica jurídica, são provocações evitadas, muitas vezes, sob o pretexto de desencadearem reações políticas ou desconfortos teóricos; argumentos, estes, que se desenvolvem muitas vezes a partir de equivocadas acusações de essencialismos metafísicos ou do chamado "identitarismo" que, supostamente, retirariam as condições de formalização técnica e objetiva da decisão jurídica.

Entretanto, é ultrapassando todos estes riscos, denunciando os "pés de barro" dos discursos universalistas e dos interesses e limites dos falsos processos objetivos de produção do sentido formal da igualdade – que limitam a concretude da igualdade material presente no projeto constitucional brasileiro de 1988 –, que se consolida a contribuição da obra *Pensando como um negro: ensaio de hermenêutica jurídica*, do jurista Adilson José Moreira. Obra essa que, para minha satisfação, recebo a tarefa de prefaciar a sua nova edição.

Em 2019, devido ao X Congresso da Associação Brasileira de Pesquisadores em Sociologia do Direito - AbraSD, em Recife, recebi o convite para debater a primeira edição da obra, à época, recém-lançada. Eu já estava familiarizado com vários textos publicados pelo professor Adilson José Moreira, que transitava com destacado sucesso por temas como Direito da Antidiscriminação, Direito Constitucional e Teoria Crítica da Raça. O meu caminho até a obra de Moreira se formou pelo meu interesse na função sociológica do Direito nos processos de inclusão/exclusão racial no Brasil, e já naquela oportunidade, o trabalho dele se articulava entre os estudos sobre racismo, discriminação e igualdade no Direito, voltando-se para temas que não eram adequadamente tratados, talvez ainda hoje não o sejam, pela dogmática jurídica consolidada nos tribunais e nas universidades brasileiras.

Antes mesmo da publicação de *Pensando como um negro*, Adilson José Moreira já havia alcançado reconhecido impacto nos estudos sobre discriminação, com a publicação de obras como *Cidadania sexual: estratégias para ações inclusivas* e, especialmente, *O que é racismo recreativo?*; esta última já constando como doutrina frequente em decisões judiciais que estão formando novas linhas da jurisprudência em casos de discriminação. Em que pese parte dos argumentos presentes em *Pensando como um negro* já se desenhavam nas referidas obras, arrisco a interpretação de que este livro funciona como um ponto de acerto de contas do autor com a hermenêutica jurídica e a teoria constitucional da igualdade, uma espécie de base epistemológica para a sua monumental obra *Tratado de Direito Antidiscriminatório*, publicada em 2020.

Valendo-se da técnica do *storytelling*, prática não muito usual na doutrina jurídica brasileira, o autor parece promover um (re)encontro de dois mundos muitas vezes artificialmente cindidos pelas teorias jurídicas, isto é, ele articula o diálogo entre a experiência do sujeito negro com o mundo do jurista, ou nas palavras do próprio Adilson José Moreia, "você será convidado, você será convidada a ver a realidade pelos meus olhos, pelos olhos de um jurista negro...".

PREFÁCIO

Engana-se o leitor de primeira viagem que este convite significa a defesa de uma carga subjetiva ou arbitrária de um sujeito particular, ou simplesmente, uma ode ao ativismo, desprovida de compromissos legitimados em fundações democráticas. Antes, o contrário! O que o autor provoca com a inserção de um sujeito concreto no processo interpretativo do Direito, nada mais é do que uma vasta argumentação e fundamentação de uma estrutura constitucional do princípio da igualdade, que Adilson José Moreira chamará de Hermenêutica Negra. Trilhando abertamente a rota das perspectivas pós-positivistas do Direito, o livro é preciso em suas escolhas teóricas ao também deixar de lado pretensões ontológicas do jusnaturalismo, sem cometer o erro de simplificar o sentido democrático da igualdade em legalismos superficiais de um liberalismo conveniente. Se é possível entender o avanço que o formalismo representou para a construção de um sentido democrático no Direito, é preciso, por outro lado, afirmar que a legalidade, limitada à forma de tratamento simétrico, direcionada a sujeitos arbitrariamente hierarquizados socialmente, é ponto de saída, mas não de chegada, para a concretização material do sentido da igualdade.

Ao propor um projeto hermenêutico que centralize a ideia de raça, o autor justamente denuncia a artificialidade da separação entre as teorias hermenêuticas protagonistas da dogmática jurídica e o fenômeno social mais estruturante da experiência brasileira: o racismo. Aqui, deve-se compreender que a problematização do racismo, para além de uma primeira agenda de discussões, do fim dos anos oitenta no país, ainda voltadas para o tratamento penal do crime de racismo. Ainda que se reconheça o avanço que significou a criminalização do racismo, a doutrina jurídica associada a esse debate sempre encontrou limites no exame do dolo e na limitação do fenômeno discriminatório a práticas explícitas e intencionais de exclusão. Este modelo, presente num primeiro momento das teorias discriminatórias, ainda reduz o racismo à condição de fenômeno caracterizado por dinâmicas centradas em interações individuais, ou lógicas presas à noção de desvio da racionalidade, isto é, ele seria um problema cognitivo, restrito ao domínio do agente.

Com o avanço das políticas de ação afirmativa, especialmente após a Conferência de Durban, em 2001, o enfrentamento da discriminação racial passa a demandar do Direito respostas que transcendam o chamado racismo direto. É inexorável que registramos nas últimas décadas um avanço significativo na positivação de políticas públicas antidiscriminatórias, com real potencial de reforma de práticas de exclusão e discriminação racial no Brasil. O projeto constitucional de 1988, que tão explicitamente assumiu como um dos compromissos da República Brasileira o combate a todas as formas de discriminação, passou a receber nos últimos anos uma legislação infraconstitucional que fora idealizada para verticalizar e materializar um programa antidiscriminatório. Entretanto, esse programa antidiscriminatório, que inclusive neste momento já encontra parte da sua legislação em um delicado processo de avaliação dos seus efeitos, como a lei de cotas nas universidades, precisa encontrar uma recepção epistemologicamente coerente nas instâncias de decisão do Direito, em outros termos, essa legislação precisa encontrar teorias jurídicas capazes de articular a potência antirracista desse novo arcabouço normativo. Para isso, mais do que um fenômeno intersubjetivo, o racismo precisa ser entendido como um sistema de exclusão múltiplo e complexo.

É como resposta a esse desafio que este livro se coloca. Quando a obra apresenta o jurista branco, provocativamente assim nomeado, não trata de uma figura que represente uma associação arbitrária ou seletiva de indivíduos específicos, ou uma tese de vinculação essencialista entre episteme e fenótipo. O jurista branco aqui é um modelo interpretativo, uma posição de interpretação do Direito, que tradicionalmente movimenta a compreensão das normas jurídicas partindo das premissas do universalismo, do individualismo, da redução da igualdade ao seu sentido formal combinado com convicções de homogeneidade racial.

PREFÁCIO

O jurista que pensa como negro tem em vista entender a igualdade como instrumento de transformação social. Trata-se de uma posição interpretativa do Direito que reconhece processos de diferenciação, que abre a dimensão hermenêutica do sentido da igualdade para aqueles historicamente subordinados, silenciados e inferiorizados. O jurista que pensa como um negro pensa a desigualdade não entre indivíduos apenas, mas entre grupos sociais, ele reconhece e aplica o Direito a partir de premissas de avaliação dos efeitos de uma decisão, posicionando a constitucionalidade de uma norma a partir da sua capacidade de promoção da igualdade *status* entre grupos, no sentido material e cultural.

É esse intricado processo de reconexão entre hermenêutica jurídica e experiência discriminatória que a obra realiza com pioneirismo na literatura jurídica brasileira. Nesta segunda edição, o autor ainda amplia a sua análise com a construção de novos capítulos, que tratam com maestria temas como respeitabilidade social, interseccionalidade, multidimensionalidade e consciência múltipla. Com isso, Adilson José Moreira se consolida como um dos mais importantes juristas do país na atualidade, e *Pensando como negro: ensaio de hermenêutica jurídica* se torna uma obra incontornável para estudos sobre Direito e racismo no Brasil.

GUILHERME DE AZEVEDO

Professor do Programa de Pós-Graduação em Direito da Unisinos. Sócio fundador da ABraSD – Associação Brasileira dos Pesquisadores em Sociologia do Direito.

NOTA DO AUTOR À SEGUNDA EDIÇÃO

A vida acadêmica nos reserva grandes surpresas. Escrevi a primeira versão deste livro em poucos meses. Entretanto, achei que ele não despertaria o interesse de editores, motivo pelo qual ele ficou parado em uma de minhas gavetas por um longo tempo. Também pensei que um livro sobre hermenêutica negra encontraria grande resistência ou total indiferença do meio acadêmico brasileiro. Decidi discutir as teses centrais deste trabalho com colegas de magistério e eles me encorajaram a procurar um editor. A imediata aceitação deste ensaio pela Contracorrente me trouxe imensa alegria. Poucas pessoas teriam coragem de publicar uma obra diferente de tudo que já tinha sido lançado sobre hermenêutica jurídica neste país. A publicação desta longa reflexão sobre o papel da raça no processo de interpretação foi seguida de uma imensa curiosidade do grande público. O sucesso imediato deste livro mostra que ele fala para o seu tempo: um momento no qual diversos grupos sociais estão interessados em analisar os meios a partir dos quais o discurso jurídico é utilizado para reproduzir a marginalização de minorias raciais, mas também como ele pode promover a emancipação desses grupos. O aparecimento deste livro sobre hermenêutica negra foi seguido por uma série de convites para a discussão das teses aqui formuladas em inúmeras instituições de ensino superior, em vários tribunais e em muitas associações profissionais que se interessaram por um tipo de interpretação jurídica a partir do ponto de vista de um subordinado. Apresentei este trabalho para o público brasileiro como uma obra para leitores sem medo. Fico feliz em saber que boa parte deles não tem mais temor em discutir os temas espinhosos aqui enfrentados, condição para a construção de uma verdadeira democracia entre nós.

É importante dizer como surgiu a ideia de escrever essas reflexões tão peculiares sobre hermenêutica jurídica. Trabalho com análise de discurso desde a minha graduação; sempre estive interessado em examinar as formas a partir das quais o discurso jurídico opera como um tipo de narrativa cultural, como um instrumento criador de identidades. Como tal, ele expressa perspectivas de pessoas e grupos específicos, motivo pelo qual podemos dizer que ele também tem um caráter ideológico. Embora essa seja uma perspectiva defendida por muitos autores brasileiros, poucos deles se dispuseram a analisar o discurso jurídico como um tipo de narrativa racial. Nenhum deles procurou elaborar uma obra sobre interpretação jurídica partir da perspectiva daqueles que geralmente estão fora da proteção do sistema jurídico da forma como faço neste livro. A proposta de uma hermenêutica negra surge em um momento no qual certas condições históricas exigem que operadores jurídicos desenvolvam uma longa reflexão sobre o papel das instituições judiciais no processo de subordinação da população negra. Vivemos em um momento no qual novas formas de tecnologias de dominação social são utilizadas para reproduzir disparidades entre grupos raciais, sendo que o sistema jurídico cumpre um papel central nesse processo. Entretanto, vários juristas ainda continuam a argumentar que operaram a partir dos princípios da neutralidade e da objetividade; muitos deles ainda recorrem à narrativa da cordialidade racial brasileira para impedir que a questão racial se torne um elemento de debate jurídico e mobilização política.

A leitura de inúmeras decisões judiciais sobre ações afirmativas, sobre injúria racial e sobre crimes de racismo não revelou

NOTA DO AUTOR À SEGUNDA EDIÇÃO

apenas padrões de argumentação incompatíveis com os elementos que deveriam guiar a interpretação jurídica no atual paradigma constitucional. Ela também expôs um problema de caráter epistemológico associado ao lugar que juristas ocupam nas diversas hierarquias presentes na nossa sociedade. Os intérpretes jurídicos falam de lugares sociais específicos, o que molda a percepção deles sobre diversos aspectos da dinâmica das relações raciais. Pude constatar que, ao lado da articulação entre princípios liberais e narrativas raciais, há também uma compreensão de hermenêutica jurídica que refuta a problematização do lugar social que o intérprete ocupa. Essa situação faz com que o individualismo liberal se torne um parâmetro sociológico e epistemológico a partir do qual muitos juristas decidem processos judiciais que utilizam a raça como critério de tratamento diferenciado. Em função disso, ações afirmativas não podem ser vistas como compatíveis com nosso sistema jurídico porque discriminam pessoas brancas; crimes de racismo e injúria não podem ser caracterizados porque a raça das pessoas não possui relevância social entre nós. O processo de interpretação se torna então um mecanismo de reprodução de opressão racial porque o jurista opera em um nível de abstração que não tem correspondência com a realidade social.

Meu objetivo de escrever uma obra sobre hermenêutica negra não poderia ter outro propósito do que revelar o aspecto ideológico da interpretação jurídica em casos relacionados com a utilização da raça como forma de diferenciação entre indivíduos. Mas, sendo um jurista negro, eu não poderia fazer isso a partir da metodologia tradicional que autores utilizam para elaborar livros sobre esse tema. Eu precisava escrever algo que mostrasse de forma muito clara como a raça, entendida aqui como uma categoria social e política, influencia a percepção de operadores jurídicos. Eu precisava mostrar como ela opera como uma categoria ideológica e como uma posição social dos indivíduos na construção da compreensão do mundo. Por esse motivo, optei por uma metodologia nunca antes utilizada nos estudos sobre hermenêutica na literatura jurídica brasileira. Construí então uma narrativa que articula experiências pessoais e análises teóricas para defender um tipo de interpretação jurídica que considero mais compatível com os pressupostos do atual paradigma constitucional. A proposta de uma hermenêutica negra está ancorada em uma filosofia constitucional que atribui às instituições governamentais o papel de agentes de transformação social, um dos objetivos centrais do nosso sistema jurídico. Ela também encontra fundamentação na luta pela construção de uma democracia pluralista e inclusiva, outra meta presente nos princípios que estruturam nossa ordem constitucional. Tendo em vista essas finalidades, apresentei uma proposta de hermenêutica jurídica que convida as pessoas a pensarem como um negro, o que pode ser traduzido como uma compreensão da igualdade como um princípio que almeja promover a emancipação de grupos marginalizados por meio da defesa de equiparação de *status* cultural e material entre grupos raciais.

O impacto das reflexões aqui presentes no meio acadêmico está diretamente relacionado com o momento histórico no qual vivemos. A discussão sobre o lugar da raça no processo de interpretação jurídica é um exemplo do interesse no debate sobre a questão racial em diversos campos do conhecimento, fato relacionado com a presença crescente de pessoas negras em instituições de ensino superior. Estudos que abordam esse tema surgiram em outros campos do conhecimento nos quais o tema da discussão racial sempre esteve ausente porque seus pressupostos foram estabelecidos por autores brancos e autoras brancas. Obras que abordam a temática racial nos campos da Filosofia, da Ciência Política, da Economia, da Psicologia, da Pedagogia e da Psiquiatria mostram que esse é um tema que não pode ser mais ignorado se pretendemos criar uma sociedade mais inclusiva. Estou muito, muito feliz por saber que este ensaio sobre hermenêutica negra se junta a uma vibrante produção acadêmica que está contribuindo para a transformação da forma como pensamos as relações raciais na nossa sociedade.

Esta segunda edição traz acréscimos muito relevantes. Minha participação em vários eventos sobre a proposta hermenêutica aqui

NOTA DO AUTOR À SEGUNDA EDIÇÃO

defendida mostrou a necessidade de expansão da reflexão sobre dois temas específicos: a questão da respeitabilidade social e o tema da interseccionalidade e da multidimensionalidade de opressões. Este livro foi lançado alguns meses depois do surgimento da minha teoria sobre racismo recreativo, livro que impactou de forma significativa certos aspectos do debate sobre relações raciais no Brasil. Percebi que precisava explorar de forma mais extensa a dimensão sociológica e jurídica de um tema central dessa teoria: a questão da honra. Por esse motivo, acrescentei nesta segunda edição um capítulo sobre respeitabilidade social, estudo que será importante para entendermos aspectos dos crimes de injúria racial e também para explorarmos a questão da consciência múltipla, tópico que sempre despertou o interesse de muitas pessoas, mas que não foi suficientemente explicado.

As pessoas sempre pedem que eu fale sobre a técnica do *storytelling*, o aspecto mais inovador deste livro. Tendo como inspiração a minha obra, membros de outros grupos minoritários têm expressado interesse em elaborar trabalhos científicos utilizando a mesma metodologia para demonstrarem a relevância dela na discussão sobre direitos de minorias sexuais. O interesse de mulheres negras e brancas, de homossexuais negros e brancos e de transexuais negros e brancos pelo *storytelling* motivou a elaboração de um capítulo sobre as teorias da interseccionalidade e da multidimensionalidade de opressões. Além de oferecer uma inspiração de como essa metodologia pode ser utilizada para a discussão de direitos de minorias sexuais, o capítulo também supre a necessidade de mostrarmos a importância da hermenêutica negra para entendermos a realidade complexa da vida de mulheres negras e de homossexuais negros. Mostro que juristas que pensam como um negro não precisam ter acesso à experiência subjetiva do sofrimento gerado pela discriminação, mas sim ter conhecimento da operação dos vários processos de subordinação que membros desse grupo enfrentam. Eu me sinto feliz por incluir essas reflexões porque a obra contempla agora um número maior de referências internas da comunidade negra, o que a torna mais relevante para o debate sobre os direitos de minorias dentro de minorias, tema muito discutido no momento presente.

Finalizo esta nota agradecendo a calorosa acolhida deste livro pelo público brasileiro. Ele tem sido aclamado por muitas pessoas, o que mostra seu vigor argumentativo. Bem, ele também tem sido rechaçado por outras, sinal de seu caráter perturbador. Muitos abraços para todos os meus colegas e para todas as minhas colegas de magistério e para os meus alunos e alunas que contribuíram de forma significativa para a elaboração das duas primeiras edições deste trabalho. Meus agradecimentos a Rafael Valim por ter acreditado neste projeto e trabalhado incansavelmente para divulgar esta obra. Um beijo imenso para Mara Marçal Sales, amiga e interlocutora de todas as horas. Minha vida intelectual sem você seria muito menos estimulante!

AGRADECIMENTOS

Este livro é produto de um longo processo de reflexão sobre as implicações jurídicas de várias experiências que ocorreram ao longo da minha vida. É um trabalho que utiliza narrativas pessoais para iluminar os sentidos de normas jurídicas, uma perspectiva teórica bem distinta daquelas geralmente presentes em obras sobre hermenêutica. Pude adquirir conhecimento aprofundado de seus pressupostos quando estava na Faculdade de Direito da Universidade de Harvard. Sou muito grato ao professor Kenneth Mack por ter guiado os meus estudos sobre a Teoria Racial Crítica e por ter me ajudado a identificar suas possíveis aplicações à realidade brasileira. Seu curso sobre esse tema me permitiu ter contato com um campo de estudo muito relevante para a discussão sobre a questão da desigualdade racial em sociedades liberais. Também agradeço ao professor Orlando Patterson pela participação no seu grupo de estudos sobre desigualdades raciais, uma experiência de imensa importância para a minha formação acadêmica.

Este trabalho é produto da cooperação intelectual com muitos colegas de magistério. Agradeço os comentários de Alysson Leandro Mascaro, Eduardo Altomare Ariente, Humberto Barrionuevo Fabretti, José de Resende Júnior, José Francisco Siqueira Neto, Júlio César de Oliveira Vellozo, Mara Marçal Salles e Mário André Machado Cabral. Também devo agradecer as observações proveitosas dos seguintes alunos e alunas da Faculdade de Direito da Universidade Presbiteriana Mackenzie: Ariel Funari, Bruna Almeida Santos, Douglas Davi Dantas Candido, Fábio Sampaio Magalhães, Igor Fernandes Brito, Júlia Rezende Xavier dos Santos, Juliana Coelho Lima Gac, Mariana Magalhães, Marcus Vinícius Silva de Oliveira e Renata Tironi.

Agradeço imensamente aos professores que me guiaram no estudo sobre hermenêutica jurídica, Direito Constitucional e relações raciais: Menelick de Carvalho Netto, Miracy Barbosa Gustin, Randall Kennedy, Duncan Kennedy, Ian Haney Lopez, Lani Guinier, Michael Klarmann e Lewis Sargentich.

Sou grato a Rafael Valim por ter acreditado neste projeto, uma obra que destoa por completo da tradição dos estudos hermenêuticos desenvolvidos no nosso país. Espero que esse apoio seja o ponto de partida para o início de uma discussão ainda ausente entre nós.

As teses elaboradas neste livro também refletem as contribuições das discussões teóricas e políticas que tive com acadêmicos e militantes nos últimos cinco anos. Sou muito grato à Gislene Aparecida dos Santos, Eunice Prudente, Tiago Vinícius de André dos Santos, Djamila Ribeiro, Joice Berth e Andrea Allen pelas conversas iluminadoras.

Também expresso minha gratidão aos amigos e amigas que acompanharam a elaboração desta obra ao longo dos dois últimos anos: Ana Fátima de Brito, André Zanardo, Igor Leone, Thiago Costa, Andrei Roman, Pedro Henrique de Cristo, Danilo Tavares, Paulo Iotti, Thayna Yaredy, Pedro Buck, Felipe Chiarello, Gustavo Chimure, Fábio Costa Morosini, Michelle Raton Sanchez Badin e Brenno Tardelli. Agradeço à minha prima, Maria Raimunda Nunes da Silva, pelas palavras de encorajamento. Muitos abraços para Rafael Polidoro Barbosa por ter garantido acesso ao material bibliográfico necessário para a elaboração deste livro. Um forte abraço para Arthur Roberto Capella Giannattasio pela leitura

AGRADECIMENTOS

cuidadosa de diversos trechos deste texto e pelo incentivo intelectual constante.

Agradecimentos mais do que especiais aos meus familiares, esteio fundamental da minha vida, principalmente à minha mãe, Efigênia Clara de Souza Moreira.

APRESENTAÇÃO

A adoção de programas de ações afirmativas por instituições públicas e privadas nas últimas décadas iniciou uma série de discussões sobre o papel do Direito na promoção da igualdade entre grupos raciais. Um ponto importante desse debate não tem sido examinado com a devida atenção: a dificuldade das formulações tradicionais e dos modos usuais de interpretação da igualdade para tratar de forma adequada todas as questões implicadas na controvérsia sobre a legalidade dessas iniciativas. Os conceitos tradicionais desse princípio presentes na doutrina e na jurisprudência não se mostram suficientes para analisar demandas de direitos cuja complexidade que transcendem as noções de igualdade formal e de igualdade material. Observamos também que princípios geralmente utilizados por nossos tribunais para a interpretação desse mandamento constitucional, como a razoabilidade e a proporcionalidade, não oferecem elementos inteiramente adequados para essa tarefa. Nossos tribunais recorrem a eles, mas chegam a conclusões opostas sobre a legalidade dessas iniciativas estatais, demonstrando seu caráter meramente acessório em argumentações que têm um caráter claramente político. Pensamos que uma análise da legalidade de normas jurídicas e práticas sociais baseadas na identificação da existência de relações racionais entre critérios de tratamento diferenciado e objetivos estatais não fornece parâmetros compatíveis com os princípios que estruturam nosso sistema constitucional.

Embora devesse ser um consenso entre juristas, a discussão sobre a relevância social da raça também está sempre presente em processos judiciais que envolvem crimes de racismo e injúria. Além dos inúmeros casos arquivados por promotores, nossos tribunais afirmam frequentemente que esses crimes não podem ser caracterizados em função da ausência da intenção de ofender. Às vezes eles argumentam que a fala ou ato racista em questão expressa apenas algum tipo de intenção cômica, atestando a ausência do propósito de depreciar a vítima. Eles partem do pressuposto de que temos uma ética de cordialidade racial, levando muitos deles a atenuar e a ignorar a gravidade das acusações de discriminação feitas por minorias raciais. Organizações internacionais de direitos humanos também apontam a presença pervasiva do racismo na nossa sociedade, mas grande parte dos integrantes de nossas instituições judiciais se recusam a fazer qualquer tipo de discussão sobre a relevância da raça nas nossas interações sociais, atitude que contribui para a preservação de uma realidade injusta.

Os especialistas em hermenêutica jurídica se encontram diante de vários problemas postos por processos judiciais que tratam questões referentes à utilização da raça como critério de tratamento diferenciado: a partir de que parâmetros devemos analisar a relevância da raça na interpretação jurídica? O entendimento do princípio da igualdade como exigência de tratamento simétrico nos oferece elementos adequados para examinarmos essa questão? A que técnicas interpretativas devemos recorrer para podermos desvelar as relações de poder responsáveis pela construção da raça como um critério relevante de diferenciação social? A raça possui uma realidade objetiva ou expressa uma construção social que procura legitimar a dominação de brancos sobre negros? O Direito tem algum papel na formação de identidades raciais? Em que situações o sistema jurídico deve preservar a identidade e a diferença entre os membros da comunidade política? O processo hermenêutico deve levar em consideração o papel das ideologias na formação da subjetividade do intérprete? A posição que ele ocupa

APRESENTAÇÃO

nas diversas hierarquias sociais determina sua percepção da relevância social da raça? O processo de interpretação da igualdade deve ser destinado à reforma social?

Este ensaio apresenta algumas direções possíveis para respostas de questões que possuem grande complexidade. Abordaremos dois temas centrais dessa controvérsia: o desvelamento do caráter político da hermenêutica jurídica e a importância de sentidos culturais na formação da subjetividade do intérprete do Direito. Assim, problematizaremos o uso estratégico do formalismo jurídico presente no debate sobre a constitucionalidade de ações afirmativas e sobre crimes de racismo e de injúria racial utilizando um tipo de técnica interpretativa que pensamos ser capaz de desvelar as hierarquias de poder que permeiam as relações raciais na nossa sociedade. Temos ainda outro propósito importante: sistematizar e apresentar ao público brasileiro alguns pontos centrais de uma forma de interpretação jurídica que chamaremos de "Hermenêutica Negra", um dos muitos elementos da chamada Teoria Racial Crítica. Seguiremos nesta obra certas autoras e certos autores brasileiros e estrangeiros que enfatizam a importância da posição social do sujeito no processo de interpretação de normas jurídicas.

A discussão sobre os fundamentos da Hermenêutica Negra tem o propósito de mostrar o papel central que a raça ocupa no processo de interpretação da igualdade. Duas questões importantes serão discutidas: a diversidade e complementariedade dos muitos sentidos desse preceito no constitucionalismo contemporâneo e os propósitos que a interpretação dele deve ter em uma sociedade comprometida com o ideal da justiça racial. Partiremos do pressuposto de que a interpretação da igualdade não pode ser vista como um processo neutro e objetivo. Pelo contrário, afirmaremos que a hermenêutica constitucional tem um propósito específico: a luta contra formas de subordinação. O alcance desse objetivo depende então da ênfase no caráter relacional da igualdade, mandamento constitucional que deve ser visto como um princípio que procura eliminar relações arbitrárias de dominação na esfera pública e na esfera privada. Essas relações cumprem outro papel importante: são critérios para a distribuição de oportunidades materiais para os diferentes grupos sociais. Esse é um dos motivos pelos quais devemos defender a isonomia como um parâmetro comprometido com a igualdade de *status*, englobando não apenas como igualdade formal entre indivíduos, mas sim a noção de cidadania igualitária, parâmetro substantivo de interpretação das normas jurídicas que implica a prioridade da proteção de grupos sobre indivíduos.

Os leitores e as leitoras estão diante de uma obra que utiliza um tipo incomum de técnica interpretativa. A análise do papel da raça como critério de tratamento diferenciado em processos referentes à legalidade de ações afirmativas, de racismo e de injúria racial não será feita a partir da aplicação de princípios abstratos a um caso concreto. *Você será convidado, você será convidada a ver a realidade pelos meus olhos, pelos olhos de um jurista negro.* Esta proposta hermenêutica pode soar estranha para os que estão acostumados com a noção de que a subjetividade deve estar sempre ausente do processo interpretativo. Mas aqui o sujeito concreto tomará prevalência sobre quaisquer tentações de abordar o tópico deste trabalho de uma forma neutra porque procuro demonstrar a impossibilidade dessa empreitada, uma vez que todos nós estamos envoltos em campos de significação que existem antes da nossa existência. Esclareço desde já que esta obra não defende simplesmente um processo interpretativo baseado nas percepções subjetivas de um indivíduo particular. O que chamaremos nesta obra de Hermenêutica Negra encontra ampla fundamentação em princípios constitucionais. Seguiremos aqui a tese defendida por autores da Teoria Racial Crítica de que minorias raciais estão inseridas em estruturas hierárquicas de poder e esse pertencimento social específico faz com que seus membros produzam relatos sobre a realidade social que possuem valor normativo para o processo de interpretação jurídica. A discussão sobre o lugar da raça no Direito será então elaborada a partir dessa pergunta central: qual é o seu papel no processo de interpretação do princípio da igualdade?

APRESENTAÇÃO

Para responder essa pergunta, mostrarei neste livro o que significa pensar como um negro e afirmarei que essa perspectiva é mais adequada para atingirmos o ideal da promoção da justiça social presente no nosso texto constitucional.

Encontrei grande inspiração para a elaboração deste livro na obra clássica de Patrícia Williams, *The alchemy of race and rights: diary of a law professor*, um dos primeiros textos a utilizar a técnica do *storytelling* nas ciências jurídicas. Embora eu utilize a Teoria Racial Crítica como marco teórico principal, contribuições de outros campos de estudo tiveram um papel decisivo na elaboração deste livro. A reflexão psicanalítica de orientação lacaniana sobre a subjetividade articulada por juristas e filósofos foi muito importante para a elaboração deste trabalho. Sigo de perto a forma como Ernesto Laclau, Chantal Mouffe, Pierre Schlag, David Caudill e Michel Rosenfeld trataram esse tema nos seus escritos. Este ensaio também encontrou grande inspiração nos estudos sobre a subalternidade, especialmente nos textos de Walter Mignolo e John Beverley. Não teria conseguido sistematizar e articular experiências pessoais e narrativas jurídicas sem o auxílio da literatura. Cinco obras foram essenciais para que eu conseguisse atingir esse objetivo: *The Invisible Man*, de Ralph Ellison, *The Fire Next Time* e *I Am Not Your Negro*, de James Baldwin, *The origin of others*, de Toni Morrison e *Quarto de despejo* de Carolina Maria de Jesus. Este livro é uma versão significativamente ampliada do artigo de mesmo título publicado na Revista de Direito Brasileira, em dezembro de 2017.

A posição teórica aqui defendida representa o que tem sido classificado pela doutrina como uma perspectiva pós-positivista. Ela afirma a relevância do diálogo com outras áreas do conhecimento no processo de interpretação constitucional, tendo em vista as relações constitutivas das normas jurídicas com o entorno social no qual elas operam. Mais especificamente, procuramos explicitar as conexões estruturais entre normas jurídicas e as relações de poder presentes em uma sociedade. Assim, deixamos de lado as pretensões ontológicas do jusnaturalismo e também o normativismo característico do liberalismo legalista que influencia a jurisprudência brasileira sobre casos que envolvem classificações raciais.

    Este trabalho adota uma noção substantiva do texto constitucional, motivo pelo qual afirmaremos que os princípios estruturantes do nosso sistema constitucional estabelecem parâmetros específicos para o processo interpretativo. A ordem substantiva dos direitos fundamentais serve então para formularmos uma proposta que leva em consideração a compreensão do Estado como um agente de transformação social. Por causa disso, a pergunta sobre o papel da raça na hermenêutica não tem uma função retórica: ela reflete o fato de que o Direito tem cumprido papel central no processo de subordinação de minorias raciais, realidade que ainda persiste na vida social brasileira. Observamos que a interpretação jurídica tem sido direta e indiretamente utilizada como um instrumento importante para a reprodução da opressão racial, seja pela simples desconsideração do impacto de uma prática social sobre um grupo, seja porque eles estão interessados em impedir que a raça se torne uma forma de mobilização política. Este livro apresenta uma visão alternativa a essa proposta que não se mostra capaz de criar e estabelecer parâmetros que possam contribuir para os propósitos transformadores do nosso texto constitucional.

PRÓLOGO

QUEM PODE FALAR PELOS SUBORDINADOS?

Meu pai me contava muitas histórias quando eu era criança. Devo dizer que gostava de ouvir aqueles casos; era uma das poucas oportunidades que tinha de ter contato mais próximo com um homem que ainda trabalhava muito, mesmo após sua aposentadoria. Confesso, porém, que essas histórias começaram a me incomodar quando atingi a adolescência. Não porque elas tivessem deixado de ser significativas para mim ou porque estivesse mais interessado em interagir com os garotos da minha idade. Muitos casos eram relatos de situações discriminatórias, de obstáculos pessoais, de desestruturação familiar, de perda de vidas. De alguma forma, quase todas mostravam como o racismo impede o acesso de pessoas negras a oportunidades necessárias para uma vida digna. O amadurecimento também aumentou meu constrangimento. Antes eu achava que eram apenas histórias sobre experiências de pessoas imaginárias. Percebi depois que ele falava sobre a própria vida. Essas conversas me deixavam muito triste porque percebia que meu pai teria tido uma vida profissional de grande sucesso se as dificuldades contadas nessas histórias não tivessem ocorrido. Ele teria sido uma pessoa mais realizada, poderia ter contribuído para a sociedade brasileira como poucos.

Ler as memórias que meu pai escreveu em uma série de diários sempre foi algo muito angustiante, mas também gratificante. Sua história de vida era a mesma de milhões de pessoas negras brasileiras: uma narrativa de episódios de subordinação que deixam marcas indeléveis na vida de um ser humano. A infância marcada pela pobreza, a dor por ter perdido o pai, a constante percepção de não ser uma pessoa socialmente respeitada por causa da sua raça sempre lhe trouxeram tristeza. Mas há também momentos de grande alegria naquelas histórias. Ele sempre falava com muito entusiasmo e orgulho sobre o período no qual atuou como treinador de um time de futebol, o Atlético Bandeirante. Era um time de várzea composto majoritariamente por negros. Eu gostava especialmente de ver uma foto dele com o uniforme do time, segurando uma bola e olhando para o relógio. É uma imagem de um homem confiante, de um profissional certo de sua competência. Essa lembrança me acompanhou a vida inteira. Ele era uma pessoa emocionalmente dura e altiva e essas características foram muito importantes para que ele pudesse cumprir a dificílima missão de criar dez filhos com suas parcas condições financeiras. Também me lembro do orgulho que ele contava para os vizinhos que seus filhos e filhas tinham conseguido passar no vestibular da Universidade Federal de Minas Gerais. Ele não tinha uma ideia plena do que seria necessário para que nós pudéssemos ser bem sucedidos nessa nova fase da vida, mas ele sempre falava da importância de sermos confiantes, de não deixarmos ninguém nos dizer que não deveríamos estar ali. Por meio da leitura de jornais ou até mesmo fazendo perguntas em programas de rádio, ele buscava informações para saber como nós poderíamos permanecer na universidade. Aquele era um universo totalmente estranho para ele e para a minha mãe. Mas o caminho ficou mais claro depois que minhas irmãs conseguiram passar por ele. Eu já sabia tudo que precisava fazer para conseguir me formar. O dia no qual minha irmã mais velha nos levou para passear no *campus* da UFMG é uma das lembranças mais ternas que tenho da minha infância. Ela disse que aquele seria o lugar no qual estudaríamos quando crescêssemos. Não tive dúvidas que aquele era o meu destino e de todos os meus irmãos e irmãs.

PRÓLOGO – QUEM PODE FALAR PELOS SUBORDINADOS?

Suas narrativas demonstravam que ele era uma pessoa de grande inteligência analítica, um indivíduo muito disciplinado, um sujeito perseverante. Ele começou a trabalhar aos nove anos de idade para ajudar a sustentar sua família. Isso se tornou necessário porque sua família estava em uma situação de pobreza extrema. Ele gostava muito do ambiente escolar; era o melhor aluno da turma. Nunca conseguirei esquecer do relato de seu último dia na escola. Ele avisou a professora que não voltaria mais porque precisava contribuir para o sustento da família, o que o fez encerrar os estudos na terceira série. Chorou muito, a professora chorou com ele. Os irmãos andaram com ele pelas ruas de Belo Horizonte para conseguir um emprego. Ele começou a trabalhar em uma tinturaria, o que lhe garantiu seu primeiro salário, ainda que muito baixo. Alguns meses mais tarde ele ser tornou membro da turma do ferrinho, trabalhadores que tinham a função de retirar o mato que crescia entre as pedras que pavimentavam as ruas de Belo Horizonte. Ele atuou depois em outros setores da limpeza urbana e mais tarde chegou ao cargo de auxiliar de topógrafo. Permaneceu na escola por apenas quatro anos, mas ele se orgulhava imensamente de seu pouco tempo de educação formal. Meu pai sempre achou que a pouca escolarização que teve era bem melhor do que a de seus filhos e filhas. Ele fez todo o possível para que usufruíssemos das oportunidades educacionais que lhe foram negadas, embora suas parcas condições financeiras dificultassem isso. Seus filhos e filhas ingressaram nas melhores instituições de ensino superior do país. Eu estudei em algumas universidades estrangeiras inacessíveis à vasta maioria dos seres humanos. Apesar dessa imensa conquista, nunca deixei de sentir grande amargor por ele não ter tido as chances para que também pudesse ter explorado todas as suas imensas qualidades, a mesma coisa que sinto quando penso nas centenas de milhares de pessoas negras que têm uma história familiar semelhante.

Ler os cadernos nos quais meu pai escrevia suas memórias me permitiu encontrar interseções entre sua vida e a de figuras históricas ilustres. Ele andava por toda a cidade de Belo Horizonte durante o período no qual trabalhava em uma tinturaria. A quantidade de roupas era significativa porque os grandes comerciantes da época andavam de terno todos os dias, em todas as ocasiões. Os donos da tinturaria Rio Branco faziam questão que o trabalho fosse impecável e sempre queriam ter mais clientes, principalmente os de família de classe alta. Meu pai ia nas casas de pessoas famosas como Orozimbo Nonato, Gustavo Capanema, Hugo Werneck, Otacílio Negrão de Lima e Pedro Aleixo. Ele trabalhava das oito da manhã até às seis horas da tarde andando pelas ruas de Belo Horizonte e tinha que enfrentar situações constrangedoras de seguranças que falavam para ele se retirar porque não davam esmolas para ninguém. Ele explicava que estava apenas buscando ou entregando roupas, mas essas pessoas faziam questão de impedir a entrada daquele menino negro nas casas dessas famílias brancas ricas. Mas ele se orgulhava de ter frequentado esses lugares, o que provavelmente era algo interessante para um adolescente que não tinha conhecimento do funcionamento dos mecanismos de exclusão aos quais estava submetido.

Décadas depois consegui compreender intelectualmente sua situação. Meu avô, José Pio Moreira, era um lavrador que cultivava terras de cerca de cinco fazendas, plantando uma variedade imensa de frutas e vegetais que eram comercializados nos mercados da cidade de Neves. Ele comandava grupos de trabalhadores que desempenhavam a mesma função, sendo que sua maior experiência e liderança o tornavam uma pessoa sempre requisitada pelos fazendeiros da região. Ele vivia com seus onze filhos e sua mulher em uma casa grande que tinha comprado de uma viúva que resolveu mudar para Belo Horizonte. A venda foi feita, mas não foi acompanhada de uma escritura. Meu avô paterno foi um dos milhares de homens negros que perderam a posse da terra na qual moravam e trabalhavam porque não tinham uma escritura. Perderam tudo o que tinham em função de uma estratégia utilizada pelas elites brancas para poderem manter a concentração fundiária característica do nosso país, um exemplo de como a história de

PRÓLOGO – QUEM PODE FALAR PELOS SUBORDINADOS?

minha família está imbrincada na história de subordinação social da população negra brasileira. Esse acontecimento impediu que meu pai e seus irmãos e irmãs pudessem ter acesso a melhores oportunidades educacionais. Afinal, as gerações seguintes sofrem as consequências dos processos discriminatórios que afetam as gerações atuais.

Mas esse não foi o único evento trágico responsável pela permanência deles em uma situação de marginalização econômica. Meu avô paterno adoeceu gravemente e não havia médicos nas cercanias do lugar onde morava. Ele foi diagnosticado com malária, o que o impossibilitava de desempenhar suas atividades profissionais. Dores físicas, cansaço crônico e febres violentas assolavam o seu corpo. Desesperados com o agravamento da condição de sua saúde e sem acesso a serviços sociais, seus filhos e filhas resolveram buscar alternativas. Um padre que tinha a fama de curar pessoas estava visitando uma cidade próxima. Meus dois tios mais velhos levaram meu avô em um cavalo para que ele pudesse ser curado por essa pessoa. Ele acabou falecendo dentro da igreja na qual o padre estava atendendo os fiéis. Minha avó se tornou uma viúva com treze filhos, uma mulher negra sem uma profissão ou patrimônio, aos quarenta anos de idade. Eles foram para a capital à procura de melhores condições de vida. Todos saíram da escola e começaram a trabalhar nas atividades que conseguiram, todas elas de baixa capacidade remunerativa.

A geração seguinte teve um pouco mais de sorte. Meu pai e minha mãe sempre foram obstinados com nossa formação. Conseguimos ter acesso a uma das poucas escolas públicas que ofereciam educação de boa qualidade porque meu pai era funcionário público e também porque minha mãe dedicou a sua vida a conseguir tudo por nós. Minha irmã mais velha ingressou em uma universidade pública, fato que serviu como um modelo para todos os irmãos e irmãs mais novos. O racismo ainda nos impede de realizar plenamente nosso potencial profissional, mas conseguimos chegar longe, tendo em vista a história da família, que é a história típica do povo negro brasileiro: nosso sucesso será sempre bloqueado por diversos tipos de discriminação. Somos um dos poucos núcleos familiares cujos membros conseguiram chegar a uma universidade. Muitos primos e primas ficaram prejudicados pela perda de direitos ocorrida na geração anterior. São todos escolarizados, mas enfrentam as dificuldades de pessoas que não conseguiram ter acesso à formação superior.

Recentemente participei de um debate sobre a legalidade de medidas de inclusão racial. Os organizadores convidaram pessoas com posições distintas sobre o tema; certos professores expressaram opiniões tidas como conservadoras e outros defenderam posturas que muitos consideram ser progressistas. Repetindo um argumento bastante comum, os assim chamados conservadores disseram que ações afirmativas são largamente ineficazes porque só beneficiam a classe média negra, pessoas que já estão em uma posição privilegiada. Por outro lado, os progressistas afirmaram que elas são necessárias por causa do preconceito racial existente no nosso país. Aqueles que eram contra essas medidas estatais argumentaram ainda que a raça é uma mera categoria biológica, algo que não deveria ser relevante para a adoção de políticas públicas. Já os membros do outro grupo disseram que ela tem consequências concretas nas vidas das pessoas, motivo pelo qual deve ser levada em consideração pelos poderes estatais. Concordo com essa última posição. Afinal, minha experiência pessoal demonstra isso de maneira contundente. Sei muito bem que a raça é algo que tem uma significação real nas vidas de pessoas brancas e também nas vidas de pessoas negras. Ela opera como um mecanismo que garante vários privilégios para os membros do primeiro grupo e inúmeras desvantagens para os membros do segundo.

Em um determinado momento, um desses professores progressistas pediu que eu falasse sobre minhas experiências de discriminação. Disse que faria considerações sobre as implicações jurídicas das duas posições, mas fui interrompido porque um dos membros da mesa disse que os outros juristas, todos brancos, já haviam se pronunciado sobre esse tema. Eles queriam apenas ouvir meus relatos sobre possíveis experiências de discriminação. Bem, como sempre, negros são convidados para terem um papel secundário nesse tipo de evento. O pedido me deixou inquieto porque juristas brancos, conservadores ou progressistas, pensam que o racismo se manifesta apenas na forma de discriminação direta, ou seja, como um tipo de ação intencional e arbitrária. Fiquei então paralisado porque me lembrava de centenas experiências cotidianas que não podem ser classificadas dessa forma. São pequenos eventos cotidianos que não são suficientemente graves para gerar um processo judicial, mas que expressam animosidade ou desprezo racial. São centenas de ações institucionais que têm um impacto desproporcional sobre negros, mesmo sendo dirigidos à totalidade da população. Não sabia qual das milhares de experiências pessoais de racismo poderia mencionar. Também não estava certo se eles as considerariam como discriminação racial.

Muito inconformado com o pedido, comecei a falar das minhas experiências de subordinação, mas um professor contrário a ações afirmativas alegou que meu relato não poderia ser verídico devido à minha titulação. Segundo ele, a minha classe social impede qualquer tipo de discriminação, o que só atinge pobres, que são, na sua maioria, negros. Isso significa, afirmou o professor, que políticas generalistas podem promover a desejada integração racial. O professor progressista esperava que eu mencionasse atos intencionais e arbitrários, enquanto o professor conservador argumentou que eu não represento a experiência da população negra brasileira. Mais uma vez, a figura do meu pai me veio à mente. Ele representaria então a situação de exclusão racial, enquanto seu filho não teria mais legitimidade para falar sobre isso? A minha titulação significa que consegui escapar das indignidades que negros sofrem neste país? A minha atual condição social significa que não posso mais falar pelos subordinados?

Meus pais realizaram um milagre social: eles conseguiram dar educação superior para os seus dez filhos e filhas, apesar da pouca educação formal e das parcas condições materiais. Muitos classificariam isso como prova de que não há mecanismos estruturais de exclusão social contra negros. Caro leitor, cara leitora, nada poderia estar mais distante da realidade. Essas questões são importantes para refletirmos sobre o tema da justiça racial no nosso país porque a minha história pessoal espelha a situação de dezenas de milhares de famílias negras brasileiras. Embora tenhamos alcançado um alto nível educacional, nunca tivemos as mesmas oportunidades sociais que estão disponíveis para pessoas brancas, inclusive para aquelas que são muito menos qualificadas. Nosso nível educacional permitiu que muitos de nós fôssemos aprovados em concursos públicos, mas nossas carreiras sempre estiveram limitadas por causa das barreiras invisíveis que afetam as vidas de pessoas negras, principalmente de mulheres negras. Vejo com clareza que minhas irmãs poderiam ter sido ainda mais bem sucedidas, mas essa possibilidade está fechada a elas porque são mulheres e negras.

Uma questão sempre me vem à mente quando me lembro daquele evento. Por que aqueles professores foram convidados? Por que eles aceitaram o convite mesmo não tendo nenhum conhecimento específico sobre o assunto? A participação em um debate sobre ações afirmativas requer grande conhecimento sobre a história das relações raciais no nosso país, uma profunda compreensão das diferentes gerações e teorias de discriminação, uma erudição significativa sobre teorias contemporâneas sobre a igualdade, além de questões técnicas relacionadas à interpretação desse princípio. Era óbvio que eles sabiam pouquíssima coisa sobre esses temas porque apenas reproduziam o senso comum, não sendo capazes de explicar de maneira adequada as relações diretas e indiretas entre questões como racismo, igualdade, discriminação, diversidade e democracia. Eles nunca publicaram artigos sobre direitos de minorias, mas se achavam totalmente competentes para falar sobre esse assunto, sendo que dois deles disseram que a posição deles não poderia ser refutada. Eles reproduziram formulações sobre igualdade cujos fundamentos não são capazes de abarcar as dimensões da discussão sobre medidas de inclusão racial, mas disseram que ninguém poderia dar uma opinião mais abalizada do que a deles. Como nossa realidade social pode ser tão transparente para pessoas que tem pouco ou nenhum conhecimento da vida cotidiana das pessoas negras neste país? Fiquei extremamente frustrado porque era a única pessoa qualificada para falar sobre o assunto, mas mesmo assim, tive um papel secundário na discussão.

Devo dizer que senti a pergunta sobre minhas experiências de discriminação como uma forma de agressão. Por que um homem negro precisa responder uma pergunta cuja resposta deveria ser óbvia para todas as pessoas brancas? Bem, minha fala sobre discriminação surpreendeu muitos membros da mesa e também boa parte dos ouvintes. Eles parecem ignorar, voluntaria ou involuntariamente, que muitas de nossas instituições operam a partir dos interesses e dos valores de pessoas brancas. Viver em uma sociedade que parte do pressuposto de que a raça não tem significação social faz com que muitos vejam relatos de discriminação como algo estranho ou imaginário. Pessoas brancas ouvem histórias de discriminação racial, tomam contato com estudos estatísticos sobre discriminação racial, com pesquisas sociológicas que atestam a presença pervasiva de discriminação racial, nosso país é condenado por instituições de direitos humanos em função de discriminação racial, mas, mesmo assim, elas imediatamente lançam suspeição sobre sua existência. Afinal, eles sugerem que o *status* social que elas possuem está relacionado com a exclusão social de minorias raciais. Isso leva muitas delas, inclusive algumas que são bem intencionadas, a questionar a legalidade de programas de inclusão racial porque elas não conseguem identificar na própria experiência mecanismos que impedem o progresso de indivíduos que são qualificados para ocupar posições profissionais. Muitas delas também não conseguem reconhecer que piadas racistas podem causar danos ao sentimento de dignidade de pessoas negras. Um número significativo de pessoas também não acredita que o humor racista opera de forma semelhante ao discurso de ódio, uma vez que elas reproduzem a noção de que negros não são atores sociais competentes.

Esse fato possui grande significação porque a invisibilidade da opressão racial não é apenas uma simples ausência de conhecimento da forma como a realidade funciona. Estamos aqui diante de um problema que possui uma natureza epistemológica: estar em um lugar social específico faz com que o mundo seja apreendido a partir de uma posição cognitiva particular. Muitos indivíduos que questionam a legalidade de cotas raciais desconfiam da existência do racismo. Isso ocorre porque eles percebem uma realidade a partir de posições jurídicas e teóricas que são impermeáveis a questões trazidas por membros de minorias raciais, tais como a interseção de fatores de opressão, a alegação de que a exclusão social pode operar independentemente de atos materiais de discriminação ou de que a raça é uma construção social destinada a manter privilégios sociais compartilhados pelos membros do grupo racial dominante. Essa percepção social influencia o tipo de interpretação de normas constitucionais elaborado por essas pessoas: direitos fundamentais são interpretados a partir de uma posição racialmente neutra porque isso representaria a melhor forma de justiça social. O tratamento simétrico dos indivíduos seria então uma exigência legal porque características pessoais não devem ter relevância jurídica. Todos os indivíduos possuem a mesma experiência social e, por isso, normas legais e políticas públicas devem ser racialmente neutras. Uma sociedade democrática trata todas as pessoas de forma similar.

PENSAR COMO UM NEGRO:
CONSIDERAÇÕES INICIAIS

Sou um jurista negro e penso como um negro. Estou afirmando que minha raça determina diretamente a minha interpretação dos significados de normas jurídicas e também minha compreensão da maneira como o Direito deveria operar em uma sociedade marcada por profundas desigualdades raciais. Tenho um propósito específico neste livro: criticar uma perspectiva interpretativa que entende o princípio da igualdade como uma exigência de tratamento simétrico, uma ótica que identifica a igualdade como exigência de aplicação dos mesmos procedimentos a todas as pessoas. Essa posição encontra legitimidade na pressuposição de que os membros de uma comunidade política organizada a partir de uma cultura democrática têm experiências sociais homogêneas em função do *status* jurídico comum. A tese de que uma sociedade democrática possibilita o mesmo tipo de inserção social está baseada na premissa segundo a qual esse tipo de arranjo político permite a construção de uma ética social fundada no respeito por todas as pessoas. Os que a defendem afirmam que políticas generalistas são capazes de promover a integração de todos os indivíduos porque possíveis disparidades entre eles são causadas por problemas de distribuição de oportunidades materiais.

Penso que essa perspectiva é muito problemática porque pessoas negras e brancas têm experiências sociais radicalmente diferentes. Embora essas teses reflitam um entendimento do funcionamento da sociedade que defende a neutralidade racial como forma de justiça social,[1] elas são legitimadas no nosso país a partir da tradicional articulação entre igualdade formal e homogeneidade racial, dois dos elementos centrais do liberalismo racial brasileiro. Essa visão da nossa realidade referenda a noção da cordialidade essencial das relações raciais no Brasil, visão que encobre o fato que as desigualdades decorrem de atos estão amplamente baseadas em atos privados de natureza discriminatória que afetam o *status* social de minorias raciais. Esse entendimento ignora a forma como estigmas raciais impedem o acesso a oportunidades materiais. Isso sugere que sua difusão atende a interesses estratégicos de certos segmentos do grupo racial dominante.

Seguindo alguns autores que enfatizam o caráter transformador da isonomia, afirmarei nesta obra que as instituições estatais têm a obrigação constitucional de promover a igualdade de *status* entre grupos raciais, o que engloba a igualdade de *status cultural* e a *igualdade de status material*.[2] Também criticarei o

---

[1] Para uma análise dessa discussão nos Estados Unidos, ver CHO, Sumi. "Post-racialism". *Iowa Law Review*, vol. 9, n° 5, 2008, pp. 1589-1655. Para um exame do mesmo tema na África do Sul, ver: MILLAZO, Marzia. "The rhetorics of racial power: enforcing colorblindness in post-apartheid". *Journal of International and intercultural Communication*, vol. 8, n° 1, 2015, pp. 7-26.

[2] Sigo aqui os autores que trabalham com a noção de igualdade como antissubordinação, tradição iniciada por Owen Fiss e depois desenvolvida por vários outros autores. Ver: FISS, Owen. "Groups and the equal protection clause". *Philosophy and Public Affairs*, vol. 5, n° 2, 1976, pp. 107-167; KARST, Karl. "Foreword: equal Citizenship under the Fourteenth Amendment". *Harvard Law Review*, vol. 91, n° 1, 1976, pp. 1-67; SIEGEL, Reva. "Discrimination in the eyes of the law: how 'color blindness' discourse disrupts and rationalizes social stratification". *California Law Review*, vol. 77, n° 1, 2000.

argumento segundo o qual o princípio da igualdade tem a função prioritária de proteger indivíduos. Por estarmos vivendo em um paradigma constitucional no qual as instituições estatais devem atuar como agentes de transformação social, argumentarei neste ensaio que a igualdade constitucional deve estar comprometida com a proteção de *grupos sociais*. Afinal, os vários processos de subordinação que membros de minorias raciais enfrentam decorrem do pertencimento deles a certos grupos que não possuem o mesmo *status* em uma dada sociedade. A identidade comum faz com que o destino de uma pessoa esteja ligado ao destino dos grupos aos quais ela pertence. Portanto, não é possível promover a inclusão social sem a adoção de amplas medidas que consideram a inserção dos indivíduos em diversos grupos.[3]

Para atingir esse objetivo, eu preciso demonstrar o que significa pensar como um jurista negro. Não estou afirmando que compreendo o sentido das palavras escritas no nosso texto constitucional de forma inteiramente diferente da maneira como juristas brancos as concebem. Estou dizendo que minha experiência social privilegia uma forma de interpretação delas, principalmente a do princípio da igualdade. Sou membro de um grupo minoritário e isso faz com que eu perceba a realidade e fale a partir de uma posição distinta de juristas que são brancos. A raça também define a forma como eles interpretam normas constitucionais, porque ela os situa em uma posição social específica. Vejam: falo de juristas negros e juristas brancos, mas estou, na verdade, designando duas posturas interpretativas distintas. Não estou identificando uma perspectiva que engloba todos os membros desses grupos. Certamente não estou defendendo nenhuma concepção essencialista da natureza humana. Um jurista ou uma jurista que pensa

---

[3] Ver, nesse sentido: FISS, Owen. "Groups and the equal protection clause". *Philosophy and Public Affairs*, vol. 5, n° 2, 1976, pp. 144-156; YOUNG, Iris Marion. "Equality of whom? Social groups and judgments of injustice". *The Journal of Political Philosophy*, vol. 9, n° 1, 2001, pp. 1-18.

como um negro compreende o Direito a partir do ponto de vista de um subalterno. Por causa disso, o Direito é interpretado como um sistema que pode ser manipulado para manter a exclusão, mas que também pode promover transformação social. A figura do jurista branco que descrevo neste livro designa uma postura hermenêutica calcada na suposta neutralidade e objetividade do processo interpretativo, no liberalismo individualista, no universalismo de direitos, na desconsideração de contextos históricos, na compreensão procedimental da igualdade, na celebração da assimilação cultural e na neutralidade racial como parâmetros de interpretação de normas jurídicas.

Este ensaio examina o conflito existente entre dois tipos de discurso que pretendem ser formas legítimas de interpretação do princípio da igualdade. Argumentarei que pensar como um negro é uma perspectiva mais apta a realizar os ideais emancipatórios contidos na Constituição Federal, enquanto pensar como um branco impede o alcance dos objetivos políticos e jurídicos ali presentes. Muitos dirão que minha proposta é problemática porque esse documento expressa o projeto político moderno, movimento que permitiu a construção de um aparato jurídico destinado a reproduzir os interesses de certos grupos, principalmente os dos grupos raciais dominantes. Sei que o constitucionalismo não nasceu para garantir condições dignas de existência para todos, não sou exatamente uma pessoa ingênua. Regimes de escravidão e de segregação racial existiram dentro de países que eram categorizados como democracias liberais; a raça ainda determina em grande parte o acesso a direitos sociais, a identidade negra ainda é vilipendiada em sociedades que pretendem ser democracias pluralistas. De qualquer forma, não podemos esquecer que movimentos políticos liderados por grupos minoritários contribuíram de forma significativa para a expansão do nível de proteção constitucional.[4] É por este mo-

---

[4] Ver: ESKRIDGE, William. "Channeling: identity-based social movements and public law". *University of Pennsylvania Law Review*, vol. 150, nº 2,

tivo que enfatizo essa dimensão transformadora, principalmente porque esse fato se perde quando discutimos políticas inclusivas. A defesa da neutralidade racial é um tipo de moralidade social muito difundido, motivo pelo qual seus pressupostos precisam ser examinados e, creio, refutados. A combinação de uma interpretação procedimental da igualdade com a ideologia da neutralidade racial serve para encobrir a atrocidade das desigualdades raciais existentes na nossa sociedade.

É importante observar que os participantes do evento que discutia a legalidade de ações afirmativas compartilham uma linguagem comum. Eles raciocinam a partir de uma forma de consciência jurídica baseada nas mesmas premissas, embora elas sejam articuladas a partir de lógicas diferentes. A forma de consciência jurídica que esses grupos compartilham trabalha com a noção do indivíduo como um titular de direitos, com a ideia de que esses direitos operam como limites ao poder estatal, com a perspectiva de que o processo de interpretação jurídica parte da oposição entre um intérprete que assume a forma de um sujeito e da norma jurídica como um objeto a ser interpretado. Esse tipo de consciência jurídica também reconhece as instituições estatais como instâncias que têm a função de garantir o exercício de direitos individuais. Assim, o que estou chamando de consciência jurídica designa uma forma de compreender o Direito baseada nas diversas funções que ele pode ter dentro de uma sociedade. Penso que o conflito entre juristas brancos e juristas negros ocorre porque os primeiros procuram reproduzir uma lógica interpretativa que não encontra mais espaço no atual estado de evolução da hermenêutica constitucional.

Assim, embora esses sujeitos sociais raciocinem a partir de um tipo de consciência que possui elementos comuns, eles são articulados de maneira distinta. Juristas brancos pensam o exercício

---

2001, pp. 419-526; MARTÍN VIDA, Maria Ángeles. *Evolución del princípio de igualdad y paradojas de exclusión*. Madrid: Granada, 2004.

dos direitos a partir da articulação do formalismo e do liberalismo, enquanto um jurista ou uma jurista que pensa como um negro analisa essa questão a partir de uma perspectiva diferente. Um jurista que pensa como um negro compreende o Direito como um instrumento de transformação, o que inclui a consideração da situação social e política dos grupos afetados por normas jurídicas e práticas sociais. Ele rejeita o individualismo e o formalismo como parâmetros interpretativos porque eles possibilitam a preservação das diferenças de *status* material e cultural entre brancos e negros. Pensar como um negro designa um tipo de consciência jurídica que articula elementos a partir de uma perspectiva substantiva da igualdade, o que engloba a necessidade de promoção da igualdade de *status* entre membros de diferentes grupos sociais. Portanto, me afasto de uma imagem do intérprete como um sujeito abstrato que observa o mundo a partir de uma postura supostamente baseada na objetividade e na imparcialidade.[5]

Mais uma vez, uso os termos juristas negros e juristas brancos para delinear posturas interpretativas existentes dentro da jurisprudência dos nossos tribunais sobre o princípio da igualdade. Estou falando aqui de sujeitos que habitam um campo discursivo no qual o *status* cultural e o *status* material influenciam a percepção e a interpretação do mundo. Esses lugares são socialmente construídos e eles precisam ser questionados para que o ideal de justiça racial que muitos de nós buscamos seja realizado.[6] Portanto, pensar como um negro significa reconhecer que a interpretação jurídica possui uma dimensão política e que ela deve estar comprometida com reformas sociais imediatas. Pensar como um negro implica o reconhecimento da minha condição de membro de um grupo subalterno. É expressar descrença no individualismo liberal, pensar

---

[5] KENNEDY, Duncan. "Two globalization of law and legal thought, 1850-1968". *Suffolk Law Review*, vol. 37, n° 3, 2003, pp. 631-650.
[6] EMYRBAYER, Mustafa; DESMOND, Matthew. *The racial order*. Chicago: University of Chicago Press, 2015.

PENSAR COMO UM NEGRO: CONSIDERAÇÕES INICIAIS

a igualdade a partir de uma perspectiva transformadora, apontar os problemas com a defesa da neutralidade e da objetividade, uma característica do positivismo ingênuo e estratégico que caracteriza a interpretação da igualdade em decisões judiciais sobre políticas de ações afirmativas e injúria racial. É também se comprometer com uma noção de justiça que possa promover tanto reconhecimento da igual dignidade de todos os membros da comunidade política quanto à redistribuição de oportunidades materiais entre eles.

Este livro cumpre uma função que penso ser muito importante. Precisamos problematizar teorias tradicionais de hermenêutica porque elas não são capazes de tratar de forma adequada os problemas postos para a interpretação jurídica pelas demandas de igualdade racial. Temos que pensar a hermenêutica dentro de uma filosofia constitucional na qual o Estado deve operar como um agente de inclusão social, exigência que decorre da dimensão objetiva dos direitos fundamentais. Assim, não podemos ignorar o fato de que a interpretação de normas jurídicas deve ter um caráter transformador, devendo estar atenta às diferenças de *status* dos diferentes grupos sociais. Perspectivas hermenêuticas baseadas nos conceitos de objetividade e neutralidade também não abrem espaço para refletirmos sobre o papel da raça no processo interpretativo. Isso é muito problemático porque não podemos analisar a função do Direito sem considerar o lugar estrutural que a raça ocupa na formação do Direito moderno. Apesar do avanço teórico considerável da hermenêutica, a discussão sobre direitos de minorias traz questões que não são possíveis de serem adequadamente solucionadas por perspectivas tradicionais porque elas não são capazes de examinar o problema do poder. O Estado Constitucional brasileiro nasceu sob o signo da escravidão negra; suas instituições tinham como objetivo legitimar uma ordem política fundada na hierarquia entre raças. Nossa sociedade formulou diversos mecanismos para a manutenção da hegemonia branca, processos que operam de forma independente da vontade de indivíduos particulares. A raça é o aspecto central dos processos de governança social direcionados para o controle social dos indesejados.[7]

Precisamos pensar o lugar da raça dentro do processo hermenêutico porque o princípio da igualdade também precisa ser examinado a partir de novas posições. Não tenho dúvidas de que as noções de igualdade formal e de igualdade material ainda são parâmetros relevantes, mas eles se mostram insuficientes em uma ordem racial como a nossa. A discussão sobre a constitucionalidade de ações afirmativas, o problema do encarceramento em massa da população negra e o genocídio da juventude negra, despertou um debate importante que é a questão da igualdade de *status* entre grupos sociais. Os processos de estratificação racial presentes na nossa nação não trazem apenas desigualdades materiais, eles provocam uma hierarquia de valor entre os membros de diferentes grupos raciais. Vemos então que a interpretação da igualdade não pode ser pensada apenas a partir da velha lógica dos princípios da razoabilidade ou da proporcionalidade. A concepção do Estado como um agente de transformação requer que atribuamos ao princípio da igualdade uma função central: o combate contra a subordinação cultural e material de minorias raciais. Não podemos esquecer que a própria Constituição estabelece a luta constante contra a marginalização como um objetivo central do nosso sistema jurídico.[8] Ora, processos de marginalização recaem fundamentalmente sobre

---

[7] Ver, nesse sentido: SOUZA, Flora Sartorelli Venâncio de. "A responsabilidade do judiciário no encarceramento em massa juvenil". *Revista Brasileira de Ciências Criminais*, vol. 129, 2017, pp. 257-284; DIAS, Felipe da Veiga. "A violência (mortal) do Estado contra crianças e adolescentes: um estudo do retrato midiático do caso Jhonata Dalber Mattos Alves". *Revista Brasileira de Ciências Criminais*, vol. 130, 2017, pp. 75-114.

[8] O artigo terceiro da Constituição Federal estabelece: "Constituem objetivos fundamentais da República Federativa do Brasil: I – construir uma sociedade livre, justa e solidária; II – garantir o desenvolvimento nacional; III – erradicar a pobreza e a marginalização e reduzir as desigualdades sociais e regionais; IV – promover o bem de todos, sem preconceitos de origem, raça, sexo, cor, idade e quaisquer outras formas de discriminação".

PENSAR COMO UM NEGRO: CONSIDERAÇÕES INICIAIS

traços identitários. Seres humanos são cultural e materialmente oprimidos em função deles. Portanto, a hermenêutica precisa ter um propósito e esse propósito é a luta contra a subordinação, o que está, repito, no nosso próprio texto constitucional.

Tendo em vista que pretendo discutir o papel da raça na hermenêutica jurídica, penso que não posso recorrer às mesmas técnicas a partir das quais esse debate é tradicionalmente feito porque elas não são capazes de revelar as relações de poder nas quais as pessoas estão inseridas. Creio que isso seria uma grande contradição. Não analisarei problemas jurídicos a partir de princípios interpretativos abstratos. Quero iluminar o sentido de normas legais a partir da minha experiência pessoal como membro de uma minoria racial. Procuro com isso oferecer uma versão alternativa ao discurso dominante sobre raça na nossa sociedade, discurso que tem grande influência sobre a maneira como nossos tribunais interpretam o princípio da igualdade em casos que envolvem classificações raciais. Este trabalho aplica, portanto, o *storytelling* para iluminar o sentido do princípio da isonomia a partir das experiências de um membro de um grupo minoritário. Essa perspectiva teórica procura oferecer uma interpretação alternativa às narrativas presentes no discurso jurídico, narrativas que não levam em consideração o lugar da raça na experiência cotidiana das pessoas. Acredito que estou em uma posição privilegiada para falar sobre isso porque sou um jurista e sou um homem negro. Posso perceber de forma mais evidente as disparidades entre construções teóricas e a experiência cotidiana da discriminação racial.

Vários episódios da vida de um membro de um grupo minoritário serão tomados neste ensaio como ponto de partida para a criação de um discurso de caráter contra-hegemônico, o que nos permitirá observar como as relações de poder permeiam as interações cotidianas entre grupos raciais. Afinal, estou interessado em revelar como a interpretação da igualdade pode encobrir relações de poder. O *storytelling* pressupõe que membros de grupos minoritários possuem uma compreensão diferenciada de normas jurídicas e de práticas institucionais. Essa percepção não está naturalmente associada à raça das pessoas; ela decorre do fato de que o liberalismo não permite a realização plena de ideais emancipatórios propagados pelo constitucionalismo moderno. Assim, a construção abstrata dos seres humanos, frequentemente utilizada de forma estratégica no processo de interpretação da igualdade, é aqui contraposta a uma forma de narrativa que explora as consequências concretas da raça no *status* cultural e no *status* material de um membro de um grupo subordinado. Uma proposta dessa natureza é relevante para o Brasil, país onde a doutrina da neutralidade racial impede a consideração da importância da raça na vida das pessoas. Desenvolvo neste livro uma narrativa que articula princípios jurídicos, perspectivas hermenêuticas e histórias pessoais com o propósito de fazer o leitor e a leitora *perceberem o mundo por meus olhos*. Por esse motivo, narro as minhas experiências com o racismo, o que pode auxiliar juristas a elaborar formas de interpretação inclusiva. Embora seja a preocupação de muitos autores liberais, a proposta de transformação social não pode estar baseada em uma visão meramente teórica do que seja a exclusão. O uso do *storytelling* nos oferece um meio para a solução desse problema a partir da experiência de uma pessoa que vive a discriminação como um aspecto concreto das suas interações cotidianas.[9]

Essa perspectiva hermenêutica está baseada na hipótese de que atores envolvidos em processos judiciais estão sempre contando histórias. Eles constroem narrativas que procuram reconstruir os fatos que geraram uma demanda judicial, o que ocorre também em ações constitucionais. Alguns atores sociais elaboraram uma

---

[9] DELGADO, Richard; STENFANCIC, Jean. *Critical race theory*: an introduction. Nova York: New York University Press, 2001, p. 37; MATSUDA, Mari. "Looking from the bottom: critical legal studies and reparations". *Harvard Civil Rights – Civil Liberties Law Review*, vol. 22, nº 2, 1987, pp. 323-397; BELL, Derick. *And we are not saved*: the elusive quest for racial justice. Boston: Basic Books, 1989; WILLIAMS, Patricia. *The alchemy of race and rights*. Cambridge: Harvard University Press, 1992.

longa, mas familiar narrativa jurídica nas petições iniciais que questionaram a constitucionalidade de ações afirmativas em concursos públicos e em vestibulares para universidades públicas; narrativas semelhantes estão presentes em casos de injúria racial. Noções de raça, racismo, nação e Estado são articulados em histórias que procuram legitimar uma perspectiva específica de interpretação da igualdade. Certamente uma interpretação restritiva desse princípio teria como consequência central a manutenção do consenso criado pelos membros do grupo racial dominante sobre o significado social da raça e do racismo no nosso país. Este livro procura questionar esse discurso hegemônico para que a igualdade racial possa ser alcançada. Procurarei atingir esse objetivo por meio da formulação de uma perspectiva interpretativa que coloca a raça como um elemento central para a hermenêutica constitucional.

Este ensaio tem outro propósito importante: sistematizar e apresentar ao público brasileiro os pressupostos de vários estudos sobre interpretação constitucional, que formam um campo de estudo que poderíamos chamar de *Hermenêutica Negra*. Ela está baseada em algumas premissas que passo a elencar. Primeiro, ela designa uma perspectiva refratária à presunção de que a objetividade e a neutralidade, bem como o individualismo e o formalismo, sejam parâmetros adequados e suficientes para a análise da legalidade de normas jurídicas e práticas sociais.[10] Segundo, ela considera o Estado como um agente de transformação social. Isso significa que

---

[10] Ver, nesse sentido: CRENSHAW, Kimberle. "Race, reform and retrenchment: transformation and legitimation in antidiscrimination law". *Harvard Law Review*, vol. 101, n° 7, 1988, pp. 1331-1386; FORD, Richard. *Universal rights down to earth*. Nova York: Northon & Thompson, 2013; THOMAS, Kendall. "Racial justice: moral or political?" *National Black Law Journal*, vol. 17, n° 2, 2002, pp. 222-246; BELL, Derrick. "Racial realism". *Connecticut Law Review*, vol. 24, n° 2, 1991, pp. 363-379; FINEMAN, Martha Albertson. "Beyond identities: the limits to an antidiscrimination approach to equality". *Boston University Law Review*, vol. 92, n° 5, 2012, pp. 1723-1771; HARRIS, Cheryl. "Equal treatment and the reproduction of inequality". *Fordham Law Review*, vol. 69, n° 5, 2001, pp. 1553-1583.

as instituições estatais são obrigadas a adotar normas e políticas que têm o propósito específico de promover a integração social de minorias raciais.[11] Tendo em vista essa função essencial delas, a Hermenêutica Negra tem um caráter claramente transformador. No lugar da neutralidade racial, ela parte da centralidade da consideração da raça no processo interpretativo.[12] Terceiro, ela encontra fundamentação na importância da dignidade humana no nosso sistema jurídico, o que implica o papel das instituições estatais no combate aos estigmas culturais associados à população negra.[13] Quarto, tendo em vista os aspectos anteriores, a Hermenêutica Negra se afasta de uma interpretação procedimental da igualdade. Ela está fundamentada na noção de que esse princípio tem como propósito principal eliminar mecanismos de subordinação e fomentar meios de inclusão racial. Por esses motivos, a Hermenêutica Negra está comprometida com a promoção da igualdade

---

[11] Ver, nesse sentido, KENNEDY, Randall. *For discrimination*: affirmative action and the law. Nova York: Vintage Books, 2013; MOREIRA, Adilson José. *O que é discriminação?* São Paulo: Letramento, 2017; FORBATH, William. "Caste, class, and equal citizenhip". *Michigan Law Review*, vol. 98, n° 1, 1999, pp. 1-90. Para uma análise do caráter transformador do atual paradigma constitucional ver KLARE, Karl. "Legal culture and transformative constitutionalism". *South African Journal of Human Rights*, vol. 146, n° 1, 1998, pp. 146-188.

[12] Ver, nesse sentido: CARBADO, Devon; MORAN, Rachel. "The story of law and American race consciousness". *UMKC Law Review*, vol. 76, n° 4, 2006, pp. 851-888; DELGADO, Richard. "Critical legal studies and the realities of race – does the fundamental contradction have a corollary?" *Harvard Review Civil Rights Civil Law Review*, vol. 23, n° 2, 1988, pp. 407-414; CALMORE, John. "Exploring the significance of race and class in representing the black poor". *Oregon Law Review*, vol. 61, n° 1, 1982; KARST, Kenneth. "Citizenship, race, and marginality". *William & Mary Law Review*, vol. 30, n° 1, 1988.

[13] O artigo primeiro da Constituição Federal informa: "A República Federativa do Brasil, formada pela união indissolúvel dos Estados e Municípios e do Distrito Federal, constitui-se em Estado Democrático de Direito e tem como fundamentos: I – a soberania; II – a cidadania; III – a dignidade da pessoa humana; IV – os valores sociais do trabalho e da livre iniciativa; V – o pluralismo político".

de *status* entre grupos raciais.¹⁴ Quinto, esta postura hermenêutica enfatiza o caráter anti-hegemônico dos direitos fundamentais. Eles não devem ser vistos apenas como uma série de direitos de caráter individual, mas sim como mecanismos que têm o potencial de promover a proteção de minorias raciais contra práticas e tradições que estabelecem a conformidade com identidades hegemônicas para o acesso a direitos.¹⁵ Sexto, a Hermenêutica Negra também procura métodos alternativos para atingir seu objetivo de ser uma forma de ação transformadora e contra-hegemônica. Ela utiliza perspectivas que permitem o desvelamento da forma como a defesa da neutralidade e objetividade pode servir para encobrir a maneira como o Direito pode construir e reproduzir a subordinação.¹⁶ Oitavo, o conceito de raça dentro dessa perspectiva identifica uma marca social a partir da qual se articulam diversas relações de poder entre membros dos grupos raciais dominantes e os membros de grupos raciais subordinados.¹⁷ Nono, o racismo aparece aqui como algo

---

14 Ver, nesse sentido: BELL, Derrick. *Race, racism, and American Law*. Austin: Austin Publishers, 2008; SIEGEL, Reva. "Discrimination in the eyes of the law: how 'color blindness' discourse disrupts and rationalizes social stratification". *California Law Review*, vol. 77, n° 1, 2000; DIMOND, Paul. "The Anti-Caste Principle". *Wayne Law Review*, vol. 30, n° 1, 1983, pp. 1-17.

15 Ver, nesse sentido: CANOTILHO. Joaquim Gomes. *Direito Constitucional e Teoria da Constituição*. Lisboa: Almedina, 2008, pp. 1409-1419; MOREIRA, Adilson José. "Direitos fundamentais como estratégias anti-hegemônicas: um estudo sobre a multidimensionalidade de opressões". *Quaestio Iuris*, vol. 9, n° 3, 2016, pp. 1559-1999.

16 Ver, nesse sentido: WILLIAMS, Patricia. *The alchemy of race and rights*. Cambridge: Harvard University Press, 1992; DELGADO, Richard. "Storytelling for oposicionits and other: a plea for narrative". *Michigan Law Review*, vol. 87, n° 6, 1989, pp. 2411-2444; GUIÉRREZ-JONES, Carl. *Critical race narratives*: a study of race, rethoric, and injury. Nova York: New York University, 2001; HOFFER, Peter Charles. "Blind to history: the uses of history in affirmative action suits". *Rutgers Law Journal*, vol. 23, n° 1, 1991, pp. 271-296; EWICK, Patricia; SILBEY, Susan. "Subversive stories and hegemonic tales: toward a sociology of narrative". *Law & Society Review*, vol. 29, n° 2, 1996, pp. 197-226.

17 Ver, nesse sentido: LOPEZ, Ian Hainez. "The social construction of race: some observations on illusion, fabrication and choice". *Harvard Civil Righs Civil*

que possui uma natureza dinâmica, tese decorrente do fato de que ele pode adquirir novas formas, na medida em que suas manifestações são reconhecidas e denunciadas.[18] Décimo, a Hermenêutica Negra reconhece a importância da análise do contexto histórico e político no qual as pessoas estão situadas. Isso significa que o intérprete deve considerar como as práticas discriminatórias privadas concorrem para a subordinação de minorias raciais, razão pela qual devemos rejeitar a articulação entre igualdade formal e homogeneidade racial como parâmetros para a interpretação do princípio da igualdade.[19]

Law Review, vol. 29, n° 1, 1994, pp. 1-62; DESAULTELS-STEIN, Justin. "Race as a legal concept". *Columbia Journal of Race and Law*, vol. 2, n° 1, 2012, pp. 1-74.

[18] Ver, nesse sentido: OMI, Michael; WINANT, Howard. *Racial formation in the United States*: From the 1960s to 1990s. Nova York: Routledge, 1994; GOLDBERG, David. *The racial state*. Malden: Blackwell Publishers, 2002.

[19] Ver, nesse sentido: BOXILL, Bernard R. *Blacks and social justice*. Nova York: Rowmann & Littlefield, 1992; ARTHUR, John. *Race, equality, and the burdens of history*. Cambridge: Cambridge University Press, 2007; SIEGEL, Reva. "Discrimination in the eyes of the law: how 'color blindness' discourse disrupts and rationalizes social stratification". *California Law Review*, vol. 77, n° 1, 2000; WILLIAMS, Robert. "Taking rights aggressively: the perils and promise of critical legal theory for peoples of color". *Law and Inequality Journal*, vol. 5, n° 1, 1987, pp. 103-134.

CAPÍTULO I
SOBRE COMO EU ME TORNEI UM JURISTA NEGRO

Não sei exatamente quando descobri que sou uma pessoa negra. Não creio que seja possível indicar o momento exato no qual isso aconteceu, porque esse é um processo no qual não somos sujeitos ativos. A construção da identidade negra não é algo sobre o qual temos controle completo porque é em grande parte uma atribuição: ela é amplamente construída por outros, ela é imposta de fora para dentro, o que a torna uma identidade capturada. Nós negros nascemos inseridos dentro de um campo de significações que existia muito antes do nosso nascimento. É claro que essa descoberta está relacionada com o fato de que a negritude é socialmente construída como algo muito negativo. Sempre tive a consciência de que estava sendo classificado por pessoas brancas, sempre tive a impressão de estar dentro de um processo de dissociação cognitiva devido à distância entre minha consciência como um indivíduo e as expectativas que as pessoas brancas carregam de mim, mesmo sem me conhecerem. Sempre tive essa sensação de que estou circulando entre representações sociais que não correspondem ao que realmente sou. Sempre tive a impressão de que não estou em lugar algum, de que não existo em lugar algum, de que não sou realmente uma pessoa, mas uma mera representação social que não tenho como transformar.

Essa experiência tem início ainda na infância, quando você tenta compreender quais são os motivos pelos quais pessoas brancas te tratam de maneira distinta. Você vai para a escola, encontra um novo universo de pessoas, você faz um esforço para mostrar que tem qualidades, que você pode ser um bom amigo, mas elas não estão interessadas em te conhecer. Elas já sabem tudo sobre você no momento em que te olham. Eu entrava na sala de aula e elas franziam a testa na mesma hora, algumas pediam à professora para sentar em outro lugar. Eu procurava me certificar de que não havia nada de errado comigo; minha mãe sempre se preocupava obsessivamente com nossa aparência e cuidados pessoais. Sempre ficava muito intrigado porque não conseguia entender a razão de tamanha hostilidade. Eu simplesmente assumia que todas as crianças eram iguais a mim, queriam interagir, brincar e fazer novos amigos. Não poderia estar mais equivocado.

Creio que as pessoas negras começam a ter consciência de que elas não são vistas como seres humanos quando ouvem a palavra "preto" pela primeira vez. Eu reagia com muita raiva quando meninos brancos e meninas brancas me chamavam dessa maneira. Aquele tratamento me ofendia porque aquele não era o meu nome. Também não gostava daquilo porque meus familiares tinham a mesma cor da pele e todos eram pessoas que eu amava, pessoas que não poderiam corresponder ao que aquela palavra parecia expressar. Esse é um momento importante porque você tenta saber qual é o significado dessa palavra. Você pergunta aos seus pais porque as pessoas estão te chamando dessa maneira e eles te mencionam outra palavra que você também não conhece: *racismo*. Você então entende que as pessoas já sabem quem você é, embora elas nunca tenham conversado contigo. Essas duas palavras começam a fazer parte do seu campo de significações e você faz um esforço para entender porque as pessoas não querem ter qualquer tipo de contato contigo. Sua raça o coloca em uma

CAPÍTULO I – SOBRE COMO EU ME TORNEI UM JURISTA NEGRO

situação de isolamento social imediato quando você está em um ambiente branco. As coisas ficam ainda mais complicadas porque você está ciente de que aquelas ideias não te representam e você começa a fazer todo o possível para convencer as pessoas de que você não é o que elas estão pensando. É preciso então fazer algo para mostrar aos indivíduos que você é um ser humano e não uma representação que só existe na cabeça delas. Algumas pessoas negras simplesmente se afastam de brancos, outras começam a fazer o possível para se afastarem da condição de ser negro. Foi o que eu fiz durante a minha infância.

Eu utilizava duas estratégias para convencer os meninos brancos de que eles tinham uma ideia falsa da minha pessoa. Eu insistia em me aproximar deles. Sempre me aproximava e entrava nas conversas. Mostrava os poucos brinquedos que tinha, mas isso era motivo de menosprezo porque os deles eram melhores, porque suas famílias tinham condições financeiras um pouco superiores à minha. Eles ficavam agressivos e diziam que não me queriam perto deles. Reclamavam com a professora, pessoa que me conduzia para a companhia do outro menino negro da turma, uma criança de quem eu não gostava, possivelmente porque ele tinha a pele ainda mais escura do que a minha. Outras vezes eles utilizavam aquela palavra que eu ainda tentava compreender como forma de agressão ou como um tipo de piada. As meninas brancas saiam de perto de mim imediatamente. Isso me deixava indignado porque uma delas era uma parente. Aquela palavra começou também a servir como uma forma de classificar as pessoas; aprendi desde cedo que a gradação da cor da pele determina suas chances de fazer amigos. Ela era da minha família, ela frequentava a minha casa, mas ela fazia questão de me ignorar. As pessoas não a tratavam como negra porque ela tinha o cabelo liso e a pele bem mais clara do que a minha. Esse processo me ensinou outra coisa: você precisa fazer todo o possível para se afastar de qualquer coisa que te identifica como um negro para poder ter o apreço das pessoas brancas. Então comecei a evitar contato com meus colegas negros para poder conseguir ter mais respeito dos meus colegas brancos. Isso só tornou as coisas piores e aumentou ainda mais a minha angústia, porque meu irmão mais novo também estudava na mesma escola e eu não podia fazer isso com ele. O racismo não apenas me fazia negar quem eu era, mas também dificultava a criação de laços afetivos com outros negros, até mesmo com meus familiares.

Meus pais perceberam esse processo e começaram a conversar comigo sobre a necessidade de sermos solidários com outras pessoas negras. Minha relação com a escola passou então a ser completamente instrumental. Procurava tirar boas notas para agradá-los e voltava para a casa. Eu sempre ouvia minhas professoras encorajando os coleguinhas brancos. Embora elas estivessem cientes de que a pobreza impediria a realização daquelas aspirações, elas os elogiavam e diziam que eles seriam grandes profissionais. Eu não me lembro de ter ouvido uma única palavra de encorajamento, mas não me esqueço do fato de que algumas delas franziam a testa quando tinham que dizer em voz alta as minhas notas, o que elas faziam rapidamente porque elas notavam o descontentamento dos alunos brancos e das alunas brancas ao saberem que as minhas notas eram melhores. A escola não era um lugar onde eu poderia me realizar, sentimento compartilhado por centenas de milhares de crianças negras neste país. Mas, obviamente, meus pais nunca permitiram que eu saísse da escola, mesmo que fosse um ambiente tão hostil. Eu ficava olhando para a cara das professoras, pessoas que não significavam nada para mim, esperando que a aula terminasse logo. Voltava para casa, assistia a um desenho sobre mutantes, fazia as atividades escolares e ia para brincar com os meninos da minha rua. Muitos deles eram negros, então eu me sentia um pouco mais aceito.

Engraçado, me lembro de que durante algum tempo eu tinha uma vontade incontrolável de abraçar meus amiguinhos negros. Eles achavam aquilo engraçado e sem propósito; alguns pensavam que eu estava sexualmente atraído por eles, mas não era nada disso. Eu estava simplesmente tentando afirmar minha humanidade. Tinha poucas chances de fazer isso porque não tinha referências positivas na escola ou em qualquer outro lugar. Nunca via pessoas como eu representadas na televisão, nunca via pessoas negras fazendo coisas importantes em lugar algum. Pessoas brancas só tinham admiração por Edson Arantes do Nascimento, pessoa que passei a odiar por causa do tom de condescendência com o qual brancos expressavam ao utilizar o termo "Pelezinho" para elogiar meu desempenho escolar. Eles tentavam me humilhar, mesmo quando estavam me elogiando.

Você compreende aos poucos que a identidade que lhe é atribuída tem outra característica que autores célebres já afirmaram: a invisibilidade.[20] Ela pode assumir várias formas. As pessoas não conseguem ver além das representações que elas têm de você. Isso começou a ficar claro quando atingi os dez anos de idade e comecei a ver mulheres brancas atravessando para o outro lado da rua; minha experiência cotidiana até este momento da minha vida. Fiquei preocupado na primeira vez que percebi isso porque pensei que algo grave estava ocorrendo em minha volta e eu não tinha notado. Olhava para trás imediatamente para ver se alguém estava me seguindo porque essas mulheres brancas pareciam realmente assustadas. Esse é o momento no qual outro aspecto começa a definir sua identidade social: a masculinidade negra é uma ameaça, você é uma ameaça constante. A suposta periculosidade do homem negro é um elemento central do imaginário social das mulheres brancas.

A adolescência é outro momento no qual você descobre outra manifestação da invisibilidade. As pessoas começam a buscar

---

[20] Para uma análise literária da construção do outro na mente de pessoas brancas, ver a obra clássica de ELLISON, Ralph. *O homem invisível*. São Paulo: Marco Zero, 1990. Feministas negras também têm abordado esse tema em trabalhos de grande relevância. Ver MORRISON, Toni. *The origin of others*. Cambridge: Harvard University Press, 2017; RIBEIRO, Djamila. *Quem tem medo do feminismo negro?* São Paulo: Companhia das Letras, 2018.

parceiros sexuais e elas fazem isso dentro dos seus círculos de relações. Eu estudava em um colégio criado para os filhos e filhas de funcionários públicos municipais, motivo pelo qual era uma escola que recebia mais dinheiro do que as outras. A vasta maioria das pessoas que estudavam naquela instituição eram brancas. Eles estavam na mesma fase de afloramento da sexualidade, mas eu não era um possível parceiro amoroso e por isso nossas interações nunca passavam de meras conversas. Mais uma vez eu fazia o possível para que pessoas brancas pudessem ter uma imagem positiva de mim, agora no campo sexual. Era um ótimo aluno, fazia parte do grêmio estudantil, era um grande jogador de *handball* e fazia o papel do bom amigo negro. Nada disso adiantava porque não passava pela cabeça dessas pessoas que eu poderia ser um objeto de desejo ou de afeto. Eu simplesmente desisti de fazer qualquer investida nessa área, naquele espaço, e isso me rendeu a fama de ser homossexual. Meus colegas brancos que talvez tivessem acesso sexual às meninas brancas diziam que eu não chegava nelas porque não gostava de transar com mulheres.

Talvez alguns deles já tivessem tido algum tipo de experiência sexual enquanto eu ainda permanecia virgem. Não me sentia uma pessoa integrada socialmente, não me sentia uma pessoa integrada psicologicamente, não me sentia capaz de atrair a atenção sexual de ninguém. Um homem negro descobre então algo importante nessa fase da vida: ele está tentando construir sua masculinidade, mas percebe que ela será sempre uma identidade subordinada. Homens negros não correspondem ao ideal masculino presente na sociedade brasileira; esse é um ideal que apenas homens brancos das classes sociais superiores podem aspirar. Você começa a notar que ser negro não significa apenas ser um sujeito visto como uma pessoa de um grupo inferior, mas também que as possibilidades de você se afirmar como um potencial parceiro sexual de alguém também são restritas. O racismo afetava a minha vida dentro daquela instituição de ensino público e também as minhas interações privadas com meus colegas. Era ridicularizado por meus professores e não tinha acesso sexual às garotas brancas, que eram a maioria das mulheres com as quais eu convivia.

Também percebia os problemas causados pela introjeção dos ideais culturais brancos nas mentes das meninas negras. Elas também sonhavam com pessoas brancas, elas também queriam ter acesso sexual aos colegas brancos, elas também consumiam as mesmas revistas que sempre apresentavam homens brancos como os únicos parceiros sexuais socialmente aceitáveis. Estou certo de que essa fase deve ser ainda pior para meninas negras porque homens brancos e homens negros sabem que elas são desprezadas, que muitas delas estão à procura de um mínimo de atenção, o que os motiva a procurá-las apenas para satisfação de desejos sexuais imediatos. É uma sensação horrível descobrir que as pessoas classificam seu corpo como um objeto de uso público. Enquanto homens brancos e negros aprendem que o corpo da mulher branca deve ser desejado e glorificado, o corpo negro deve sempre estar à disposição do desejo sexual dos outros.

Tudo isso mostra que a adolescência não poderia ser pior para um homem negro por causa do aumento das microagressões às quais pessoas negras são submetidas. Você está tentando se afirmar como um sujeito sexual, mas o tempo inteiro ouve falas que afirmam sua inadequação como um parceiro romântico; você está tentando decidir o que quer ser na vida, mas ouve comentários irônicos dos seus professores brancos sugerindo que você está aspirando algo que só está destinado a homens brancos. A aprendizagem da masculinidade de um homem negro é muito diferente da de um homem branco. À certeza de que eles sempre poderão ter acesso às oportunidades sociais que quiserem, porque nunca sofrem rejeições, é somada a convicção de que sempre terão acesso sexual privilegiado a todas as mulheres porque são os únicos que representam os ideais morais culturalmente associados a essa forma de identidade.

A adolescência de um homem negro é um momento importante porque é também o momento em que ele começa a reunir elementos para ter um papel mais ativo no processo de construção de sua identidade racial. Nunca vou me esquecer do dia em que estava em uma feira de artesanato na minha cidade natal. Estava preocupado porque poderia perder o último ônibus, mas a amiga que me acompanhava queria permanecer mais um pouco. Um homem negro passou por nós e me entregou um panfleto. Era um convite para uma reunião de um movimento negro. Começamos a conversar sobre o trabalho deles, quero dizer, minha amiga começou a conversar com ele. Eu me sentia incomodado com o seu cabelo longo e cheio de tranças, o que era algo de que eu estava tentando me afastar naquele momento. Ele começou a falar sobre os significados de ser negro. Ele notou que eu não estava participando da conversa e perguntou o que significava ser negro para mim. É interessante notar como certas perguntas têm a força de uma facada no coração. Eu não sabia responder aquela pergunta. Eu não podia responder aquela pergunta. Tinha passado a vida inteira tentando ser o bom amigo negro.

Esse foi o momento no qual outras duas palavras começaram a fazer parte do meu repertório de significações que vieram a determinar minha identidade como um jurista negro: *negritude* e *direitos*. Fui a um dos encontros desse grupo porque eu precisava encontrar um lugar onde eu podia conversar sobre o que estava vivenciando naquela fase da minha vida. Confesso que não tinha conhecimento do significado específico que eles atribuíam à negritude porque ela sempre teve um sentido negativo para mim. Outra fase de construção da minha identidade racial teve início naquele momento: a necessidade de produção afirmativa da minha individualidade como uma pessoa negra. Esse grupo de pessoas tinha uma concepção bem clara do significado desse termo: negritude significa ancestralidade, uma coisa inteiramente nova. Negritude significava poder estabelecer relações de solidariedade cultural com pessoas que tinham as mesmas características fenotípicas que as minhas, aquelas que eram invisíveis ou percebidas como sinais de periculosidade.

CAPÍTULO I – SOBRE COMO EU ME TORNEI UM JURISTA NEGRO

Nunca tive uma noção muito clara dos limites e âmbitos da minha identidade negra. Não via necessidade de estar com pessoas negras ou namorar pessoas negras para que eu pudesse também me reconhecer como um negro. Não há possibilidade de transformação política sem o reconhecimento dos vínculos entre as pessoas que têm a mesma experiência social que a sua. Iniciei então uma jornada interior para pensar se eu realmente precisava ser sempre palatável para pessoas brancas. É nesse momento que você compreende que sua existência tem uma dimensão política, que a negritude é uma forma de identidade política, que ela deve ser um ponto de partida para a interação social com outras pessoas, que ela é uma referência para sua ação social. Sua identidade adquire relevância dentro de um sistema de sentidos sociais que existe antes de você nascer. Questionar esses sentidos e afirmar sua identidade é uma ação política da qual você não pode fugir. Ser uma pessoa negra significa estar submetido a um sistema de subordinação, o que estabelece um objetivo comum entre elas: lutar contra o racismo branco nas suas mais diversas formas.[21]

Pensar suas identificações culturais é um passo importante para isso. Estou certo de que todos os adolescentes se lembram da experiência de comprar a primeira revista pornográfica. Ninguém poderia pensar que algo tão corriqueiro poderia ter uma significação tão grande na vida de uma pessoa negra. Eu não tinha muito dinheiro, elas eram muito caras, não tinha um local adequado para que elas permanecessem longe dos olhos dos meus pais. Mas, mesmo assim, eu saí para comprar uma. Era tarde da noite, a banca estava perto de ser fechada. Pedi ao jornaleiro que me mostrasse uma revista que tinha uma pessoa branca na capa. Ele me trouxe a revista e disse que eu provavelmente gostaria também de outras e me mostrou mais duas com pessoas negras na capa. Aquele pequeno ato me causou um choque emocional imenso. Fiquei totalmente

---

21 Ver, nesse sentido: WEST, Cornell. *Race matters*. Nova York: Vintage Press, 1994.

atordoado por alguns momentos. Deixei as revistas e comecei a andar pelas ruas. Um sentimento de vergonha pessoal tomou conta de mim ao lembrar de todas as pequenas humilhações que pessoas brancas me impunham cotidianamente e eu ainda estava à procura de imagens brancas para me estimular sexualmente. Não sabia para onde ir, não sabia o que fazer.

Andei alguns quarteirões e me deparei com um grupo de adolescentes proferindo frases ofensivas a um adolescente branco efeminado. Ele parou e disse para os garotos que o ofendiam que ele era "viado" mesmo, que eles poderiam continuar gritando o quanto quisessem, que os xingamentos não o afetariam. Eles ficaram desarmados e se retiraram. Aquilo me mostrou algo muito importante para todos os membros de minorias, sejam elas raciais ou sexuais: é mais fácil permanecer em uma condição de alienação de si mesmo porque as pessoas te dizem o que você precisa fazer, qual é o lugar que você deve ocupar. A principal luta ocorre quando tomamos a consciência de que precisamos encontrar forças para sermos o que pretendemos ser, que precisamos encontrar meios para que nós tenhamos o protagonismo na afirmação da nossa identidade. Você precisa buscar forças dentro de você, todos os dias, todas as horas, todos os minutos.

Cheguei em casa de madrugada naquele dia. Mas aquelas duas experiências foram responsáveis por uma mudança subjetiva importante. Comecei a olhar para pessoas negras e a pensar nelas como possíveis objetos de afeto. Passei a andar com pessoas negras e a procurar a história da minha família e do povo negro. O episódio da banca despertou a necessidade de afirmar meu orgulho racial. Mas eu queria ser um cantor de ópera e isso não era bem-visto pelos meus colegas do movimento negro. Alguns também questionavam a forma como eu me vestia, outros diziam que eu não conseguiria vivenciar minha negritude enquanto não abraçasse uma religião de matriz africana. Essas afirmações me deixavam aturdido porque eu me sentia mais negro do que todos eles, já que eu estava dentro de uma faculdade de Direito tentando

CAPÍTULO I – SOBRE COMO EU ME TORNEI UM JURISTA NEGRO

criar estratégias de luta contra a opressão racial. Muitos deles pensavam que a transformação social poderia ser alcançada com a mera afirmação da identidade negra, base para a construção de solidariedade entre minorias.

O conceito de *direitos* teve um impacto imenso dentro da minha formação como pessoa. Meu interesse por história aumentou significativamente quando me tornei membro do movimento negro; comecei a refletir sobre e a fazer as ligações entre minha experiência social e familiar com os processos sociais nos quais estava inserido e eles eram uma história de negação da humanidade e de direitos. Minha consciência negra surgiu concomitantemente à minha consciência jurídica. Comecei então a dar nova significação a várias experiências que tinha passado ao longo da minha vida. Uma delas eram as visitas que fazia a uma tia muito querida que morava em uma favela próxima do nosso bairro. Era apenas uma oportunidade de passear com meus irmãos quando éramos crianças, mas agora eu conseguia entender os processos de opressão que causavam aquela situação. Uma mulher negra, viúva, que tinha a responsabilidade de criar seus filhos sozinha. A pobreza que observava todas as vezes que frequentava aquele lugar tinha uma explicação: a opressão estrutural dos brancos sobre os negros, o fato de que a promessa constitucional de igualdade formal e de igualdade material nunca se concretizou. Minha presença dentro de uma Faculdade de Direito precisava ter alguma importância para a transformação da vida dessas pessoas.

Obviamente, minha história de vida e a minha experiência em uma Faculdade de Direito onde todos os professores eram brancos teve um papel central no processo de construção da minha identidade como um jurista negro. Entrei naquele lugar com um propósito específico: fazer todo o possível para mudar a situação de minorias raciais e sexuais. Mas, como veremos adiante, esse era um objetivo muito difícil de ser alcançado porque não tinha acesso a uma reflexão que pudesse englobar toda a realidade que observei ao longo da minha vida. O Direito não era pensado como um mecanismo de transformação. Tive poucas possibilidades de adquirir conhecimento para promover quaisquer mudanças estruturais na vida das pessoas nos primeiros semestres da minha graduação.

Algo chamava minha atenção em particular: eu estava em uma Faculdade de Direito e nunca ouvia meus professores pronunciarem a palavra discriminação. Era como se isso simplesmente não existisse. Parecia que eu vivia em um mundo perfeito, o mundo dos juristas brancos. Os professores discursavam sobre os direitos contidos em diversos documentos jurídicos, mas não falavam nada sobre os mecanismos que impediam o gozo deles. A aplicação de normas jurídicas nunca tinha um impacto negativo nas vidas das pessoas, as políticas públicas sempre poderiam atingir todos os indivíduos, agentes públicos sempre tratavam as pessoas de forma adequada. Passei toda a graduação ouvindo professores brancos e professoras brancas dizendo que Direito é processo, que nós estávamos ali para sermos advogados, não sociólogos. Me sentia desestimulado por estar em uma escola de Direito que não queria discutir quaisquer dimensões substantivas de direitos. Vivo em um país no qual negros ganham metade do salário de homens brancos e meus professores de Direito do Trabalho nunca pronunciaram as palavras *discriminação*, *desvantagem* ou *vulnerabilidade*.

Lembro de uma aula de Direito Administrativo na qual um professor falava sobre a presunção de legalidade da ação dos agentes públicos, uma pressuposição que cria dificuldades para entendermos como a discriminação institucional funciona. Eu via aquilo e me lembrava de um dia em que estava jogando queimada em um campo de futebol ao lado de um córrego próximo de casa, quando duas viaturas pararam. Os policiais mandaram que encostássemos a uma rede de arame farpado para que eles nos revistassem. Éramos crianças de oito, nove anos. Não conseguia entender o motivo de tantos gritos, não conseguia entender o que estava ocorrendo até que a palavra "preto" saiu da boca de um deles. Minha amiga Márcia teve seu rosto furado em função do empurrão que sofreu. Um dos policiais enfiou a mão por baixo da saia dela, o que a deixou aterrorizada. Olhei para ele com uma cara de ódio. Comecei a gritar com ele. Perguntei o que ele pensava que estava fazendo. Levei o primeiro soco da minha vida. Chegar em casa, olhar para o espelho e ver sua camisa totalmente ensanguentada foi algo terrível. Pior ainda foi ter que esconder isso dos meus pais para que eu não sofresse ainda mais com o ocorrido. Contei esse episódio em uma sala de aula e perguntei se poderia utilizar o conceito de discriminação institucional contra a presunção de legalidade, o que é sempre utilizado para encobrir o genocídio de jovens negros. O professor afirmou que, qualquer que fosse o significado da noção de discriminação institucional, as regras processuais seriam suficientes para resolver questões dessa natureza, se é que elas existiam. Essa ferida emocional nunca foi curada. Vejo a imagem daquele garoto com o rosto ensanguentado todas as vezes que olho no espelho quando estou deprimido. Mas, para o jurista branco, esse episódio tem um caráter meramente circunstancial.

Tive a grande oportunidade de fazer parte de um projeto que procurava estabelecer conexões entre lideranças de grupos sociais e o Poder Público na cidade onde morava quando estava no terceiro semestre da Faculdade. Pude tomar conhecimento das várias demandas de direitos que moradores faziam, demandas necessárias para a afirmação de diversas dimensões da cidadania deles. Eles tinham problemas jurídicos bastante concretos. Pessoas que perderam a moradia porque não tinham escritura de suas casas, portadores de sofrimento mental que foram abandonados por familiares, adolescentes homossexuais ou transexuais que não tinham onde ficar, indivíduos que não tinham acesso a benefícios estatais porque não tinham endereço. Quase todas elas eram negras, quase todas viviam em áreas periféricas da cidade. Tivemos a oportunidade de debater esses e outros temas dentro das reuniões de orientação, o que nos possibilitava criar agendas de ação conjunta. Eram momentos nos quais achava que minha atuação poderia modificar a vida dessas pessoas.

Mas, se podíamos discutir esses problemas com os orientadores do projeto, as coisas eram bem diferentes quando abordávamos as mesmas questões em sala de aula com outros professores. Via naqueles momentos, de forma clara, como os juristas brancos pensam: parece que as normas jurídicas representam uma realidade objetiva que não pode ser questionada. Elas não apenas contêm comandos claros e diretos, mas também fazem referência a uma realidade concreta. As normas de direitos fundamentais fazem referência a indivíduos, portanto, grupos sociais não são sujeitos de proteção jurídica; o Direito não pode ser confundido com a política, caso contrário ele não pode ser uma forma de ação neutra e objetiva. O casamento entre pessoas do mesmo sexo não pode ocorrer porque as normas que regulam essa instituição encontram legitimidade em uma ordem que está além da própria determinação humana. As ações das instituições públicas não podiam ser questionadas porque eles partiam do pressuposto de que agentes públicos sempre agiam de forma legítima. O Direito aparecia nas falas desses professores como uma realidade de caráter objetivo contida no próprio conteúdo das normas jurídicas.

Minhas aulas de Filosofia do Direito tiveram um papel central na minha formação como um jurista negro. Eu queria abordar o outro lado do processo de interpretação jurídica porque problemas hermenêuticos pareciam sempre residir na percepção da realidade, apenas as normas jurídicas apareciam como algo que precisava ser estudado, o sujeito que interpretava essas normas não parecia ter qualquer tipo de problema. Esse era um dos motivos pelos quais o uso da expressão *sujeito de direito* sempre me intrigava. Não havia correspondência entre essa construção intelectual e a minha realidade pessoal e a realidade que eu observava nas ruas da cidade onde eu morava. Em momento algum da minha vida pude atuar como uma pessoa plenamente autônoma, poucas vezes fui visto como uma pessoa capaz de atuar de forma competente no espaço público. Como um bom seguidor do pensamento lacaniano, eu sabia que essa noção tinha pouca correspondência com a realidade

CAPÍTULO I – SOBRE COMO EU ME TORNEI UM JURISTA NEGRO

humana. Minha experiência como um homem negro mostrava que as pessoas não tinham uma existência integrada, motivo pelo qual eu me incomodava com a falta de problematização dessa categoria jurídica para se referir à generalidade das pessoas, sendo que elas obviamente têm vidas e também identidades distintas.

Minha graduação em Psicologia forneceu conhecimento para que eu pudesse pensar conceitos jurídicos a partir de uma perspectiva que eu considerava ter mais correspondência com a realidade social. Isso me permitiu apresentar um projeto de iniciação científica sobre Direito e Psicanálise no qual eu falava sobre a diversidade de experiências de sujeitos humanos que são atravessados por diferentes formas de determinações sociais. Eu estava interessado em questionar a atuação das pessoas que formulam e interpretam normas jurídicas. Meu contato com movimentos sociais nos terceiro e quarto semestres da faculdade ofereceu os elementos para esse projeto. Trabalhamos com as lideranças de movimentos da região noroeste da minha cidade; agíamos como agentes de articulação entre eles e o Poder Público.

Minha pesquisa de iniciação científica sobre Direito e Psicanálise venceu o concurso de melhor trabalho na área de Ciências Sociais Aplicadas, motivo pelo qual pude participar de congressos nacionais. Estava diante de mais um exemplo de como juristas brancos pensam. Muitos colegas brancos ficaram furiosos com essa premiação. Eles diziam que meu projeto não fazia nenhum sentido porque não estava discutindo questões jurídicas. As pesquisas deles mereciam atenção porque tratavam tópicos efetivamente jurídicos, temas relacionados ao Direito Privado. Eu não estava falando sobre Direito, estava falando sobre Sociologia. Posso entender o motivo da indignação dos colegas que elaboravam pesquisas no campo do Direito Privado. Eles mantinham círculos de amizades inteiramente brancos e viviam em bairros inteiramente brancos, por isso a palavra discriminação não fazia nenhum sentido para eles. Obviamente, quaisquer preocupações com a aplicação discriminatória do Direito não poderia fazer sentido para eles, elas não poderiam ser classificadas como questões jurídicas. A vasta maioria das pessoas que se forma em uma Faculdade de Direito não está interessada em justiça social. Elas pensam que a transformação social não é um propósito central do sistema jurídico, motivo pelo qual minhas oportunidades profissionais sempre foram restritas. Muitos juristas brancos que controlam o acesso a postos de trabalho não estão interessados em pensar o Direito como algo que tem um propósito central: alcançar a justiça social.

As várias entrevistas conduzidas com membros de minorias raciais e sexuais me deram muito material para repensar uma categoria que sempre me preocupou: a cidadania. Minha faculdade era repleta de professores muito famosos e um dia procurei um deles para que ele pudesse me indicar bibliografia sobre esse tema. Disse que queria elaborar um projeto de mestrado sobre cidadania racial e sexual. Ele me atendeu de forma muito cortês, mas afirmou que a compreensão tradicional desse termo era suficiente para abordar todas as questões que eu tinha levantado. Meu projeto não seria inovador porque eu estaria falando algo que todas as pessoas já sabiam. Não posso dizer que fiquei atônito com o que ele disse. Não poderia esperar outra coisa. Ele jamais poderia pensar que o racismo era um problema de cidadania, que o sexismo impedisse o exercício da cidadania ou que a homofobia pudesse ser pensada a partir dessa categoria política. Eu simplesmente queria ter um professor negro na minha frente naquele dia. Juristas brancos pensam que as pessoas possuem experiências sociais homogêneas, motivo pelo qual o entendimento dessas velhas categorias jurídicas e políticas poderia descrever a vida de todo mundo. Certamente esse não era o caso de um homem negro que era parado por seguranças porque estava entrando ou saindo de uma Faculdade de Direito, um lugar que todos sabem ser branco. Eu tinha procurado por livros sobre raça e Direito e encontrei apenas um. Uma obra sobre o Direito no período da escravidão, escrito duas décadas antes. Aquilo me deixava sem esperanças. Tudo isso me mostrava que eu não poderia dar uma contribuição adequada como um jurista

CAPÍTULO I – SOBRE COMO EU ME TORNEI UM JURISTA NEGRO

negro estudando em instituições brasileiras, lugares onde não havia professores trabalhando com questões relacionadas com as articulações entre raça e Direito. Mas encontrei vários professores negros que tinham desenvolvido teorias específicas para tratar o tema da raça dentro do Direito nos Estados Unidos. Era tudo que eu esperava para poder pensar o Direito de uma forma diferenciada.

Minhas experiências nas instituições de ensino jurídico daquele país foram excelentes sob muitos aspectos. Pude, finalmente, cursar a disciplina de Direito Antidiscriminatório, algo que não existe nas nossas faculdades. Juristas brancos e negros daquele país estão há décadas refletindo sobre o tema da discriminação, palavra cuja pluralidade de sentidos é ignorada pela vasta maioria dos acadêmicos brancos e negros brasileiros. Pela primeira vez na minha vida pude ter conhecimento dos muitos significados que termos como raça e racismo possuem no Direito, além de ter me familiarizado com inúmeras teorias de discriminação. Percebi que várias coisas que ocorreram comigo quase todos os dias tinham um nome específico: discriminação institucional, discriminação indireta, discriminação interseccional, discriminação organizacional ou discriminação estrutural. Pude compreender a realidade social de membros de grupos minoritários a partir de uma perspectiva inteiramente nova. Aliás, eu pude entender plenamente a situação dessas pessoas pela primeira vez na minha vida inteira. Cada aula era uma experiência de descoberta e de ressignificação de muitos acontecimentos pessoais, de reflexão do papel do Direito dentro de uma sociedade comprometida com a democracia. Aquela experiência me proporcionou os meios para que eu pudesse alcançar muitos objetivos profissionais. Pude, anos depois, publicar uma obra sobre o tema da discriminação, algo que a vasta maioria dos atores jurídicos brasileiros não tem a menor ideia do que significa. O dia do lançamento dela foi um dos momentos mais felizes da minha vida.

Minha experiência social nos Estados Unidos também acrescentou novas dimensões à construção da minha identidade negra. Não tenho palavras para descrever minha emoção quando entrei na Faculdade de Direito da Universidade de Yale pela primeira vez. A experiência de poder escolher entre tantas disciplinas que falavam sobre raça e Direito, a possibilidade de estar dentro de uma instituição com inúmeros alunos negros que estavam pesquisando o mesmo tópico foi algo muito especial. Mas estar naquele país também abriu meus olhos para outras dimensões da minha existência como uma pessoa negra. Não preciso dizer que uma das primeiras coisas que fiz quando cheguei a New Haven foi ir a uma barbearia para que eu pudesse ter contato com a comunidade negra, aquela que existe na imaginação dos roteiristas brancos dos grandes estúdios de televisão e cinema. Era o que eu esperava encontrar, esperava ter uma grande experiência de negritude. Comecei a conversar com o barbeiro, sendo que ele ficou muito interessado quando disse que era brasileiro. Ele começou a fazer várias afirmações que demonstravam um conhecimento restrito e equivocado da realidade do meu país; ele reproduzia a falsa ideia de que não há racismo na nossa sociedade. Ele disse que nossa seleção de futebol é multicolorida, um sinal de integração racial entre negros e brancos. Afirmei que, como ocorre naquele país, provavelmente a maioria dos torcedores brancos brasileiros não querem jogadores negros como vizinhos. Disse a ele que os brasileiros são profundamente racistas, o que o deixou muito surpreso. Após alguns minutos, ele perguntou se eu era um turista ou imigrante. Disse que estava estudando em Yale. Foi o fim da nossa conversa. Tentei fazer o possível para a interação continuar, mas ele disse apenas que não se sentia bem conversando com alguém que estava gozando uma oportunidade que negros daquele país não tinham. Ele assumiu imediatamente que eu era uma pessoa economicamente privilegiada, que eu estava tentando criar uma intimidade que simplesmente não existe entre ricos e pobres, que eu não deveria estar naquele lugar.

Meses depois visitei um tribunal federal em uma cidade próxima; deveria usar um terno, o que não tinha levado comigo do Brasil. Tive a sorte de comprar um quase novo em uma loja que vendia roupas usadas, uma instituição que vende doações para providenciar educação para pessoas com deficiências físicas. Estava voltando no trem e comecei a conversar com uma senhora negra. Após meia hora de conversa, ela disse que eu era muito bonito, que estava muito bem vestido, que a filha dela se apaixonaria por mim. Fiquei muito surpreso por observar essa espontaneidade em uma pessoa daquele país, lugar onde as pessoas fazem tudo para evitar contato visual com o outro. Ela também me perguntou de onde eu era e o que estava fazendo naquele país e eu disse a verdade. Sua face mudou por completo, seu corpo ficou todo retraído. Ela disse que aquele terno deveria ter custado o salário mensal dela. Falei que tinha comprado em uma loja de roupas usadas, que nasci na extrema pobreza. Essa senhora se levantou e disse rispidamente que eu não precisava ter uma atitude condescendente com ela. Até hoje fico sem palavras quando me lembro disso. Pela primeira vez na minha vida, um julgamento sobre classe apareceu como uma forma de diferenciação entre pessoas da minha raça, pela primeira vez estava em um universo totalmente distinto da vasta maioria das pessoas negras.

Cheguei à Harvard dois anos depois e eu já sabia que deveria omitir o motivo da minha presença naquele país para pessoas da minha raça. Mas eu estava tão orgulhoso por estar naquele lugar e não resisti ao desejo de comprar camisetas e moletons com o nome da Instituição. Logo percebi as consequências significativas disso. Vestir aquelas roupas impedia o contato com muitas pessoas negras, mas pelo menos pessoas brancas não me importunavam. Mais do que isso. As experiências cotidianas de subordinação que vivia no meu país não ocorriam nessa situação. Policiais brancos não me paravam, garçons brancos me tratavam de forma profissional, mulheres brancas não atravessavam para o outro lado da rua, homens brancos não colocavam a mão no bolso onde guardavam o celular para evitar um possível assalto. Pela primeira vez comecei a utilizar meu *status* social de forma estratégica, algo que minha raça e minha classe social nunca tinham me permitido. Pude compreender então um dado central de ser branco: a imunidade decorrente de privilégios sociais. Era uma experiência subjetiva inteiramente nova. Estar usando uma camiseta com o nome daquela Instituição me garantia acesso multiplicado às aventuras amorosas e ao relaxamento do escrutínio social em relação ao meu caráter. As pessoas me apresentavam para seus conhecidos e familiares como aluno daquela Instituição, o que era garantia de tratamento amigável e privilegiado. Pude então entender o motivo pelo qual muitas pessoas brancas lutam de forma ferrenha contra o avanço dos direitos de grupos minoritários.

Apesar de tudo isso, meu *status* como estudante daquela Instituição não me fazia um contato social importante para os colegas negros. Eles eram cordiais até o momento no qual ficavam sabendo que eu era um estrangeiro, sinal de que eu não era uma pessoa relevante para as redes de contatos deles. Não conseguia manter contato com negros pobres porque pensavam que eu era rico e as chances de interação com negros ricos eram restritas porque que eu era um estrangeiro. Esse fato impedia a construção de elos de solidariedade racial com ambos os grupos. Um processo paralelo acontecia com brasileiros brancos. Pela primeira vez eles passaram pela experiência de racialização. Eles descobriram que não são brancos, que esse *status* social também depende do país onde você nasce. Americanos e europeus são brancos, brasileiros são latinos, portanto, inferiores. Ironicamente, a experiência da racialização acontecia no plano da sexualidade, algo que sempre fez parte da minha vida pessoal. Alunas europeias e americanas estavam dispostas a manter relações sexuais com eles, mas sem que outras pessoas soubessem. Isso não fazia nada bem a muitos membros da classe alta brasileira. A desumanização abalava muitos desses indivíduos, motivo pelo qual alguns deles começaram a ver a noção de ações afirmativas com um pouco mais de simpatia quando foram pleitear emprego em escritórios de advocacia daquele país. Eles perceberam os resultados ainda significativos do projeto colonial. Enquanto alunos europeus conseguiam mais de trinta entrevistas com os grandes escritórios, os latinos conseguiam menos de cinco.

CAPÍTULO I – SOBRE COMO EU ME TORNEI UM JURISTA NEGRO

Eu efetivamente tive contato social com os negros e isso me permitiu ver, mais uma vez, a importância da noção de posição de sujeito. Uma das pessoas que percebeu minha frustração com a maneira como negros americanos tratavam negros estrangeiros era um sujeito do sul daquele país. Ele demonstrava interesse pela minha trajetória pessoal e também pela história racial brasileira. Mais do que isso, ele sempre criticava o fato de a burguesia negra norte-americana sempre preferir casamentos com pessoas negras de pele clara, fala que sempre me lembrava de experiências infantis. Eu me afastei dele porque ele fazia parte de um grupo nacionalista que pregava lugares distintos para homens e mulheres no casamento, o que me causava incômodo, porque sabia que a promoção da igualdade negra depende diretamente da libertação feminina. Ele também classificava a homossexualidade como uma doença imposta à comunidade negra pelos brancos. Certa vez disse a ele que isso não era verdade porque havia no continente africano uma tradição do casamento entre pessoas do mesmo sexo, o mesmo costume que existia entre nações indígenas dos Estados Unidos. Sua reação foi feroz. Ele disse que eu deveria ser homossexual porque estava reproduzindo ideias responsáveis pela destruição da masculinidade negra. Mencionei títulos de obras que atestavam o que eu tinha dito. Bem, sei muita coisa sobre a destruição da masculinidade negra. Tal como ele, nunca pude me afirmar socialmente a partir desse lugar. Ele começou a elaborar um longo discurso sobre a diferença da luta por direitos entre minorias raciais e sexuais, motivo pelo qual eles não deveriam ter os mesmos direitos.

Outra coisa importante. Minha experiência social naquele país permitiu que eu observasse de forma mais clara o caráter horizontal da discriminação. Era realmente curioso e amedrontador ver o ódio de pessoas brancas pobres quando passavam por estudantes estrangeiros da Universidade de Harvard, principalmente quando esses estudantes eram negros. Assim como a nossa, aquela é uma sociedade que convence pessoas brancas de que todas as instituições devem operar para garantir que elas sempre tenham acesso privilegiado ou exclusivo a oportunidades sociais. Esse é um dos motivos pelos quais várias pessoas brancas pobres tratam negros de forma tão discriminatória: eles pensam que sempre deveriam estar em uma posição superior, eles estão inteiramente convencidos de que negros sempre são inferiores a eles em todas as situações, mesmo os que são estudantes da melhor universidade do mundo.

Lembro-me de um dia em que estava no metrô com dois alunos africanos indo ver os Boston Celtics jogar contra os Los Angeles Lakers. Estávamos conversando em inglês. Ouvimos os comentários racistas de dois indivíduos brancos e prestamos atenção no que eles estavam falando. Pensei se valeria a pena retrucar as ofensas. Lembrei então que éramos *Harvard gentlemen* e começamos a conversar em francês. Eles ficaram alucinados de ódio. Essa faceta da discriminação é particularmente interessante porque pessoas brancas pobres racistas não dirigem sua indignação para as elites brancas; negros são os alvos preferenciais do ódio deles, porque eles são representados como inferiores. Ver um negro em uma posição de destaque é um insulto para muitas pessoas brancas porque elas são convencidas de que sempre devem estar em uma situação de vantagem econômica. Ver uma pessoa negra estudando naquela Instituição significa ver alguém que está em um lugar que ela não deveria. Eles não se preocupam com os alunos brancos que entram naquela Instituição porque os pais doaram algumas dezenas de milhões de dólares. Não há problema na violação do princípio da meritocracia porque são pessoas ricas contribuindo para Harvard. Eu observava essa manipulação ideológica e me lembrava da discussão sobre ações afirmativas em terras brasileiras. As elites brancas que jamais se preocuparam com meritocracia começaram a fazer referência a esse princípio para fomentar o ódio de brancos pobres contra negros pobres, como se a situação de privilégio na qual eles se encontram não decorresse do fato de que eles fazem parte dos círculos do poder que controlam o acesso às oportunidades sociais.

Creio que nunca esquecerei o *glamour* de estudar naquele lugar. Não porque eu sinta falta do *status* social associado àquela

CAPÍTULO I – SOBRE COMO EU ME TORNEI UM JURISTA NEGRO

Instituição, mas porque essa experiência me permitiu ter um *insight* importante sobre como muitas pessoas brancas pensam e sentem, mesmo que de forma inconsciente. Pude entender a sensação de posse dos espaços e de oportunidades sociais, elementos centrais do psiquismo branco. Estar em Harvard vendo uma palestra de Ronald Dworkin. Sentar em uma mesa de jantar ao lado de Bruce Ackerman. Ter aula com os mesmos professores de Barack Obama. Essas experiências despertaram um sentimento de exclusividade, de merecimento de estar naquele lugar de distinção. Eu só poderia estar naquela Instituição porque sou uma pessoa muito especial. E, de repente, eu comecei a usar a expressão "pessoas de Harvard". Isso era o sinal de que você não era igual ao resto dos seres humanos. Você é especial e as pessoas têm o dever de te tratar de forma especial. Quase todas elas te tratam com deferência e você fica convencido de que seu destino é especial. Pude sentir a mesma sensação que um homem branco carioca morador do Leblon vivencia todos os dias. Ele é a referência da masculinidade, os homens o admiram, as mulheres o desejam, todos o tratam bem em todos os lugares e ele consegue acesso a todas as oportunidades. Ele está em uma posição especial, ele vive em lugares específicos e esses lugares são parte de sua identidade, motivo pelo qual ele defende com vigor a presença exclusiva de pessoas brancas neles. A presença de corpos negros nesses espaços incomoda imensamente essas pessoas porque não são apenas os locais onde elas vivem e frequentam; eles também têm um papel central na definição da identidade pessoal e social desses indivíduos. Da mesma forma que eles investem na manutenção da exclusividade da presença branca dos lugares que eles frequentam, eu investia no meu *status* de estudante da mais famosa instituição de ensino superior do mundo. Os alunos e alunas de Harvard têm uma atitude específica, que faz as pessoas se identificarem com alguma rapidez. Estar naquela Instituição significa estar no meio de pessoas especiais e iguais.

Um dia eu estava na biblioteca da Faculdade, sem muita motivação para ler as centenas de páginas semanais exigidas pelas disciplinas que cursava. Recebi um *e-mail* com o convite para ir a um debate sobre relações amorosas na comunidade negra, o *Black Love Forum*. Sabia que essa seria uma ótima experiência sociológica. Não estava errado. As discussões sobre relações amorosas entre os membros da burguesia negra daquele norte-americana não poderiam ser mais interessantes. Um certo desconforto se instalou quando dois alunos de ascendência asiática chegaram minutos antes do início do evento. Alguns membros do coletivo perguntaram se eles estavam cientes do propósito do evento e eles disseram que sim, que queriam permanecer. Ouvi comentários de desagrado ao meu redor; alguns disseram que a presença deles impediria muitas pessoas de falar abertamente sobre suas experiências. A pessoa que lideraria a discussão atrasou o início do evento para que eles percebessem que a presença deles era indesejada, mas isso não os demoveu do propósito de permanecer.

A discussão teve início. Primeiro surgiu o tema da solidão da mulher negra e do homossexual negro. As mulheres negras falaram sobre as dificuldades de encontrar homens negros interessados em ter esposas com grandes ambições acadêmicas e profissionais. Parece que a vasta maioria das mulheres negras que possuem curso superior permanecem solteiras durante toda a vida. Elas falavam da frustração que sentiam porque eram estudantes da melhor universidade do mundo, eram muito inteligentes, tinham uma ótima perspectiva profissional, mas não conseguiam encontrar parceiros amorosos ou nem mesmo ter uma vida sexual regular. De acordo com elas, isso porque a maioria das pessoas negras nas universidades são mulheres e porque muitos homens negros têm preferência por mulheres brancas. Vários deles preferem mulheres que não privilegiam a vida profissional em relação ao casamento. Homens de outras raças não contemplam mulheres negras como possíveis escolhas amorosas; só mesmo aquelas que têm a pele muito clara despertam o interesse amoroso de homens brancos por estarem próximas do ideal estético da mulher branca. Algumas alunas mais exaltadas disseram que os homens negros heterossexuais são

CAPÍTULO I – SOBRE COMO EU ME TORNEI UM JURISTA NEGRO

responsáveis pelo fim da raça negra porque eles querem se casar com mulheres brancas, deixando as mulheres negras na situação em que se encontram.²²

Alunos negros homossexuais fizeram relatos semelhantes, embora a situação dos membros desse grupo pareça ser ainda pior do que a das mulheres negras. Segundo eles, quanto maior o nível educacional, quanto maior o sucesso profissional, menores são as chances de eles encontrarem parceiros amorosos. Eles seriam então solteiros estruturais. Primeiro porque muitos homens negros homossexuais preferem adotar um estilo de vida heterossexual para evitar discriminação dupla, principalmente os de classe sociais superiores. Segundo porque a ascensão social faz com que os membros desse grupo circulem em espaços majoritariamente brancos, o que os situa em uma situação de isolamento social. Relações amorosas com pessoas brancas não são uma alternativa real por causa do racismo dentro dessa comunidade, informação cuja validade pude confirmar depois, lendo estudos sobre relacionamentos inter-raciais naquele naquela sociedade.²³ O sucesso profissional não elimina o estigma associado à raça das pessoas, nem mesmo quando você estuda em Harvard. Um deles disse que o casamento é um luxo para homossexuais brancos, não para homossexuais negros. É lamentável tomar conhecimento do fato de que a ascensão profissional

---

22 Ver JOHNSON, Kecia *et al.* "Black marriage through the prism of gender, race and class". *Journal of Black Studies*, vol. 46, nº 2, 2015; YANCEY, George. "Who interracially dates: an examination of those who have dated interracially". *Journal of Family Studies*, vol. 33, nº 2, 2002, pp. 179-190.

23 Para uma análise de relações raciais dentro dessa comunidade ver BOYKIN, Keith. *One more river to cross*: black & gay in America. Nova York: Anchor Books, 1996, pp. 212-235; PINHO, Osmundo. "@s outras carioc@as: homoerotismo, hegemonia e história". *Cadernos Pagú*, vol. 31, 2008, pp. 547-552; CHOI, Kying-Hu *et al.* "Strategies for managing racism and homophobia among U.S. ethnic and racial minority men who have sex with men". *AIDS Educational Prevention*, vol. 23, nº 2, 2011, pp. 145-158; AYRES, Toni. "China doll: the experience of being a gay Chinese Australian". *Journal of Homosexuality*, vol. 36, nº 3/4, 1999, pp. 87-97.

pode ter efeitos muito negativos em outros aspectos da vida de um indivíduo. Parece não haver diferença entre heterossexuais e homossexuais no que diz respeito ao racismo: pessoas brancas são representadas como os únicos parceiros sexuais aceitáveis nas duas comunidades. Um deles também mencionou outro aspecto responsável pela solidão entre negros homossexuais altamente qualificados: ser um homossexual efeminado é algo que praticamente elimina as chances de uma vida amorosa. Homossexuais também cultuam o padrão heterossexual como ideal comportamental, outro motivo pelo qual eles são desprezados dentro do próprio meio. Eles também disseram que muitos homens negros homossexuais e heterossexuais os desprezam porque eles comprometem ainda mais a masculinidade negra, uma identidade já representada como uma forma de pertencimento subordinado. Ser um homem másculo seria então um requisito primordial para disputar as já pouquíssimas oportunidades que negros homossexuais têm de encontrar um parceiro amoroso.

Uma aluna reagiu a esse depoimento dizendo que homossexuais estão em uma situação mais vantajosa em relação a mulheres negras porque eles têm maior acesso a parceiros sexuais, inclusive a parceiros de outras raças. Essa afirmação causou grande incômodo. Um aluno pediu a palavra e disse que nada poderia estar mais distante da realidade. Segundo ele, homens negros não fazem parte do ideal estético que impera nessa comunidade, o que os torna sexualmente invisíveis para a maioria de homens brancos homossexuais, grupo que ele considera tão racistas quanto homens brancos heterossexuais. Homens negros podem ser procurados para encontros sexuais fortuitos, mas não são vistos como parceiros amorosos socialmente aceitáveis. Além disso, disse ele, as relações sexuais entre homens negros são permeadas por problemas relacionados com o racismo e o machismo. Ele afirmou que sempre se sentiu mais atraído por homens negros, mas que, muitas vezes, as relações sexuais não aconteciam em função da negociação do ato sexual, processo inteiramente permeado por relações de poder.

CAPÍTULO I – SOBRE COMO EU ME TORNEI UM JURISTA NEGRO

Muitos homens negros com os quais ele saia não admitiam qualquer tipo de expressão de afeto. Ele não podia fazer carinho neles e não recebia carinho deles. Qualquer ato que pudesse ser interpretado como algum tipo de vulnerabilidade impossibilitava a continuidade da relação sexual. A negociação do ato sexual passava por um longo debate no qual os parceiros se recusavam a fazer qualquer coisa que pudesse ser vista como uma posição de submissão sexual segundo o imaginário heterossexual. Na mente desses indivíduos, o ato sexual não poderia ser mais uma experiência de subordinação. Ele contou que até mesmo elogios eram interpretados por alguns desses homens negros como um tipo de desrespeito, pois eles foram criados em uma cultura na qual a beleza é um atributo de pessoas brancas. Esse aluno disse que quase chegou a ser agredido porque ele disse a um indivíduo com o qual estava em uma situação íntima que ele era um deus negro e o rapaz pensou que ele estava sendo irônico; a expressão de desejo e admiração foi interpretada como uma piada. A associação cultural da masculinidade negra com a violência faz com que muitos homens negros interpretem afeto como algo incompatível com a identidade deles. O aluno disse ao final que a maioria de homossexuais negros vive em uma situação de imensa solidão. Primeiro porque muitos negros que estão nessa situação não assumem publicamente a orientação sexual por medo de dupla discriminação. Segundo porque relações com pessoas de outras raças não são uma opção à qual eles têm acesso por não serem vistos como parceiros sexuais aceitáveis. Infelizmente, há ainda aqueles homossexuais negros que estabelecem o namoro com homens brancos como uma forma de realização pessoal, o que contribui para piorar a situação.

Os alunos negros heterossexuais presentes permaneceram calados durante quase todo o tempo. Penso que eles estão em uma situação muito diferente da desses grupos. A demanda sexual e amorosa por eles é significativa. Uma aluna disse que eles estão cientes de que são a única possibilidade de relacionamentos amorosos para mulheres negras e sabem que a combinação de estereótipos sobre a virilidade de homens negros e privilégios de classe os torna atraentes para mulheres brancas. Alguns desses alunos reagiram imediatamente. Eles disseram que mulheres brancas não os procuram porque pensam que são possíveis parceiros amorosos, elas apenas querem satisfazer uma mera curiosidade sexual. Eles relataram casos nos quais eles pensavam que estavam em um relacionamento amoroso, mas, na verdade, estavam apenas sendo sexualmente objetificados. Eles também afirmaram que seus corpos são vistos como um objeto público à disposição da satisfação do desejo sexual de mulheres brancas.

Um dos alunos asiáticos interveio nesse momento. Ele perguntou se as pessoas presentes estavam cientes de um estudo no qual os entrevistadores perguntaram às mulheres brancas que utilizavam sites de relacionamentos quanto elas achavam que deveriam ser recompensadas por se casarem com homens de outras raças. Todos ficaram atônitos com o que ele disse. As mulheres brancas entrevistadas disseram que deveriam ter como compensação um salário anual de cerca de cem mil dólares por casarem com homens hispânicos, cerca de duzentos mil dólares por se casarem com negros e cerca de duzentos e cinquenta mil dólares por se casarem com homens asiáticos. O motivo da presença daqueles alunos ficou claro naquele momento. Eles estavam ali para falar como o estigma racial afeta todos os aspectos da vida de minorias raciais.[24] O fato de serem representados como pessoas que não têm o mesmo nível de masculinidade do homem branco faz com que eles sejam desprezados por mulheres asiáticas. Além disso, essa representação da falta de assertividade sexual do homem asiático atua como um obstáculo para o exercício de direitos. Eles são frequentemente impedidos de estarem em cargos de comando por

---

[24] HISTCH, Günter J.; HORTAÇSU, Ali; ARIELY, Dan. "What Makes You Click? – Mate Preferences and Matching Outcomes in Online Dating". *MIT Sloan Working Paper*, fev. 2006, pp. 4603-4606. Disponível em: http://www.asian-nation.org/docs/online-dating-study.pdf. Acessado em: 27.09.2023.

causa disso. Esse dia acrescentou outro elemento importante na minha reflexão sobre raça e Direito: *as conexões entre o espaço público e o espaço privado.*

Obviamente, além da análise das formas de como comportamentos privados contribuem para a subordinação de minorias raciais e sexuais, minha experiência acadêmica naquela Instituição me permitiu observar de maneira mais clara as relações entre raça e Direito. Pude estudar teorias que foram elaboradas com esse propósito específico e a leitura de um texto que falava sobre a forma como o Direito opera como um sistema de microagressões demonstrou como normas jurídicas possuem sentidos distintos para juristas brancos e para juristas negros, como a raça determina a forma como as pessoas interpretam leis a partir do lugar social no qual elas estão situadas.[25] Também percebi que a possibilidade de atuação como um agente de transformação social estava relacionada ao fato de que as pessoas podiam falar de maneira aberta sobre as experiências de subordinação delas, o que nunca ocorre nas nossas instituições de ensino jurídico. Havia ainda um interesse dos professores em ouvir o que os alunos tinham a dizer porque eles estão cientes de que o Direito precisa dialogar com todas as pessoas. Programas de ações afirmativas têm um propósito claro para as instituições que as utilizam: precisamos conhecer qual é a experiência social de diferentes membros da sociedade para que o sistema jurídico possa atuar de forma mais efetiva.[26]

Percebi ao longo da minha estada naquela Instituição uma das razões de sua imensa reputação: a preocupação com a diversidade do corpo docente e do corpo discente. Eu andava pelos prédios das

---

[25] DAVIES, Peggy. "Law as microaggresion". *Yale Law Journal*, vol. 98, n° 5, 1989, pp. 1559-1577.

[26] Para uma análise dos benefícios da diversificação racial em universidades e em ambientes corporativos ver ESTLUND, Cynthia L. "Putting Grutter to work: diversity, integration, and affirmative action in the workplace". *Berkeley Journal of Employment and Labor Law*, vol. 26, n° 1, 2005, pp. 1-40.

Faculdades e via professores e professoras de todas as raças nas paredes. Você então começa a compreender porque não há produção sobre temas que afetam grupos minoritários como teorias de discriminação no nosso país. Quase todos os professores e professoras das nossas escolas de Direito são pessoas brancas e heterossexuais. Elas não estão interessadas nisso. Para elas, esses são problemas que só existem na cabeça das pessoas negras. Enfrento hoje uma dificuldade imensa para realizar pesquisas sobre discriminação racial no sistema penal porque ninguém fala sobre isso. Não há estatísticas, não há interesse, há poucas teorias sobre esse tema no Direito brasileiro. Mas o interesse na diversidade racial fez com que Harvard fosse um dos berços de teorias que permitem hoje que autores de todo o mundo tenham um riquíssimo cabedal teórico para tratar questões relativas à raça e Direito. Alguns professores negros dessa universidade formularam as bases de uma teoria que cria os parâmetros para a melhoria da vida das pessoas. Mas esse não é um objetivo de muitas instituições brasileiras. Elas apenas querem ter certeza que o poder sempre permanecerá nas mãos das mesmas pessoas.

Certo dia estava em uma das bibliotecas da universidade quando tomei conhecimento de uma palestra sobre uma conhecida teoria de discriminação. Tinha pensado em ir ao cinema, mas não poderia perder a oportunidade de estar diante de uma das mais influentes intelectuais negras do mundo. Cheguei trinta minutos antes do evento e pude sentar nas primeiras filas. Permaneci estático durante toda a fala da famosa professora Kimberlé Crenshaw. Outras duas expressões começaram a fazer parte do meu repertório racial: *multidimensionalidade* e *interseccionalidade de direitos*. Estava maravilhado, mas também muito frustrado porque cada frase que ela pronunciava me lembrava de uma experiência de exclusão social que sofri no espaço público ou no espaço privado. Parece funcionar assim o processo de empoderamento: a tomada de consciência das várias formas de opressão causa um abatimento emocional no indivíduo, mas o compartilhamento dos seus trabalhos para sua comunidade fortalece todos os seus membros. Estava

CAPÍTULO I – SOBRE COMO EU ME TORNEI UM JURISTA NEGRO

ali diante da fundadora da teoria da interseccionalidade. Aquela não era apenas uma experiência de caráter acadêmico. Aquele era o momento no qual você compreende como as relações entre sexo e raça, raça e classe, raça e sexualidade, raça e nacionalidade definem cada aspecto de sua vida e também a posição que você ocupa dentro da sociedade. Você percebe o papel do Direito em todas essas formas de subordinação, algo que não pode ser pensado como um mero acúmulo de discriminações, mas como uma posição social estruturalmente distinta daquela na qual juristas brancos se encontram. Eu me lembrava das discussões que tinha no meu país e dos meus professores brancos dizendo que eu sofria de complexo de inferioridade por estar sempre escrevendo sobre experiências de subordinação.

Estar em um dos berços de teorias elaboradas para a análise das relações entre raça e Direito foi uma experiência magnífica. Eu consultava o catálogo de disciplinas e encontrava vários cursos sobre esse tópico. Me lembro da primeira aula do curso sobre Direito das Relações Raciais. Essa expressão parece estranha, não é mesmo? Durante um ano estudei decisões judiciais, normas jurídicas, políticas estatais que estabeleceram e deram continuidade ao processo de marginalização cultural e social da população negra dos Estados Unidos ao longo da história. Não posso enfatizar suficientemente o impacto que esse curso teve na minha formação intelectual como jurista negro. Esse foi o momento no qual uma dicotomia começou a fazer parte integrante da forma como penso a interpretação jurídica: *direito* e *identidade*. Analisamos várias decisões judiciais que regulavam a circulação de pessoas negras no espaço público e no espaço privado, que restringiam o direito de voto, que limitavam a chance de escolha da raça dos parceiros sexuais, que legitimavam a exclusão econômica de minorias raciais, que restringiam acesso à educação de membros desses grupos. Em cada caso examinávamos as estratégias que os membros do grupo racial dominante utilizavam para fazer com que as normas jurídicas espelhassem seus interesses privados e para que elas pudessem manter o *status* social distinto de que sempre gozaram. Discutimos nessas aulas as formas a partir das quais o Direito cria, institucionaliza e reproduz identidades. Depois disso, os representantes desses grupos sociais falavam que essas normas eram expressões da racionalidade da população e que elas deveriam ser interpretadas de forma objetiva. Observamos como o Direito tinha um papel central na manutenção das diferenças simbólicas e culturais entre os grupos raciais, como pessoas brancas podem utilizar as instituições estatais para avançar seus interesses, motivo pelo qual podemos falar em um Estado racial. Vimos também quais foram as metodologias de interpretação da igualdade que as cortes utilizavam para legitimar essas decisões, sempre vendo a igualdade como um princípio de caráter procedimental.

Eu me lembro especialmente das aulas nas quais discutimos as diversas maneiras a partir das quais o Direito tem sido utilizado para garantir a pureza racial, para preservar a sexualidade branca, para manter a separação dos espaços brancos, para reproduzir estigmas raciais. Foram oportunidades para que eu pudesse ver como a ideologia racial e a posição social do jurista determina a forma como ele interpreta a igualdade. A primeira delas foi o caso de um escravo que demandava judicialmente sua libertação porque morava em um Estado onde não havia escravidão, sendo que uma das cláusulas do texto constitucional daquele país exigia a aplicação do mesmo tratamento jurídico a todas as pessoas. As autoridades judiciárias máximas daquele país indeferiram o pedido sob o argumento de que os fundadores daquela nação jamais cogitaram a possibilidade de que negros algum dia se tornariam cidadãos, motivo pelo qual eles não podiam acionar o sistema judiciário.[27] A preocupação real eram as consequências que o

---

[27] ESTADOS UNIDOS. Suprema Corte. *Dredd Scott v. Sandford*, 60 U.S. (19 How) 393, 1857 (indeferindo pedido de libertação de um escravo sob o argumento que eles não poderiam acessar o Judiciário por não fazerem parte da comunidade de cidadãos).

CAPÍTULO I – SOBRE COMO EU ME TORNEI UM JURISTA NEGRO

deferimento do pedido teria para a manutenção da escravidão, o que explicava a articulação estratégica entre formalismo jurídico e racismo científico para negarem essa demanda. Essa decisão tem uma importância histórica imensa porque vemos nela um jurista branco utilizando a hermenêutica para estabelecer uma relação direta entre duas dimensões identitárias: o *status* como sujeito de direito e o pertencimento ao grupo racial dominante.[28]

Também me lembro de outro caso decidido décadas depois que tinha como objetivo preservar o direito de pessoas brancas circularem em espaços racialmente homogêneos, decisão que lançou as bases legais para o sistema de segregação racial que durou cerca de setenta anos. Calçadas separadas, escolas separadas, bairros separados, clubes separados, cinemas separados. Tudo isso para preservar os interesses privados de pessoas brancas e para legitimar uma ordem social baseada no privilégio branco. O tema da identidade também atravessa essa decisão porque ela estabeleceu uma hierarquia entre grupos raciais, consolidando a relação entre a raça branca e a representação da nação. É interessante a similaridade das vozes sociais que defendiam essa prática social com as vozes contrárias ao aumento de linhas de transporte público que garantem o acesso da população negra a lugares frequentados por pessoas brancas em centros urbanos no nosso país.[29]

O Direito também teve um papel importante na regulação da sexualidade ao longo da história social daquele país. Normas jurídicas proibiam o casamento entre pessoas de raças diferentes porque supostamente forças divinas criaram as raças e as colocaram em continentes diferentes, sinal de que a mistura não era

---

[28] Para uma análise do caso em questão ver TOMKINS, Alam; OURSLEN, Kevin. "Social and scientific perspectives in judicial interpretation of the Constitution". *Law and Human Behavior*, vol. 15, nº 2, 1991, pp. 101-120.

[29] ESTADOS UNIDOS. Suprema Corte. *Plessy v. Ferguson*, 163 U.S. 637, 1896 (afirmando que a igualdade formal não garante o direito de negros circularem nos mesmos espaços sociais do que brancos).

algo desejável. Relacionamentos entre negros e brancos eram uma abominação, bem como a prole gerada por eles. Essas leis estiveram em vigência até tempos recentes, sendo que a moralidade social que as legitimava ainda não desapareceu. Mas essa decisão ocorreu em um momento de luta por direitos civis, no momento de luta pela eliminação das práticas sociais e normas jurídicas que estabeleciam o pertencimento à raça branca como requisito para o acesso ao gozo de direitos.[30] A história social de uma decisão recente que declarou a inconstitucionalidade das leis que proibiam atos sexuais entre pessoas do mesmo sexo mostra de forma clara como racismo e homofobia se cruzam para tentar preservar a sexualidade branca. A decisão trata apenas da constitucionalidade dessas normas, mas o caso teve origem em uma ligação de um vizinho que estava incomodado com a presença de um homem negro em um bairro branco. Sabemos que muitos brancos querem ver apenas corpos brancos nos lugares onde eles frequentam. Bem, a polícia chega, questiona o motivo da presença de um homem negro em um bairro branco. O homem branco identifica o homem negro como seu namorado. Os guardas brancos, inconformados com o sexo entre homens de raças distintas, prendem os dois por violarem a norma destinada a preservar a sexualidade heterossexual. Essa decisão reverteu um precedente importante que estabelecia a heterossexualidade como a única forma de sexualidade possível de ser exercida no espaço público e no espaço privado, indicação de que a identidade heterossexual sempre esteve ligada ao conceito de nação.[31]

Ideologias raciais e formalismo jurídico também estavam em outro caso decidido quase cento e cinquenta anos depois daquela

---

[30] ESTADOS UNIDOS. Suprema Corte. *Loving v. Virginia*, 386 U.S. 1, 1967 (declarando a ilegalidade de normas que proibiam o casamento inter-racial).

[31] ESTADOS UNIDOS. Suprema Corte. *Lawrence v. Texas*, 539 U.S. 538, 2003 (declarando a ilegalidade de leis que proibiam atos sexuais entre homossexuais). Para uma análise do contexto social do caso ver CARPENTER, Dale. *Flagrant conduct*: the story of Lawrence v. Texas. Nova York: Norton & Company, 2012.

CAPÍTULO I – SOBRE COMO EU ME TORNEI UM JURISTA NEGRO

que afirmou a impossibilidade de se considerar negros como membros da comunidade política. A ideologia racial ali presente não pregava a inferioridade racial, mas a completa irrelevância da raça naquela sociedade. Parece que o fim do racismo legalizado impediu as pessoas brancas por completo de utilizar o poder econômico e político para manter seus privilégios sociais. Atos privados de discriminação deixaram de existir, eles não possuem mais nenhum papel na determinação da vida das pessoas negras. Então ações afirmativas não são necessárias, mesmo porque, afirmou um dos juízes, todos os grupos étnicos sofreram discriminação. É isso. A discriminação que poloneses sofreram nos Estados Unidos tem a mesma gravidade do que trezentos anos de escravidão africana. Se na primeira decisão a raça é o fator que impede negros de serem reconhecidos como cidadãos, na segunda a afirmação da raça como um critério de política pública pode fazer com que negros não sejam reconhecidos como cidadãos. Parece um grande avanço se o formalismo jurídico que anima esse raciocínio não desconsiderasse por completo a realidade histórica na qual negros vivem. Um dos juízes disse ainda que não podemos traçar uma relação direta entre o passado histórico e a situação atual dos negros dos Estados Unidos porque todos os grupos poderiam demandar o mesmo tipo de direitos. Esse é um ótimo exemplo de como o discurso racista muda para manter as coisas como elas sempre foram.[32]

É realmente curioso como os juristas brancos daquele país raciocinam da mesma forma que os juristas brancos brasileiros em um ponto importante: eles afirmam que a busca da neutralidade racial é a única forma de justiça, que transformações culturais mudaram as atitudes de pessoas brancas, que a homogeneidade cultural e a miscigenação racial impedem a existência do que se

---

[32] ESTADOS UNIDOS. Suprema Corte. *Bakke v. University of California*, 438 U.S. 265, 1978 (afirmando que apenas o princípio da diversidade é o único argumento constitucional que justifica a consideração da raça nos processos de seleção para universidades).

poderia chamar de racismo, algo que só existe quando um indivíduo específico discrimina outro indivíduo específico. O tema da identidade continua presente, mas de outra forma. A assimilação social serve para fundamentar o discurso da neutralidade racial: era errado criar privilégios raciais baseados na branquitude, então também não podemos fazer o mesmo em relação à negritude. Para eles, qualquer forma de consciência racial impede a criação de uma identidade comum como sujeitos de direitos.[33]

Esses cursos me trouxeram elementos para que eu pudesse analisar de forma adequada a minha experiência de vida e também a complexa rede de construções sociais responsáveis pelas diferenças de *status* social e cultural entre negros e brancos. Esses dois fatores não permitem que eu compreenda a igualdade como tratamento simétrico, não me permitem pensar o Direito como uma disciplina dissociada da realidade social. Também não poderia pensar o Direito como produto do consenso, nem como um sistema lógico. Após décadas pensando o Direito como um empecilho à minha dignidade pessoal, eu pude finalmente obter o cabedal teórico para desvelar as relações de poder entranhadas no processo de interpretação jurídica. Mas o estudo do entorno político e das decisões judiciais responsáveis pelos processos de luta contra a segregação racial me inspirou também a ver o Direito como uma possível arma política em nome dos oprimidos. Pude ter contato com formas criativas de luta contra a opressão racial. No curso de Teoria Racial Crítica mergulhei no tema da interpretação jurídica, tópico central das estratégias jurídicas para promover a opressão racial.

---

[33] Para uma análise do discurso da neutralidade racial nos Estados Unidos e suas semelhanças com a ideologia da democracia racial, ver: DOANE, Ashley. "The changing politics of color-blind racism". *Research in Race and Ethnic Relations*, vol. 14, 2007, pp. 159-174; MOREIRA, Adilson José. "Discourses of Citizenship in American and Brazilian affirmative action court decisions". *American Journal of Comparative Law*, vol. 64, n° 3, 2012, pp. 455-504.

CAPÍTULO II
HERMENÊUTICA JURÍDICA E NARRATIVAS PESSOAIS

Pretendo desenvolver neste livro uma crítica da noção de igualdade como tratamento simétrico entre indivíduos e, por isso, quero analisar uma questão importante para esse objetivo. A interpretação da igualdade não pode ignorar o contexto social no qual os indivíduos estão situados. É importante afirmar isso porque a defesa da igualdade como procedimento parte do pressuposto de que os membros da comunidade política possuem experiências sociais similares, que as instituições tratam todos da mesma forma. Essa perspectiva legitima um dos pontos-chave da doutrina liberal: a compreensão da sociedade como uma comunidade de indivíduos que possuem os mesmos direitos, motivo pelo qual normas jurídicas devem tratar todos eles a partir dos mesmos parâmetros. Sou um jurista que pensa como um negro e não me deixo seduzir por afirmações dessa natureza porque elas permitem a total desconsideração das relações de poder presentes nas interações sociais cotidianas. Esse é um dos motivos pelos quais muitos juristas negros defendem uma postura hermenêutica que afirma a importância da autobiografia no processo de análise jurídica das relações sociais. Pessoas negras possuem uma experiência social distinta de pessoas brancas. Este fato é muito relevante para a interpretação constitucional. Por esse motivo, intelectuais negros começaram a elaborar uma perspectiva interpretativa que fala na primeira pessoa para que o processo hermenêutico possa adquirir um sentido mais claro dentro das situações concretas pelas quais grupos minoritários passam.[34]

A hermenêutica jurídica tradicional parte da necessidade de elaboração de regras genéricas para satisfazer as exigências impostas pelo ideal de neutralidade na operação do Direito. O intérprete não tem uma identidade específica porque ele se coloca perante seu objeto de análise como um ente abstrato; quaisquer pessoas poderiam ocupar a mesma função e elas chegariam às mesmas conclusões. Esse aspecto da tradição da hermenêutica jurídica liberal torna-se ainda mais complicado quando ele se encontra com a nossa doutrina da neutralidade racial, convergência de discursos presentes em várias decisões sobre ações afirmativas. Observamos nessas decisões judiciais o argumento que pudemos construir uma cultura pública baseada na cordialidade das relações sociais, o que sempre aparece como evidência de que a raça não é um fator que impede a ascensão de pessoas negras.[35] Vejo muitos colegas de magistério questionarem a relevância do meu interesse por questões raciais porque esse

---

[34] CULP JR, Jerome McCristal. "Autobiography and legal scholarship and teaching: finding the me in the legal academy". *Virginia Law Review*, vol. 77, n° 3, 1991, pp. 539-559; DELGADO, Richard. "Storytelling for oposicionits and other: a plea for narrative". *Michigan Law Review*, vol. 87, n° 6, 1989, pp. 2416-2425.

[35] Ver, por exemplo, BRASIL. Tribunal de Justiça de Minas Gerais, Ação Direta de Inconstitucionalidade N. 1.000.00.3275572-4/00(1), Órgão Julgador: Corte Superior, Relator: Corrêa de Martins, 03.12.2003 (declarando a inconstitucionalidade de um programa de ações afirmativas sob o argumento de que o governo não pode promover a inclusão de um grupo a partir da discriminação de outro; BRASIL. Tribunal Regional Federal da 1ª Região, Agravo de Instrumento 61893, Órgão Julgador: 2ª Turma, Relator: Paulo Gadelha, DJ 27.01.2006 (classificando ações afirmativas como uma política segregacionista porque cria ressentimento em um país no qual disparidades entre negros e brancos de problemas históricos e não de processos de discriminação presente).

CAPÍTULO II – HERMENÊUTICA JURÍDICA E NARRATIVAS PESSOAIS

tópico supostamente não tem relevância na nossa sociedade. Alguns afirmam que minha ênfase neste assunto quando leciono Direitos Humanos indica que não posso tratar temas jurídicos a partir de uma perspectiva neutra, o que compromete a qualidade do meu ensino e também da minha produção.

Bem, sou um homem negro que vive em uma das sociedades mais racistas do mundo. O racismo não ocorre apenas quando uma pessoa negra não consegue entrar em um hotel de luxo; ele está presente em quase todas as interações sociais, em quase todas as produções culturais. Precisamos superar uma série de estereótipos raciais sempre que interagimos com as pessoas ou passamos por elas no espaço público; minha raça indica para elas se devem atravessar para o outro lado da rua ou não. Acho estranho então que uma pessoa exija um posicionamento neutro de um professor negro que leciona Direitos Humanos. O que significa lecionar o Direito a partir de uma postura neutra? Penso que essas pessoas acreditam que o Direito é uma disciplina baseada em princípios jurídicos universais que se aplicam às todas as pessoas e em todas as situações; minha postura seria neutra se eu mencionasse em sala de aula apenas a lógica do funcionamento das normas jurídicas. Estaria, assim, tendo uma atitude correta porque não estaria recorrendo a qualquer tipo de subjetivismo, a experiências que não correspondem à realidade das pessoas brancas. Parece então que a demanda pela neutralidade decorre da necessidade de ensinar o Direito de acordo com a experiência social de pessoas brancas. Elas podem pensar o Direito a partir de uma perspectiva universal porque elas são a referência a partir da qual as normas culturais operam. Mas eu não posso falar a partir dessa posição porque eu não sou um sujeito universal. O racismo é parte central da minha vida cotidiana, motivo pelo qual utilizo histórias pessoais para iluminar a interpretação de normas jurídicas.

Devo problematizar um tema que também está presente nessa demanda para que minha postura acadêmica seja neutra em relação às questões raciais. Será que minha experiência como um homem negro permite que eu pense o Direito a partir de uma perspectiva diferenciada? Minha condição de um membro de alguns grupos minoritários me permite desenvolver uma forma de interpretação de normas jurídicas que possa fazer com que elas possam ter uma função transformadora? Início a resposta às estas perguntas a partir de uma afirmação importante. O sistema jurídico opera na vida das pessoas de forma bem distinta. Ele pode garantir direitos para pessoas brancas, aquelas que realmente podem afirmar uma individualidade, mas ele muitas vezes atua como um sistema de opressão na vida daqueles que não possuem o mesmo *status* cultural ou material que os membros do grupo racial dominante.[36] A experiência cotidiana de opressão faz com que pessoas negras tenham uma visão diferente do Direito porque ele ainda não permitiu a realização do ideal liberal que norteia sua aplicação no mundo moderno. Pelo contrário, a opressão racial encontra ampla legitimação em atos estatais discriminatórios que mascaram como as normas jurídicas universais podem causar danos diretos e indiretos a pessoas negras.[37]

Entrei em uma faculdade de Direito para ser um agente de transformação social e também porque queria ter um futuro profissional mais promissor. Estive envolvido em pesquisas sobre grupos minoritários desde o início da minha graduação, o que me permitiu perceber como a hermenêutica jurídica baseada em premissas liberais não poderia promover mudanças significativas na vida das pessoas. Portanto, sempre estive interessado em analisar o Direito a partir do ponto de vista de um subordinado. Penso que

---

[36] Ver, nesse sentido: DELGADO, Richard. "Storytelling for oposicionits and other: a plea for narrative". *Michigan Law Review*, vol. 87, nº 6, 1989, pp. 2429-2433; CULP JR, Jerome McCristal. "Telling a black legal story: privilege, authenticity, blunders and transformation in outsider narratives". *Virgina Law Review*, vol. 82, nº 1, 1996, pp. 69-93.

[37] FREEMAN, Alan. "Legitimizing discrimination through antidiscrimination law. A critical review of Supreme Court doctrine". *Minnesota Law Review*, vol. 62, nº 4, 1978, pp. 1049-1059.

CAPÍTULO II – HERMENÊUTICA JURÍDICA E NARRATIVAS PESSOAIS

pessoas negras podem identificar vários problemas que são invisíveis para muitas pessoas brancas, motivo pelo qual procuro neste livro convidar o leitor a ver o Direito a partir dos meus olhos, a pensar como um jurista negro. Isso significa que não posso falar sobre a interpretação do princípio da igualdade a partir de um ponto de vista neutro porque não posso ignorar as formas como raça e Direito interagem nos diferentes níveis do processo decisório estatal. Como afirmam alguns autores, ignorar a experiência cotidiana de pessoas negras no confronto com o sistema jurídico significa validar uma perspectiva que espelha a experiência social de pessoas brancas e torna a discriminação dos negros invisível.[38] Algumas premissas permitem que isso ocorra, principalmente a noção de que raça não tem relevância da operação do Direito, que agentes institucionais operam de acordo com as normas jurídicas, que a discriminação depende necessariamente da intenção de discriminar, o que uma pessoa que opera de acordo com o sistema jurídico não fará. São, portanto, ideias calcadas no pressuposto segundo o qual o sistema jurídico opera de acordo com princípios transcendentais.[39]

Este trabalho apresenta os fundamentos da Hermenêutica Negra, posição que procura expressar a relevância de vozes negras dentro do discurso jurídico. Mais uma vez, uma afirmação dessa natureza pressupõe a existência de uma perspectiva particularmente negra que é relevante para o Direito. Mais do que um meio de investigação das relações próximas entre raça e Direito, essa perspectiva parte do pressuposto de que há uma perspectiva negra de como o Direito deve operar. O ponto central dessa forma de se compreender o Direito é a noção de que o sistema jurídico

---

[38] O'BYRNE Shanon. "Legal criticism as storytelling". *Ottawa Law Review*, vol. 23, nº 2, 1991, pp. 487-503.

[39] BRASIL. Tribunal de Justiça do Rio de Janeiro, Processo n. 0008566-71.2016.8.19.0001, 39ª Vara Criminal, Juiz: Ricardo Coronha Pinheiro, 20.04.2017 (reconhecendo a legitimidade do testemunho no caso de Rafael Braga sob o argumento de que policiais não tinham motivo para querer discriminar o acusado).

deve funcionar para promover a transformação do *status* social de minorias raciais, o que dificilmente ocorrerá se continuarmos a interpretar normas jurídicas a partir de seus pressupostos universalistas. Isso permite que as diversas formas de opressão racial permaneçam invisíveis porque não se considera a experiência de sujeitos sociais concretos. Os autores que lançaram as bases do que estou chamando de Hermenêutica Negra argumentam que as formas tradicionais de interpretação são amplamente inadequadas para falar sobre a experiência jurídica de pessoas negras em função de seus pressupostos. Eles procuram adotar uma técnica que possa afirmar a necessidade de construção de uma posição que nos permite formar uma contraposição à compreensão hegemônica da função do Direito na nossa sociedade e da relação entre raça e Direito.[40]

Devo então falar um pouco sobre a importância do *storytelling* para os propósitos que pretendo alcançar neste livro. Utilizo essa perspectiva hermenêutica nesta obra porque juristas brancos não conseguem entender com clareza as particularidades da experiência social de pessoas negras. Observo que muitos deles defendem o princípio da igualdade como procedimento simétrico porque eles sempre interpretam o Direito a partir de concepções abstratas dos seres humanos. Essa postura interpretativa se torna ainda mais problemática quando é articulada com a ideologia da homogeneidade racial em casos nos quais classificações raciais estão em jogo. Todos nós descendemos dos mesmos grupos raciais, todos nós temos as mesmas heranças genéticas, portanto raça não pode ser um parâmetro justo para políticas públicas. A percepção da irrelevância social da raça encontra apoio no pressuposto do universalismo do Direito, o que concorre para tornar a opressão racial invisível. Contar histórias sobre a relevância da raça na minha vida pessoal permite o desvelamento da sua importância nas

---

[40] Ver, nesse sentido: MATSUDA, Mari. "Looking from the bottom: critical legal studies and reparations". *Harvard Civil Rights – Civil Liberties Law Review*, vol. 22, nº 2, 1987, pp. 323-328.

CAPÍTULO II – HERMENÊUTICA JURÍDICA E NARRATIVAS PESSOAIS

vidas das pessoas negras na nossa sociedade. Não posso aceitar a neutralidade racial como parâmetro da minha produção científica porque não posso permitir que o silêncio cultural sobre esse tema possibilite a reprodução do racismo.[41]

Os autores que elaboraram essa forma de hermenêutica argumentam que narrativas possuem grande poder de convencimento, elas possibilitam a formação de perspectivas alternativas às formas de raciocínios abstratos que não permitem a consideração da situação concreta de pessoas marginalizadas. Muitas vezes, as experiências desses indivíduos não conseguem ter expressão dentro do Direito porque ele funciona segundo uma lógica de caráter abstrato. Sujeitos que são duplas minorias vivem essa situação. Mulheres negras e homossexuais negros encontram dificuldades significativas para expressarem a vivência de discriminação porque o sistema jurídico pensa que a igualdade possui um caráter comparativo e você precisa provar que um membro do grupo dominante não seria tratado da mesma forma.[42] Mas homens brancos heterossexuais e mulheres brancas heterossexuais não são comparadores para esses indivíduos porque negros heterossexuais e homossexuais estão em situações estruturalmente distintas. Pessoas negras são confrontadas com afirmações de que ações afirmativas não são constitucionais porque brancos pobres e negros pobres estariam na mesma situação, afirmação que desconsidera a imensa diferença da experiência subjetiva dessas pessoas dentro do ambiente acadêmico.[43]

---

[41] Esse é o argumento central da petição inicial da Ação de Descumprimento de Preceito Fundamental n. 186 postulada pelo Partido dos Democratas. A mesma tese está presente em textos contrários a ações afirmativas. Ver sobretudo PENA, Sérgio; BORTOLINI, Maria. "Pode a ciência determinar quem pode se beneficiar de cotas universitárias e demais ações afirmativas?" *Estudos Avançados*, vol. 18, n° 50, 2004, pp. 30-50.

[42] Para uma descrição e crítica da exigência de um comparador no processo de interpretação da igualdade ver GOLDBERG, Suzane. "Discrimination by comparison". *Yale Law Review*, vol. 120, n° 3, 2011, pp. 713-814.

[43] GUINIER, Lani. "Of gentlemen and role models". *Berkeley Women Law Journal*, vol. 6, n° 1, 1991, pp. 93-106 (afirmando que a linguagem jurídica

O que os autores da Teoria Racial Crítica chamam de *storytelling* tem um propósito importante: interpretar o Direito a partir do contexto social no qual as pessoas estão situadas, o que possibilita demonstrar a forma como normas jurídicas concorrem para a marginalização de minorias. Os que utilizam a narrativa para interpretar o Direito apresentam histórias individuais nas quais a menção a elas está imbricada com a experiência desses autores enquanto membros de grupos raciais. Se a busca da neutralidade no processo hermenêutico faz com que ele seja visto como legítimo porque transcende situações particulares, essa posição interpretativa procura enfatizar o caráter político do Direito. Ele aparece aqui como um sistema que não pode ser separado da política porque legitima arranjos sociais que permitem a reprodução de uma ordem social baseada na subordinação de minorias raciais. Os princípios do universalismo e do individualismo encobrem o fato que as pessoas não existem como sujeitos abstratos dentro da esfera pública, mas como pessoas que possuem diversas formas de identidade, questões que não são apenas variações benignas, mas construções sociais que determinam o *status* cultural e o *status* material das pessoas. O *storytelling* permite uma revelação importante: a maneira a partir da qual o sistema jurídico está permeado por relações de poder, aspecto para o qual juristas brancos que operam de acordo com a lógica liberal permanecem alheios. Seguindo um objetivo básico de vários juristas negros, eu pretendo trazer para o centro da discussão hermenêutica algo que sempre permaneceu escondido: a importância do pertencimento racial para o debate jurídico sobre a interpretação da igualdade.[44]

---

faz com que a experiência e subjetividade feminina seja desconsiderada em função de uma lógica que pretende ser universal).

[44] Sigo aqui os trabalhos de outros autores ligados à Teoria Racial Critica. Ver, por exemplo, JOHNSON JR, Alex M. "Racial critiques of legal academia: a reply in favor of context". *Stanford Law Review*, vol. 43, nº 1, 1990, pp. 137-167; ROSS, Thomas. "The Richmond narratives". *Texas Law Review*, vol. 68, nº 2, 1989, pp. 381-412; BOHLER-MULLER, Narnia. "Western liberal legalism and its discontents: a perspective from South Africa". *Socio-Legal Review*, vol. 3, nº 1, 2007, pp. 1-25.

CAPÍTULO II – HERMENÊUTICA JURÍDICA E NARRATIVAS PESSOAIS

Essas reflexões não pretendem apenas desconstruir o Direito, elas também partem do pressuposto de que reformas sociais imediatas são necessárias para que a justiça social seja alcançada. Por esse motivo, escutar as vozes daqueles que sofrem discriminação é algo importante porque eles podem identificar os elementos do nosso sistema jurídico que promovem a inclusão social. Os que sofrem desvantagens históricas desenvolvem uma perspectiva que precisa ser ouvida, porque os atuais parâmetros não oferecem elementos para a promoção da transformação do *status* cultural e do *status* material de minorias raciais. Muito se discute sobre a existência e possibilidade de uma Hermenêutica Negra. Afinal, essa noção implica a ideia de que negros têm uma percepção do mundo que está associada à condição racial deles. Juristas negros trabalham com a hipótese de que pessoas negras falam de um lugar privilegiado quando discutem questões relativas ao racismo. Essa afirmação está baseada em algumas premissas que precisam ser mencionadas. Primeiro, eles argumentam que a experiência cotidiana de discriminação, em praticamente todos os setores, conforma a percepção social dos indivíduos. Essa afirmação encontra fundamentação nas teorias que enfatizam a importância da experiência social na formação cognitiva dos indivíduos, na noção de que a mente humana é amplamente formada pela experiência intersubjetiva.[45] Segundo, a tese da existência de uma voz negra particular encontra sustentação na afirmação de que o sistema liberal de direitos não permite a inclusão de todos os membros da sociedade. Além disso, eles encontram dificuldade significativa para que a experiência de discriminação seja adequadamente tratada no discurso liberal dos direitos, porque eles não reconhecem o caráter comunal das pessoas negras. Tendo em vista essas premissas, certos autores identificam uma perspectiva interpretativa negra, sendo que ela compreende a intenção do autor de falar de

---

[45] Para uma profunda análise desse tema ver a obra de: DIJK, Teun Andreas van. *Society and discourse*: how social context influence text and talk. Cambridge: Cambridge University Press, 2009.

certo lugar, a percepção do leitor de que aquela pessoa representa uma postura específica, como também o reconhecimento de que o pertencimento a um grupo minoritário garante legitimidade para que a pessoa expresse uma posição relacionada com seu *status* de membro de uma minoria racial.[46]

Aqueles que formularam os pressupostos do que estou chamando de Hermenêutica Negra afirmam que as pessoas que enfrentam a opressão racial falam de um lugar especial que deve informar a reflexão sobre a busca da justiça. Adotar a perspectiva dos que são vítimas de opressão não pode ser uma mera análise das necessidades dos que estão em uma situação de desvantagem social; a mera consideração dessas pessoas como tipos sociais abstratos também não produz a desejada modificação social. O que está sendo afirmado é a necessidade de observarmos o *valor normativo* das perspectivas de minorias raciais quando estamos formulamos mecanismos de reforma social. Essas pessoas fornecem contribuições significativas sobre as prioridades que precisam ser analisadas quando falamos sobre justiça social. Assim, a consideração da experiência contra aqueles que estão na esfera mais baixa da sociedade, permite a construção de uma agenda política que considera a situação material das pessoas. A perspectiva de que pessoas negras poderiam nos ajudar a resolver problemas significativos, entre eles o uso do Direito nos processos de dominação social, as interpretações da igualdade que privilegiam preocupações com o procedimento sobre resultados ou ainda a maneira como narrativas sociais baseadas no individualismo, impedem que novas dinâmicas do racismo sejam identificadas e combatidas.

A afirmação de que pessoas negras falam a partir de uma perspectiva específica que pode nos fornecer elementos normativos importantes para discussões sobre questões de justiça não deve ser

---

[46] JOHNSON JR, Alex M. "The new voice of color". *Yale Law Review*, vol. 100, nº 7, 2012, pp. 2012-2016.

CAPÍTULO II – HERMENÊUTICA JURÍDICA E NARRATIVAS PESSOAIS

interpretada como defesa de uma concepção essencialista dos grupos raciais. É importante reconhecer a diversidade interna presente na comunidade negra, diversidade que decorre do pluralismo interno de todos os grupos sociais. Não é possível afirmar a existência de uma voz unívoca dentro dessa comunidade em função da diversidade de posições ideológicas que existem em todos os grupos. Não podemos olvidar o fato que os membros dessa comunidade também possuem várias identidades, motivo pelo qual são subordinados por diversas formas de discriminação. Isso significa que as pessoas vivenciam a raça a partir de posições distintas. Pessoas negras também são afetadas por desigualdades baseadas no sexo e na classe e é por isso que a igualdade racial depende de ações que contemplem a situação do maior número possível de indivíduos. De qualquer maneira, não podemos deixar de afirmar que todos os membros desse grupo estão igualmente interessados na eliminação das formas de discriminação que afetam todas as pessoas negras.[47]

Por esse motivo, no lugar de uma pressuposição de que há uma experiência única e uma voz única, aqueles que elaboraram os parâmetros da Hermenêutica Negra falam da necessidade de pensarmos a opressão racial a partir de uma consciência múltipla. Eles afirmam que não podemos pensar a subjetividade como algo composto por um eu unitário que engloba a experiência de todos os sujeitos, mas sim de uma multiplicidade de identidades. Pensar o Direito a partir de uma consciência múltipla significa levar em consideração as várias experiências que os sujeitos humanos podem ter; devemos nos posicionar diante das questões de justiça a partir das diferentes posições que os sujeitos humanos ocupam dentro das hierarquias sociais. Por exemplo, um jurista ou uma jurista que pensa como um negro deve pensar questões de justiça não apenas a partir da noção de que a discriminação racial afeta todas

---

[47] CULP JR, Jerome McCristal. "Autobiography and legal scholarship and teaching: finding the me in the legal academy". *Virginia Law Review*, vol. 77, nº 3, 1991, pp. 544-552.

as pessoas negras da mesma maneira, mas a partir do fato de que sexo e raça determinam diferentes lugares sociais. Um jurista ou uma jurista que pensa como um negro também deve considerar a experiência daqueles que são submetidos a processos de exclusão baseados na condição de membros de uma minoria racial e sexual. Se a nossa experiência é múltipla, nossa consciência também deve operar de acordo com esse pressuposto. Essa perspectiva da nossa consciência permite então que o intérprete considere não apenas questões de caráter abstrato, mas também as particularidades que o indivíduo tem em função de seus vários pertencimentos. É possível considerar não apenas a norma legal, mas também os processos sociais responsáveis pela construção das identidades, algo no qual estão implicados o sujeito e também as determinações sociais.[48]

Quais são as possíveis consequências de pensarmos questões de justiça racial a partir da pressuposição de que o intérprete é uma consciência autônoma e unitária, um dos pontos centrais da forma como juristas brancos pensam? Primeiro, os indivíduos partem do pressuposto de que todas as pessoas possuem a mesma experiência social, motivo pelo qual normas jurídicas podem ser aplicadas de maneira uniforme, sem consideração do contexto social no qual os indivíduos estão inseridas. Segundo, essa pressuposição permite que formas de opressão social permaneçam invisíveis para o sistema jurídico porque o interprete não considera a forma como o Direito pode contribuir para a reprodução da discriminação por não ser capaz de identificar as maneiras a partir das quais relações de poder determinam a experiência social dos indivíduos que não existem enquanto abstrações, mas como pessoas que enfrentam diversas formas de exclusão. Terceiro, a pressuposição de uma experiência social homogênea faz com que membros de duplas minorias permaneçam invisíveis para o sistema jurídico porque ele não é

---

[48] MATSUDA, Mari. "When the first quail calls: multiple consciousness as a jurisprudential method". *Women's Rights Law Report*, vol. 11, n° 1, 1989, pp. 7-10.

CAPÍTULO II – HERMENÊUTICA JURÍDICA E NARRATIVAS PESSOAIS

capaz de compreender como a convergência de diferentes vetores de discriminação cria minorias dentro de minorias que estão em uma situação estruturalmente diferente de outros grupos. A convergência do racismo e do sexismo, do racismo e da homofobia, atua como um multiplicador de subordinações que impedem a ação autônoma do indivíduo em diferentes frentes; sua experiência institucional e subjetiva é distinta da de outros membros do seu grupo que são afetados apenas pela questão da raça.[49]

---

[49] HARRIS, Angela. "Race and essentialism in feminist legal theory". *Stanford Law Review*, vol. 42, nº 2, 1989, pp. 581-590.

CAPÍTULO III
INTERPRETANDO O DIREITO COMO UM SUBALTERNO

Pensar como um negro significa, primeiramente, reconhecer meu lugar como um subalterno. Esta afirmação pode parecer estranha porque sou um jurista e alguns poderiam dizer que não enfrento as mesmas dificuldades materiais que outros negros sofrem. Sempre ouço pessoas dizerem que o dinheiro embranquece, que o dinheiro protege pessoas negras da discriminação. Os que dizem isso estão enganados. Minha posição no sistema de classes sociais não é o único fator que determina meu lugar social. É preciso deixar claro logo de início que questões de igualdade não podem ser discutidas a partir da premissa de que processos de exclusão social afetam apenas a segurança material dos indivíduos, nem de que as pessoas possuem uma identidade única. O racismo não é algo que promove apenas desigualdades de classe, ele também estabelece diferenças de valor cultural entre os diversos grupos sociais. Seus membros são julgados a partir de estereótipos que determinam tanto supostas características que eles possuem e também os lugares sociais que eles podem ocupar. Pessoas negras estão sempre sendo julgadas a partir de estereótipos descritivos e prescritivos e esse fato determina nossa experiência social em praticamente todas as dimensões de nossas vidas.⁵⁰

Um jurista que pensa como um negro deve estar ciente de que ele precisa interpretar o Direito a partir do ponto de vista de um subalterno. Quero dizer com isso que a existência de uma pessoa dentro de uma democracia liberal não impede a reprodução da condição de subordinação. Os indivíduos podem ser considerados como sujeitos de direito, mas eles possuem uma inserção social hierarquizada, seja por causa das disparidades de classe, seja por causa de estigmas culturais.⁵¹ Os regimes políticos podem mudar, as pessoas podem ter acesso a direitos formais, mas os grupos dominantes sempre criam meios para que o poder permaneça em suas mãos. O regime liberal não elimina relações assimétricas e arbitrárias de poder. O *status* subordinado de minorias raciais na sociedade brasileira teve início com a inserção econômica desses grupos como mercadoria no processo de colonização e teve continuidade durante o período monárquico em função da manutenção da escravidão, por causa da restrição de direitos e das políticas de transformação racial dos trabalhadores na primeira República, da reprodução de mecanismos de discriminação no espaço público e no espaço privado, e também por causa das construções culturais responsáveis pela representação deles como indivíduos moralmente degradados. O subalterno é um sujeito construído a partir de ideologias sociais, de determinações históricas, de interesses econômicos e de projetos políticos que os situam em uma situação de alteridade permanente para que processos de dominação possam

---

50 Para uma análise da psicologia social do estereótipo, ver: ARMOUR, Jody. "Stereotype and prejudice: helping legal decisionmakers break the prejudice habit". *California Law Review*, vol. 89, nº 3, 1995, pp. 733-772; MOREIRA, Adilson José. *O que é discriminação?* São Paulo: Letramento, 2017, pp. 37-47.

51 Para uma análise dos mecanismos responsáveis pela promoção de disparidades de *status* material e *status* cultural na modernidade ver: SANTOS, Boaventura de Souza. *A gramática do tempo*: para uma nova cultura política. São Paulo: Editorial Cortez, 2008, pp. 279-303.

CAPÍTULO III – INTERPRETANDO O DIREITO COMO UM SUBALTERNO

ser sempre reproduzidos. Embora ele possa fazer parte de regimes supostamente democráticos, sua inserção social será sempre de marginalização porque o projeto de dominação social opera em quaisquer regimes políticos, mesmo naqueles baseados no princípio da igualdade de direitos.[52]

Sou um homem negro e isso significa que minha identidade racial e minha inserção social precisam ser compreendidas a partir da experiência dos membros do grupo racial ao qual pertenço. Estereótipos raciais afetam todos os membros de minorias raciais. Eles criam disparidades de *status* cultural e de *status* material entre os cidadãos. Isso significa que minha vida pessoal está necessariamente relacionada com a experiência histórica das pessoas negras desta nação.[53] Meus antepassados foram trazidos para este país

---

[52] BEVERLEY, John. "Theses on subalternity, representation, and politics". *Postcolonial Studies*, vol. 1, nº 3, 1998, pp. 305-319; MIGNOLO, Walter. "On subalterns and other agencies". *Postcolonial Studies*, vol. 8, nº 4, 2005, pp. 381-407.

[53] Ver, nesse sentido: BRASIL. Tribunal Regional Federal da 4ª Região, Apelação em Mandado de Segurança, n. 2005.70.00.008336-7, Órgão Julgador: 3ª Turma, Relator: Maria Lúcia Luz Vieira, de 24.04.2008 (asseverando que a norma constitucional estabelecendo a erradicação da pobreza e da marginalidade como um dos objetivos fundamentais do nosso sistema constitucional legitima a implementação de políticas positivas destinadas a eliminar a subordinação social da população negra); BRASIL. Tribunal de Justiça do Rio Grande do Sul, Agravo de Instrumento n. 70027634401, Órgão Julgador: 3ª Câmara Cível, Relator: Paulo de Tarso Vieira Sanseverino, 05.03.2009 ("A deflagração de políticas pró-ativas, de ações afirmativas frente à questão da segregação racial, de forma a apaziguar os prejuízos impingidos a determinados grupos, excluídos de certos segmentos sociais, econômicos e culturais e com o gozo de direitos humanos e liberdades fundamentais mitigados, não revela violação ao princípio da igualdade"); BRASIL. Tribunal de Justiça do Rio de Janeiro, Representação por Inconstitucionalidade n. 9/2009, Órgão Julgador: Órgão Especial, Relator: Sérgio Cavalieri Filho ("A igualdade somente pode ser verificada entre pessoas que se encontram em situação equivalente, sendo levados em consideração os fatores ditados pela realidade econômica, social e cultural. O princípio da isonomia garante que as normas não devem ser simplesmente elaboradas e aplicadas a todos os indivíduos; vai além, na medida em que considera a existência de grupos minoritários e hipossuficientes, que

contra a vontade deles e foram escravizados por centenas de anos. As diversas tentativas de libertação do povo negro por meio de revoluções políticas foram massacradas pelos membros do grupo racial dominante. As transformações dos regimes políticos pelas quais passamos afetaram positivamente a vida de muitas pessoas brancas, mas elas não modificaram de forma essencial o *status* cultural e material da vasta maioria das pessoas negras. Os projetos de dominação racial utilizados durante os períodos colonial e monárquico foram diferentes daqueles presentes na era republicana, mas todos foram bem sucedidos em manter a dominação branca.[54]

O papel central da raça no processo de estratificação social tem sido encoberto por narrativas históricas e políticas que mascaram as estratégias utilizadas para que as elites brancas sempre tenham controle sobre a população negra de forma que ela possa ser economicamente explorada para benefício dos membros desse grupo. Se no período republicano e na Primeira República esses grupos procuraram alcançar o desenvolvimento nacional por meio da transformação racial do trabalhador nacional, nos períodos posteriores os mecanismos de dominação racial tentaram impedir que a raça pudesse ser um elemento de articulação política. Assim, em tempos mais recentes, a chance de sermos reconhecidos como pessoas que podem atuar de forma competente dentro da ordem pública foi dificultada pela afirmação de um tipo de ideologia que celebrava certas tradições culturais negras como parte integrante da identidade nacional. Isso impediu a construção da raça como um meio de articulação política do meu povo e possibilitou

---

necessitam de uma proteção especial para que alcancem a igualdade real, esta sim uma exigência do princípio maior da dignidade da pessoa humana").

[54] Ver, nesse sentido: GORENDER, Jacob. *O escravismo colonial*. 4ª ed. São Paulo: Fundação Perseu Abramo, 2011; FAUSTO, Boris. *História do Brasil*. 14ª ed. São Paulo: Edusp, 2013; MATTOS, Hebe. *Das cores do silêncio*. 2ª ed. Campinas: Editora Unicamp, 2013; RODRIGUES, Petrônio. *Uma história não contada*: negro, racismo e branqueamento em São Paulo. São Paulo: Senac, 2003.

CAPÍTULO III – INTERPRETANDO O DIREITO COMO UM SUBALTERNO

a manutenção de privilégios raciais que pessoas brancas sempre gozaram.[55] As elites brancas tentam agora minar o processo de liberalização democrática ocorrido nas duas últimas décadas por meio da ideologia neoliberal. O papel transformador atribuído às instituições estatais pelo texto constitucional encontrou um obstáculo significativo com o aparecimento de uma ideologia política e econômica que responsabiliza o indivíduo pela criação de oportunidades sociais. Assim, devo reconhecer minha condição de subalterno porque o racismo é uma força permanente dentro da sociedade brasileira; ele afeta todos os negros, em todas as posições sociais no momento atual, a mesma realidade presente ao longo da história deste país.[56]

Assim, uma das principais formas de discriminação que sofremos é a dificuldade de nos afirmarmos como sujeitos políticos, de sermos reconhecidos como pessoas que têm o exercício da cidadania constitucionalmente protegido, o que situa todos nós na condição de sujeitos subordinados. Somos pessoas estruturalmente excluídas porque nossa submissão tem sido parte integrante do projeto político desse país ao longo de toda a sua história. Não recebemos o mesmo apreço cultural porque não somos valorizados da mesma forma que os membros do grupo racial dominante; não possuímos as mesmas condições de existência porque somos sempre excluídos de oportunidades materiais. Não estamos minimamente representados nas diversas instituições sociais e isso impede que nossas vozes e nossos interesses possam ser pontos relevantes para a agenda dos partidos políticos. Raramente somos ouvidos e nossas demandas não são consideradas como reinvindicações que

---

[55] RODRIGUES, Petrônio. *Uma história não contada*: negro, racismo e branqueamento em São Paulo. São Paulo: Senac, 2003; HASENBALG, Carlos. *Discriminação e desigualdades raciais no Brasil*. Belo Horizonte: UFMG, 2005.

[56] Para uma análise o papel do neoliberalismo na transformação da concepção das funções do Estado, ver: VALIM, Rafael. *Estado de exceção*: a forma jurídica do neoliberalismo. São Paulo: Contracorrente, 2017.

merecem prioridade no processo decisório. Sempre enfrentamos forte oposição quando novos arranjos sociais buscam promover a nossa inclusão ou afirmar a nossa cidadania.[57] Uma nova forma de narrativa racial sempre surge para impedir que isso aconteça. Nosso sofrimento cotidiano não é tematizado e sua especificidade é sempre negada para que as consequências do racismo branco não sejam reconhecidas. Somos, portanto, sujeitos que carecem de justiça histórica porque as consequências da discriminação racial sistemática se estendem ao longo do tempo.[58]

Eu me recordo do que um dos participantes do evento que mencionei no início deste livro disse para criticar a minha fala sobre as diferenças estruturais sobre negros e brancos. Ele afirmou que também tinha passado por diversas formas de exclusão, que ele também tinha deixado de ter acesso às oportunidades sociais por ser filho de uma família de classe média baixa, por ser neto de imigrantes italianos. Segundo ele, sua experiência social era a mesma que a da minha família, motivo pelo qual minha afirmação de discriminação racial sistêmica não faz qualquer sentido. Juristas brancos como ele sempre apresentam o mesmo argumento: nossas experiências sociais são similares; negros não têm motivo para reclamarem de discriminação racial. Eu ouço esse argumento frequentemente e ele sempre me desperta sentimentos intensos de raiva e frustração porque vejo que pessoas brancas o reproduzem com propósitos escusos. Obviamente, ele não menciona o fato de que as políticas imigratórias tinham um propósito eugênico: eliminar a herança africana e indígena do sangue da população

---

[57] Para um estudo sobre a reação conservadora à política de inclusão racial no Brasil, ver: OLIVEIRA FILHO, Pedro de. "A mobilização do discurso da democracia racial no combate às cotas para afrodescendentes". *Estudos de Psicologia*, vol. 26, nº 4, 2009, pp. 429-436; GROSS, Karine Pereira. "Retóricas em disputa: o debate entre intelectuais em relação às políticas de ação afirmativa para estudantes negros no Brasil". *Ciências Sociais Unisinos*, vol. 45, nº 2, 2009, pp. 114-124.

[58] LOOMBA, Ania. *Colonialism/postcolonialism*. Nova York: Routledge, 2005.

CAPÍTULO III – INTERPRETANDO O DIREITO COMO UM SUBALTERNO

brasileira, o que poderia ser alcançado por meio do incentivo da miscigenação. Como nossas autoridades supunham que a herança genética europeia era mais forte do que a africana, o nosso país seria uma nação branca em algumas gerações, o que traria então o desejado progresso nacional. Ou seja, transformar o Brasil em uma nação branca tem sido um objetivo central das nossas elites políticas, econômicas e acadêmicas brasileiras.[59]

Bem, já sabemos que juristas brancos pensam de forma distinta quando discutem a questão do racismo. Para eles, a discriminação racial descreve apenas uma série de ações individuais cujas consequências devem ser solucionadas por meio da responsabilização de indivíduos específicos. A solução para os problemas que negros enfrentam requer apenas a neutralização das práticas que impedem que essas pessoas, vistas como indivíduos e não como grupos, possam ter acesso a direitos.[60] Não preciso dizer que juristas brancos não entendem o Direito a partir da posição dos subordinados. Eles são indiferentes em relação ao problema da exclusão racial porque pensam que o sistema jurídico deve apenas neutralizar aquelas ações irracionais que violam o ideal de tratamento simétrico. Aqui está o motivo principal pelo qual muitos deles declaram a inconstitucionalidade de ações afirmativas: a igualdade é interpretada a partir de uma perspectiva procedimental.[61] Esse princípio serve apenas para identificar classificações irracionais e não para promover a

---

[59] Ver: HOFBAUER, Andreas. *Uma história de branqueamento ou o negro em questão*. São Paulo: UNESP, 2007; TELLES, Edward. *Race in another America*: the significance of skin color in Brazil. Princeton: Princeton University Press, 2004, pp. 24-47.

[60] BRASIL. Tribunal de Justiça do Espírito Santo. Agravo de Instrumento n. 02479005294, Órgão Julgador: 4ª Câmara Cível, Relator: Carlos Roberto Mignone, 17.02.2009 (alegando que apenas as pessoas que foram diretamente discriminadas devem demandar medidas reparadoras, princípio que, se desconsiderado, pode acarretar discriminação reversa).

[61] FREEMAN, Alan. "Legitimizing discrimination through antidiscrimination law. A critical review of Supreme Court doctrine". *Minnesota Law Review*, vol. 62, n° 4, 1978, pp. 1049-1060.

emancipação racial.⁶² Então, eles perguntam: qual é a relação entre raça e inteligência? Nenhuma, porque negros e brancos possuem a mesma capacidade intelectual para serem aprovados no vestibular. Então ações afirmativas violam o princípio da igualdade. Você percebeu como esse raciocínio funciona? O foco da atitude interpretativa dos juristas brancos é a relação entre *meios e fins*. Membros de todos os grupos raciais possuem as mesmas condições intelectuais para alcançar seus objetivos, razão pela qual não podemos estabelecer medidas que estabelecem privilégios raciais. Como diz meu amigo Newman, falar que negros gozam de privilégios injustos é algo patético e descabido, uma expressão máxima da lógica da dominação branca. Entretanto, essa é a consequência da recusa de se reconhecer a realidade da estratificação racial na nossa sociedade.

3.1 Como a condição de subalternidade é reproduzida?

Sei que muitas pessoas não reproduzem esses argumentos de forma estratégica. Elas o fazem porque não sabem como mecanismos discriminatórios operam para manter a condição subordinada da população negra. Elas partem do pressuposto de que a exclusão social é produto de mecanismos de discriminação direta, tratamento intencional e arbitrário de um indivíduo em relação a outro. Esse é um erro grave de interpretação da realidade social. Há muitos mecanismos de exclusão social que independem de atos

---

62 Ver, nesse sentido: BRASIL. Tribunal de Justiça de Santa Catarina, Arguição de Inconstitucionalidade n. 2005.021645-7/0001.00, Órgão Julgador: Tribunal Pleno, Relator: Luiz César Medeiros, 27.09.2007 (declarando a inconstitucionalidade de um programa de ações afirmativas em curso superior porque o princípio da igualdade não admite a utilização de critério que viole o ideal da universalidade das normas jurídicas); BRASIL. Justiça Federal de Santa Catarina, Florianópolis, Ação Civil Pública n. 2008.72.00.000331-6/SC, Juiz: Gustavo Dias de Barcellos, 18.01.2008 (afirmando que políticas raciais introduzirão o problema do racismo no Brasil, uma sociedade na qual a raça não deveria ter relevância social).

discriminatórios ou da intenção de discriminar. A minha experiência na Faculdade de Direito foi certamente muito diferente de pessoas brancas. Quase todas elas me tratavam de maneira cortês e não posso negar o fato de que fiz alguns amigos entre elas. Mas também notei rapidamente e de forma muito clara que estava sempre excluído da maioria dos círculos de amizades íntimas que se formavam e isso ocorria por causa da minha raça. Muitas dessas pessoas eram indivíduos que tinham redes de relacionamentos muito influentes e eu nunca consegui fazer parte desses grupos. Isso tinha uma consequência decisiva quando os alunos começavam a procurar estágios: os que pertenciam a esses círculos de amizades conseguiam atingir esse objetivo imediatamente, principalmente os colegas brancos heterossexuais de classe alta do sexo masculino. O sucesso profissional no campo jurídico depende largamente do pertencimento a esses círculos de relacionamentos e as pessoas negras são excluídos deles porque a maioria das pessoas brancas mantêm círculos de amizades que são inteiramente brancos.[63] Então vejam. O que impede o acesso de negros, de mulheres, de homossexuais, de pobres, de pessoas com deficiência não é necessariamente a discriminação direta, mas o fato de que o poder político e econômico está concentrado nas mãos de pessoas brancas e heterossexuais e a vasta maioria delas convivem com pessoas que são iguais a elas. Essa escolha não é produto apenas de um processo consciente: os indivíduos se identificam com aqueles que elas acham que são iguais. Elas formam uma identidade de grupo e muitas delas fazem o possível para que as oportunidades permaneçam entre eles.[64]

---

[63] Para uma análise do fenômeno do favoritismo de grupo ver: DASGUPTA, Nilanjana. "Implicit ingroup favoritism, outgroup favoritism, and their behavioral manifestations". *Social Justice Research*, vol. 17, nº 2, 2004, pp. 143-169; TURRA, Cleusa; VENTURINI, Gustavo. *Racismo cordial*: a mais análise do preconceito de cor no Brasil. São Paulo: Ática, 1995.

[64] MOREIRA, Adilson José. *O que é discriminação?* São Paulo: Letramento, 2017, pp. 143-155.

Essa situação permanece invisível para juristas brancos porque eles pensam que tudo que eles conseguiram decorre do esforço pessoal. Eu os vejo sempre questionando minha defesa de políticas de inclusão racial por causa da minha titulação. Alguns me olham com grande admiração e outros até me abraçam; eles me dizem que sou uma fonte de inspiração para eles porque consegui algo extraordinário por causa da minha obstinação. Muitos alunos negros e brancos pobres me classificam como um exemplo de vida para eles, pois afinal eles também sofrem as indignidades cotidianas da pobreza. Alguns me contam suas histórias de luta contra toda sorte de problema. Meses atrás um aluno branco veio me falar sobre os problemas que tinha com o pai dependente químico e com o irmão autista. O parco salário de sua mãe, uma professora da rede estadual, era tudo que eles tinham para sustentar a família e também a faculdade. É claro que fiquei comovido com a história desse aluno, mas precisamos reconhecer que estamos em situações distintas. Posso ter uma experiência acadêmica exemplar, mas isso não significa que meios de exclusão não operam contra outras pessoas negras, nem que formas de privilégio permitem que pessoas brancas tenham melhores condições de vida, mesmo que isso não seja a realidade de todas elas. Sou doutor pela universidade mais prestigiada do mundo, mas ele receberá tratamento melhor do que eu em quaisquer restaurantes deste país.[65] Minha situação não decorre apenas de obstinação pessoal, mas de alguns breves momentos nos quais os processos de seleção operam de maneira meritocrática.

Por que precisamos analisar a história que acabo de contar com cuidado? Por que afirmo que negros não estão na mesma situação que pessoas brancas? O racismo não afeta a vida das pessoas negras apenas no momento presente. Não podemos esquecer

---

[65] Uma obra paradigmática sobre o tema do privilégio branco é o artigo de BLACK, Linda; STONE, David. "Expanding the definition of privilege: the concept of social privilege". *Journal Multicultural Counseling and Development*, vol. 33, out. 2005, pp. 243-255.

CAPÍTULO III – INTERPRETANDO O DIREITO COMO UM SUBALTERNO

que a discriminação tem um efeito intergeracional. Uma pessoa negra pode ter a mesma qualificação profissional que uma pessoa branca, mas ela provavelmente ganhará pelo menos metade do salário de um homem branco. Isso significa que pessoas brancas são privilegiadas porque elas têm maiores possibilidades de acumular patrimônio, já que não são vítimas de discriminação racial.[66] A geração seguinte poderá se beneficiar materialmente do patrimônio acumulado, o que terá um papel importantíssimo quando ela chegar ao momento no qual elas forem tomar decisões centrais como a escolha profissional. Seus pais terão dinheiro para proporcionar uma educação melhor do que os pais negros que não conseguiram acumular a mesma quantidade de bens materiais por causa do racismo. A discriminação intergeracional é um dos motivos pelos quais pessoas negras têm chances menores de mobilidade social: o racismo será um fator permanente de desvantagem econômica, fator responsável pelo *status* material inferior ao das pessoas brancas.[67]

Outra consideração importante sobre os processos responsáveis pela reprodução da subordinação de membros de minorias raciais: ela não decorre apenas de atos intencionais. Devemos mencionar o conceito de discriminação indireta, uma teoria importante segundo a qual mesmo normas ou práticas que não utilizam quaisquer tipos de critérios de tratamento diferenciado podem ter um impacto desproporcional e negativo sobre grupos minoritários. Pensemos no caso de pessoas negras que moram em áreas próximas onde sao depositados lixo tóxico. Esses indivíduos já enfrentam uma situação subordinada em função dos efeitos intergeracionais do racismo, o que os condiciona a morar em áreas periféricas. A

---

[66] Ver, nesse sentido: SHAPIRO, Thomas. *The hidden cost of being african american*: how wealth perpetuates inequality. Oxford: Oxford University Press, 2004 (examinando as consequências intergeracionais da concentração de renda entre pessoas brancas).

[67] TILLY, Charles. *Durable inequality*. Berkeley: University of California Press, 1999 (analisando os processos e as consequências da discriminação de caráter estrutural).

ausência de fiscalização adequada sobre o que é deixado nos depósitos de lixo expõe esses indivíduos socialmente marginalizados a um perigo ainda maior. Uma doença impedirá que eles tenham acesso à renda, grupo de indivíduos que vivem em grande parte da economia informal porque o racismo os exclui do mercado de trabalho. É importante então mencionar a discriminação indireta porque juristas brancos pensam que a exclusão social ocorre apenas na forma de discriminação intencional e arbitrária. Essa teoria nos mostra que ela independe de atos diretos de discriminação, que ela pode operar por meio de mecanismos impessoais.[68] Quando não são excluídos pela discriminação indireta, negros sofrem o problema da discriminação estética; muitos empregadores exigem que mulheres negras alisem o cabelo, que homens negros cortem o cabelo para agradar os clientes brancos.[69] A mulher negra é a vítima mais frequente da violência doméstica, em função da maior dependência econômica do marido, uma vez que ela também é mais discriminada no mercado de trabalho. A convergência dessas várias formas de discriminação racial promove o que se chama de discriminação estrutural: ela produz a discriminação durável porque as pessoas não conseguem alcançar mobilidade social.[70]

Juristas brancos não reconhecem algo de extrema importância para a análise das formas de reprodução da subordinação negra. Eles argumentam que medidas universais podem promover a inclusão de todos os grupos raciais, motivo pelo qual deveríamos adotar apenas cotas sociais porque isso beneficiaria brancos pobres e negros pobres. Eles não reconhecem que a convergência de fatores de discriminação situa membros desses grupos em situações

---

[68] Ver: FREDMAN, Sandra. *Discrimination law*. Oxford: Oxford University Press, 2012, pp. 177-183.

[69] Ver, nesse sentido: BONILLA-SILVA, Eduardo. "Rethinking racism: toward a structural interpretation". *American Sociological Review*, vol. 62, nº 3, 1997, pp. 465-480.

[70] Ver, nesse sentido: MAY, Vivian. *Pursuing intersectionality, unsettling dominant imaginaries*. Nova York: Routledge, 2015, pp. 63-96.

CAPÍTULO III – INTERPRETANDO O DIREITO COMO UM SUBALTERNO

inteiramente distintas. Brancos pobres não são afetados pelas indignidades cotidianas do racismo, eles não são convencidos de que nunca poderão alcançar seus objetivos, eles não são impedidos de terem acesso às oportunidades materiais por causa da cor da pele, eles não sofrem danos psíquicos decorrentes da representação universal dos membros de seu grupo como pessoas inferiores. Pessoas negras e pobres estão em uma situação de discriminação interseccional porque raça e classe impedem que eles possam ter acesso às oportunidades materiais e também à estima social, um elemento de central importância para o desenvolvimento de uma representação positiva de si mesmo. Eu me lembro dos alunos negros homossexuais que classificaram o casamento como um luxo branco. Por que a maioria deles via essa importante conquista de direitos como algo irrelevante? Porque eles são minorias dentro de minorias. A classe social e o nível educacional não os tornam membros de minorias respeitadas pela sociedade, essas categorias não equiparam membros de grupos minoritários aos membros dos grupos sociais dominantes. Eles podem ser alunos da mais prestigiada universidade do mundo, mas uma pessoa negra é uma pessoa negra em todas as situações. Estigmas culturais acompanham minorias raciais em todas as circunstâncias, independentemente de classe ou escolaridade. A ausência de apreço social por pessoas homossexuais existe dentro da comunidade branca e dentro da comunidade negra; o desprezo por negros existe dentro da comunidade heterossexual e dentro da comunidade homossexual. As pessoas que possuem identidades interseccionais experienciam duplas ou triplas formas de subordinação porque um aspecto central de sua identidade sempre será alvo de discriminação.[71] De que forma, políticas universais, como cotas sociais, poderiam promover a inclusão social de duplas ou triplas minorias? Só mesmo juristas

---

[71] Ver: HUTCHINSON, Darren Lenard. "Ignoring the sexualization of race heteronormativity, critical raced theory and anti-racist policy". *Bufallo Law Review*, vol. 41, n° 1, 1999, pp. 1-116.

brancos, pessoas que interpretam direitos a partir do princípio do universalismo, poderiam defender uma tese como essa.

Esses são alguns dos motivos pelo quais um jurista ou uma jurista que pensa como um negro não pode compreender o Direito a partir das mesmas perspectivas que juristas brancos defendem. Um membro de um grupo subalterno não pode pensar a partir dos mesmos parâmetros impostos por aqueles que fazem parte do grupo dominante porque isso impede a afirmação de pessoas negras como sujeitos históricos. Os princípios de igualdade formal e de justiça simétrica foram e ainda são importantes para a luta contra a opressão em muitas situações, mas eles não são capazes de transformar as estruturas sociais que permitem a reprodução da exclusão racial. Na verdade, eles são hoje instrumentos utilizados de forma estratégica para promover a subordinação. Sim, meu caro leitor, minha cara leitora. A defesa da igualdade também pode ser uma estratégia de dominação. Mas, por favor, não me julgue precipitadamente. Anseio por ser reconhecido como um indivíduo, mas essa forma de libertação só poderá ser alcançada quando as práticas culturais e materiais não mais operarem de forma aberta ou encoberta para reproduzir o privilégio branco e a opressão negra.[72]

Tudo isso nos situa na condição de subalternos porque temos poucas condições de transformar a realidade na qual nos encontramos. As instituições sociais geralmente operam de acordo com os interesses dos membros do grupo racial dominante e isso significa que a construção de uma agenda política transformadora encontra tremenda dificuldade.[73] Esse é um dos motivos pelos

---

[72] Para uma análise dos problemas relacionados com a defesa da igualdade formal como forma de justiça racial, ver: WILLHEN, Sidney M. "Equality: America's racist ideology". *In*: LADNER, Joyce (Coord.). *The death of white sociology*. Nova York: Vintage Books, 1973; MOREIRA, Adilson José. "Igualdade formal e neutralidade racial: Retórica jurídica e manutenção de desigualdades raciais". *Revista de Direito do Estado*, vol. 19/20, 2010.

[73] Ver, nesse sentido: NASCIMENTO, Abdias do. *O genocídio do negro brasileiro*. São Paulo: Perspectiva, 2016; TELLES, Edwar. *Race in*

CAPÍTULO III – INTERPRETANDO O DIREITO COMO UM SUBALTERNO

quais um jurista ou uma jurista que pensa como um negro não pode interpretar as normas constitucionais fora do seu contexto histórico, nem deixar de reconhecer que o princípio da igualdade não pode simplesmente se restringir a tratar todas as pessoas de forma simétrica, nem dizer que as medidas que procuram permitir a representatividade social de pessoas negras são inválidas.[74] Assim, pensar como um jurista negro significa conceber a realidade na qual vivo a partir das condições concretas da existência, das várias restrições materiais impostas àqueles que fazem parte de grupos que estão em uma situação permanente de subordinação. Nós, negros, que somos operadores do Direito, devemos estar conscientes de que privações fazem com que sejamos sempre socialmente classificados como membros de um grupo específico, eliminando a possibilidade de termos nossa individualidade reconhecida. Esse estado de coisas não será alterado enquanto o *status* social e o *status* material do nosso povo sejam transformados por meio de ações positivas

---

another America. Princeton: Princeton University Press, 2003, pp. 107-139; FRIEDMAN, Robert. "Institutional racism: how to discriminate without really trying". *In*: PETTIGREW, Thomas. *Racial discrimination in the United States*. Nova York: Harper & Row, 1975, pp. 386-391.

[74] Ver, nesse sentido a petição inicial da ADPF n. 186, formulada pelo partido dos democratas, que tinha como objetivo questionar a constitucionalidade de ações afirmativas. BRASIL. Partido dos Democratas. Petição Inicial, Ação de Descumprimento de Preceito Fundamental n. 186, 20.07.2009 (afirmando que o princípio constitucional da igualdade exige o tratamento simétrico entre negros e brancos porque os membros desses grupos estão igualmente situados). Ver também BRASIL. Tribunal de Justiça de Minas Gerais. Mandado de Segurança n. 1.0079.05.183566-2/001. Relator: Albergaria Costa, 09-11.2006 (alegando que ações afirmativas violam o princípio da igualdade, mandamento constitucional que exige o tratamento igualitário entre todos perante a lei). BRASIL. Tribunal de Justiça do Espírito Santo. Agravo de Instrumento n. 047089000146. Órgão Julgador: Quarta Câmara Cível. Relator: Carlos Roberto Mignone. 17.02.2009 (argumentando que todos os candidatos a concurso público para Procurador Municipal estão na mesma condição, o que mostra a desnecessidade de ações afirmativas em concursos públicos).

das instituições estatais, além da mudança da forma como esses sujeitos são socialmente percebidos.[75]

Estou argumentando que devemos interpretar normas jurídicas a partir do ponto de vista de um subalterno, mas creio que preciso esclarecer alguns conceitos conexos. A proposta de uma hermenêutica negra interessa a outros grupos minoritários porque visa avançar uma perspectiva interpretativa que possa contribuir para a emancipação de grupos de indivíduos que são discriminados. Grupos vulneráveis e grupos minoritários são vítimas frequentes de processos discriminatórios, o que os situa em uma situação de desvantagem. O conceito de minoria está relacionado com a condição daquelas coletividades que não possuem a mesma possibilidade de representação nos processos decisórios em função da exclusão gerada por práticas arbitrárias. Isso cria dificuldades significativas para que possam tomar parte de decisões que terão um impacto na vida da comunidade à qual pertencem; essas decisões geralmente desconsideram direta ou indiretamente a situação e os interesses desses grupos, perpetuando as circunstâncias desfavoráveis nas quais se encontram. Grupos minoritários são então segmentos sociais aos quais são atribuídos formas de identidades desvalorizadas,

---

[75] Ver nesse BRASIL. Superior Tribunal de Justiça, Mandado de Segurança, n. 26.089, Órgão Julgador: 5ª Turma, Relator: Felix Fischer, DJ 12.05.2008 (afirmando que a emancipação de grupos sociais é um dos objetivos principais da noção de igualdade material uma vez que esse princípio procura estabelecer a igualdade de resultados); BRASIL. Tribunal de Justiça do Rio Grande do Sul, Agravo de Instrumento n. 70027634401, Órgão Julgador: 3ª Câmara Cível, Relator: Paulo de Tarso Vieira Sanseverino, 05.03.2009 (o princípio da isonomia deve ser analisado em perspectiva material, pois a aplicação pura e simples da igualdade formal permitiria a perpetuação de heranças discriminatórias históricas, que vêm desde a abolição da escravatura. Por isso, a necessidade de se analisar a isonomia sob a ótica de sua acepção material, buscando-se, através da promoção de oportunidades, principalmente profissionais e educacionais, expressas em políticas públicas declaradas e por intermédio da legislação ordinária, compensar os grupos menos favorecidos, no caminho da erradicação da pobreza e da marginalização, além da redução das desigualdades sociais e regionais).

CAPÍTULO III – INTERPRETANDO O DIREITO COMO UM SUBALTERNO

permitindo a perpetuação de processos discriminatórios que dificultam ou impossibilitam a integração social da maioria dos seus membros ao longo do tempo. Isso dificulta a emancipação coletiva dos integrantes desses segmentos sociais porque práticas discriminatórias impedem que eles possam ter acesso a posições de poder, fator necessário para a transformação da realidade na qual vivem. Eles podem ser uma maioria numérica, mas uma diversidade de mecanismos sociais não permite que eles possam ter o mesmo nível de influência social que aqueles que pertencem a grupos hegemônicos possuem.[76]

Sabemos que os seres humanos possuem uma pluralidade de identidades que podem ser objeto de discriminação, mas também enfrentam obstáculos para o exercício de ações autônomas, requerendo o gozo de direitos. As pessoas se tornam vulneráveis quando não possuem ou deixam de ter acesso a mecanismos necessários para poderem operar de forma independente. Uma pessoa pode ser classificada dessa forma porque é membro de um grupo minoritário e sofre um acúmulo de desvantagens em diferentes esferas da vida. Estamos aqui diante de um tipo de vulnerabilidade socialmente produzida porque é produto de condições externas ao indivíduo. Mas ela pode estar em certas situações nas quais essa vulnerabilidade está associada a uma condição particular. Pessoas com deficiência são vulneráveis nesse sentido porque essa condição cria obstáculos para que possam ser plenamente funcionais enquanto agentes sociais nas diversas situações da vida. Os membros desse grupo precisam então de proteção especial porque podem sofrer desvantagens ainda maiores em função dessa condição. Os seres humanos se tornam vulneráveis ao longo do tempo porque o avanço da idade torna muitas deles mais propensos a enfermidades, o que também compromete o pleno funcionamento deles nas várias esferas da vida. Independentemente de serem classificações como

---

[76] Ver por exemplo, LONGRES, John. "Minority groups: an interest-group perspective". *Social Work*, vol. 27, nº 1, 1992, pp. 7-14.

grupos vulneráveis ou grupos minoritários, as pessoas que fazem parte dele estão sempre expostas à possibilidade da violência.[77]

3.2 Discriminação institucional e governança racial

Lecionar Psicologia Jurídica tem sido uma ótima experiência. Muitos alunos adoram estudar temas jurídicos a partir de uma perspectiva distinta, motivo pelo qual eles sempre ficam interessados em estudar psicopatologia, um campo importante para compreendermos a motivação do crime. Também faço questão absoluta de tratar temas que outros professores da área raramente mencionam, como, por exemplo, a psicologia social da discriminação. Discuto quais são os elementos que motivam a discriminação de minorias por pessoas que atuam na condição de representantes das nossas instituições. Exibi neste semestre um vídeo que mostra como estereótipos negativos sobre negros afetam a decisão de representantes de instituições privadas. Uma pessoa pede que alguns profissionais de recursos humanos analisem fotos de pessoas em situações corriqueiras. Na primeira parte ele mostra fotos de pessoas brancas em diversas atividades, depois ele mostra as mesmas fotos, mas com pessoas negras nos mesmos lugares, fazendo as mesmas coisas, com as mesmas roupas. Não preciso dizer que as respostas são completamente distintas. Uma mulher branca que está com uma lata de tinta na mão é classificada como grafiteira; uma das participantes faz questão de enfatizar que o grafite é uma arte. Uma mulher negra vestida da mesma forma e no mesmo lugar é logo classificada como pichadora. Os participantes classificam um homem branco de terno como sendo um executivo ou um profissional da área de recursos humanos. Depois afirmam que um homem negro, igualmente bem vestido e no mesmo lugar,

---

[77] CARMO, Cláudio Marcio do. "Grupos minoritários, grupos vulneráveis e o problema da (in)tolerância: uma relação linguístico-discursiva e ideológica entre o desrespeito e a manifestação do ódio no contexto brasileiro". *Revista do Instituto de Estudos Brasileiros*, nº 64, 2016, pp. 201-223.

CAPÍTULO III – INTERPRETANDO O DIREITO COMO UM SUBALTERNO

como um segurança de shopping ou motorista particular. A reação dos alunos é de desconforto, a minha é de completa indignação. É um bom exemplo de como os processos de exclusão social funcionam. Esse vídeo demonstra claramente que esses profissionais de recursos humanos provavelmente impediram o acesso de centenas de candidatos negros às oportunidades profissionais.[78]

Mas há algo ainda mais problemático. Fotos de um homem branco e de um homem negro correndo são mostradas para esses profissionais de recursos humanos, todos eles brancos. O homem branco é identificado como uma pessoa se exercitando, enquanto o homem negro é visto como uma pessoa fugindo ou um ladrão. Uma das conclusões do vídeo é que o mito da periculosidade do homem negro impede que eles tenham acesso aos empregos porque os profissionais responsáveis pela seleção são abertamente racistas. Opera na mente deles, no plano consciente e inconsciente, a noção de que negros não são funcionários ideais. O mito da periculosidade do homem negro também está por trás da ação discriminatória de outras instituições: a Polícia Militar, o Ministério Público e a Justiça Criminal. Faço questão de analisar um relatório sobre violência que mostra como a discriminação institucional opera contra o povo negro: a vasta maioria das vítimas de violência policial é de jovens negros.[79] Também mostro uma circular da Polícia Militar de São Paulo orientando policiais a abordarem e revistarem homens negros e pardos que circulam em bairros nobres de Campinas.[80]

---

[78] Ver: Governo do Paraná. *Racismo Institucional – Teste de Imagem*. Disponível em: https://www.youtube.com/watch?v=JtLaI_jcoDQ. Acessado em: 31.10.2023.

[79] SINHORETO, Jacqueline; SILVESTRE, Giane; SCHLITER, Maria Carolina. *Desigualdade e política pública em São Paulo*: letalidade policial e prisões em flagrante. Disponível em: http://www.ufscar.br/gevac/wp-content/uploads/Sum%C3%A1rio-Executivo_FINAL_01.04.2014.pdf. Acessado em: 13.05.2019.

[80] SCHIAVONI, Eduardo. "Ordem da PM determina revista em pessoas 'da cor parda e negra' em bairro nobre de Campinas (SP)". *Uol*, 23 jan. 2013. Disponível em: https://noticias.uol.com.br/cotidiano/ultimas-noticias/2013/01/23/

Afinal, o que podemos esperar de uma instituição que classifica negros como uma ameaça? O assassinato cotidiano desses indivíduos. Os vários estereótipos que circulam na sociedade fazem com que os julgamentos de quem deve viver e quem deve morrer sejam imediatos. Eles assumem a forma de um automatismo mental: ter a pele negra faz com que os indivíduos façam julgamentos imediatos sobre o valor da vida das pessoas.[81]

Eu me lembro de uma palestra de um secretário de segurança de um Estado do sudeste brasileiro que assisti nos Estados Unidos. Ele iniciou sua fala dizendo que um dos maiores problemas que nós enfrentamos, ao contrário do que ocorre naquele país, é o fato que negros são mortos principalmente por policiais negros. Meu sangue entrou em ebulição porque sei muito bem como o discurso institucional das pessoas brancas que dirigem essas instituições funciona. O cinismo e o racismo desse argumento não têm tamanho. É a atitude típica da nossa elite branca quando está nos Estados Unidos: afirmar a nossa suposta superioridade moral em relação a eles; construir um discurso que mascara a realidade social brasileira para reproduzir uma imagem positiva das nossas elites brancas. Interpelei esse indivíduo imediatamente com dados estatísticos que demonstram claramente que a maioria dos autores de assassinatos de negros são brancos e que nossa polícia é muito mais letal que a daquele país. Ele tentou se desvencilhar da questão dizendo que está muito comprometido com o tratamento igualitário da população. Disse que ele deveria responder minha pergunta porque ele estava nos acusando de sermos assassinos dos nossos irmãos. A reação de norte-americanos que o confrontaram com dados estatísticos fez com que ele encerrasse sua fala.

---

ordem-da-pm-determina-revista-em-pessoas-da-cor-parda-e-negra-em-bairro-nobre-de-campinas-sp.htm. Acessado em: 31.10.2023.

[81] Ver a extensa e essencial obra sobre o tema: KANG, Jerry. "Trojan horses of race". *Harvard Law Review*, vol. 118, n° 4, 2004, pp. 1491-1593.

CAPÍTULO III – INTERPRETANDO O DIREITO COMO UM SUBALTERNO

Menciono esse fato porque a periculosidade do homem negro não é apenas um estereótipo negativo que motiva o tratamento discriminatório das nossas forças policiais. Essa forma de discriminação é um instrumento de algo muito mais grave porque ela opera como uma forma de governança racial. A ação discriminatória de empregadores, a ação discriminatória da polícia, a reprodução da representação negativa do homem negro é uma maneira de manter uma ordem racial baseada na necessidade do controle social dos corpos negros. A ação policial é uma ação estatal informada por interesses do grupo racial dominante em reproduzir formas de controle destinadas a manter um sistema de privilégios raciais que sustenta a hegemonia branca no nosso país. Creio que esse conceito de governança racial é relevante porque exemplifica como a raça informa diversas instâncias da vida social e da atuação das instituições sociais. Observamos o surgimento de uma nova forma de governança racial nas últimas décadas, sendo que ela utiliza dois mecanismos para manter a exclusão social: o genocídio da juventude negra e o encarceramento da população negra. Como alguns autores afirmam, o racismo é um sistema de dominação que adquire novos aspectos em diferentes momentos históricos e contextos sociais.[82]

O caso Rafael Braga é um exemplo do que estou chamando de governança racial. Ele começa com a tradicional ação discriminatória da polícia de voltar sua atenção especialmente a homens negros, indivíduos que são condenados mesmo na falta de provas ou a partir de provas absurdas. Todos sabem qual foi o motivo alegado, causa da sua primeira prisão: ele estava carregando uma garrafa de desinfetante e uma garrafa de água sanitária. Elas seriam classificadas exatamente dessa forma se estivessem nas mãos de um homem branco, mas nas mãos de um homem negro elas se tornam um perigo claro e imediato. Vários homens brancos participavam dos atos que questionavam as decisões que as elites brancas estavam

---

[82] OMI, Michael; WINANT, Howard. *Racial formation in the United States*: From the 1960s to 1990s. Nova York: Routledge, 1994, pp. 105-137.

tomando, mas o homem negro é preso para servir como exemplo para os manifestantes. Ele foi preso meses depois sob outra alegação: a de ser um traficante. A decisão judicial é um triste desfile de estereótipos descritivos e prescritivos utilizados contra negros, sendo que alguns deles demonstram a completa insanidade racista do sistema judiciário brasileiro. É importante falarmos sobre esse caso porque alguns de seus elementos não se restringem a decisões nas quais o Judiciário está empenhado em subordinar homens negros.

A experiência de pessoas negras em uma sociedade que procura manter a hegemonia branca a qualquer custo é bem distinta das pressuposições que podemos fazer baseadas no formalismo jurídico. Somos vítimas cotidianas de discriminação institucional, aquela praticada por pessoas na condição de funcionários estatais ou de empresas privadas. Ela pode ocorrer pela negação do acesso a serviços, pela negação de acesso às oportunidades dentro das instituições e pelo oferecimento de serviços diferenciados ao público. Estereótipos negativos sobre grupos minoritários motivam o comportamento de agentes institucionais. Alguns são descritivos porque designam supostas características de grupos minoritários, outros são prescritivos porque designam os lugares que as pessoas podem ocupar na sociedade. Eles regulam a atuação de agentes estatais todo o tempo, motivo pelo qual nosso país é frequentemente condenado por violações de direitos humanos.[83] O problema maior da discriminação institucional é a presunção de que atos arbitrários não são motivados por animosidade, mas são parte da operação normal das instituições. Então matar negros aparece como uma consequência da ação policial cotidiana, prender negros arbitrariamente também não é nada mais do que o exercício rotineiro das funções institucionais da polícia. Curiosamente, as forças policiais não criam operações para prender homens brancos nos grandes

---

[83] GAETNER, Samuel Gaertner; MCLAUGHLIN, John. "Racial stereotypes: associations and ascriptions of positive and negative characteristics". *Social Psychology Quarterly*, vol. 46, nº 1, 1983, pp. 23-30.

CAPÍTULO III – INTERPRETANDO O DIREITO COMO UM SUBALTERNO

centros urbanos brasileiros. Isso deveria ocorrer porque eu não me recordo de ter visto homens negros terem sido presos nas atuais operações que tem o suposto propósito de combater a corrupção. A presença exclusiva de homens brancos entre os presos não produz uma preocupação generalizada sobre a periculosidade do homem branco. Nós já sabemos por que isso ocorre.

Alguns aspectos são particularmente problemáticos nessa decisão infame, decorrentes da maneira como juristas brancos interpretam normas legais. O juiz afirma que devemos dar crédito aos policiais que testemunharam no caso por causa da presunção de idoneidade dos agentes estatais. Ele menciona a doutrina e a jurisprudência para afirmar que o comportamento desses indivíduos não deve ser questionado por pressuporem a verdade. Isso significa então que os policiais sempre operam de forma neutra nos exercícios de suas funções, sempre tratam as pessoas de forma constitucionalmente adequada. Esse é um daqueles momentos no qual um homem negro que já foi agredido por policiais apenas por ser negro é tomado de ira porque ele sabe o que está por trás dessa afirmação: o formalismo estratégico, a ignorância do significado da discriminação institucional e a vontade deliberada de promover a subordinação da população negra. Organizações nacionais e internacionais de direitos humanos denunciam as ações arbitrárias cotidianas das forças policiais brasileiras, mas esse juiz afirma que não temos motivos para questionar o depoimento dos policiais. Ele disse ainda que os policiais não tinham motivo para fazer uma acusação falsa porque não o conheciam. Entendi perfeitamente. Primeiro você conhece a pessoa intimamente, depois você a discrimina. Atos discriminatórios e arbitrários não têm qualquer relação com raça ou gênero, eles ocorrem depois de meses de convívio contínuo. Estereótipos negativos motivam o comportamento de todas as pessoas do planeta, menos dos policiais envolvidos no caso.[84]

---

[84] BRASIL. "Tribunal de Justiça do Rio de Janeiro, Processo n. 0008566-71.2016.8.19.0001, 39ª Vara Criminal, Juiz: Ricardo Coronha Pinheiro,

Há duas outras coisas graves nessa decisão judicial. A decisão de primeira instância argumenta que não temos razão para desconfiar do depoimento dos policiais, mesmo depois da mesma força policial ter prendido Rafael Braga com uma garrafa de água sanitária, o que serviu como base para a acusação de intenção criminosa. Ela também desacredita por completo o depoimento da testemunha da defesa que corroborou o depoimento do acusado, sob a alegação de que ela conhecia a família dele e que, por isso, não seria confiável. A polícia que discrimina negros cotidianamente sempre tem crédito, pessoas que relatam a violência cotidiana de agentes policiais não possuem qualquer idoneidade. Também não passa pela cabeça do juiz que a prova possa ter sido plantada por policiais, uma prática comum que procura incriminar pessoas negras. Ele ainda estabelece um precedente perigoso que tem sido chamado de elo geográfico: viver em uma comunidade comandada pelo tráfico significa que o sujeito está envolvido com o tráfico, mesmo que as provas tenham sido plantadas por agentes policiais.[85]

A prisão de Rafael Braga é um exemplo da lógica do encarceramento em massa que afeta principalmente a população negra, mas isso permanece invisível aos olhos daqueles que permanecem restritos ao formalismo jurídico, o que permite o uso estratégico desses argumentos para promover a exclusão social. Mas o fenômeno do encarceramento em massa da população negra não decorre apenas da intenção encoberta da Polícia Militar e da Justiça Criminal em usar o Direito Penal para subordinar negros, ela não decorre apenas do uso da Justiça Criminal como forma de governança racial. A decisão menciona ainda uma súmula do

---

20.04.2017 (ademais, os Policiais Militares que efetuaram a prisão do acusado não o conheciam anteriormente, razão pela qual não tinham qualquer motivo para acusá-lo falsamente)".

[85] BRASIL. Tribunal de Justiça do Rio de Janeiro, Processo n. 0008566-71.2016.8.19.0001, 39ª Vara Criminal, Juiz: Ricardo Coronha Pinheiro, 20.04.2017 (afirmando que a presença do acusado em uma área dominada pelo tráfico significa que ele deve ser traficante).

CAPÍTULO III – INTERPRETANDO O DIREITO COMO UM SUBALTERNO

Tribunal de Justiça do Rio de Janeiro que considera o depoimento de policiais como prova suficiente para a condenação de pessoas acusadas de envolvimento com o tráfico. Isso é algo muito problemático. De um lado, temos a ação discriminatória da polícia, do outro uma norma que, mesmo escrita em termos genéricos, afeta desproporcionalmente pessoas negras porque a ação policial é dirigida a elas. Não espero que membros do Judiciário tenham conhecimento de qualquer teoria sobre discriminação porque eles pensam que todas as pessoas têm as mesmas experiências que eles. Esse é outro motivo pelo qual um jurista ou uma jurista que pensa como um negro deve analisar normas legais dentro do contexto social no qual elas são aplicadas. Essa súmula é um exemplo de discriminação indireta, porque, embora seja descrita em termos genéricos, ela afeta principalmente pessoas negras.

As reflexões elaboradas neste capítulo nos permitem chegar a algumas conclusões importantes sobre o processo de interpretação do princípio da igualdade. O sistema político que conhecemos como liberalismo não impede que sistemas de dominação estruturem toda a realidade social. Pelo contrário, formas de subordinação são sempre reproduzidas em democracias liberais, a razão principal pela qual não podemos pensar a interpretação constitucional como um processo desconectado da história social e da situação política de uma sociedade. Pressupor que a uniformidade de *status* jurídico pode significar a homogeneidade de experiências sociais permite que relações de subordinação sejam reproduzidas dentro da sociedade, mantendo classes de pessoas em uma condição de subalternidade ao longo do tempo. Assim, um jurista ou uma jurista que pensa como um negro precisa considerar que há grupos que estão em uma condição de exclusão estrutural, fato que deve guiar a forma como ele interpreta o princípio da igualdade para que possa ter a força transformadora que lhe confere o texto constitucional.

CAPÍTULO IV

O JURISTA QUE PENSA COMO UM NEGRO E A MITOLOGIA LIBERAL

Disse anteriormente que a interpretação procedimental da igualdade está baseada na compreensão da sociedade como uma comunidade de indivíduos. Bem, pensar como um negro significa expressar uma completa desconfiança do ideal individualista que anima o discurso de muitos juristas brancos. Vários deles defendem princípios liberais; eles partem do pressuposto de que vivemos em uma sociedade onde as pessoas possuem as mesmas oportunidades, o que parece pressupor que todas elas são tratadas como indivíduos, como agentes capazes de atuar na esfera pública de forma competente, que todos os indivíduos são reconhecidos como sujeitos que têm o mesmo valor moral.[86] Esse é um claro exemplo de como a

---

[86] Ver, nesse sentido: BRASIL. Tribunal de Justiça do Espírito Santo, Apelação Cível n. 024070612809, Órgão Julgador: 4ª Câmara Cível, Voto: Maurílio Almeida de Abreu, 15.12.2009 (declarando a inconstitucionalidade de programas de ações afirmativas baseado no argumento de que a exclusão social dos negros decorre de problemas de classe social e não de racismo); BRASIL. Tribunal de Justiça de Minas Gerais, Ação Direta de Inconstitucionalidade n. 1.0000.00.327572-4/000(1), Órgão Julgador: Corte Superior, Relator: Correa de Martins, 03.12.2003 (declarando a inconstitucionalidade de

posição que um indivíduo ocupa dentro de uma sociedade determina sua percepção dos fatos. Essa perspectiva possui uma série de problemas e o primeiro deles é a recusa de se reconhecer que o projeto liberal de construção de uma sociedade sem hierarquias nunca se concretizou. Isso não poderia acontecer porque o próprio Estado liberal moderno é um Estado racial. Suas instituições foram fundadas sobre a opressão negra, seus órgãos políticos permitem a continuidade da opressão negra, sua ideologia colabora com a continuidade da exclusão racial ao possibilitar que o mesmo grupo controle e defina os interesses nacionais.[87]

Um jurista ou uma jurista que pensa como um negro encontra sérias dificuldades para formular uma hermenêutica transformadora baseada nas premissas do liberalismo, parâmetro sempre presente em decisões que envolvem classificações raciais. A primeira delas diz respeito aos pressupostos filosóficos que animam essa ideologia política. Analisar a dinâmica da comunidade política a partir da premissa de que os indivíduos existem como átomos sociais dificulta o reconhecimento das formas como o poder determina a vivência deles. Relações de poder incidem principalmente sobre traços que vinculam as pessoas a grupos específicos, uma categoria incompatível com a ontologia filosófica imanente ao liberalismo. Vemos então que questões como raça e gênero não podem ser adequadamente trabalhadas nessa perspectiva porque as pessoas são vistas como unidades abstratas. Os que pensam de acordo com os princípios do liberalismo clássico estão mobilizados contra certos

---

programa de cotas raciais em concurso público sob o argumento de que as desigualdades sociais entre negros e brancos decorrem da falta de investimento em políticas educacionais universais).

[87] Ver, nesse sentido, BRASIL. Tribunal Regional Federal da 4ª, AI n. 2005.04.01.006358-2/RS, Órgão Julgador: 3ª Turma, Relator: Luiz Carlos de Castro Lugon, DJU 01.06.2005 (dizendo que as disparidades sociais entre negros e brancos não derivam apenas de disparidades de classe, mas sim de discriminação racial sistemática, o que requer a implementação de políticas públicas promotoras da igualdade material entre esses grupos).

tipos de opressão que impedem a realização da liberdade, mas apenas na medida em que eles afetam a generalidade dos indivíduos. Eles são combatidos porque dificultam a realização do ideal do igualitarismo, valor que está relacionado com a compreensão da sociedade como uma comunidade de indivíduos. Consequentemente, o tipo de liberalismo presente em decisões judiciais que envolvem classificações raciais não consegue reconhecer grupos como sujeitos submetidos a diferentes formas de opressão porque as pessoas existem enquanto realidades individuais dentro dessa doutrina. O caráter normativo do individualismo faz com que os sujeitos sejam vistos como elementos de valoração social, não a vivência como membros de certos grupos. A visão dos indivíduos como agentes que são igualmente capazes de ter uma existência autônoma cria dificuldades para identificarmos como os sujeitos são socialmente construídos.[88]

Sempre me lembro daqueles autores negros que falam que todas as pessoas brancas conhecem todas as pessoas negras, mesmo nunca tendo encontrado todas elas, mesmo tendo pouco ou nenhum contato com elas.[89] Essa afirmação é relevante para a nossa discussão porque o racismo é a negação da individualidade. Um jurista ou uma jurista que pensa como um negro não deve defender o individualismo liberal porque está ciente de que pessoas negras não podem existir como indivíduos dentro de uma ordem social baseada na estratificação racial. A frase que citei acima faz sentido porque estereótipos raciais não apenas descrevem supostas características de todos os membros de um grupo, mas também

---

[88] MILLS, Charles. *Black rights, white wrongs*: the critique of racial liberalism. Oxford: Oxford University Press, 2017, pp. 15-20.

[89] Para uma análise sobre a influência dos estereótipos na percepção social dos indivíduos e para uma discussão sobre o conceito de cognição social ver: KANG, Jerry. "Trojan horses of race". *Harvard Law Review*, vol. 118, nº 5, 2005, pp. 1491-1592; GREEN, Tristin. "A structural approach as antidiscrimination mandate: locating employer wrong". *Vanderbilt Law Review*, vol. 60, nº 3, 2007, pp. 849-903.

prescrevem os lugares que as pessoas devem ocupar dentro de uma sociedade.[90] Esse era um dos motivos pelos quais meus colegas brancos do primário riam de mim quando dizia que queria ser um astrônomo. Eles diziam que pretos astrônomos não existem, mais um exemplo de como representações culturais moldam a percepção de que tipo de lugar social pode ser ocupado por negros. Essa é uma das razões pelas quais certas pessoas brancas me pedem para mostrar minha carteira profissional quando digo que sou advogado. Afinal, um negro não pode mesmo estar em lugares tradicionalmente ocupados por brancos. Temos aqui exemplos da experiência de um homem negro na sociedade brasileira: ele é uma ameaça em certas situações e um indivíduo que está fora do seu lugar natural em outras.

Sujeitos subalternos não ascendem à condição de indivíduo porque não têm condições de viver de forma autônoma. Bem, nenhum ser humano pode ser inteiramente autônomo porque a própria individualidade é constituída a partir do reconhecimento por outras individualidades. Mas veja, meu caro leitor, minha cara leitora, a situação de pessoas negras é mais problemática porque as instituições sociais são desenhadas para impedir que nós possamos alcançar uma vida digna. É por esse motivo que o discurso da meritocracia adquire a face de pura hipocrisia em uma sociedade na qual as oportunidades sociais estão inteiramente concentradas nas mãos dos membros do grupo racial dominante.[91] Uma sociedade na qual metade de sua população vive na condição de subalternos

---

[90] APPIAH, K. Anthony. "Stereotypes and the shapping of identity". *California Law Review*, vol. 88, nº 1, 2000, pp. 47-52.

[91] Para uma análise profunda baseada em pesquisas quantitativas ver: TELLES, Edward. *Race in another America*: the significance of skin color in Brazil. Princeton: Princeton University Press, 2004, pp. 139-172; JACCOUD, Luciana. "O combate ao racismo e à desigualdade: o desafio das políticas públicas de promoção da igualdade racial". *In*: THEODORO, Mário (Coord.). *As políticas públicas e as desigualdades raciais no Brasil*. Brasília: IPEA, 2008, pp. 65-97.

nunca teve qualquer tipo de apreço por meritocracia. Não há nela garantias de que todas as pessoas poderão alcançar seus objetivos por meio da defesa de liberdades individuais. Eu sou um homem negro e nunca ouvi algo tão imaginário quanto à noção de meritocracia. A vasta maioria das pessoas brancas não me percebe como um indivíduo, mas sim como um membro de uma minoria racial que possui traços bem específicos, sendo que muitos deles são os opostos das supostas características naturais de pessoas brancas, traços que as representam com os candidatos ideais para ocupar cargos de poder e prestígio dentro da sociedade brasileira.[92]

Um dos elementos centrais da mitologia liberal é o princípio da igualdade formal. Ele está baseado no pressuposto de que todas as pessoas devem ser tratadas da mesma forma perante as normas jurídicas. Ele também encontra fundamento na premissa de que a justiça liberal é uma justiça simétrica, ou seja, alcançamos a igualdade quando tratamos todas as pessoas de uma mesma classe da mesma forma. Características pessoais devem então ser desconsideradas para que todas as pessoas sejam tratadas a partir da condição delas como sujeitos jurídicos.[93] Esses ideais são realmente muito sedutores. Entretanto, não acredito que o liberalismo possa criar uma sociedade igualitária porque as características individuais têm um papel central na vida das pessoas.

---

[92] Para uma análise da percepção racial dos diferentes grupos ver: ROSO, Adriane *et al*. "Cultura e racismo: a mídia relevando estereótipos raciais de gênero". *Psicologia e Sociedade*, vol. 14, nº 2, 2002, pp. 74-94; PAIM, Altair dos Santos; PEREIRA, Marcos Emanoel. "Aparência física, estereótipos e discriminação racial". *Ciências e Cognição*, vol. 16, nº 1, 2011, pp. 2-18.

[93] Ver, por exemplo, TJMG, Apelação Cível em Mandado de Segurança n. 1.0079.05.183566-2/001(2), Órgão Julgador: 3ª Câmara Cível, Relator: Albergaria Costa, 14.09.2007 (argumentando que os programas de ações afirmativas ferem o princípio da meritocracia porque impede negros de competirem em pé de igualdade com outros grupos raciais, além de preterir as outras raças); TRF-2ª Região, Apelação Cível n. 1999.50.01.009568-0, Órgão Relator: 8ª Turma, Relator: Guilherme Calmon, 16.03.2005 (afirmando que a implementação de programas de ações afirmativas viola o princípio da meritocracia e também o princípio da igualdade).

Elas precisam ser consideradas para que a justiça seja alcançada. Não se pode atingir esse objetivo sem um abandono parcial do princípio da universalidade das normas jurídicas. Ao negligenciar o sentido substantivo de igualdade em nome de sua dimensão formal, juristas brancos impedem que mudanças aconteçam. Esse é um dos motivos pelos quais um jurista ou uma jurista que pensa como um negro deve interpretar o princípio da isonomia a partir da experiência daqueles que sofrem diversas formas de opressão. A promessa liberal de emancipação nunca pôde se realizar porque muitos juristas brancos interpretam normas jurídicas sem levar em consideração a experiência concreta da vida das pessoas.[94] É curioso que essa perspectiva se mantenha presente mesmo depois de todas as críticas dos autores que enfatizam as conexões entre o Direito e a Política, mas podemos explicar isso pelo interesse estratégico dos que interpretam o Direito dessa forma.[95]

Outra coisa que permanece ignorada por muitos participantes do debate sobre medidas de inclusão racial é a transformação das categorias a partir das quais nós pensamos a igualdade. Sua formulação moderna trabalha com alguns elementos centrais: universalismo, generalidade, equidade e simetria. Eles permitiram a afirmação de que todos os membros da comunidade política são titulares de direitos na ordem pública, que as normas são direcionadas a todas as pessoas e não apenas a indivíduos específicos, que

---

[94] Ver, nesse sentido: BRASIL. Tribunal de Justiça do Espírito Santo. Agravo de Instrumento n. 04789000146, Órgão Julgador: 4ª Câmara Cível, Relator: Carlos Roberto Mignone, 17.02.2009 (argumentando que a adoção de ações afirmativas deve observar a utilização de critérios justificáveis para que possam estar em acordo com a igualdade, o que não inclui a raça das pessoas em concursos para cargos públicos); BRASIL. Partido dos Democratas. Petição Inicial, Ação de Descumprimento de Preceito Fundamental n. 186, 20.07.2009 (argumentando que o princípio constitucional da igualdade requer a aplicação de normas a negros e brancos de forma simétrica porque esses grupos estão em situação de igualdade social).

[95] MINDA, Gary. *Postmodern legal movements*: law and jurisprudence at century's end. Nova York: New York University Press, 1995, pp. 13-62.

os mesmos procedimentos devem ser aplicados a todas as pessoas e que aqueles que estão igualmente situados devem ser tratados de forma similar. As transformações ocorridas ao longo do constitucionalismo moderno também provocaram uma modificação da forma como esses princípios são pensados no processo de interpretação da igualdade. O conceito de igualdade material acarretou uma flexibilização das noções de generalidade e de equidade porque ela procura acomodar esses parâmetros com necessidade de promoção da equiparação da consideração das condições materiais da existência. O processo de diferenciação dos direitos, a criação de medidas destinadas à proteção de grupos sociais específicos, estabeleceu a necessidade de normas direcionada à transformação da situação concreta de pessoas. Observamos no atual paradigma constitucional o aparecimento de diversas categorias de direitos que procuram alterar as condições de vida de pessoas que são afetadas por questões relacionadas não apenas com a justiça distributiva, mas também com o reconhecimento da igual dignidade dentro da afirmação da diferença.[96]

A mitologia liberal traz outro problema significativo para a reflexão sobre o papel da hermenêutica na transformação social. A afirmação da interpretação jurídica como algo que procura identificar uma forma de racionalidade manifestada quando seguimos procedimentos legislativos está baseada no princípio da legalidade, um dos temas centrais do Estado de Direito. O Estado Constitucional moderno adquire então sua legitimidade política porque expressa uma vontade soberana, produto do acordo entre indivíduos que atuam de forma racional. A expressão "Estado de Direito" implica então uma forma de racionalidade calcada nas formulações centrais do liberalismo: o poder estatal deve ser visto como um tipo de ação racional porque representa a possibilidade de os indivíduos poderem

---

[96] Ver: FREDMAN, Sandra. "Redistribution and recognition: reconciling inequalities". *South African Journal of Human Rights*, vol. 23, n° 2, 2007, pp. 214-234.

atuar de forma autônoma, sendo que a proteção desse espaço de ação é o objetivo central das instituições estatais.[97]

Certos autores apontam a natureza problemática dessa série de assertivas porque elas ignoram o papel central da raça na formação dessa entidade política. Uma análise histórica mostra de forma contundente que a construção dos Estados modernos está diretamente ligada ao processo de subjugação de minorias raciais ao longo da história recente, que a exploração econômica da mão de obra racializada teve um papel central na configuração desses Estados, que o poder político sempre esteve integralmente concentrado nas mãos dos grupos raciais dominantes, motivo pelo qual o aparato jurídico que regula a ação estatal representa largamente os interesses privados desse grupo racial. A doutrina liberal teve um papel muito relevante nesse processo, ao fornecer uma representação jurídica dos seres humanos nos quais minorias raciais não poderiam fazer parte.[98] A identidade racial está diretamente relacionada com a identidade nacional, motivo central pelo qual várias autoridades estatais se preocuparam extensamente com a composição racial do povo. Os vários Estados modernos criaram diversos tipos de projetos raciais para manterem o poder político identificado com pessoas brancas, o que incluiu políticas de genocídio, políticas eugênicas, políticas imigratórias e políticas segregacionistas.[99]

O Estado moderno pode ser classificado como um Estado racial por causa do papel que a raça tem em diversas formas de governança social. Notamos na evolução dele uma série de projetos de dominação

---

[97] Para uma análise extensa desse tema: SHAPIRO, Scott. *Legality*. Cambridge: Harvard University Press, 2011.

[98] Ver, nesse sentido: MARX, Anthony. *Making race and nation*: a comparison of South Africa, the United States and Brazil. Cambridge: Cambridge University Press, 1999; LOSURDO, Domenico. *Contra-história do liberalismo*. São Paulo: Ideias e Letras, 2006.

[99] Ver: OMI, Michael; WINANT, Howard. *Racial formation in the United States*: From the 1960s to 1990s. Nova York: Routledge, 1994, pp. 137-156.

racial que assumiram diversas expressões, sendo que o Direito sempre teve papel central na criação de meios de controle sobre minorias raciais, na forma como as ações, os lugares, os direitos dos membros desses grupos poderiam ser exercidos. As democracias liberais criaram diversos meios para exercer o controle social sobre os corpos de minorias raciais, de forma que eles pudessem ser sempre utilizados para atender interesses políticos e econômicos. A raça determina as posições que os sujeitos podem ocupar dentro da sociedade, o que não depende apenas da ação estatal, mas da forma como os interesses privados de pessoas brancas foram sendo traduzidos nas normas jurídicas. A violência estatal assume então uma forma racializada porque pretende ser um tipo de controle social sobre os corpos negros.[100]

A leitura da teoria do contrato social de Charles Mills, uma das construções teóricas principais da doutrina do individualismo liberal, parece-me bastante persuasiva. Ele faz uma crítica dessa tese central da política moderna a partir de uma leitura racial dos autores que construíram teorias políticas sobre a construção do Estado moderno como um fenômeno associado à criação de um pacto político entre indivíduos que viviam em um estado de natureza no qual possuíam os mesmos direitos. O autor observa que, embora esses filósofos falassem de um conceito ideal, o Estado moderno corresponde a um contrato real de dominação sobre minorias raciais. Por esse motivo, ele fala de um pacto racial porque os únicos indivíduos que podiam participar desse ato fundador eram homens brancos, tese que aparece em uma das decisões que analisamos no curso de Direito das Relações Raciais. Mais uma vez, embora a tese do contrato social seja uma ideação, o contrato racial refere a uma realidade concreta que pode ser observada na história de muitas democracias ocidentais, tal como a brasileira.[101]

---

[100] Ver a obra fundamental de: GOLDBERG, David. *The racial state*. Malden: Blackwell Publishers, 2002, pp. 36-75.
[101] MILLS, Charles. *The racial contract*. Ithaca: Cornell University Press, 1997, pp. 9-49.

Para o autor, o contrato racial tem uma dimensão política porque ele permite a criação de um tipo de governo que procura garantir os vários interesses dos membros do grupo racial dominante. Não estamos diante de pessoas que se tornam atores políticos em função da criação de uma sociedade civil, mas sim de indivíduos que adquirem poder social sobre grupos minoritários porque esses não são alçados à posição de atores sociais. O contrato racial estabelece uma comunidade política racializada na qual minorias possuem uma inserção hierarquizada do ponto de vista econômico e marginalizada do ponto de vista cultural. Esse contrato estabelece também um governo que opera de acordo com os interesses privados de grupos dominantes, o que garante a dominação de brancos sobre negros. A doutrina tradicional concebe o contrato social como algo baseado no pressuposto da igualdade entre todos os homens, mas a realidade do contrato racial demonstra que essa proposição ideal não corresponde à realidade histórica das bases sobre as quais o Estado moderno se formou. O contrato racial cria também uma forma de epistemologia que encontra legitimidade na teoria liberal: as pessoas ainda são consideradas como indivíduos que supostamente vivem dentro de uma realidade igualitária, perspectiva que encobre as formas como relações hierárquicas de poder permeiam as relações entre grupos raciais dominantes e os grupos raciais subordinados.[102]

Já disse que minha existência e minhas oportunidades estão ligadas ao destino do meu grupo e isso significa que interpretar o princípio da igualdade a partir da premissa de que todas as pessoas são tratadas como indivíduos permite a perpetuação das desigualdades. Por que isso não é claro para os juristas brancos? Muitos acreditam que todas as pessoas têm a mesma experiência social que eles. Muitos pensam que negros e brancos estão na mesma condição. Outros utilizam essa perspectiva como mera estratégia de dominação. A posição interpretativa de juristas brancos é altamente

---

[102] MILLS, Charles. *The racial contract*. Ithaca: Cornell University Press, 1997, pp. 41-91.

problemática porque a questão racial não é analisada dentro da estrutura de dominação existente no nosso país, estrutura que encontra fundamento na própria estruturação de categorias centrais da política moderna. O sistema de desvantagens que afeta negros e o sistema de vantagens que beneficia brancos não aparecem dentro dessas considerações. Ao contrário, eles continuam reproduzindo a mitologia da democracia racial, ideologia que funciona como uma falsa consciência. Essa reprodução impede que o privilégio branco seja reconhecido e questionado, um dos objetivos centrais do liberalismo racial brasileiro. Eles defendem apenas políticas destinadas à generalidade dos indivíduos, única alternativa supostamente compatível com o pressuposto da universalidade do princípio da igualdade.[103] Mais problemático, a questão da raça aparece como uma forma de opressão de pessoas brancas e não como uma categoria que organiza os sistemas hierárquicos aqui existentes.[104]

---

[103] Ver, nesse sentido: Tribunal Regional da 5ª Região. Agravo de Instrumento n. 61893, Órgão Julgador: 3ª Turma, Relator: Paulo Gadelha, 24.08.2006 ("A utilização da cor da raça, como critério diferenciador para o acesso a vagas nas universidades, constitui critério de segregação racial e, talvez, o mais indicado para reduzir estas diferenças seja o investimento na qualidade do ensino público, pois, este critério ajudaria não só os estudantes negros, mas, sim, todos os estudantes carentes do Brasil, independente, de raça, sexo ou religião"); BRASIL. Tribunal de Justiça do Rio de Janeiro. Ação Direta de Inconstitucionalidade n. 0009/2009, Órgão Julgador: Órgão Especial, Relator: José Carlos S. Murta Ribeiro, 25.05.2009 ("Se há de se implementar as chamadas ações afirmativas, políticas inclusivas entre os mais desfavorecidos, que se faça esta prática de forma genérica e abrangente e não criando situações de privilégios para alguns em detrimento dos outros")

[104] BRASIL. Tribunal de Justiça do Espírito Santo. Agravo de Instrumento n. 04789000146, Órgão Julgador: 4ª Câmara Cível, Relator: Carlos Roberto Mignone, 17.02.2009 (asseverando que a implementação de ações afirmativas poderá transformar o Brasil em uma sociedade preconceituosa em função de políticas que podem ser classificadas como discriminação reversa); TJMG, Incidente de Constitucionalidade n. 1.0000.07.449458-4/000(1), Órgão Julgador: Corte Superior, Relator: Reynaldo Ximenes Carneiro, 27.06.2007 (classificando a adoção de cotas raciais em concurso público como uma iniciativa discriminatória contra brancos porque estabelece tratamento diferenciado com base na pele dos indivíduos, o que ofende o princípio da igualdade formal entre os indivíduos).

CAPÍTULO V

PODE UM JURISTA QUE PENSA COMO UM NEGRO INTERPRETAR O DIREITO DE FORMA OBJETIVA?

As questões analisadas nos capítulos anteriores influenciam de forma direta a forma como juristas brancos interpretam normas jurídicas porque elas legitimam um tipo de percepção intelectual e política da realidade que tem um caráter parcial. Mais do que isso, elas formam as bases de uma perspectiva epistemológica que situa o jurista branco em uma posição que o leva a assumir que todas as pessoas possuem a mesma experiência social. Por esse motivo, eles acreditam e levam as pessoas a acreditar que as normas jurídicas podem ser interpretadas exclusivamente a partir da lógica interna do Direito, que essa disciplina contém todos os elementos necessários para a solução de problemas jurídicos. A interpretação pode se resumir a então uma subsunção da norma jurídica ao fato que ela pretende regular. Veremos porque essa posição interpretativa impede o alcance da justiça racial, na medida em que a raça aparece como uma mera particularidade individual sem relevância jurídica. Tendo em vista o caráter altamente problemático dessas afirmações, precisamos investigar os mecanismos a partir dos quais o discurso jurídico estabelece parâmetros para percepção da relevância social da raça e do racismo.

5.1 Como pensa um jurista branco?

Decidi ingressar em uma Faculdade de Direito em função do meu envolvimento com o movimento negro. Disse antes que eu comecei a atuar como militante na minha adolescência; estudar Direito me pareceu uma boa forma de ter uma profissão rentável e poder ser um agente de transformação social. Porém, essa possibilidade me pareceu difícil de ser realizada quando finalmente consegui passar no vestibular. Todos os meus professores eram brancos, a vasta maioria homens brancos. Nenhum deles desenvolvia qualquer tipo de pesquisa sobre minorias raciais; alguns desenvolviam projetos sobre minorias sexuais, mas quase sempre sobre mulheres. Isso era o mais próximo que pude ter de um professor progressista. Eles não tinham desenvolvido ou não tinham conhecimento de qualquer tipo de perspectiva teórica elaborada com o propósito específico de analisar direitos de minorias raciais. Eles não sabiam nada sobre Direito Antidiscriminatório, nem podiam fazer uma análise mais profunda do que seja discriminação. Não creio que a situação tenha mudado muito. Bem, não há razões para nos surpreendermos, o racismo é algo invisível para a vasta maioria dos juristas brancos e vários deles estão empenhados em manter essa invisibilidade.

Minhas aulas sobre Teoria da Constituição foram um tremendo conforto. Pude ver minha realidade pessoal representada pela primeira vez a partir das discussões propostas por um professor que se tornou meu orientador até o doutorado. Tudo era discutido, inclusive os problemas relacionados com uma forma de hermenêutica distante do contexto social, ainda pensada de uma forma cientificista, ainda vista como uma área jurídica que poderia prescindir de qualquer contato com outros campos do conhecimento. As outras matérias sobre Direito Constitucional foram decepcionantes. Estive, por exemplo, diante de um jurista famoso que fazia uma leitura dos direitos fundamentais como meros direitos positivos, noção distanciada da dimensão objetiva deles. Ele não desenvolvia qualquer discussão sobre como eles poderiam ser utilizados para promover a inclusão de grupos marginalizados. Aliás, os direitos fundamentais eram apresentados como categorias autorreferentes, sem nenhuma relação lógica com princípios constitucionais. Não havia uma análise sistemática da Constituição. Era realmente impossível pensar em uma hermenêutica que pudesse levar em conta as desigualdades raciais quando nosso sistema de direitos era apresentado dessa forma. Mas isso não era apenas uma característica desse professor: quase todos eles eram homens brancos heterossexuais de classe alta que nunca tiveram que pensar nosso sistema de direitos a partir da perspectiva de um subordinado. Minha experiência como estudante de Direito e como um membro de uma minoria racial foi uma constante vivência de alienação, a mesma coisa que ocorria com membros de minorias sexuais. A posição neutra dos juristas brancos não tem neutralidade alguma: é uma descrição do Direito como um tipo de discurso que trata apenas os interesses dos membros dos grupos majoritários. Eu entendia inteiramente o sentimento dessas pessoas. Estávamos ouvindo o que esses professores brancos heterossexuais diziam, ao mesmo tempo em que lembrávamos todas as nossas experiências pessoais com o sistema jurídico e que elas não refletem em quase nada o que eles nos falavam sobre as funções do Direito.[105]

Coisas particularmente graves podem ocorrer quando juristas brancos passam por uma Faculdade de Direito sem pensar o Direito a partir de perspectivas múltiplas. Uma das mais problemáticas consequências é a constante reprodução da noção de que o liberalismo individualista constitui um parâmetro suficiente

---

[105] Para uma análise mais profunda da experiência acadêmica como uma experiência de alienação, ver: GUINIER, Lani. "Of gentlemen and role models". *Berkeley Women Law Journal*, vol. 6, nº 1, 1991, pp. 93-106.

para a interpretação da igualdade. Eu me lembro da primeira vez que li a petição inicial da arguição de descumprimento de preceito fundamental que questionava a constitucionalidade de ações afirmativas elaborada por advogados do Partido dos Democratas. Percebemos naquela peça processual toda uma argumentação de que a raça não pode ser utilizada como um critério de tratamento diferenciado por não ser uma categoria que tenha validade científica. Esse raciocínio parte do pressuposto que apenas critérios que existem objetivamente podem ser utilizados como parâmetros para políticas públicas. A classe social poderia ser base para políticas de inclusão racial porque podemos identificar uma relação causal e objetiva entre disparidade de acesso ao ensino superior e desvantagens econômicas. Para os autores da ação, a raça não satisfaz esse critério porque ela não é categoria científica; ademais, afirmaram os advogados, nossa história genética demonstra que somos um povo miscigenado, motivo pelo qual conseguimos construir uma esfera pública baseada em relações cordiais entre negros e brancos. Pensar que a raça possa ser um critério objetivo para políticas públicas seria promover a racialização do país, o que poderia fazer do nosso país um regime autoritário. Bem, a raça não pode ser considerada algo relevante porque ela permite a explicação de disparidades entre negros e brancos a partir da natureza estrutural do racismo. Isso abriria espaço para uma crítica ao liberalismo como perspectiva de interpretação de normas constitucionais, o que juristas brancos não estão dispostos a permitir.

É importante neste momento fazer uma análise um pouco mais profunda da figura do jurista branco do ponto de vista ideológico e epistemológico. Estou falando sobre juristas brancos desde o início deste livro, mas até agora só falei sobre eles a partir de designações genéricas sem falar sobre as categorias a partir das quais eles raciocinam. O jurista branco fala a partir de uma perspectiva particularmente problemática para os juristas e as juristas que pensam como um negro. Sua percepção do mundo está calcada na noção de que as pessoas existem de maneira abstrata; ele se apresenta para si mesmo e para a sociedade como um sujeito abstrato. Ele aparece como aquele sujeito genérico que expressa um dos mitos centrais da modernidade que é o pressuposto da universalidade da razão, parâmetro que informa sua visão do Direito, um sistema de normas que possui uma racionalidade implícita que pode responder a todos os problemas jurídicos. O sistema jurídico aparece dentro dessa lógica como algo formado por uma série de proposições lógicas que podem operar separadamente de outros sistemas sociais. Elas garantem o acesso à verdade porque a racionalidade jurídica permite que os sujeitos encontrem respostas para os problemas postos pela sociedade; elas permitem o conhecimento objetivo da realidade social porque o sujeito opera a partir da neutralidade. O jurista branco é, portanto, um juiz moderno: ele acredita que normas jurídicas contêm todos os elementos necessários para sua interpretação e aplicação. Ele raciocina a partir de outro elemento central que é o individualismo. Para ele, todas as pessoas estão igualmente situadas, todas elas estão inseridas dentro de uma sociedade que permite a ação autônoma de todos os indivíduos; exceções a essa regra são apenas acontecimentos excepcionais.

O jurista branco formula argumentos a partir da noção de racionalidade. Ele parte do pressuposto de que o processo de interpretação jurídica consiste na aplicação de categorias lógicas que permitem uma atuação transparente para ele e para as partes envolvidas em uma controvérsia jurídica. Normas jurídicas são produtos do funcionamento racional do processo legislativo que segue regras procedimentais de forma correta, outra manifestação da racionalidade que opera dentro de um Estado de Direito. Todas essas presunções permitem que o jurista branco ainda hoje procure legitimar suas decisões nos ideais da objetividade e da neutralidade, inclusive quando querem atuar de forma estratégica. A aplicação das normas adquire legitimidade porque elas foram produzidas por um processo que implica o consentimento anterior das pessoas que estão submetidas às normas que regulam suas vidas. O formalismo surge então como expressão da atuação racional do intérprete e também como uma expressão de justiça. No Estado Liberal, esse preceito ocorre quando os operadores do Direito atuam de acordo com procedimentos que guardam relação lógica entre eles. A questão procedimental assume precedência sobre o aspecto substantivo: a simples aplicação da norma a casos concretos indica que as partes de um caso estão sendo tratadas de forma correta.[106]

O jurista branco é um formalista que procura chegar a resultados legítimos por meio da aplicação mecânica das normas a casos concretos. Ele acredita que seu papel como intérprete reside na função de atender aos interesses das partes por meio da aplicação racional das normas jurídicas, normas que são legítimas porque a produção delas obedeceu a uma série de requisitos, o que torna o emprego da regra ao caso concreto a principal função do jurista. Ele procura identificar aqueles elementos que indicam a hipótese de incidência da norma, o que permite então uma atuação marcada pela neutralidade e objetividade, sinal de que a justiça pode ser alcançada no caso em questão. Essa lógica formalista ainda tem outra dimensão importante: o ato de interpretação não permite variações do sentido das palavras presentes na norma jurídica porque isso impede que o jurista atue de acordo com as pressuposições lógicas do sistema jurídico.[107]

Os autores que trabalham com a crítica cultural do Direito focam sua atenção em um ponto muitas vezes ausente nos trabalhos sobre interpretação jurídica: o problema da subjetividade. Ensaios célebres sobre esse tema problematizam a premissa da objetividade, da noção de que podemos conhecer a realidade de maneira transparente, premissa que fundamenta a ideia de que as normas jurídicas são realidades plenas de sentido. Embora esse tema seja de imensa importância para uma análise crítica da hermenêutica, ele

---

[106] Ver: SCHAUER, Frederick. "Formalism". *Yale Law Journal*, vol. 97, n° 2, 1988, pp. 509-520.

[107] Ver: KENNEDY, Duncan. "Legal formality". *The Journal of Legal Studies*, vol. 2, n° 2, 1973, pp. 352-360.

CAPÍTULO V – PODE UM JURISTA QUE PENSA COMO UM...

não engloba todos os problemas presentes em uma interpretação do princípio da igualdade de inspiração liberal. O tipo de conhecimento pressuposto pelo formalismo jurídico encontra fundamento na hipótese metafísica de que o conhecimento ocorre na relação entre um sujeito e um objeto. A subjetividade do sujeito particular está ausente do processo interpretativo porque sua atuação opera de acordo com uma racionalidade imanente ao sistema jurídico. Ele aparece apenas como um dos polos da relação do conhecimento, como uma premissa lógica de uma relação racional. A subjetividade aparece então apenas como um elemento da relação de conhecimento, ela representa uma instância que representa o mundo de forma objetiva por meio de um método que permite ao intérprete dizer o significado objetivo da realidade.[108] Alguns problemas surgem quando pensamos sobre esses elementos: há uma correspondência entre essa concepção metafísica do sujeito e os sujeitos concretos que produzem e interpretam o Direito? O sujeito deve se anular para que o processo de interpretação se adeque as exigências normativas? Devemos então pensar a transparência da subjetividade com uma exigência do processo hermenêutico? O sujeito pressuposto pelo individualismo liberal realmente pode ser visto como um ideal a ser seguido em um momento histórico no qual atores sociais precisam considerar a grande variedade de experiências dos indivíduos afetados pelas normas jurídicas?

A metafísica subjacente às teorias hermenêuticas de inspiração liberal encontra fundamento na noção de que o sujeito particular precisa ser deslocado da consciência para que sua atuação como intérprete possa ser adequada. Essa perspectiva abriu espaço para a afirmação de que o processo hermenêutico poderia seguir a mesma racionalidade das ciências naturais porque ela deve ser vista como uma relação de conhecimento. O Direito aparece dentro dessa perspectiva como uma disciplina que guarda características

---

[108] PELLER, Gary. "The metaphisics of American law". *California Law Review*, vol. 73, nº 3, 1985, pp. 1159-1181.

comuns com outros ramos, uma vez que é um sistema estruturado a partir de uma lógica própria, como um sistema que obedece a um modelo de racionalidade que o equipara a outras formas de saber. O lugar do sujeito dentro do processo de interpretação tem uma função bem específica, sendo apenas uma condição para que o sentido do texto jurídico possa ser desvelado por meio de uma metodologia adequada. O processo hermenêutico se refere então ao sujeito transcendente, ente que poderia chegar ao sentido das normas por meio dos pressupostos do formalismo jurídico, uma compreensão do Direito baseada na noção de que sua a legitimidade reside na aplicação de normas produzidas por meios legítimos. O sujeito individual não pode aparecer dentro dessa equação porque o sentido do Direito aparece por meio da análise de um elemento que se apresenta na forma de um objeto de conhecimento racionalmente definido. Assim, o sujeito psicológico não pode ter lugar nesse processo porque a descoberta do sentido da norma depende de que seja sempre idêntico a si mesmo, sempre transparente a si mesmo. Só há possibilidade de um ato de interpretação quando os sujeitos que interpretam o Direito são homogêneos, o que implica a consideração deles como sujeitos metafísicos.[109]

O jurista branco opera então dentro uma realidade na qual duas ordens devem operar de forma convergente para que o conhecimento adequado do Direito seja possível: a ordem transcendente do sujeito e a ordem transcendente do objeto. A primeira cria a possibilidade de dizermos o que é o Direito, a outra encerra o significado objetivo do que seja o Direito. A tese metafísica que subjaz a essa afirmação nos diz então que o operador do Direito pode interpretar normas jurídicas sem qualquer interferência da sua raça, do seu sexo, da sua sexualidade ou da sua classe. O sujeito individual desaparece e o sujeito metafísico cumpre todas as funções em nome da neutralidade jurídica. Esse é um daqueles

---

[109] SCHLAG, Pierre. "The problem of the subject". *Texas Law Review*, vol. 69, nº 5, 1990, pp. 1632-1635.

momentos no qual só posso expressar descrença. Uma leitura de decisões sobre cotas raciais ou sobre injúria racial nos mostra de forma muito clara que é o sujeito concreto que decide o processo a partir de suas interpretações pessoais sobre o significado das relações raciais na nossa sociedade. De qualquer modo, nós precisamos examinar essa figura do sujeito metafísico a partir de uma crítica de como a subjetividade jurídica é construída.[110]

A subjetividade jurídica está construída a partir de um aspecto central do paradigma filosófico moderno: a lógica da identidade. A presunção do conhecimento verdadeiro surge da possibilidade da existência de um sujeito que pode manter uma identidade permanente consigo mesmo, o que permite o afastamento dele de suas paixões, de seus aspectos contingentes. Elas não podem levar o indivíduo à verdade porque sempre fazem referências às experiências sensíveis de um sujeito particular e o conhecimento universal não pode ter como referência o particularismo. A verdade pode ser conhecida na medida em que o sujeito utiliza um método que torna sua mente uma referência porque ela representa uma subjetividade que possui um caráter homogêneo com todas as outras, a utilização da razão por todos os indivíduos. Essa identidade da mente consigo mesma, em todos os momentos da vida, e o uso da razão que estabelece uma identidade comum entre todos os membros da comunidade política permite a criação de normas jurídicas que todos reconhecem como válidas porque representam a racionalidade de todas as pessoas. O indivíduo livre pode ser pensado com um sujeito de direito porque ele goza de uma faculdade que cria uma isonomia entre todas as pessoas, o que se torna uma medida de sua dignidade: a possibilidade de guiar o seu comportamento por meio de normas abstratas. Essas normas também expressam

---

[110] BALKIN, Jack M. "Understanding legal understanding: the legal subject and the problem of legal coherence". *Yale Law Journal*, vol. 103, nº 1, 1993, pp. 2-38; CAMILLOTO, Bruno. *Hermenêutica jurídica*: a construção do conceito de objetividade. Ouro Preto: Ouro Preto Editora, 2014, pp. 21 e 45.

essa mesma racionalidade baseada em uma identidade comum a todas as pessoas porque são produto de um contrato racional entre sujeitos que são vistas pelo Direito apenas a partir de seu *status* de agentes racionais. O individualismo liberal reconhece então esse sujeito transcendente como um ente que pode atuar de forma competente na esfera pública e na esfera privada por causa de uma identidade comum que tem fundamento em uma razão universal. Esse sujeito tem um caráter autônomo, ele pode se tornar senhor do próprio destino por meio do exercício de direitos que procuram garantir sua liberdade pública e privada.[111]

Autores ligados a diferentes vertentes da teoria crítica expressam uma tremenda desconfiança dessa representação do sujeito desprendida de quaisquer tipos de determinações exteriores. Aqueles ligados à teoria psicanalítica criticam as teses epistemológicas que fundamentam essa representação do sujeito a partir da impossibilidade de afirmarmos que nossa mente se restringe à consciência racional. Os autores de inspiração freudiana afirmam que o inconsciente representa a subjetividade humana, razão pela qual não podemos deixar de considerar o papel das paixões na ação humana. Os que seguem o pensamento lacaniano argumentam que não podemos considerar que o indivíduo possua uma identidade integrada porque ele ocupa diferentes posições em relação a si mesmo e também em relação a outros sujeitos. Portanto, se pudermos falar de identidade, teremos que reconhecer que ela tem um caráter fragmentado. Seguindo essa vertente psicanalítica de inspiração estruturalista, outros autores asseveram que devemos abandonar a noção do sujeito por completo porque as pessoas são efeitos das relações de poder na qual elas estão incluídas. O ser humano deve ser compreendido a partir das diferentes formas de inserção social na qual ele se encontra. É por esse motivo que precisamos reconhecer que a subjetividade humana deve ser vista

---

[111] ZARKA, Yves Charles. "L'invention du sujet du droit". *Archives de Philosophie*, Paris, vol. 60, 1997.

como um produto das relações discursivas que moldam a subjetividade de uma pessoa.[112]

Mais do que afirmar a dificuldade de pensarmos a sujeito como um ente racional e integrado, a teoria psicanalítica lacaniana indica os problemas associados a uma concepção da ordem jurídica baseada na possibilidade de uma objetividade social. Vemos atualmente uma onda reacionária que motiva pessoas a se identificarem com valores sociais que expressam uma suposta ordem natural do funcionamento da sociedade. Isso permite a elas construir uma forte identificação com certas ideias que lhes fornece um sentido claro de como as instituições devem funcionar. Essas ideologias garantem respostas definitivas aos problemas e angústias individuais, o que possibilita a superação parcial da angústia que sentem por viverem em um regime político no qual as identidades precisam ser negociadas porque nenhuma pode ter ascendência completa sobre as outras. Mas o sujeito humano não pode encontrar uma resposta final para seus problemas porque ele se apresenta como um sujeito que está sempre por ser construído.[113]

5.2 O jurista branco e o processo de reificação do mundo

É importante dizer algo em defesa do jurista branco. Talvez sua adesão ao formalismo não seja uma pura estratégia para a manutenção das relações de poder dentro de uma sociedade. Não podemos esquecer que o formalismo jurídico é uma forma de legitimação e justificação jurídica. Ele está preocupado em

---

[112] Ver: CAUDILL, David. *Lacan the subject of law*: Toward psychoanalytical legal theory. Nova York: Humanity Books, 1997; LACLAU, Ernesto. *Emancipation(s)*. Nova York: Verso, 1996; LACLAU, Ernesto; MOUFEE, Chantall. *Hegemony and socialist strategy*: towards a radical democratic politics. London: Verso, 1985.

[113] STRAVAKAKIS, Yannis. *Lacan and the political*. Londres: Routledge, 1999, pp. 40-71.

encontrar uma forma de decisão que possa ser vista pelas partes de um caso como adequada por levar em consideração as expectativas jurídicas que elas possuem ao iniciar uma ação judicial. O formalismo do jurista branco não se restringe a aplicação de normas jurídicas promulgadas de forma legítima a um caso concreto. Para ele, o Direito é um sistema social capaz de ser moral e politicamente justificado pela sua lógica interna. É por esse motivo que ele está particularmente interessado nos elementos internos das relações jurídicas que regulam o vínculo entre as partes na solução dos problemas jurídicos que elas trazem perante ele. Ele acredita que o sistema jurídico pode dar uma resposta direta à controvérsia jurídica apresentada pelos indivíduos, sendo que interessa ao jurista branco entender como a norma regula a situação daquele caso em questão.[114]

Aqueles que começam a entender o que significa pensar como um negro podem perceber imediatamente os problemas decorrentes dessa postura hermenêutica quando a interpretação do princípio da igualdade está em questão. Em primeiro lugar, temos a aplicação da igualdade fora do contexto histórico porque o jurista branco está interessado em analisar a forma que a norma jurídica afeta um sujeito em particular. Uma pessoa branca pode então argumentar que medidas de inclusão racial são ilegais porque interessa analisar como as normas do concurso público regula a relação entre ela e a instituição. Como ele raciocina a partir de uma racionalidade baseada na relação entre meios e fins, o jurista branco, convencido de que a igualdade protege indivíduos e não grupos sociais, declara então a ilegalidade da medida. O problema com a aplicação da igualdade formal dentro desse contexto faz com que a relação entre o indivíduo e a instituição adquira proeminência sobre os propósitos

---

[114] Ver WEINRIB, Ernest. "The jurisprudence of legal formalism". *Harvard Journal of Law and Public Policy*, vol. 16, nº 2, 1993, pp. 584-595.

CAPÍTULO V – PODE UM JURISTA QUE PENSA COMO UM...

constitucionais que procuram eliminar formas de marginalização social, incidindo, como vimos, sobre grupos sociais.[115]

A persistência da aplicação do formalismo jurídico no atual paradigma jurídico apresenta uma série de questões que precisam ser adequadamente compreendidas. Essa posição interpretativa defendida pelo jurista branco representa uma cultura jurídica de cunho liberal na qual há uma clara divisão entre público e privado e a prevalência do segundo sobre o primeiro. Os interesses privados são mais importantes do que os públicos porque o sistema jurídico tem o propósito principal de proteger os interesses individuais. A ordem individualista implica então uma forma de interpretação da igualdade de cunho formalista, perspectiva que não pode reconhecer a dimensão substantiva da igualdade, o que requer a ideia da dimensão coletiva de direitos. Dentro desse paradigma, o legalismo oferece uma proteção dos interesses individuais sobre possíveis intervenções estatais arbitrárias, exatamente a forma como tribunais interpretam programas de ações afirmativas: uma intromissão inadequada dentro do espaço de liberdade de pessoas brancas poderem determinar o próprio destino.[116]

---

[115] BRASIL. Tribunal Regional Federal da 5ª Região, Agravo de Instrumento n. 87917. Órgão Julgador: 1ª Turma, Relator: Francisco Cavalcanti, 30.10.2008 (deferindo pedido de matrícula de aluno branco que não foi incluído nas vagas abertas para o vestibular por causa da adoção de ações afirmativas sob o argumento de que essas medidas precisam seguir critérios científicos para que não prejudiquem direitos de terceiros); BRASIL. Tribunal de Justiça do Rio de Janeiro, Ação Direta de Inconstitucionalidade n. 00009/2009, Órgão Julgador: Órgão Especial, Relator: Murta Riberito (afirmando que ações afirmativas são medidas discriminatórias contra candidatos brancos, pessoas que não podem ser responsabilizadas por formas de discriminação que não existem na nossa sociedade).

[116] Para uma análise dos problemas de a aplicação do formalismo jurídico na análise da constitucionalidade de ações afirmativas, ver: FORDE-MAZUI, Kim Forde. "Taking conservatives seriously: a moral justification for affirmative action and reparations". *California Law Review*, vol. 92, nº 3, 2004, pp. 683-660; MOREIRA, Adilson José. "Igualdade formal e neutralidade

Mas essas observações estão longe de esgotar os problemas decorrentes da defesa do formalismo jurídico como parâmetro para interpretação da igualdade. Estamos cientes das relações intrínsecas entre Direito e Política, de que as normas jurídicas refletem o jogo de poder existente em uma sociedade, razão pela qual não podemos pensar que a mera aplicação de uma norma a um caso possa ser indício de justiça. Também não podemos partir do pressuposto que o sistema jurídico oferece soluções claras para todos os casos que são trazidos até os tribunais; normas jurídicas não podem regular todas as situações sociais por causa das determinações múltiplas dos fatos sociais. Operadores do Direito são sujeitos ideológicos e eles decidem a partir das suas convicções pessoais. Todos nós estamos cientes dessas críticas ao formalismo jurídico e é por isso que devemos abordar temas que não aparecem nos estudos sobre hermenêutica no nosso país: o tema da subjetividade jurídica de um ponto de vista sociológico e de um ponto de vista psicológico.

O jurista branco argumenta que suas decisões não possuem uma dimensão política, que elas podem ser definidas como uma aplicação racional da norma a um caso concreto. De acordo com Garry Peller, esta premissa está baseada na ideia de que a aplicação de critérios racionais no processo de argumentação jurídica significa a relação necessária entre proposições que guardam uma relação lógica. Mas como essas proposições surgem? Elas adquirem esse *status* por causa da institucionalização de sentidos sociais; elas representam verdades que todos acreditam corresponder à realidade social. Isso significa que o raciocínio jurídico está amplamente construído por premissas que representam as relações de poder existentes em uma determinada época. Elas são, portanto, produto do consenso cultural presente em uma sociedade, consenso que assume a forma de normas jurídicas em função da influência da força dos grupos que controlam o

---

racial: Retórica jurídica e manutenção de desigualdades raciais". *Revista de Direito do Estado*, vol. 19/20, 2010, pp. 293-328.

processo político. Quando o sistema jurídico estabelecia que mulheres não tinham existência jurídica separada de seus maridos, ele estava tornando em norma jurídica uma concepção de gênero que representa o que os homens pensavam ser o papel da mulher dentro da sociedade. Assim, a subordinação da mulher era algo representado como expressão da neutralidade e objetividade porque correspondia ao senso moral da época.[117]

Vemos então que há algo particularmente problemático na forma como o jurista branco raciocina. Sua pretensão de neutralidade e objetividade se depara com o fato que o Direito é um sistema social que sistematiza e institucionaliza o conhecimento do mundo, realidade que passa a ser organizada de acordo com as regras jurídicas por causa do papel do Direito nas sociedades liberais. Assim, a formação do Direito a partir de sentidos sociais institucionalizados produz o que certos autores ligados à teoria crítica chamam de *reificação das relações sociais*. A realidade social passa a ser representada como algo que tem um caráter fixo, como algo dado, como algo objetivo. As normas jurídicas começam a ser reificadas porque as relações sociais que elas regulam são então representadas como coisas que expressam a realidade objetiva, na medida em que os vários processos responsáveis pela criação dela são encobertos ou suprimidos. Não podemos deixar de enfatizar a importância desse processo. Os membros dos diversos grupos sociais representam os membros de outros grupos como entidades que existem objetivamente, eles não são produtos de construções sociais, mas algo que existe no mundo concreto. Por causa disso, minorias raciais e sexuais passam por experiências diárias baseadas na percepção de que eles possuem características específicas que estão presentes nas ideias que os representam. Eles não têm controle sobre esse processo e são forçados a se submeterem a essas formas de reificação social porque ela determina as características e o lugar

---

[117] PELLER, Gary. "The metaphisics of American law". *California Law Review*, vol. 73, nº 3, 1985, pp. 1160-1171.

social que eles devem ocupar, o que corresponde amplamente à minha vida como um homem negro.[118]

A reificação das relações sociais promovida pelo Direito produz um processo de alienação e exclusão social que impede uma vivência autônoma. Para Garry Peller, é possível pensar a reificação como uma relação de caráter contínuo entre dois processos constitutivos da experiência de alienação: a representação jurídica da vida social e os fatos responsáveis pela marginalização. Eu me lembro das minhas aulas de Direito de Família. Meus professores sempre enfatizavam a impossibilidade do reconhecimento do casamento entre pessoas do mesmo sexo. Os alunos que questionavam esse posicionamento sempre recebiam respostas baseadas no argumento da tradição: a diversidade de sexos sempre fez parte da definição jurídica do matrimônio, motivo pelo qual não podemos alterar essa realidade. Ao lado dessa afirmação estava a tese da superioridade moral da heterossexualidade, de que todas as pessoas heterossexuais são naturalmente capacitadas para exercerem os papéis de esposas e maridos e de mães e pais. Homens e mulheres homossexuais não podem nem mesmo ser considerados como casais porque são apenas indivíduos que estão à procura de uma mera satisfação de prazer hedonístico. Fico pensando no número de pessoas que cometeram suicídio por ouvirem repetidamente que eles não são capazes de estabelecerem e criarem relações amorosas estáveis, que tiveram o direito negado de poder fazer isso. Também penso em todas as pessoas que adotaram a heterossexualidade como um estilo de vida, impedindo que seus companheiros e companheiras pudessem estar em relacionamentos mais gratificantes. Não posso deixar de imaginar o sofrimento de todos os homens negros homossexuais que dão fim à própria vida ou que fingem ser heterossexuais para fugir do duplo preconceito. Esses são alguns dos exemplos de como

---

[118] PELLER, Gary. "The metaphisics of American law". *California Law Review*, vol. 73, nº 3, 1985, pp. 1175-1181.

o Direito concorre para a subordinação das mais variadas maneiras, erro essencial da forma como pensam os juristas brancos.[119]

5.3 O mito da neutralidade e da objetividade

Minha experiência como um jurista que pensa a partir da condição de um subalterno impede que eu acredite na premissa segundo a qual o processo de interpretação é guiado pelos princípios da neutralidade e da objetividade. É curioso ter que defender essa posição no atual estágio de evolução do pensamento jurídico, no atual estágio de evolução da hermenêutica constitucional. Faço isso porque o positivismo ingênuo continua sendo utilizado de forma estratégica no processo interpretativo. Nunca pude estar na condição de um sujeito abstrato, de um sujeito que transcende suas condições sociais. Sou membro de diferentes grupos minoritários; não poderia ser diferente. É claro que juristas brancos também não podem, porém, eles levam uma vantagem: eles não são sujeitos socialmente marcados e por isso podem pensar como pessoas genéricas. Eu só tenho esse privilégio quando falo enquanto homem, quando discuto questões que afetam distintamente homens e mulheres e parto do pressuposto de que elas têm a mesma vivência social que a minha. Trabalho com análise de discurso e tenho lido milhares de decisões judiciais sobre questões relacionadas aos direitos de minorias. Raramente vejo o sujeito cartesiano servindo como parâmetro para a interpretação das normas jurídicas que

---

[119] Para uma extensa análise das consequências do racismo, ver: FEAGIN, Joe. *The many costs of white racism*. Lanhan: Norton & Littlefield, 2001, pp. 6-39. As consequências psicológicas da homofobia podem ser vistas no estudo: ANTUNES, Pedro Paulo. *Homofobia internalizada*. São Paulo: Annablume, 2017. Uma análise da falta de tratamento igualitário na dinâmica psíquica e na dinâmica social pode ser encontrada em: HONNETH, Axel. *Luta pelo reconhecimento*: a gramática dos conflitos sociais. São Paulo: Editora 34, 2003.

regulam esses casos, embora esses atores sociais afirmem que estejam interpretando a legislação de forma imparcial.[120]

Muitos juristas brancos argumentam que o processo interpretativo implica a identificação da vontade objetiva contida na norma jurídica. O jurista pode descobrir o sentido objetivo da lei desde que siga os pressupostos epistemológicos que informam o discurso científico. O sentido da norma é desvelado dentro de suas possibilidades gramaticais naturalmente demarcadas pelos limites da linguagem. Assim, o campo das relações sociais não pode ser uma referência adequada para a interpretação.[121] Um jurista ou uma jurista que pensa como um negro não pode se deixar seduzir por essa perspectiva formalista porque sabe que juízes também são agentes ideológicos. Operadores do direito interpretam normas a partir dos conteúdos cognitivos internalizados no processo de socialização, além dos interesses dos grupos sociais que eles representam. Ao contrário do que dizem os defensores atuais do formalismo, juristas não são pessoas que interpretam normas a partir de critérios racionais.

Muitas vezes, eles atuam com o intuito de reproduzir as relações de poder que estruturam a sociedade na qual vivem.[122]

---

[120] Podemos classificar o questionamento judicial da constitucionalidade de ações afirmativas da Universidade de Brasília pelo Partido dos Democratas como uma clara tentativa de utilização da retórica liberal por um grupo social para defender interesses de grupos ideológicos específicos. Ver BRASIL. Partido dos Democratas. Petição Inicial, Ação de Descumprimento de Preceito Fundamental n. 186, 20.07.2009.

[121] BRASIL. Tribunal de Justiça do Rio de Janeiro. Apelação Cível n. 06.281/04, Órgão Julgador: 9ª Câmara Cível, Relator: Marcus Tulius Alves, 14.09.2004 ("A questão é nova e mesmo que conturbada por sua colocação de alcance social está por absorver antes de tudo juízo de isenção político do magistrado obrigando-o a verter olhar em primeiro lugar sobre a verdade constitucional que impõe a igualdade de tratamento entre todos os cidadãos").

[122] FREEMAN, Alan. "Legitimizing discrimination through antidiscrimination law. A critical review of Supreme Court doctrine". *Minnesota Law Review*,

Esse arcabouço cognitivo opera articulando uma série de crenças que determinam a percepção das relações sociais a partir de maneiras particulares. Mais do que uma descrição de como a ideologia estrutura as práticas políticas, essa abordagem conecta normas sociais e processos cognitivos a fim de fornecer uma compreensão adequada de como as estruturas do discurso reproduzem as estruturas de poder. As cognições sociais aparecem aqui como o elo entre as narrativas culturais e a compreensão individual do mundo. Esse conjunto estruturado de crenças influencia a formação de cognições sociais, uma série de representações mentais que os indivíduos adquirem através do processo de socialização. Essas cognições são formadas nas várias instituições que regulam o exercício do poder e, consequentemente, têm a capacidade de transmitir várias formas de discurso. Cognições sociais adquirem seu conteúdo substantivo de ideologias políticas, doutrinas religiosas ou prescrições gerais de comportamento adequado. Esses conteúdos transmitem pontos de vista particulares daqueles que controlam essas instituições e buscam institucionalizar projetos políticos e culturais específicos. O teórico Adrianus van Dijk classifica o discurso político como um importante exemplo de produção discursiva de cognições sociais. Esse tipo de discurso apresenta a realidade social através de certas lentes que moldam a interpretação cognitiva do mundo por causa de sua autoridade sobre a organização social. As mensagens políticas expressam os interesses dos grupos que ocupam posições de poder e os transmitem de maneira supostamente neutra e universal a fim de manter sua legitimidade.[123]

Os professores conservadores que participaram do debate sobre cotas raciais fizeram questão de enfatizar o comprometimento constitucional com a igualdade formal. Eu me lembro de

---

vol. 62, nº 4, 1978, pp. 1049-1063; KENNEDY, Duncan. *A critique of adjudication*. Cambridge: Cambridge University Press, 1999, pp. 39-68.

[123] Ver, nesse sentido: DIJK, Teun Andreas van. *Elite discourse and racism*. Londres: Sage, 1993.

que um deles leu o *caput* do artigo quinto da nossa Constituição Federal para o público em tom exaltado. Bem, nenhuma outra coisa neste mundo agrada mais juristas brancos do que uma boa dose de legalismo. É claro que ele prescinde de quaisquer considerações do contexto social no qual o tema em debate está inserido. Para eles, o sistema jurídico possui uma lógica interna. Portanto, a interpretação das leis não requer qualquer tipo de diálogo com outras áreas do conhecimento. Isso permite a eles dizer que o ato de interpretação está distanciado de quaisquer análises de valor, o que seria incompatível com o ideal de objetividade do processo hermenêutico. Mas um jurista ou uma jurista que pensa como um negro deve, além de rejeitar esse formalismo primitivo, reconhece que os fenômenos sociais possuem sentidos para os agentes que estão sempre interpretando as situações nas quais eles estão imersos. Repito: ser socialmente marcado como um membro de um grupo minoritário significa em grande parte abordar o mundo a partir do lugar social de um subordinado. Para juristas que pensam como um negro, o formalismo jurídico não é uma perspectiva adequada de interpretação do mundo. Pelo contrário, é uma forma de percepção dos arranjos sociais que promove a exclusão.

As posições defendidas por juristas brancos não contribuem da forma mais adequada para a construção de uma hermenêutica jurídica capaz de promover transformação social. Isso não acontecerá no caso dos conservadores porque eles reproduzem um discurso que impede a mobilização política em torno da questão racial. Progressistas dificilmente conseguirão alcançar esse resultado porque não estão cientes da complexidade da pauta política que defendem. Na verdade, os argumentos desses juristas têm um ponto em comum: todos eles partem do pressuposto de que o processo de argumentação jurídica possui um caráter lógico que deve ser impermeável às experiências dos indivíduos. Muitos desses juristas reproduzem mitos que têm uma natureza política e que, portanto, atuam como mecanismos de reprodução do poder. A defesa da noção de objetividade e imparcialidade é um deles, embora tenha sido rejeitado por filósofos do Direito. A epistemologia jurídica tradicional espera que traços da identidade dos juristas não desempenhem qualquer papel dentro do tipo de interpretação que eles fazem.

5.4 As transformações da hermenêutica filosófica e constitucional

Não deve ser surpresa para ninguém que o jurista branco defende uma concepção bastante característica do texto constitucional e de suas funções. Juristas que pensam como um negro também o compreende a partir de uma perspectiva específica. Enquanto o primeiro pensa que a interpretação constitucional deve ser um instrumento destinado à preservação da ordem social estabelecida, o segundo acredita que ela deve promover a reforma social, de forma a desestabilizar práticas excludentes. O jurista branco considera a moralidade social uma fonte importante de normatividade jurídica porque legitima práticas baseadas na aprovação da maioria, a não ser que ela possa comprometer de forma direta o exercício dos direitos individuais. É necessário então ter deferência ao sentido formal das normas constitucionais porque elas expressam a vontade popular. Por outro lado, o jurista ou a jurista que pensa como um negro está preocupado com a possibilidade de a interpretação constitucional realizar os ideais de justiça social a partir de ações estatais positivas. Ele está ciente de que o processo de interpretação adquire sentido dentro do momento histórico no qual ele se encontra, motivo pelo qual os ideais de liberdade e de igualdade adquirem sentido dentro das lutas sociais presentes.[124]

---

[124] Sigo aqui as conclusões de Robin West, autora que discute as premissas do debate sobre ações afirmativas nos Estados Unidos. Ver: WEST, Robin. "Progressive and conservative constitutionalism". *Michigan Law Review*, vol. 88, nº 2, 1989, pp. 641-721.

Para o jurista branco, a Constituição tem um caráter formal, posição calcada na sua formação original por um Congresso Constituinte, um documento que possui uma natureza rígida que tem *status* superior a todas as outras normas jurídicas e que também opera como fonte de legitimidade delas em função de seu caráter fundamental. Essa concepção expressa então uma ideia da Constituição como um documento jurídico decorrente de um processo político a partir do qual o exercício do poder estatal se torna legítimo. O texto constitucional congrega diversas normas que positivam os direitos humanos, razão de sua normatividade porque ela tem origem na vontade de atores sociais racionais que podem alcançar a liberdade pessoal, uma vez os direitos fundamentais servem como limite e como direção para a ação estatal. Esse documento legal seria então a concretização do contrato social entre pessoas igualmente racionais que podem ter uma autonomia privada em função do gozo de uma autonomia pública. O alcance da universalidade dos direitos por meio do processo de positivação torna possível o tratamento simétrico entre os indivíduos, pessoas que são então vistas como detentores de direitos formais perante as instituições estatais. Não resta outra coisa ao jurista branco do que defender uma postura hermenêutica formalista para que a ordem social possa ser mantida.[125]

Vimos que o jurista branco parte do pressuposto de que a normatividade social é uma fonte importante para a ação estatal, o que o faz defender os valores dos grupos majoritários como parâmetros importantes para a implementação de políticas públicas. Os diversos atores sociais que recorreram ao Judiciário para questionar a legalidade de cotas raciais não estavam apenas discordando dessa política pública. Eles tinham objetivos bem mais complexos quando

---

[125] Para uma análise da Constituição como produto de uma ordem formal de legitimidade do poder estatal, ver: SAMPAIO, José Adércio Leite. *Teoria da Constituição e dos direitos fundamentais*. Belo Horizonte: Del Rey, 2013, pp. 61-66 e 79/80.

CAPÍTULO V – PODE UM JURISTA QUE PENSA COMO UM...

questionaram legalmente e politicamente iniciativas dessa natureza. Como observamos, para eles, a Hermenêutica Constitucional deve ser um instrumento para a proteção das formas de normatividade que regulam diversos aspectos da vida social e política. A estabilidade social depende então do papel do Direito na manutenção das formas de sociabilidade presentes em uma dada realidade. Eles estavam tentando impor uma forma específica de interpretação da igualdade em questões relacionadas à questão racial, eles estavam tentando fazer com que a doutrina da neutralidade racial se tornasse a forma como devemos tratar o problema da desigualdade na nossa sociedade. Esse argumento expressa uma compreensão da realidade social na qual não há relações hierárquicas de poder de um grupo racial sobre o outro, motivo pelo qual ele recorre a uma visão formalista das normas constitucionais.

Acredito que o jurista que pensa como um negro não pode ser seduzido por essa concepção do papel e da função da interpretação constitucional. Ele não pode esquecer-se de uma das lições básicas do realismo constitucional sociológico: o texto constitucional é formado dentro de um momento histórico no qual diferentes grupos sociais lutam para que seus interesses se tornem universais, para que eles se tornem a compreensão hegemônica de como as instituiçoes estatais devem operar, da concepção do âmbito e limites das normas constitucionais e da forma como elas devem ser interpretadas. Juristas que pensam como um negro procuram identificar e eliminar por meio da sua atuação aqueles elementos da normatividade social que permitem a preservação de atos públicos e privados responsáveis pela exclusão. Os grupos raciais que formam uma comunidade política são segmentos que estão em constante luta para que seus interesses sejam contemplados pelas normas constitucionais e eles continuam lutando para que a interpretação das normas possa referendar uma forma de interpretação compatível com seus interesses. Alguns desses projetos são compatíveis com os princípios constitucionais e com os propósitos de produção de emancipação dos grupos sociais e esse é o motivo pelo qual o jurista ou a jurista que pensa como um negro precisa interpretar o princípio da igualdade dentro do contexto social e político de sua época.[126]

O jurista branco desconsidera a forma como as relações de poder permeiam o conteúdo do sentido das normas constitucionais, um dos motivos pelos quais a dimensão racial do contrato social que funda a vida política moderna permanece encoberto. Essa é uma das razões pelas quais ele acredita que pode analisar a constitucionalidade de políticas de ações afirmativas a partir de uma concepção formal da igualdade. É certo que o tratamento simétrico pode promover a emancipação de minorias raciais, mas isso não é o suficiente. Ele pensa que os intérpretes das normas constitucionais têm um compromisso com um elemento fundamental para resguardar a ordem social vigente: a preservação da tradição. Esta tese parte do pressuposto de que normas constitucionais devem preservar práticas sociais responsáveis pela manutenção de entendimentos sociais sobre as formas como as relações sociais devem ser reguladas. O jurista branco segue uma lógica preservacionista porque acredita que a ordem social posta precisa ser protegida de medidas que segundo ele podem causar grandes perturbações da vida social e política. Para o jurista branco, medidas de inclusão racial podem prejudicar a harmonia das relações raciais, uma narrativa que não possui qualquer tipo de relação com a realidade brasileira.[127]

Nosso texto constitucional tem claros elementos transformativos: ele procura eliminar mecanismos sociais e políticos responsáveis pela marginalização de minorias. Mais do que isso,

---

[126] Ver, nesse sentido: KENNEDY, Duncan. *A critique of adjudication*. Cambridge: Harvard University Press, 1999, pp. 39-59; SAMPAIO, José Adércio Leite. *Teoria da Constituição e dos direitos fundamentais*. Belo Horizonte: Del Rey, 2013, pp. 80-85.

[127] Ver, nesse sentido: KAUFMANN, Roberta Fragoso. *Ações afirmativas*: necessidade ou mito? Curitiba: Livraria do Advogado, 2007; AZEVEDO, Célia Maria Marinho de. "Cota racial e Estado: eliminação do racismo ou direito de raça?" *Cadernos de Pesquisa*, vol. 34, nº 121, 2004, pp. 213-234.

ele incorpora a concepção de igualdade material, o que importa a obrigação estatal de promover a transformação da situação de grupos marginalizado. Juristas que pensam como um negro devem estar atentos às estratégias que maiorias numéricas utilizam para preservar relações de poder sob a noção da proteção da sociedade em relação a interesses que supostamente a ameaçam. Os que adotam o realismo constitucional sociológico como perspectiva teórica mostram os problemas decorrentes da deferência à autoridade moral da maioria, dentro de uma realidade na qual eles controlam todas as instâncias da vida social. O jurista ou a jurista que pensa como um negro deve ser cético em relação às concepções comunitaristas do bem comum, porque elas expressam em grande parte manifestações de poder social atreladas a certos segmentos. Ele deve privilegiar os vários sentidos que membros de minorias dão às concepções do bem, porque eles não possuem as mesmas chances de serem considerados no processo político. O exercício da autonomia pessoal depende diretamente das condições materiais da existência e das possibilidades de as pessoas serem consideradas como atores sociais competentes.

A interpretação jurídica esteve preocupada durante muito tempo com a aplicação dos métodos mais adequados para a descoberta do sentido de textos normativos, o que muitos pensavam estar inteiramente encerrado no significado das palavras. O jurista atua sobre o texto da mesma forma que o sujeito opera sobre o objeto do conhecimento; o método garante a ele o acesso ao sentido objetivo das normas jurídicas, normas que expressam racionalidade decorrente do processo de produção do Direito. A racionalidade da norma jurídica encontra sua legitimidade no fato dela ser produto de uma lógica que opera de acordo com os parâmetros de um Estado de Direito: parte-se do pressuposto de que as normas que seguem os procedimentos legislativos adequados são legítimas. Por esse motivo, o intérprete deve levar em consideração o sentido das palavras que expressam a vontade do texto que, em última instância, representa a soberania popular. Essa lógica cientificista levou juristas célebres a elaborarem metodologias baseadas na possibilidade de se descobrir o sentido exato das palavras do texto normativo por meio da análise linguística, por meio da análise das relações lógicas que permitem ao intérprete identificar a vontade do texto, por meio do exame teleológico da norma, o que permitiria encontrar o melhor campo de aplicação ou integração da norma em questão.[128]

Afirmei anteriormente que o tipo de hermenêutica jurídica presente em decisões judiciais sobre ações afirmativas e crimes de injúria e racismo não apresenta elementos suficientes para tratarmos questões relacionadas com a legalidade de normas jurídicas que utilizam classificações raciais, nem tratar questões jurídicas que têm um impacto negativo sobre o *status* de minorias raciais. Porém, é preciso apontar o motivo pelo qual isso ocorre, o que exige uma análise da evolução desse campo de estudo ao longo das últimas décadas. A hermenêutica é uma disciplina que surgiu aproximadamente há dois séculos, com a intenção de sistematizar esforços de interpretação da realidade que existiam em diferentes áreas do conhecimento. Ela apareceu então com o intuito de criar regras específicas referentes à compreensão objetiva de objetos de conhecimento que são apresentados por meio de palavras. Começaram a ser buscadas condições para o entendimento objetivo dos temas de estudo das humanidades, a mesma ambição que animava aqueles que refletiam sobre as condições de conhecimento nas ciências naturais. O desenvolvimento filosófico das primeiras décadas do século passado afasta a hermenêutica de uma preocupação com o conhecimento objetivo da realidade. A premissa segundo a qual o conhecimento ocorre dentro da relação entre sujeito e objeto começa a ser questionada na medida em que a hermenêutica passa a se preocupar com as condições de conhecimento que os indivíduos possuem, pelo fato de existirem dentro de um contexto histórico. A

---

[128] SAMPAIO, José Adércio Leite. *Teoria da Constituição e dos direitos fundamentais*. Belo Horizonte: Del Rey, 2013, pp. 409-419.

CAPÍTULO V – PODE UM JURISTA QUE PENSA COMO UM...

compreensão não pode ser mais entendida como uma mera faculdade, mas como uma condição da existência humana, porque as pessoas existem dentro de um contexto histórico. A interpretação adequada do mundo depende então da situação hermenêutica do sujeito que se põe a conhecer.[129]

O abandono de uma perspectiva cientificista teve início com a crítica dirigida à prevalência do positivismo dentro do campo das ciências humanas. Muitos juristas procuravam construir um modelo interpretativo que seguia a mesma forma de racionalidade presente nas ciências naturais, o que era visto como parâmetro de rigor científico. Porém, a crítica à possibilidade de criação de modelos científicos neutros trouxe problemas para essa expectativa presente dentro do campo das humanidades, o que contribuiu para que a interpretação jurídica tradicional também sofresse modificações consideráveis. A reação contra o positivismo e o empiricismo dentro desse campo teve início em função da afirmação de que os fenômenos sociais seguem uma lógica distinta dos fenômenos naturais. Além disso, os diferentes atores sociais atribuem sentidos diversos a eles porque estão sempre interpretando a situação na qual eles estão situados, motivo pelo qual a própria posição do sujeito precisa ser avaliada porque ela determina a forma como ele interpreta o mundo. Ao contrário do que afirmam operadores do Direito que rejeitam a significação da raça na ordem social, o intérprete não atua fora de um contexto histórico no qual ele está inserido, motivo pelo qual devemos prestar atenção aos significados da raça ao longo do tempo.[130]

Algo chama minha atenção dentro dessa discussão sobre Hermenêutica no campo filosófico. Muitos autores, baseados em estudos antropológicos, começaram a prestar atenção às estruturas de

---

[129] PEREIRA, Rodolfo Viana. *Hermenêutica filosófica e constitucional*. 2ª ed. Belo Horizonte: Del Rey, 2007, pp. 15-18.
[130] COOMBE, Rosemanry. "'Same as it ever was': rethinking the politics of legal interpretation". *McGill Law Review*, vol. 34, nº 3, 1988, pp. 606-610.

significação que determinam a forma como a realidade é apreendida pelo intérprete. Não se pretende mais encontrar um método para que as pessoas possam ter acesso direto à realidade objetiva, mas compreender as cadeias de sentidos que permitem aos indivíduos construir modelos para que os fenômenos sociais sejam compreendidos. Sendo o contexto o elemento central do processo hermenêutico, da forma como os indivíduos constroem sentidos, há uma necessidade de situar o intérprete e a norma dentro do horizonte histórico no qual eles se encontram. Isso porque a construção de sentido não ocorre por meio do desvelamento da razão, mas por meio de um processo intersubjetivo pelo qual sentidos sociais são construídos. A cultura é um conjunto de significações construídas por meio das interações simbólicas entre indivíduos que estão situados dentro de uma situação histórica e social específica.[131]

A perspectiva mencionada no parágrafo anterior implica também em uma crítica à noção de que as palavras descrevem realidades concretas, que o sentido delas existe dentro da própria linguagem que a descreve. Alguns desenvolvimentos no campo da linguística também demonstram que sentidos culturais são construídos por formações culturais que influenciam a percepção dos agentes sociais, formações que são historicamente contingentes. Não há uma relação causal ou objetiva entre significados e significantes, porque as coisas podem assumir sentidos distintos dentro das cadeias de significação existentes dentro do sistema linguístico. A linguagem opera então como um meio fundamental para a construção intersubjetiva de sentidos culturais que determina as formas como os sujeitos percebem o mundo. Isso significa que as expectativas de conhecimento objetivo do mundo precisam ser pensadas dentro dessa perspectiva.[132]

---

[131] MCINTOSH, Simeon. "Legal hermeneutics: a philosophical critique". *Okhlahoma Law Review*, vol. 35, nº 1, 1982, pp. 1-35.

[132] COOMBE, Rosemanry. "'Same as it ever was': rethinking the politics of legal interpretation". *McGill Law Review*, vol. 34, nº 3, 1988, pp. 610-612.

CAPÍTULO V – PODE UM JURISTA QUE PENSA COMO UM...

A Hermenêutica Jurídica absorveu muitas dessas transformações ao longo das últimas décadas, na medida em que ela também serviu para criticar premissas que guiam a ação do intérprete. Observamos em cada paradigma constitucional uma compreensão do papel que o intérprete deve ter no processo hermenêutico. Durante o constitucionalismo liberal, imperava a noção de que a função dele era apenas expressar o sentido objetivo do texto, porque esse era o produto da racionalidade da comunidade política. Vemos trabalhando a ideia segundo a qual a relação de conhecimento ocorre entre um sujeito e um objeto; o juiz se apresenta como um intérprete de normas jurídicas, textos que possuem um sentido concreto ligado às palavras. Toda essa posição começa a ser questionada quando o constitucionalismo social atribuiu novas funções às instituições estatais e também um novo papel às normas jurídicas. Elas não são mais regras concretas que designam direitos e obrigações, mas também incorporam direções para a ação estatal. O intérprete deve agora estar atento aos objetivos da norma jurídica e uma interpretação de caráter teleológico toma precedência em função do surgimento de normas de direitos sociais que estabelecem propósitos a serem atingidos pelas instituições estatais. As transformações ocorridas ao longo das últimas décadas levaram muitas pessoas a estabelecerem novos parâmetros para a hermenêutica das normas jurídicas, notoriamente para as normas constitucionais. Elas não são mais coisas que possuem sentidos objetivos e independentes; surge a noção de que os direitos fundamentais têm uma dimensão subjetiva e também uma dimensão objetiva, fator que determina a interpretação das outras normas do sistema constitucional.[133] O texto constitucional começa a ser entendido então como um sistema de normas cuja racionalidade reside em princípios de

---

[133] CARVALHO NETTO, Menelick de. "Requisitos pragmáticos para a interpretação jurídica no Estado Democrático de Direito". *Revista Brasileira de Direito Comparado*, Belo Horizonte, vol. 3, 1999, pp. 473-486.

caráter estruturante, motivo pelo qual eles devem operar como parâmetros para a interpretação de todas as normas legais.[134]

É interessante então notar a flagrante contradição entre os parâmetros da interpretação constitucional no atual paradigma constitucional e os argumentos utilizados por juristas brancos que se opõem às medidas de inclusão racial ou procuram minimizar a relevância do racismo na nossa sociedade. Eles utilizam perspectivas interpretativas de paradigmas constitucionais anteriores para examinar questões que contradizem os pressupostos da hermenêutica jurídica contemporânea. O debate sobre ações afirmativas demonstra que podemos estar em um novo paradigma constitucional, mas isso não significa que a cultura jurídica possa ter sofrido uma modificação significativa. Mas eu não pretendo abordar esse tema agora. Quero continuar falando sobre a transformação do princípio da igualdade porque juristas brancos sempre falam dos seus diversos sentidos, mas raramente se lembram dos motivos que produziram a transformação desse preceito. Parece que suas dimensões foram sendo ampliados em função de meras discussões doutrinárias, o que sempre encobre o papel do protagonismo social nesse processo.

Sempre inicio meu curso de Direitos Humanos exibindo um vídeo sobre a luta dos negros norte-americanos por direitos civis. Faço isso para ilustrar um texto que apresenta as diversas escolas dos Direitos Humanos. Entre elas está a escola do protesto, perspectiva que inclui a reflexão daqueles autores que compreendem esses direitos como estratégias de luta contra a opressão de grupos minoritários que são historicamente discriminados. Eles afirmam que a luta por esses direitos nunca tem fim porque os que estão no poder sempre procuram criar novas estratégias para poder manter o *status* social privilegiado. Faço isso porque não quero que meus alunos negros e periféricos e também aqueles que são mulheres e

---

[134] CANOTILHO, Joaquim Gomes. *Direito Constitucional e Teoria da Constituição*. Lisboa: Almedina, 2010.

homossexuais possam ver a vida deles refletida em sala de aula. Eu preciso me comunicar com essas pessoas de diversas maneiras. Também faço isso porque penso que essa postura é importante para introduzir a discussão sobre o papel que os movimentos sociais tiveram na mudança da compreensão do princípio da igualdade. Essa estratégia mostra para os alunos que o Direito não pode ser pensado como um sistema separado da realidade. Na verdade, as transformações do princípio da igualdade decorrem diretamente da ação de movimentos sociais que foram introduzindo temas centrais para a discussão sobre seus sentidos e âmbitos de aplicação, a partir das diferenciações baseadas na classe, na raça, no sexo, na condição física e, mais recentemente, na orientação sexual. Falamos hoje em igualdade como reconhecimento e redistribuição porque estamos vivendo em um momento no qual movimentos sociais baseados na identidade procuram pressionar os tribunais para que possam ter acesso a direitos. Tribunais são espaços privilegiados de busca de ação desses movimentos, sendo que muitos deles reconhecem a legitimidade da demanda desses pedidos.[135]

Observamos nos últimos tempos a forma como a mobilização desses grupos influenciou a atuação dos tribunais brasileiros. As decisões sobre as uniões entre pessoas do mesmo sexo são um exemplo claro disso. Notamos nessas peças judiciais uma ampliação significativa da noção de igualdade; muitos tribunais afirmam que esse princípio tem um papel central na afirmação da dignidade das pessoas, sendo um princípio necessário para que elas possam afirmar a identidade como um dado central da vida pessoal delas. O mesmo raciocínio está presente nas decisões sobre ações afirmativas. Nossos tribunais afirmam a relevância da presença de pessoas negras em posição de poder, a forma como identidade racial determina o *status* social dos indivíduos, a maneira como

---

[135] ESKRIDGE, William. "Channeling: identity-based social movements and public law". *University of Pennsylvania Law Review*, vol. 150, nº 2, 2001, pp. 421-428.

a identidade racial também implica uma série de estigmas que precisam ser combatidos. É importante observar a distância entre esse processo e a posição de juristas brancos que interpretam a igualdade de um ponto de vista formal quando analisam questões relacionadas a medidas de inclusão racial. A própria transformação do constitucionalismo revela o problema posto por uma postura hermenêutica que desconsidera a forma como o Direito está em diálogo com a sociedade, como a sociedade influencia a formação do Direito e como ele regula a realidade social.[136]

Eu me alinho a uma série de autores que elaboraram ao longo das últimas décadas uma problematização da interpretação jurídica não apenas em função da crítica da objetividade, mas também a partir de uma análise do problema do sujeito do conhecimento. Embora o primeiro tema tenha permitido uma transformação significativa do processo interpretativo, a questão do intérprete permanece amplamente ignorada, principalmente na nossa cultura jurídica. Eu sigo aqueles autores e autoras que afirmam a necessidade de escrutínio de uma categoria central do processo interpretativo que é a construção do intérprete baseada na categoria abstrata do indivíduo liberal que se apresenta para o mundo como um sujeito que possui uma consciência autônoma e uma experiência social unificada. Essa perspectiva permite que a experiência social seja pensada a partir de uma homogeneidade de experiências, o que permite o encobrimento das relações de poder que estruturam diversas hierarquias sociais, entre elas as várias disparidades entre negros e brancos.

---

[136] BRASIL. Supremo Tribunal Federal, Ação de Descumprimento de Preceito Fundamental n. 132, Órgão Julgador: Tribunal Pleno, Relator: Carlos Ayres Britto, 05.05.2011 (reconhecendo uniões homoafetivas como entidades familiares sob o argumento de que a Constituição Federal deve proteger todos os grupos sociais); ESTADOS UNIDOS. Suprema Corte dos Estados Unidos. *Obergefell v. Hodges*, 26.06.2015 (reconhecendo a possibilidade do casamento entre pessoas do mesmo sexo porque a Constituição dos Estados Unidos garante a possibilidade dos sujeitos tomarem decisões centrais sobre a vida privada como uma questão central da cidadania).

Mas devemos aprofundar também nosso conhecimento sobre a questão do objeto do conhecimento dentro do pensamento jurídico, precisamos entender as dimensões da noção de objetividade. Jeanne Schroeder faz uma análise bem interessante sobre as várias dimensões da ideia dessa categoria no processo de argumentação jurídica. O primeiro tipo corresponde a um tipo de *objetividade padronizada* que está presente em decisões baseadas em convenções que a maioria da comunidade política reconhece como suficientemente claras e aceitáveis, o que lhe empresta legitimidade porque há um acordo sobre suas premissas básicas. Assim, as pessoas tomam como válido o argumento segundo o qual todos devem ser tratados da mesma maneira, acordo que implica a noção de neutralidade porque todos concordam com ele. O segundo tipo corresponde a uma *objetividade externa* que parte do pressuposto da existência de uma verdade que pode ser conhecida em função da racionalidade que governa nossa mente e o mundo à nossa volta. Esse tipo de objetividade pressupõe uma realidade que existe independentemente da opinião humana. O mundo pode ser adequadamente conhecido por meio do intelecto humano porque é uma totalidade racionalmente organizada. Há ainda uma *objetividade filosófica* construída em torno da noção de que o mundo externo tem um caráter determinado, o que permite seu pleno conhecimento, bem como a formação de uma relação transparente do conhecimento. Essas três dimensões formam o que poderíamos chamar de uma objetividade normativa porque fundamenta a possibilidade do conhecimento concreto da realidade, instância que se apresenta na forma de algo que pode ser plenamente conhecido.[137]

    Assim, ao lado do problema do sujeito, está também a crença na noção de uma objetividade normativa construída pelos meios intelectuais desse intérprete que se apresenta como um sujeito abstrato. Mais do que afirmar que podemos conhecer a norma

---

[137] SHROEDER, Jeanne. "Subject: object". *University of Miami Law Review*, vol. 41, nº 1, 1992, pp. 14-53.

jurídica de forma objetiva porque ela contém seu próprio limite de entendimento, eles afirmam que ela possui uma mesma significação que precisa guiar o ato de interpretação. Assim, a suposta irrelevância da raça na nossa sociedade aparece como um fato que carece de discussão porque representa um consenso social que não pode ser negado.[138] Essa falsa percepção da realidade que estrutura essa objetividade normativa decorre em certa parte do problema da percepção dos seres humanos como pessoas que tem experiências homogêneas, motivo pelo qual o problema do racismo permanece invisível para esses indivíduos. O problema dessa objetividade normativa também está presente na discussão sobre o casamento entre pessoas do mesmo sexo, debate no qual a imutabilidade das normas legais sempre fundamenta decisões contrárias à proteção dessas uniões.

Um ponto importante: qual é a função dos juristas negros e das juristas negras que conseguem chegar a posições que podem influenciar a formação e a reflexão sobre o Direito? Bem, creio que não podemos deixar de reconhecer que a raça tem uma função importante na interpretação das normas jurídicas. Pensar como um negro significa reconhecer que os parâmetros interpretativos de normas jurídicas precisam ser postos a partir de uma determinada perspectiva. Ela está claramente expressa na forma de racionalidade que informa o atual paradigma constitucional. Sei que o princípio da igualdade pode ser interpretado de várias maneiras, mas ele claramente tem o objetivo de promover a emancipação social. Afinal, o próprio Constituinte estabeleceu a construção de uma sociedade igualitária como um propósito político central. Isso não poderia ser alcançado sem atribuir ao Estado o papel de um agente

---

[138] SCHLAG, Pierre. "The problem of the subject". *Texas Law Review*, vol. 69, nº 5, 1990, pp. 1632-1670; SHROEDER, Jeanne. "Subject: object". *University of Miami Law Review*, vol. 41, nº 1, 1992, pp. 1-25.

de transformação, perspectiva ignorada pelos juristas brancos que defendem o tratamento simétrico como forma de justiça social.[139]

O jurista branco é um indivíduo que atua a partir de um tipo de metanarrativa que não encontra sustentação dentro da realidade do mundo contemporâneo. Ela está baseada na possibilidade de organização racional de todos os aspectos da vida humana porque as pessoas possuem as mesmas experiências sociais. Elas determinam o funcionamento de instituições estatais que operam de acordo com normas que são supostamente seguidas e que denotam a legitimidade do processo decisório dentro delas. O jurista branco ainda representa o ideal de que o conhecimento da realidade pode ser objetivo porque ela pode ser conhecida na medida em que o sujeito utiliza uma metodologia adequada. A subjetividade figura dentro dessa lógica apenas como uma posição interpretativa porque as condições do conhecimento são supostamente transparentes.[140] Essa posição subjetiva permite que o sujeito interprete de maneira neutra e consiga alcançar o sentido substantivo da norma jurídica. A suposta consistência interna do sujeito está ligada à suposta coerência interna do Direito, dois aspectos regulados por uma racionalidade que opera de acordo com os mesmos parâmetros. A coerência do sujeito e do objeto formam as bases de uma metanarrativa fundamentada na coerência da justificação jurídica. Negros e brancos possuem as mesmas experiências sociais, todas as pessoas igualmente posicionadas devem ser tratadas de maneira simétrica, então ações afirmativas baseadas na raça violam o princípio da igualdade.[141] É tão difícil argumentar contra verdades tão evidentes.

---

[139] KLARE, Karl. "Legal culture and transformative constitutionalism". *South African Journal of Human Rights*, vol. 146, nº 1, 1998, pp. 146-188; LANGA, Pius. "Transformative Constitutionalism". *Stellenbosch Law Review*, vol. 17, nº 3, 2006, pp. 351-360.

[140] MINDA, Gary. *Postmodern legal movements*: law and jurisprudence at century's end. Nova York: New York University Press, 1995, pp. 224-236.

[141] BALKIN, Jack M. "Understanding legal understanding: the legal subject and the problem of legal coherence". *Yale Law Journal*, vol. 103, nº 1, 1993, pp. 8-12.

O jurista branco não fala a partir de um lugar neutro porque ele é um sujeito ideológico como todos os outros. Sua percepção do mundo é mediada a partir de percepções que o motivam a interpretar de uma maneira ou de outra. O debate sobre ações afirmativas mostra que o discurso da neutralidade racial encobre a natureza política do Direito, motivo pelo qual devemos estar atentos às formas como juristas brancos também utilizam narrativas no processo interpretativo, embora não seja da mesma natureza que eu estou utilizando neste ensaio. A narrativa deles é construída por meio do recurso a formas abstratas do Direito, de maneira que sua atuação ideológica possa ser ignorada. Não há nada mais estratégico do que utilizar categorias superadas pela transformação do Direito Constitucional para analisar a discussão sobre medidas de inclusão racial. Minha crítica aos juristas brancos pode ser vista como um ataque que acompanha a ênfase na desconstrução da noção de objetividade jurídica, mas esquece de analisar o problema da construção do sujeito jurídico.

Eu me defino como um jurista negro porque eu não acredito que o Direito opere a partir de uma racionalidade que organiza toda a vida social. Não creio que o sistema jurídico possa ser compreendido como algo que esteja separado da sociedade, que esteja impermeável às formas sociais. O Direito é um mecanismo privilegiado de reprodução do poder. É por isso um sistema de conhecimento que está permeado por ideologias. Também tenho profunda desconfiança da representação do sujeito humano como um indivíduo autônomo porque minha possibilidade de ação autônoma decorre das formas de identidades que tenho dentro da sociedade, das posições de sujeito que ocupo dentro de vários tipos de hierarquias de poder. Sou um membro de diferentes grupos minoritários e estou sempre sendo lembrado que não existo abstratamente, mas sim de maneira como um membro de grupos marginalizados. Não tenho uma existência social unificada. Esse é um privilégio de pessoas que não sofrem exclusão social baseadas na raça, no sexo, na classe ou na sexualidade. Sou lembrado

CAPÍTULO V – PODE UM JURISTA QUE PENSA COMO UM...

o tempo inteiro que minha atuação como um jurista negro não pode ser limitada a uma luta por libertação específica porque continuarei sofrendo a opressão de outra maneira. Essa reflexão possui uma importância central para criticar a defesa da igualdade como tratamento simétrico. Os sujeitos humanos não pertencem a um único e mesmo grupo. Esse é o motivo pelo qual tratamento simétrico entre negros pobres e brancos pobres não promove integração social adequada porque uma pessoa negra é uma pessoa negra em qualquer lugar.[142]

Sou um jurista que pensa como um negro e estou certo de que as pessoas atuam a partir de posições subjetivas quando estão interpretando normas jurídicas. Elas o fazem a partir de uma posição epistemológica e também a partir de suas experiências enquanto sujeito cuja percepção do mundo está construída segundo construções sociais. Minha crítica da igualdade como procedimento decorre de um ponto de vista específico formado por experiências pessoais que influenciam a forma como eu penso o mundo. Eu acredito que o sistema jurídico possua uma forma de coerência interna, mas não como produto de suas qualidades objetivas. Penso que a noção de igualdade de *status* é um parâmetro para a interpretação de normas jurídicas porque ela nos permite apreender uma forma de coerência que decorre do tipo de consciência jurídica construída a partir de um indivíduo que procura interpretar a partir dos pressupostos do paradigma no qual ele se encontra e não por meio de narrativas que não encontram mais sentido dentro da atual filosofia constitucional.

---

[142] Uma análise do problema da identidade na reflexão sociológica e jurídica pode ser encontrada em: CONNOLY, William. *Identity/difference*: negotiation of politcal paradox. Minneapolis: University of Minnesota Press, 2002. Os interessados sobre o tema das mobilizações políticas da identidade racial e seu impacto na luta por direitos poderão consultar: JOSEPH, Peniel E. *Waiting til the midnight hour*: a narrative history of black power in America. Nova York: Henry Holt Books, 2006.

CAPÍTULO VI
QUAL É O LUGAR DA RAÇA NA INTERPRETAÇÃO JURÍDICA?

Sempre procuro ser muito discreto dentro do meu espaço profissional. Quero saber quais são as inclinações ideológicas dos indivíduos antes de ter debates teóricos com eles, ou antes de compartilhar quaisquer informações pessoais. Porém, você pode ser surpreendido, mesmo quando você toma essas precauções. Convidei um colega para um café alguns meses atrás. Começamos a discutir estratégias para aumentarmos nossas rendas. Ele planeja ter mais um filho, eu quero adotar um menino negro. Ele me aconselhou a expandir meus interesses. Segundo ele, minhas chances de conseguir mais fontes de renda são prejudicadas porque eu só falo sobre questões relacionadas a minorias raciais e sexuais. Questionei essa afirmação na mesma hora. Afirmei que falo sobre temas que são estritamente jurídicos como controle de constitucionalidade e interpretação constitucional, mas utilizo esses temas para falar sobre direitos de minorias. Bem, essa não foi a primeira vez que ouço pessoas dizendo que não escrevo sobre temas jurídicos. Eu me lembro de que um diretor de uma das melhores faculdades privadas de Direito do país me perguntou uma vez se eu era um constitucionalista ou sociólogo, depois de ter apresentado a ele uma obra que falava sobre cidadania sexual como um parâmetro substantivo de controle de constitucionalidade. É o tipo de fala que nos deixa constrangidos pela limitação de perspectivas, mas essa é a posição típica de juristas brancos. Embora eu tenha escrito uma tese sobre interpretação da igualdade, outra sobre Direito Constitucional Comparado, um livro sobre controle de constitucionalidade e vários artigos sobre direitos fundamentais, pessoas se recusam a reconhecer a relevância desses trabalhos porque eu abordo esses temas a partir da luta pela integração de minorias raciais e sexuais. Sei que eles nunca leram meus trabalhos integralmente, mas para eles o título já indica que não estou fazendo um trabalho acadêmico relevante.

Esse exemplo mostra que nós, juristas negros, enfrentamos alguns problemas significativos. Primeiro como cidadãos, segundo como professores e depois como juristas. Professores têm baixos salários e estão sempre diante da possibilidade de perder seus empregos, o que é uma perspectiva muito problemática. Além disso, professores negros enfrentam um problema moral que está relacionado com sua condição racial: o constante dilema sobre a escolha entre falar a partir de uma voz diferente ou a partir da mesma perspectiva de juristas brancos. Muitos dos juristas brancos que recebem títulos de mestre e doutor não escrevem sobre temas que poderão ter um impacto sobre a vida de grupos minoritários, sobre a realidade social do país. Eles também só fazem referência a autores consagrados, autores que são quase sempre brancos. Tenho lutado muito para encontrar minha voz dentro do Direito e não estou disposto a abandonar esse projeto. Não posso falar ou pensar como um jurista branco, não posso parar de refletir sobre o potencial transformador do Direito, o que requer abordar essa disciplina de forma distinta da adotada por outras pessoas.

6.1 Sobre a dimensão política da identidade

Antes de começarmos a falar sobre o lugar da raça no processo de interpretação, devemos problematizar um tema importante: a relevância da identidade nas reflexões sobre a democracia. A representação do sujeito presente no discurso liberal está baseada em uma divisão essencial entre o espaço público e o privado, bem como uma dissociação entre o Direito e a cultura. A representação do ser humano no espaço público decorre de sua compreensão como um ente racional, como um sujeito que possui uma existência unitária. Ela encontra fundamentação da sua identidade abstrata como um sujeito de direito, como uma pessoa que existe socialmente a partir de direitos individuais. Por outro lado, ele possui a liberdade para buscar seus interesses no espaço privado, âmbito no qual ele pode realizar sua liberdade antropológica. O sujeito moderno também está marcado por uma cisão entre o Direito e a cultura porque dentro da comunidade liberal apenas sua existência como portador de direitos tem relevância jurídica; outros pontos de sua identidade não têm relevância. As identidades individuais decorrentes de seus pertencimentos culturais não possuem relevância para o Direito porque elas pertencem ao espaço privado. A esfera privada é o lugar da construção da identidade dos indivíduos, o que ocorre em função das oposições entre diferenças. O sujeito moderno aparece como uma referência da validade do conhecimento, motivo pelo qual temos um processo de subjetivação do Direito; os direitos fazem referência aos indivíduos e não às instâncias externas que dão inteligibilidade à ordem social.[143]

Embora a modernidade abra espaço para que as pessoas possam pleitear uma existência autêntica, ela também criou mecanismos responsáveis pela construção de identidades que são atribuídas a grupos de pessoas, processo que legitima várias relações arbitrárias de poder. A raça é uma dessas formas de identidade que tem sido usada para confinar grupos de pessoas a espaços de subordinação, processo que teve início com o projeto

---

[143] Ver, nesse sentido: AMATO, Salvatore. *Il soggetto e il soggetto di diritto*. Torino: Giapichelli, 1990; MARTÍN VIDA, Maria Ángeles. *Evolución del princípio de igualdad y paradojas de exclusión*. Madrid: Granada, 2004.

de dominação mundial levado a cabo pelo homem branco. Mas ela é também uma forma de criação de uma unidade cultural entre povos oprimidos, de interesses comuns entre pessoas que querem realizar o ideal de autonomia criada pela modernidade. O sistema jurídico teve um papel central no processo de construção da raça como uma categoria social porque ela sempre apareceu como um parâmetro para o tratamento diferenciado entre grupos ao longo de boa parte do constitucionalismo moderno. Ela se tornou uma referência de formação de uma identidade coletiva na medida em que minorias raciais a utilizam como uma referência de mobilização política, de construção de interesses sociais comuns. Como em vários outros casos, a raça é um tipo de identidade formada por meio da afirmação da diferença em relação a outras, motivo pelo qual ela tem uma significação política, uma vez que ela se torna uma categoria de diferenciação social e jurídica. Precisamos estar então atentos ao fato de que não existem identidades naturais, mas sim processos culturais a partir dos quais certas características são utilizadas como forma de prescrição de lugares e funções sociais.[144]

Muitas pessoas brancas situadas ao longo de todo o espectro político classificam a luta contra a opressão racial, o que inclui necessariamente políticas de inclusão, como identitarismo. Para elas, as demandas de direitos feitas por minorias raciais e sexuais não seriam nada mais do que uma manifestação nefasta do multiculturalismo, movimento que impede a unificação das lutas políticas que devem estar centradas sobre o principal elemento criador de desigualdades sociais que, para eles, seriam as divisões de classe. Eles afirmam que a luta por interesses setoriais impede o avanço da agenda progressista, fala que está presente inclusive nos discursos daqueles que se consideram da esquerda radical. Eu ouço esses discursos e penso: as maiores violações de direitos humanos da história não tiveram como base a construção, a atribuição de identidades a certas classes de indivíduos

---

[144] CONNOLLY, Wiliam. *Identity/difference*: democratic negotiations of a political paradox. Ithaca: Cornell University Press, 1992, pp. 64-66.

por membros dos grupos majoritários? Estereótipos derrogatórios sobre minorias não estão baseados na noção de que eles não possuem os mesmos elementos que caracterizam pessoas brancas como pessoas que possuem uma identidade específica? A opressão racial não está baseada na noção de que minorias raciais são pessoas necessariamente inferiores e por isso não merecem ter acesso aos mesmos direitos?

Afirmei ao longo deste livro que a igualdade de *status* racial requer também a igualdade de *status* cultural e a igualdade de *status* material.

Digo isso porque o racismo, nas suas muitas manifestações, procura reproduzir a noção de que apenas brancos são capazes de atuar de forma competente na esfera pública. Isso significa que o racismo sempre procura estabelecer a identidade racial do grupo dominante como o parâmetro de integridade moral, de superioridade intelectual, de sexualidade sadia, de superioridade estética. O racismo é fundamentalmente uma política identitária de caráter negativo que tem o propósito específico de identificar pessoas brancas com os lugares de poder. Mostro isso na minha obra recente sobre racismo recreativo, livro no qual analiso o conteúdo de piadas racistas. Há um elemento comum em todas elas: a constante comparação da identidade branca com a identidade negra e a consideração da primeira como superior à segunda. O racismo recreativo opera na forma de uma pedagogia da subordinação, uma forma cultural que ensina para a sociedade que brancos e negros ocupam lugares distintos nas hierarquias sociais porque são constitutivamente diferentes. O racismo é uma política cultural baseada na crença de que grupos raciais possuem características distintas e essenciais, mas esse aspecto permanece encoberto porque as pessoas que contam piadas racistas afirmam que o humor sempre possui um caráter benigno, mesmo quando pretende degradar o *status* cultural de grupos minoritários.[145]

---

[145] MOREIRA, Adilson José. *O que é racismo recreativo?* Belo Horizonte: Letramento, 2017.

Juristas que pensam como um negro não podem deixar de considerar o fato de que a luta contra a opressão racial jamais pode ser vista como uma mera luta identitária. Ela é uma luta por *justiça social* que tem como objetivo a reversão de processos históricos de exclusão baseados na diferenciação de *status* cultural entre grupos raciais, o que também justifica a diferenciação de *status* material entre eles. Ele deve estar ciente de que grupos minoritários não tem poder de criar identidades raciais; esse é um tipo de poder que só o grupo racial dominante possui. De qualquer forma, eles utilizam essa identidade como um ponto de partida para a luta política porque os processos de marginalização cultural se baseiam exatamente nessas identidades fictícias que são criadas com o propósito específico de legitimar processos sociais que garantem a reprodução de privilégios raciais. Os grandes líderes negros nunca lutaram para que pudessem se afirmar como pessoas que possuem uma identidade racial. Eles lutaram para que pessoas negras possam construir seus projetos de vida sem que sejam prejudicadas por pertencerem às categorias culturais criadas por pessoas brancas. É certo que nós negros nos reconhecemos como pessoas que possuem uma ancestralidade comum e que possuem uma mesma cultura. Apesar disso, nossas demandas não decorrem de um mero interesse em celebrarmos nossas particularidades culturais. A classificação da busca por justiça racial como um tipo de identitarismo é uma estratégia que tem o propósito de encobrir as formas como os estereótipos raciais negativos beneficiam pessoas brancas do ponto de vista cultural e material.

Muitas pessoas de esquerda afirmam que a luta por direitos de minorias é algo problemático porque cria dissenções sociais, o que permite o avanço de uma agenda de direita. Devemos então defender plataformas políticas de caráter universalista. Estamos observando a volta de regimes autoritários porque esses líderes dão uma resposta clara para seus eleitores sobre como a sociedade deve operar. Essa perspectiva desconsidera o fato de que membros do grupo racial dominante estão sempre tentando manter a posição

CAPÍTULO VI - QUAL É O LUGAR DA RAÇA NA INTERPRETAÇÃO...

privilegiada que ocupam na sociedade. Grupos minoritários anseiam ser reconhecidos a partir de uma categoria universal: a de sujeitos de direito, a de pessoas que são capazes de atuar de forma competente na esfera pública. O universalismo pregado por pessoas de direita e de esquerda parte do pressuposto de que todas as pessoas agem racionalmente, eles partem do pressuposto de que o racismo é apenas um problema cognitivo de um pequeno grupo de pessoas, que ele pode ser corrigido pela afirmação de uma cultura pública universal. Os que lutam para manter os privilégios raciais não serão demovidos de seu propósito pela correção cognitiva porque estão interessados na manutenção do poder.

Além disso, eles ignoram o caráter estrutural e intergeracional do racismo. As consequências de quatrocentos anos de escravidão ainda determinam a operação de nossas instituições públicas e privadas. Isso significa que soluções universalistas têm poucas chances de sucesso em uma realidade na qual quaisquer alterações do *status* de minorias raciais despertam forte oposição de grandes parcelas do grupo racial dominante. O racismo é um projeto de dominação que assume diferentes formas ao longo do tempo com o propósito de manter oportunidades sociais nas mãos do grupo racial dominante. Ações afirmativas são uma forma de proteger minorias raciais de práticas racistas que fazem parte da maioria de nossas instituições públicas e privadas.

6.2 Racialização e estigmas raciais

Recentemente, fiquei bastante surpreso porque um colega de trabalho disse-me que era sempre discriminado por seus colegas de profissão. Essa surpresa decorre do fato de que toda e qualquer pessoa o qualificaria como branco em qualquer lugar do mundo. Perguntei como exatamente um homem branco, bonito e rico como ele poderia ser vítima de discriminação e ele me disse que já tinha sido excluído de muitas oportunidades por ser nordestino. Ainda incrédulo com o que ele tinha falado, pedi que ele me desse algum exemplo. Ele então contou que as pessoas sempre o chamavam de nordestino, de baiano ou de paraibano por causa de seu sotaque. Seus colegas brancos faziam todo tipo de piada por causa de sua origem geográfica e de seu sotaque. Eu então me lembrei de uma conversa que tive como uma professora irlandesa sobre os conflitos religiosos entre católicos e protestantes no seu país de origem. Perguntei a ela sobre as circunstâncias nas quais esses grupos atacavam uns aos outros, uma vez que não é possível identificar de forma imediata qual é a religião de uma pessoa. Ela me disse que eles, os agressores, afirmam que isso é possível porque eles têm traços físicos específicos. Obviamente, isso me deixou confuso porque todos sabem que a Irlanda é um país racialmente homogêneo. A famosa professora me disse que essas pessoas afirmam que seus adversários tem certas características, como sobrancelhas mais grossas, orelhas mais largas, dedos mais curtos.

 Embora eu tenha ficado extremamente surpreso com essas histórias, eu já podia identificar o processo que está por trás delas. É importante notar que os estudiosos de relações raciais adotaram a noção de racialização para explicar os processos responsáveis pela construção de certas características morfológicas como critérios para classificação de grupos populacionais como grupos raciais. Um aspecto importante desse conceito é a noção de que ele descreve algo que decorre da atribuição de sentidos culturais a traços físicos. Os segmentos sociais dominantes não apenas controlam bens materiais, mas também os meios a partir dos quais sentidos culturais são criados e estabelecidos. Nordestinos e protestantes são racializados porque seus inimigos conseguem atribuir sentidos culturais a traços físicos que passam a ter existência concreta dentro dos processos de significação que permeiam as relações sociais. Meus colegas que riam do meu cabelo tinham a mesma motivação dos homens brancos que riem de nordestinos. Eles podem ser brancos, mas a origem geográfica opera como uma forma de

CAPÍTULO VI – QUAL É O LUGAR DA RAÇA NA INTERPRETAÇÃO...

atribuição de um tipo de caráter específico ao outro, elementos a partir dos quais as pessoas passam a atuar.[146]

A racialização dos indivíduos ocorre em função da criação e circulação de sentidos sociais derrogatórios que procuram afirmar que certos grupos não possuem o mesmo valor social que outros. Eles são associados a certos traços físicos ou de caráter, o que passa a ser a forma como boa parte dos membros da sociedade percebe certos grupos e passa a atuar a partir deles. Esses traços sociais visíveis suscitam julgamentos morais negativos porque são marcas a partir das quais as pessoas fazem imputações sociais que acompanham membros de um grupo social em quase todas as situações e em quase todos os momentos de suas vidas. Esses grupos passam a representar uma identidade sobre a qual eles não tiveram qualquer tipo de poder de construção porque ela foi atribuída a eles pelos membros do grupo dominante com o propósito de legitimar arranjos sociais. Há, portanto, uma tensão constante entre a identidade imputada a uma pessoa em função de seu pertencimento a um grupo artificialmente criado e a identidade do indivíduo particular. Essa divergência provocada pela ação do processo de racialização dos indivíduos causa uma série de danos ao *status* cultural dos indivíduos porque eles passam a ser vistos com indivíduos que não são possuem o mesmo ou nenhum valor. O estigma racial afeta diretamente a honra pessoal, uma dimensão da personalidade de tamanha importância que passou a ser considerada como um bem jurídico ao longo de toda a história. Esse conceito tem uma dimensão subjetiva e também uma dimensão objetiva, sendo que ambas são construídas por meio de um processo intersubjetivo.[147]

---

[146] Ver, nesse sentido: GARNER, Steve. *Racisms*: an introduction. Londres: Sage, 2010, pp. 19-33; KNNEPER, Paul. "Rethinking the racialization of crime". *Ethnic and Racial Studies*, vol. 31, nº 3, 2008, pp. 503-523.

[147] Para uma análise sociológica e jurídica do estigma racial, ver: SANTOS, Gislene Aparecida dos. *A invenção do ser negro*. São Paulo: Pallas, 2002; GUIMARÃES, Antônio Sérgio Alfredo. *Preconceito e discriminação*. São

Tenho trabalhado ao longo dos últimos quatro anos em um pequeno livro que analisa centenas de decisões judiciais sobre injúria racial. Há duas coisas particularmente perturbadoras em muitos dos casos que analisei da Justiça Criminal e da Justiça do Trabalho. Muitos juízes afirmam que os casos não podem ser caracterizados como ofensa à honra das pessoas negras envolvidas por ausência do elemento subjetivo do tipo penal. Eles alegam que as falas dos ofensores não poderiam ser ataques racistas porque elas não tinham a intenção de ofender. Por terem sido ditas em um contexto cômico, tinham o propósito de fazer as pessoas rirem. As empresas que foram processadas também afirmam que elas nunca permitiram quaisquer tipos de tratamento discriminatório, que o comportamento de seus gerentes não poderia ser classificado dessa forma porque ocorreram entre pessoas que tinham uma relação de proximidade. O que está por trás dessas afirmações? A noção de que o racismo expresso pelo meio do humor não pode ser configurado como um atentado à honra de uma pessoa. Essa postura mostra que esses atores sociais desconhecem a dinâmica social e psicológica do estigma racial. O humor pode ser uma forma de gratificação psicológica para pessoas brancas, uma maneira de criação de uma identidade de grupo, além de perpetuar estigmas raciais responsáveis por diversas formas de subordinação social.[148]

Os que defendem essa posição não poderiam estar mais equivocados. Os estigmas sociais reproduzidos por piadas racistas e por discursos de ódio trazem consequências muito negativas para as pessoas implicadas e também para a sociedade em geral. Estigmas raciais reproduzidos por esses tipos de mensagens têm

---

Paulo: Editora 34, 2004; LOURY, Glenn. *The anatomy of racial inequality*. Cambridge: Harvard University Press, 2002.

[148] Ver, nesse sentido: BARON, Robert. "The influence of hostile and nonhostile humor upon physcial aggression". *Personality and Social Psychology Bulletin*, vol. 4, nº 1, 1978, pp. 77-80; CUNDALL, Michael. "Toward a better understanding of racist and ethnic humor". *Humor*, vol. 25, nº 2, 2012, pp. 155-177.

consequências políticas sérias porque provocam a fragmentação do corpo social. Se brancos pensam que negros são seres moralmente inferiores, negros pensam que brancos são pessoas que não podem ser confiadas em nenhuma circunstância. O funcionamento de instituições públicas e privadas é muito prejudicado porque a raça e não a competência das pessoas se torna um critério para o acesso às oportunidades profissionais. Discursos racistas causam danos significativos na saúde psíquica de membros de grupos minoritários. Eles incluem danos de caráter físico, como alterações no funcionamento do corpo dos indivíduos, produto do estresse emocional causado por exposição ao racismo. Eles também trazem graves consequências psicológicas para suas vítimas por causa de seu impacto imediato e cumulativo. Minorias raciais sempre desenvolvem quadros depressivos, isolamento social, transtornos de ansiedade, tendências suicidas.[149]

6.3 A questão da consciência racial

Afirmei anteriormente que nossas instituições públicas e privadas devem adotar medidas de inclusão que levam em consideração a raça dos indivíduos, meio importante para que negros e indígenas possam ter acesso à igualdade de *status*. Essa dimensão da igualdade tem grande importância para nós porque somos sempre alvos de estigmas culturais, processo que parece ser invisível ou irrelevante para juristas brancos. Eu tinha atingido a adolescência quando Tina Turner era uma das cantoras mais populares do mundo. Não conseguia esquecer suas músicas e seus vídeos me faziam fantasiar sobre possíveis experiências sexuais e românticas. As badernas que me renderam o apelido de *possuído* naquele período da minha vida não me interessavam mais. Tinha que arrumar dinheiro para comprar o disco dela. Comecei a trabalhar em um supermercado como

---

[149] FEAGIN, Joe. *The many costs of racism*. Lanham: Rowman & Littlefield, 2002, pp. 6-39.

empacotador. Fiquei muito próximo de uma moça negra que era um pouco mais velha do que eu. Conversávamos muito sobre tudo e nos tornamos grandes amigos. Eu notava que muitos clientes brancos olhavam para nós e se dirigiam para a outra fila, embora não houvesse ninguém sendo atendido no nosso caixa. Isso causava problemas principalmente para essa moça que já era mãe de um menino. Um dos gerentes sempre aparecia meio irritado com o fato de as moças brancas que atendiam os outros caixas ficarem sobrecarregadas. Via a preocupação nos olhos da minha amiga. Ela chamava as pessoas, dizia em voz alta que o caixa estava livre, mas os clientes brancos preferiam esperar. Um dos gerentes entendia a situação. Ele saia do lugar no qual estava e conduzia os clientes para que fossem atendidos por minha amiga; ele também era vítima de estigmas sociais, então entendia o que estava acontecendo. Ele era um homem branco que tinha uma perna muito menor do que a outra. Essas pessoas se recusavam a olhar para ela e alguns me diziam que preferiam ensacar as mercadorias. Eu olhava para o gerente portador de deficiência física e via que ele estava entendendo o que estava acontecendo ali. Sua experiência de subordinação fazia com que ele compreendesse a situação. Aprendi desde cedo que o racismo faz com que as pessoas pensem que nós temos defeitos morais que podem ser transmitidos para elas. Ter contato visual ou estar fisicamente próximos a pessoas negras é algo desagradável para muitas pessoas brancas.

Décadas depois essas tristes memórias foram revividas quando estava estudando na Faculdade de Direito de Harvard. Trabalhava em uma das bibliotecas no período de meia-noite até às oito horas da manhã nas madrugadas de segunda-feira. Essa renda era essencial para que eu pudesse sobreviver naquela instituição caríssima na qual a elite mundial estuda. Tive uma conexão imediata com o meu primeiro chefe porque ele também gostava imensamente de ópera. Tínhamos uma convergência de interesses e de opiniões em todos os assuntos, exceto sobre o problema do racismo. Ele era o típico sujeito que se qualifica como liberal, o que significa progressista na nossa cultura. Esse ótimo indivíduo estava sempre

CAPÍTULO VI – QUAL É O LUGAR DA RAÇA NA INTERPRETAÇÃO...

problematizando minhas observações sobre racismo. Disse a ele que essa era uma realidade cotidiana, mas ele sempre afirmava que as coisas que eu descrevia não poderiam ocorrer na instituição de ensino superior mais prestigiada do mundo. Aquele era um lugar de pessoas iluminadas, de pessoas esclarecidas. O racismo era um tipo de comportamento de pessoas sem a devida educação formal e cívica. Propus então que fizéssemos um experimento. Ele observaria o comportamento dos estudantes quando eu e o estudante branco que trabalhava naquele lugar estivéssemos atendendo. Após algumas horas ficou claro que quase todos os estudantes brancos e asiáticos iam diretamente para o meu colega branco. Ele reconheceu o fato, mas disse que isso ocorria porque o colega branco era mais jovem, o que despertava uma identidade entre eles e o meu colega. Ele disse que não era uma questão racial, mas sim etária. Pedi então que ele observasse o que acontecia quando uma garota negra estava atendendo os leitores ao lado de uma moça branca. Observamos o mesmo padrão de comportamento. Ele apresentou outra explicação. A estudante negra era uma pessoa muito séria, o que afastava os alunos brancos. Bem, é em um momento como esse que eu me perguntava quando pessoas brancas conseguirão ver o mundo a partir dos meus olhos. Isso dificilmente ocorrerá porque até mesmo indivíduos progressistas encontram maneiras de justificar as ações de membros do grupo racial dominante, mesmo quando há provas claras de comportamentos racistas.

Pensar como um jurista negro significa reconhecer que a raça tem um papel central na vida das pessoas, um papel fundamental na forma como elas percebem e vivenciam o mundo. Quero dizer que ela é extremamente relevante para negros e para brancos, embora tenha consequências distintas para essas pessoas. Rejeito por completo a ideia segundo a qual a raça é uma mera característica biológica sem implicações na vida dos cidadãos.[150] Não posso

---

[150] BRASIL. Tribunal de Justiça do Espírito Santo. Agravo de Instrumento n. 04789000146, Órgão Julgador: 4ª Câmara Cível, Relator: Carlos Roberto

deixar de repetir que essa posição tem sido usada para encobrir a opressão aos negros e o privilégio branco, os dois fatores principais que possibilitam a reprodução da desigualdade racial no Brasil. Pessoas negras e brancas têm uma existência concreta, porém elas também são produtos de ideias que surgiram em um momento no qual europeus precisavam justificar diferentes aspectos de projeto colonial que então se desenhava. Eles criaram uma série de teorias que tinham o objetivo de afirmar a suposta inferioridade essencial de todos os outros grupos raciais. Essa representação de africanos como pessoas que são essencialmente diferentes traçou as bases das representações culturais que muitas pessoas brancas possuem sobre as pessoas negras até o mundo de hoje.[151]

Ao contrário do que o professor conservador daquele evento sobre ações afirmativas acredita, a discriminação racial não desaparece na estrutura de classes. Ela é um produto direto das representações sociais que determinam os lugares que pessoas negras devem ocupar na sociedade. Há, por esse motivo, uma relação estrutural entre as desigualdades de *status* cultural e as desigualdades de *status* material. Eu posso estar em uma posição social superior à maioria das

---

Mignone, 17.02.2009 (argumentando que a adoção de ações afirmativas deve observar a utilização de critérios justificáveis para que possam estar em acordo com a igualdade, o que não inclui a raça das pessoas em concursos para cargos públicos); TJSC, Arguição de Inconstitucionalidade n. 2005.021645-7/0001.00, Órgão Julgador: Tribunal Pleno, Relator: Luiz César Medeiros, 27.09.2007 (declarando a inconstitucionalidade de um programa de ações afirmativas em curso superior porque o princípio da igualdade não admite a utilização de critério que viole o ideal da universalidade das normas jurídicas); BRASIL. Tribunal Regional da 5ª Região. Agravo de Instrumento n. 61893, Órgão Julgador: 3ª Turma, Relator: Paulo Gadelha, 24.08.2006 ("A utilização da cor da raça, como critério diferenciador para o acesso a vagas nas universidades, constitui critério de segregação racial e, talvez, o mais indicado para reduzir estas diferenças seja o investimento na qualidade do ensino público, pois, este critério ajudaria não só os estudantes negros, mas, sim, todos os estudantes carentes do Brasil, independente, de raça, sexo ou religião").

[151] Ver JORDAN, Winthrop. *The white man's burden*: historical origins of racism in the United States. Oxford: Oxford University Press, 1974, pp. 3-25.

pessoas negras, mas ainda faço parte de um grupo que não possui o mesmo nível de estima social que os membros do grupo racial dominante gozam. É por esse motivo que negros estão sempre em uma situação social inferior a brancos, mesmo quando possuem o mesmo nível educacional ou superior.[152] Muitas pessoas menos qualificadas do que eu se encontram em uma situação financeira melhor do que a minha. Sei que sou parcialmente culpado por isso. Afinal, vivo escrevendo textos que defendem direitos de minorias raciais e sexuais. Péssima escolha, não é mesmo? De qualquer modo, não podemos esquecer que os mecanismos de exclusão operam a partir da ação conjunta de diferentes sistemas de opressão, motivo pelo qual não devemos nunca pensar que negros são discriminados apenas em função da raça ou de classe.

---

[152] Ver, nesse sentido: BRASIL. Supremo Tribunal Federal, Arguição de Descumprimento de Preceito Fundamental n. 186, Órgão Julgador: Tribunal Pleno, Relator: Ricardo Lewandowski, 26.04.2012 (afirmando que negros estão em situação inferior a negros em inúmeros aspectos da vida social, mesmo quando têm a mesma formação profissional do que brancos); BRASIL. Tribunal de Justiça do Mato Grosso, Apelação Cível n. 2009.003055-0, Órgão Julgador: 4ª Turma Cível, Relator: Paschoal Carmelo Leandro, 19.04.2009 ("Assim, não se vislumbra a alegada inconstitucionalidade das normas legais atacadas pela impetrante, justamente porque a reserva de vagas para negros e índios em universidades públicas se constitui em uma ação afirmativa, que tem por escopo a concretização do princípio da isonomia em seu aspecto material, tendo em vista o real conteúdo e profundidade do postulado constitucional"); BRASIL. Tribunal de Justiça do Rio de Janeiro, Representação por Inconstitucionalidade n. 9/2009, Órgão Julgador: Órgão Especial, Relator: Sérgio Cavalieri Filho (A denominada isonomia formal não leva em conta a existência de grupos, classes de indivíduos ou categorias que necessitam de uma proteção especial para que alcancem a isonomia material. Isso só pode ser realizado através de leis específicas, como o Código de Defesa do Consumidor que protege o consumidor, o Estatuto do Idoso, as leis que estabelecem reservas de vagas para os portadores de deficiência em concursos públicos etc., visando à supressão das diferenças e desigualdades próprias de cada grupo ou classe de indivíduos. E assim é porque a igualdade somente pode ser verificada entre pessoas que se encontram em situação equivalente, sendo levados em consideração os fatores ditados pela realidade econômica, social e cultural).

Disse, há pouco, que juristas que negam a relevância social da raça obviamente ignoram o fato de que ela tem um papel central na vida de pessoas brancas. Ela marca o lugar social delas e esse lugar é a acumulação de privilégios decorrentes do pertencimento ao grupo racial majoritário. Juristas brancos não se classificam racialmente. Eles são apenas pessoas, eles são apenas indivíduos. É difícil perceber a discriminação quando a cor da pele não levanta dúvidas sobre sua integridade moral. Aliás, ela aparece como a personificação da superioridade moral, pois todas as representações culturais da honestidade são brancas. Por que pessoas brancas achariam que a raça tem relevância na vida delas? Afinal, elas nunca foram seguidas em *shopping centers*, uma experiência pessoal constante. Ser branco dentro da nossa sociedade não marca um lugar social específico, marca uma referência cultural a partir da qual todas as pessoas são julgadas.[153] É por isso que muitos autores dizem que ser branco é um lugar de transparência total porque não há sentido em se classificar racialmente quando a pessoa é a referência cultural.[154] É então curioso quando juristas brancos, progressistas e conservadores defendem a noção de meritocracia como um parâmetro a ser seguido por todas as instituições públicas e privadas. Os homens brancos heterossexuais de classe alta que participavam do debate sobre ações afirmativas

---

[153] Ver, nesse sentido: BRASIL. Supremo Tribunal Federal, Arguição de Descumprimento de Preceito Fundamental n. 186, Órgão Julgador: Tribunal Pleno, Relator: Ricardo Lewandowski, 26.04.2012 (reconhecendo a existência de um padrão cultural que estabelece preferência para aqueles classificados como brancos no mercado de trabalho); BRASIL. Tribunal Regional do Trabalho da 1ª Região, Recurso Ordinário n. 0100523-20.2016.5.01.0062, Órgão Julgador: 1ª Turma, Relator: Márcia Regina Leal Campos, 14.02.2017 (condenando empresa que obrigava candidata negra a alisar o cabelo para seguir os padrões da moda).

[154] Ver, nesse sentido: FLAGG, Barbara. "'Was blind, but now I see': white race consciousness and requirement of discriminatory intent". *Michigan Law Review*, vol. 91, nº 3, 1993, pp. 953-1017; OWEN, David. "Towards a critical theory of whiteness". *Philosophy and social criticism*, vol. 33, nº 2, 2007, pp. 203-222.

obviamente não reconhecem que o processo de seleção pelo qual passaram começou com a exclusão prévia daqueles sujeitos sociais subordinados. Primeiro os negros, depois os indígenas, depois as mulheres, depois homossexuais, depois pessoas com deficiências, depois os pobres.[155] A consideração da meritocracia só começa, se começa, quando todos os outros grupos indesejáveis já foram eliminados. Mas esses juristas brancos sempre pensam que todas as pessoas têm a mesma experiência social que deles.

É interessante perceber como a minha própria percepção do significado social da raça mudou ao longo da minha vida. Sim, tive vontade de ser branco quando era criança porque estava certo de que as indignidades que sofria decorriam do desprezo social generalizado por pessoas com o tom da minha pele. Nunca cheguei ao ponto de tomar banho com água sanitária como faziam algumas meninas negras do bairro onde morava. Pensava em alternativas ainda mais radicais, como nascer de novo, ser filho de pais brancos. Mais tarde percebi claramente que a raça é uma *marca de poder*. Ela situa as pessoas em lugares distintos dentro das várias hierarquias sociais, um sistema inteiramente baseado na possibilidade que um grupo tem de criar e atribuir sentidos a determinadas coisas. Se de um lado eu tinha vergonha de ter rejeitado meu pertencimento à comunidade negra, de outro eu comecei a rir de colegas de classe que me chamavam de preto por se sentirem humilhados ao verem uma pessoa negra mais capaz do que eles. Eu olhava para eles com olhar altivo e tirava uma nota ainda melhor no bimestre seguinte. Empostava a voz e dizia para eles calmamente: eu imagino que vocês devem se sentir péssimos por terem consciência de que eu sou um preto favelado e vinte vezes mais inteligente que vocês. É muito difícil dormir à noite sabendo disso? Frases como essas me causaram alguns problemas institucionais, mas nunca me arrependi

---

[155] LIPPERT-RASMUSSEN, Kasper. *Born free and equal?* a philosophical inquire into the nature of discrimination. Oxford: Oxford University Press, 2014, pp. 13-49.

do que dizia para aqueles idiotas. Nunca esqueci a lição dada por aquele homem branco homossexual durante a minha adolescência: é preciso reverter a lógica dos estigmas. Todavia, eu compreendo a atitude deles. Estar diante de uma pessoa negra que demonstra que pode ser um ator social competente é inadmissível dentro de uma sociedade construída em torno do privilégio branco, motivo pelo qual percebi que a raça não é nada mais do que uma relação de poder, um marcador de privilégios e de desvantagens materiais. Ninguém nasce negro ou branco. As pessoas são incluídas dentro de um sistema de classificação racial. Porém, elas estão localizadas em lugares distintos dentro dos sistemas hierárquicos de um país no qual a raça é uma categoria histórica central. Ela tem sido um dos principais elementos a partir dos quais políticas públicas foram criadas; ela continua sendo uma forma de se possuir vantagens dentro da sociedade.[156]

Muitas pessoas brancas pensam que a raça não tem relevância na nossa sociedade, que a raça nunca teve qualquer papel na vida delas. Sim, ela nunca foi utilizada para impedir que elas tivessem acesso às oportunidades educacionais ou profissionais. Afinal, ela garante privilégios sistemáticos para aqueles que são racializados como brancos. Como o privilégio racial é algo muitas vezes invisível para os seus beneficiários, várias pessoas brancas imediatamente condenam mudanças nos arranjos institucionais que lhes garantem as mais diversas vantagens. Os que dizem não serem racistas facilmente se voltam contra políticas sociais que modificam as prioridades estatais, prioridades que sempre tiveram como foco os

---

[156] Ver, nesse sentido: BRASIL. Supremo Tribunal Federal, Arguição de Descumprimento de Preceito Fundamental n. 186, Órgão Julgador: Tribunal Pleno, Relator: Ricardo Lewandowski, 26.04.2012 (reconhecendo que a raça não tem validade científica, mas possui uma influência negativa real na vida das pessoas); BRASIL. Tribunal de Justiça do Rio de Janeiro, Apelação Cível n. 2005.0001.23440, Órgão Julgador: 8ª Câmara Cível, Relator: Odete Knack de Souza, 17.03.2006 (classificando ações afirmativas como medidas legítimas destinadas a melhorar as condições de vida de pessoas que vivem em condições desiguais devido a diferentes fatores de discriminação).

interesses das classes dominantes, que também são os grupos raciais dominantes. O fato de que quase todas as instituições públicas e privadas são moldadas para atender seus interesses materiais não aparecem como um problema. A divisão racial do trabalho, a divisão racial da academia, a divisão racial da política, a divisão racial dos meios de comunicação não são questões relevantes porque tudo isso aparece como o funcionamento normal da sociedade. Mas o senso de posição de grupo, a percepção de que o *status* coletivo de pessoas negras pode ser modificado, surge quando um governo reconhece essas divisões e toma iniciativas para fazer com que elas desapareçam. Pessoas brancas vão para as ruas vestidas de verde e amarelo e dizem que querem o país delas de volta e, com isso, elas querem fazer referência aos mesmos arranjos econômicos e políticos que protegem os interesses brancos.[157]

6.4 O liberalismo racial brasileiro

Sabemos que o liberalismo é uma ideologia política que tem sido abordada a partir de diversas perspectivas, sendo que alguns elementos são comuns a todas elas. Um dos seus elementos principais é a noção de que a proteção da liberdade individual é uma das funções principais das instituições políticas. Os direitos individuais são meios para a limitação e racionalização do poder estatal, sendo que a ação de suas instituições adquire legitimidade na medida em que permite a ação livre dos indivíduos no espaço público e no espaço privado. Direitos individuais e funções estatais estão estabelecidos em um documento que expressa a vontade dos indivíduos que vivem em uma democracia liberal. Essa ideologia política está então estruturada em cima da noção de que a ação estatal sempre deve ter um caráter negativo; ela deve apenas garantir a liberdade das pessoas, entes que são considerados como

---

[157] Ver, nesse sentido: BLUMER, Herbert. "Prejudice as a sense of group position". *The Pacific Sociological Review*, vol. 1, nº 1, 1958, pp. 3-7.

indivíduos que possuem um pertencimento comum como sujeitos de direitos. Ações governamentais devem então levar em consideração o *status* comum entre todas as pessoas, motivo pelo qual políticas públicas sempre devem ter um caráter universal. Os membros da comunidade política em uma sociedade liberal são vistos como pessoas que possuem o mesmo *status* e valor moral, razão pela qual todos eles são merecedores do mesmo tipo de consideração e respeito, razão pela qual todos eles devem ser considerados como atores sociais competentes.[158]

Essas premissas demonstram então os problemas associados com o uso da raça como parâmetro para políticas públicas. Os que são contra ações afirmativas, sejam eles progressistas ou conservadores, alegam que a raça não deve ser um critério para medidas estatais por causa da sua irrelevância moral. Isso significa que o tratamento simétrico entre os indivíduos deve sempre ser o parâmetro parra a adoção de medidas de inclusão. Esse raciocínio permite aos críticos de ações afirmativas sustentarem que essas iniciativas são discriminatórias porque tratam pessoas a partir de um critério que não possui relevância social, por um critério que ignora o fato de que todas as pessoas devem ser tratadas a partir dos mesmos direitos e obrigações. A raça das pessoas não pode ser considerada como um parâmetro justo porque ela não encontra fundamentação moral dentro de um sistema político liberal. Subjacente a esse raciocínio está a noção de que os membros da comunidade política pautam suas ações a partir de critérios de moralidade que também estão fundamentados na noção de respeito mútuo. O racismo seria então um

---

[158] Sigo aqui o argumento de COCHRAN, David Caroll. *The color of race and freedom*: Contemporary American liberalism. Albany: State University of New York Press, 1999, pp. 1-41. Para uma análise da convergência do discurso da neutralidade racial na jurisprudência brasileira e americana, ver: MOREIRA, Adilson José. "Discourses of Citizenship in American and Brazilian affirmative action court decisions". *American Journal of Comparative Law*, vol. 64, nº 3, 2012, pp. 455-465.

CAPÍTULO VI – QUAL É O LUGAR DA RAÇA NA INTERPRETAÇÃO...

ato irracional e individual que não pode ser pensado como um problema de caráter sistêmico porque isso contraria a própria lógica do funcionamento do liberalismo do ponto de vista moral e legal. Uma sociedade que obedece a uma lógica de tratamento simétrico entre indivíduos cria as oportunidades para que eles possam exercer suas liberdades individuais, sem a intervenção irracional das instituições estatais. Assim, a garantia da igualdade de oportunidades encontra fundamento no comprometimento com a noção de antidiscriminação, perspectiva interpretativa que procura identificar o uso de classificações irracionais porque não pode ser relacionada com finalidades estatais de caráter legítimo.[159]

O liberalismo racial brasileiro não está restrito a esse arcabouço de caráter normativo. O princípio da neutralidade ou transcendência racial é parte integrante dessa ideologia que representa o projeto racial específico elaborado pelos grupos raciais dominantes na nossa sociedade. Um dos temas centrais dessa narrativa é a tese de que a sociedade brasileira conseguiu transcender a questão da raça em função de sua miscigenação. Esse processo expressa o fato de que diferenças raciais não possuem relevância no espaço privado, evidência de que elas também são irrelevantes no espaço público. As relações entre negros e brancos na esfera íntima permitiu a criação de uma cultura pública baseada no ideal da assimilação: grupos raciais foram paulatinamente integrados em função de uma moralidade pública baseada na noção de cordialidade. Uma vez que o espaço privado é a última instância de assimilação de minorias raciais, nossa miscigenação indica que conseguimos transcender a questão da raça. O produto desse processo de assimilação, a população miscigenada, representa então uma ideal moral que comprova nossa cultura de caráter humanista: esse processo tem um processo biológico e também

---

[159] Ver, nesse sentido: BREST, Paul. "Defende of the anditidiscrimination principle". *Harvard Law Review*, vol. 90, nº 1, 1977, pp. 1-22.

cultural, o que exemplifica um processo de construção de uma cultura de caráter universalista entre nós.[160]

A articulação entre essa lógica assimilacionista e os princípios do liberalismo formam as bases para uma narrativa que emprega os argumentos utilizados por minorias raciais contra a opressão para atacar ações afirmativas. Seus defensores asseveram que se a raça não pode ser usada para discriminar pessoas, ela também não poder ser utilizada para políticas que restringem os direitos de pessoas brancas. Políticas públicas racialmente conscientes seriam então um processo de racialização, algo que contraria a suposta cultura universalista característica da nossa sociedade. Medidas de inclusão racial seriam então uma agressão a uma ética pública que está baseada na noção de tratamento simétrico entre as pessoas, um princípio que está presente concomitantemente na nossa cultura jurídica e também na nossa cultura pública. Oponentes dessas medidas afirmam então que elas promovem a racialização do país ao introduzir uma categoria que não tem relevância em nenhuma esfera da vida social. Por esses motivos, políticas públicas devem sempre garantir igualdade de oportunidade para todas as pessoas, estratégia que impede a criação de conflitos sociais e também preserva nossa suposta superioridade moral sobre outras nações. Essa tese está baseada em uma noção bastante restrita do que seja discriminação, termo que significa apenas regimes de segregação legalmente sancionados e não atos privados dos cidadãos.[161]

Para os defensores do liberalismo racial brasileiro, ações afirmativas são muito problemáticas porque elas representam a vitória

---

[160] Para uma análise clássica do tema, ver: GORDON, Milton G. *Assimilation in American Life*: the role of race, religion, and national origins. Oxford: Oxford University Press, 1964, pp. 60-132.

[161] Para a explanação e crítica desses argumentos dentro do debate teórico e jurisprudencial sobre o tema, ver: MOREIRA, Adilson José. "Miscigenando o círculo do poder: ações afirmativas, diversidade e sociedade democrática". *Revista da Faculdade de Direito da UFPR*, vol. 61, nº 2, 2016, pp. 117-148.

do multiculturalismo sobre o ideal universalista que supostamente caracteriza a cultura pública brasileira. A política da identidade surge aqui como algo extremamente perigoso porque elimina o ideal do universalismo que supostamente permeia nossa cultura pública. Ações afirmativas seriam então uma expressão da decadência moral da sociedade brasileira porque significa a prevalência de formas de sectarismo social sobre o ideal assimilacionista presente na nossa cultura. Para esses atores sociais, o multiculturalismo pressupõe que negros e brancos possuem experiência sociais distintas, o que não condiz com a realidade da nossa sociedade, de acordo com aqueles que condenam ações afirmativas. A afirmação de que grupos sociais não possuem traços em comum não pode corresponder à realidade em uma sociedade na qual a negritude faz parte da identidade nacional. Por esse motivo, os autores contrários a cotas raciais dizem que elas não apenas são inconstitucionais, mas representam também um perigo social considerável porque implode o próprio consenso social que fundamenta nossa identidade nacional. Esses argumentos fundamentam as diversas alegações que foram formuladas nos processos que questionaram a constitucionalidade de ações afirmativas em concursos públicos e também nos vestibulares para universidades públicas.[162]

Não preciso enfatizar o cinismo subjacente a essa narrativa. Não há nenhum outro grupo social mais empenhado na política da identidade do que os homens brancos heterossexuais de classe alta que a articulam e a propagam. Minha experiência de vida e meus estudos sobre discriminação evidenciam que os grupos sociais dominantes estão o tempo inteiro criando e reproduzindo estereótipos raciais que têm o propósito específico de legitimar uma ordem social que garante a dominação de brancos sobre negros. Estigmas culturais são parte integrante de sistema de dominação,

---

[162] Vale mencionar aqui uma obra que engloba todas essas posições: KAUFMANN, Roberta Fragoso. *Ações afirmativas à brasileira*: necessidade ou mito. Curitiba: Livraria do Advogado, 2005.

eles têm um propósito político. São julgamentos que recaem sobre identidades que são criadas por grupos dominantes, processo que permanece depois encoberto porque a lógica do estigma procura também atribuir aos indivíduos todos os males que eles sofrem. Quero dizer então que o sistema de supremacia branca que existe na nossa sociedade está integralmente construído sobre diferentes usos políticos da identidade pelos grupos dominantes. É importante ter em mente que esse sistema não se resume apenas à manipulação de identidades raciais. A dominação do homem branco é um dos elementos centrais dela e isso significa que o sexismo é parte essencial dessa lógica. Da mesma forma, a construção da identidade homossexual como um tipo de degeneração moral também faz parte da dominação racial. Temos ainda a representação de pessoas pobres como membros de grupo social que possuem uma cultura própria responsável pela situação social na qual vivem.[163]

6.5 Sobre projetos de dominação racial

Se a raça é uma marca de poder, ela deve ser então compreendida a partir das relações sociais que a estruturam. Seus sentidos podem ser interpretados por meio da análise das determinações históricas, a partir das quais suas significações emergem. Essa é uma das premissas que está por trás da noção de "projeto racial": devemos nos perguntar quais foram as condições históricas e sociais responsáveis pelo surgimento dos processos que possibilitaram a racialização de certos grupos e em certos momentos históricos. Não podemos falar sobre o racismo como um fenômeno que assume

---

[163] Para um estudo sobre a lógica do sistema de privilégios raciais presente na sociedade brasileira, ver: SCHUCMAN, Lia Vainer. *Entre o encardido, o brando e o branquíssimo*: branquitude, hierarquia e poder na cidade de São Paulo. São Paulo: Annablume, 2014; PIZZA, Edith *et al. Psicologia social do racismo*: Estudos sobre branquitude e branqueamento no Brasil. Petrópolis: Vozes, 2002. Um debate sobre as implicações jurídicas do tema pode ser encontrado em: MOREIRA, Adilson José. *O que é discriminação?* Belo Horizonte: Letramento, 2017, pp. 143-155.

CAPÍTULO VI – QUAL É O LUGAR DA RAÇA NA INTERPRETAÇÃO...

as mesmas formas em todos os tempos e lugares. Devemos falar sobre as estratégias de dominação criadas em diferentes momentos e lugares para a preservação da dominação racial.[164] Acho essa perspectiva interessante porque ela abre espaço para pensarmos a raça como uma espécie de texto que adquire sentido dentro de um conjunto de contextos culturais e políticos. Isso nos mostra sua relevância para juristas que pensam como um negro: a pergunta pelo seu lugar no mundo não é apenas uma forma de interpretação, mas uma determinação de sua própria existência. Se o jurista ou a jurista que pensa como um negro está inserido dentro de um horizonte histórico específico, também a sua raça adquire sentido dentro de uma compreensão historicamente determinada.

O jurista negro compreende a si mesmo e sua raça como elementos que possuem uma historicidade. O ato de interpretação significa integrar essas duas instâncias dentro de uma perspectiva única. Assim, se a raça é um objeto de interpretação que adquire sentido a partir de sua historicidade, ela não pode ser pensada apenas como uma categoria biológica. A raça não é uma realidade que nasce com um indivíduo. Ela é um tipo de construção social que adquire significação dentro de uma continuidade histórica que demonstra as formas de dominação utilizadas para a reprodução de arranjos sociais. É por esse motivo que juristas que pensam como um negro precisam estar atento às variações de discursos produzidas em torno da raça ao longo do tempo. Disso depende o desvelamento da sua própria condição de sujeito social. É a partir desses pressupostos que um jurista ou uma jurista que pensa como um negro deve interpretar a igualdade: ela não é um princípio que possui o mesmo sentido em qualquer contexto. A sua possibilidade

---

[164] Ver OMI, Michael; WINANT, Howard. *Racial formation in the United States*: From the 1960s to 1990s. Nova York: Routledge, 1994, pp. 103-159.

de realização requer a consideração da situação histórica na qual sujeitos concretos se encontram.¹⁶⁵

A compreensão da raça como uma categoria biológica demonstra que vários juristas brancos a interpretam como uma característica meramente formal; ela não possui relevância na vida social das pessoas, motivo pelo qual não deve ser parâmetro de aplicação de políticas públicas. Uma das estratégias discursivas que juristas brancos e pesquisadores brancos encontraram em tempos recentes é a representação do brasileiro como um produto de diferentes grupos genéticos. Isso torna impossível a utilização da raça como um critério de tratamento diferenciado porque uma pessoa negra pode ter mais genes europeus do que uma pessoa classificada como branca.¹⁶⁶ Isso realmente parece fazer sentido. Não creio que as mulheres brancas que seguram as suas bolsas quando entro no elevador estejam interessadas em saber qual é a minha herança genética. Cerca de três anos atrás, um amigo branco me convidou para um jantar para que ele pudesse me apresentar sua nova namorada. Eu desci do taxi e os vi sentados no restaurante do outro lado da rua. Sua namorada me viu aproximando da mesa, franziu o resto imediatamente e pegou a bolsa que estava em cima da cadeira, colocou no colo e a protegeu com os dois braços. Meu amigo virou imediatamente para ver quem era já em uma posição de ataque. Eu me aproximei da mesa e disse que a ele que o encontraria quando ele estivesse em melhor companhia. Ele me ligou várias vezes e deixou mensagens explicando o suposto equívoco. Nunca respondi essas ligações. Eles se casaram um ano depois. Ela está hoje sendo processada por desvio de verba pública. Não creio que algo aconteça com ela; afinal ela é uma mulher branca

---

165 GADAMER, Hans-Georg. *Verdade e método*: Traços fundamentais de uma hermenêutica filosófica. Petrópolis: Vozes, 1997, pp. 482-499.
166 PENA, Sérgio; BORTOLINI, Maria Cátira. "Pode a genética definir quem deve se beneficiar das cotas universitárias e demais ações afirmativas?" *Estudos Avançados*, vol. 18, nº 50, 2004, pp. 31-50.

CAPÍTULO VI – QUAL É O LUGAR DA RAÇA NA INTERPRETAÇÃO...

de classe alta. Eu me encontrei com ele recentemente depois de alguns anos. Ele ainda tentou justificar o comportamento dela. Não pude fazer outra coisa a não ser mandá-lo à merda.

Pude realizar alguns anos atrás um dos grandes sonhos da minha vida: visitar as ruínas de grandes civilizações mesoamericanas. Planejei essa viagem por mais de uma década. Nunca me senti tão feliz quando entrei no avião em direção ao México. Estava realmente eufórico. Um senhor negro sentou ao meu lado e começamos a conversar. Descobri após algum tempo que ele é um advogado extremamente bem-sucedido. Ele perguntou o que eu fazia e eu disse que era um doutorando. Expliquei o tema da minha pesquisa, o que não o interessou muito. Aquele senhor afirmou que não se pode dizer que o racismo afeta a vida de todas as pessoas, não se pode afirmar que ele está em todos os lugares. Além disso, ele também disse que ações afirmativas lançam dúvidas sobre a competência de todos os negros, inclusive daqueles que conseguiram chegar lá por seus próprios méritos. É interessante perceber como a classe social faz com que as pessoas experienciem a raça de formas inteiramente distintas. Para esse indivíduo, sua raça é apenas fonte de alguns pequenos aborrecimentos como, por exemplo, a descrença expressa por algumas pessoas brancas sobre a sua atividade e qualificação profissional. Para negros pobres, a raça é uma fonte constante de vulnerabilidade econômica, pois é o principal motivo pelo qual eles estão nessa situação. Para negros homossexuais, a raça é uma forma de exclusão do mercado do amor e motivo de segregação dentro da comunidade negra. Para mulheres negras, é uma condenação à solidão. Para mulheres negras homossexuais é o signo completo da subordinação.[167]

A classe social faz com que as pessoas não percebam que a exclusão social decorre de uma soma de fatores, motivo pelo qual

---

[167] Para uma discussão sobre a vivência das relações entre raça e outros sistema de exclusão ver: CARBADO, David (Coord.). *Black men on race, gender, and sexuality*: a critical reader. Nova York: New York University Press, 1999.

alguns afirmam que sujeitos subalternos são sujeitos intersseccionais. Nós negros não somos excluídos apenas em função de classe social, mas também em função da raça. Outros estão em uma situação ainda mais problemática porque também são desprezados em função do sexo e da orientação sexual. Portanto, juristas que pensam como um negro não podem compreender a exclusão do povo negro como um problema decorrente apenas de classe social porque nossa comunidade possui uma grande variedade de sujeitos e eles estão expostos a diversas formas de opressão. A raça é um elemento que opera ao lado de outros fatores de exclusão: mulheres negras vivenciam a raça de forma distinta de homens negros, negros homossexuais têm uma experiência racial distinta de negros homossexuais. Esse é o motivo pelo qual a mente de um jurista e de uma jurista que pensa como um negro devem ser uma forma de consciência múltipla: ele precisa estar atento aos diversos fatores que determinam as experiências de grupos subalternos. Ele não pode pensar a partir de uma única perspectiva porque isso impede o reconhecimento da diversidade de experiências e formas de opressão que convergem para reproduzir a estratificação social.[168]

6.6 O valor econômico da raça

Ainda sou um sujeito bombardeado pelos padrões estéticos impostos pelas nossas produções culturais e por isso também tenho interesse sexual por certas celebridades brancas. Eu as sigo em redes sociais e às vezes tenho devaneios sobre possíveis encontros românticos com elas. Outro dia vi uma dessas figuras em um famoso programa de televisão.

Parei o que estava fazendo para assistir à entrevista porque queria saber o que ela pensa da vida. O tema da constitucionalidade de ações afirmativas saiu do nada e ela começou a fazer um

---

[168] HARRIS, Angela. "Race and essentialism in feminist legal theory". *Stanford Law Review*, vol. 42, nº 2, 1989, pp. 581-590.

CAPÍTULO VI – QUAL É O LUGAR DA RAÇA NA INTERPRETAÇÃO...

discurso sobre meritocracia. Mudei de canal imediatamente, mas não deixei de seguir a figura nas redes sociais. Um dia eu percebi que essa adoração precisava chegar a um fim. Estava fazendo as contas dos meus gastos mensais e percebi o quanto preciso aumentar a minha renda. Vi a criatura aparecer em um comercial e um senso de indignação me veio à mente. Uma pessoa de parcos talentos dramáticos que conseguiu notoriedade por causa da sua beleza. Voltei às fotos das redes sociais e comecei a contar o número de eventos para os quais ela é convidada, sempre recebendo para estar ali por causa de sua aparência física. Ela é considerada como um parâmetro de beleza por causa de sua raça, cujos traços fenotípicos são representados como padrão universal. Mais do que isso, muitos a consideram como uma pessoa que venceu por meios meritocráticos, que ela está no lugar que está apenas por seu esforço. Ela consegue ganhar uma quantia de dinheiro infinitamente maior do que eu ganho porque representa um ideal estético que se apresenta como uma referência para todas as raças. Por ser uma pessoa branca bonita, ela ganha muito mais dinheiro do que eu, ela tem uma influência social muito maior do que eu tenho, ela tem a possibilidade de conseguir parceiros sexuais na hora em que ela quiser. Ela tem acesso a círculos sociais influentes por causa de sua fama que deriva de sua beleza. Tudo que essa pessoa conseguiu na vida profissional decorre do fato que ela é branca. Isso mostra que ser branco tem um imenso *valor econômico*: você pode gozar de um padrão de vida superior aos membros de grupos minoritários apenas por representar o ideal estético e moral que nossa cultura reproduz. Algumas pessoas negras também conseguem renda por serem bonitas, mas nunca na mesma escala que pessoas brancas. Negros não têm a possibilidade de conseguir amealhar a mesma quantidade de dinheiro e poder por serem bonitos e, afinal, eles serão considerados bonitos apenas quando estão próximos do padrão estético branco.[169]

---

[169] Ver a obra clássica de HARRIS, Cheryl L. "Whiteness as property". *Harvard Law Review*, vol. 106, nº 8, 1993, pp. 1710-1793.

Ver essa figura fazer um discurso contra ações afirmativas me deixou indignado, a mesma indignação que sinto quando vejo intelectuais brancos que são sistematicamente privilegiados por causa de sua raça condenarem programas de cotas raciais. Sabemos que a implementação dessas medidas nas últimas duas décadas desencadeou uma reação significativa de muitos intelectuais brancos. Quase todos eles utilizam o mesmo argumento para condenar a adoção dessas medidas: a promoção da racialização da nação brasileira. Eles argumentam que essas medidas ressuscitam a raça como uma categoria biológica, algo altamente problemático em um país no qual ela nunca teve a mesma relevância. Alguns, em uma demonstração de total desonestidade intelectual, chegam a comparar ações afirmativas às políticas raciais que geraram genocídios em outras nações. Obviamente, eles nunca tematizam a raça como ela realmente aparece na nossa sociedade: uma categoria social que articula relações de poder destinadas a manter hierarquias sociais entre negros e brancos. A raça é uma marca que determina a inserção social dentro dessas hierarquias, conferindo vantagens econômicas sistemáticas às pessoas brancas e criando desvantagens econômicas sistemáticas às pessoas negras. Ser branco ou ser negro determina as chances de os indivíduos terem acesso a oportunidades acadêmicas e profissionais, o nível de respeitabilidade que os indivíduos terão nas interações sociais, o tipo de tratamento que será dispensado a eles por agentes públicos e privados e também a maneira como os indivíduos são representados nas diversas produções culturais. Vemos então que a raça é um fator que determina as chances que os indivíduos terão de ter uma existência autônoma, o que depende do acesso aos mecanismos institucionais que permitem a ação autônoma no espaço público e no espaço privado.

Atualmente posso perceber como esse processo esteve presente na minha vida desde a minha infância, como ser branco implica vantagens econômicas imediatas, motivo pelo qual pessoas brancas investem de forma estratégica em estigmas sociais e depois afirmam que negros são complexados. Ser uma pessoa pobre faz com que

CAPÍTULO VI – QUAL É O LUGAR DA RAÇA NA INTERPRETAÇÃO...

você tenha experiências frustrantes, ser uma pessoa pobre e negra faz com que você pense que o mundo está inteiramente contra você. A interseção desses dois fatores situa os indivíduos dentro de uma realidade bem distinta da que pessoas brancas pobres se encontram. Eu vivi em um bairro periférico durante toda a minha infância e adolescência. Éramos muito pobres e crianças pobres acabam sendo forçadas a trabalhar de alguma maneira para poder contribuir para a família ou para conseguir ter alguma renda. Só havia livros em casa; não tínhamos qualquer outro tipo de diversão. Minha primeira experiência com o trabalho ocorreu quando ainda tinha oito ou nove anos; não consigo me lembrar exatamente qual era a minha idade. Éramos doze pessoas que precisavam sobreviver com a aposentadoria do meu pai e o salário de minhas duas irmãs mais velhas que já estavam na Faculdade. Era preciso fazer alguma coisa. Minha mãe vendia chup-chup, pequenos sacos congelados de sucos artificiais. Começamos vendendo em casa, mas depois eu e meus irmãos também começamos a vender na rua. Eu andava por todo o bairro onde morava oferecendo o produto às pessoas. Algumas compravam, outras não se interessavam. Meu amigo Toninho também começou a vender chup-chup; sua família também passava por dificuldades financeiras. Logo notei como as pessoas o tratavam de maneira bem diferente quando estávamos vendendo o produto juntos. Elas eram mais amigáveis com ele, elas sempre se dirigiam a ele. Tudo isso me causava um profundo ressentimento. Meu amigo apenas ria do que eu dizia. Falava que eu tinha um imenso complexo de inferioridade. É claro, o sofrimento negro parece ser apenas produto da nossa imaginação.

Esses episódios demonstram algo relevante para nossa discussão sobre o lugar da raça na interpretação jurídica: sua significação social não decorre apenas da atribuição de sentidos sociais a traços físicos, mas também deriva da importância econômica, do lugar que as pessoas ocupam dentro das hierarquias raciais. Pertencer a um grupo racial ou a outro determina o tipo de inserção que os indivíduos terão nas estruturas econômicas. Isso é muito significativo porque demonstra um dos motivos pelos quais muitas pessoas brancas estão sempre investindo no seu *status* social como "pessoa branca" e também porque várias pessoas negras fazem todo o possível para que possam se aproximar da aparência física dos brancos, para que possam obter compensações financeiras. Ser uma pessoa branca significa maior retorno financeiro para atividades profissionais, razão pela qual ser branco é uma identidade que adquire um *status* de propriedade. Pessoas classificadas como brancas podem ter a expectativa de que obterão benefícios sociais dentro de uma sociedade pautada na dominação racial, o que muitas delas passam a perceber como algo que está ligado ao seu *status* racial como um direito, da mesma forma que o direito à propriedade está ligado a um documento que atesta a posse de um determinado bem. A exclusão de minorias raciais de oportunidades aparece então como um direito e excluir todos os que não possuem o *status* de ser branco dentro de uma sociedade.[170]

É certo que ser classificado como branco não é suficiente para que pessoas brancas possam gozar de privilégios econômicos durante toda a vida. Pude perceber décadas atrás que a manutenção de privilégios econômicos derivados da raça depende da convergência entre raça e sexualidade. Sempre ia ao cinema com uma amiga durante a adolescência. Da mesma forma que outras meninas ao redor do mundo, ela queria namorar Tom Cruise, ator que eu sarcasticamente chamava de Antônio Cruz. Certo dia estava esperando uma consulta médica para meus problemas respiratórios crônicos e comecei a ler uma revista semanal. Havia ali uma sessão de fofocas na qual o autor afirmava que Tom Cruise era homossexual. Arranquei a página discretamente e levei para a minha amiga com a intenção de tripudiá-la. A menina olhou para mim com muita raiva e jogou o pedaço de papel em mim. Não nos falamos por algum tempo, mas voltamos a nos encontrar depois

---

[170] HARRIS, Cheryl L. "Whiteness as property". *Harvard Law Review*, vol. 106, nº 8, 1993, pp. 1710-1723.

CAPÍTULO VI – QUAL É O LUGAR DA RAÇA NA INTERPRETAÇÃO...

de alguns meses. Eu a convidei para ver um filme desse ator, no qual ele contracenava com Brad Pitt. Ela disse que não veria essa produção porque não queria nutrir mais ilusões amorosas. Pude entender então a razão pela qual o famoso ator processou a revista que divulgou a informação sobre sua suposta homossexualidade. Ser taxado de homossexual significava perder dinheiro porque sua raça e sua sexualidade são requisitos para a rentabilidade de seus filmes. Não havia como ganhar dezenas de milhões de dólares se você não tem como se vender como o único tipo de homem aceitável para mulheres de todas as raças. É importante ser branco, mas é preciso também ser heterossexual. Ser uma pessoa homossexual significa sofrer a ação de estigmas que degradam o *status* econômico de pessoas brancas. Esse é o mesmo motivo pelo quais pessoas brancas não querem namorar negros: isso pode significar um processo de perda econômica. Mas falarei sobre isso em breve.

6.7 Sobre a racialização dos espaços sociais

É interessante e problemático perceber como a ausência de conhecimento acerca da dinâmica social impede o alcance da justiça racial. Alguns anos atrás, um Tribunal Regional do Trabalho indeferiu o pedido do Ministério Público Federal do Trabalho para a adoção de ações afirmativas em certos bancos privados, instituições que praticamente só tinham funcionários brancos. O relator do recurso ordinário não encontrou quaisquer tipos de atos arbitrários nos processos de seleção e promoção de funcionários, evidência de que as práticas institucionais adotadas pelo banco não eram discriminatórias. Um argumento apresentado pela defesa chamou a minha atenção. Os representantes dos bancos disseram que muitos funcionários eram contratados por indicação de pessoas que já trabalhavam nas instituições, o que demostrou ser uma forma bem sucedida de contratação de profissionais competentes. A decisão faz uma longa análise das relações raciais no nosso país, repetindo a tradicional litania sobre a miscigenação como um fator de integração racial. A leitura de narrativas jurídicas dessa natureza me deixa muito, muito frustrado e desanimado. Será que esses magistrados não têm nenhuma lembrança do tempo no qual ainda estavam na Faculdade? Será que eles não percebem que pessoas de classe média geralmente têm pouca ou nenhuma convivência com pessoas negras? Não sei até que ponto a argumentação tem um caráter inteiramente estratégico ou se o jurista realmente acredita no que está dizendo. Mas, independentemente da motivação dele, preciso dizer por que essa decisão é altamente problemática. Creio que falar sobre outros incidentes da minha vida amorosa me ajudará a explicar o problema com essa decisão judicial.

Ser aluno de algumas das melhores Faculdades de Direito do mundo me permitiu perceber um fenômeno social importante: a racialização dos espaços sociais. Eu não tinha uma compreensão adequada da sua operação até chegar à Universidade. Eu notava o desagrado ou a surpresa de pessoas brancas com a minha presença naquele lugar e sempre atribuía isso ao racismo generalizado presente na nossa sociedade. Eu não estava errado, mas não percebia a complexidade dos seus modos de funcionamento. Os olhares dessas pessoas não podiam ser explicados apenas porque elas não gostavam de negros. Elas se sentem incomodadas com a minha presença nos mesmos lugares que elas circulam porque a interpretam como uma ameaça à identidade social delas, uma identidade baseada na percepção de que apenas elas têm as qualidades morais e intelectuais para estarem e atuarem em espaços sociais específicos. Quero dizer que, para muitas pessoas brancas, apenas aqueles que possuem certos traços morais podem ocupar certas posições, só eles podem circular em certos espaços e eles são os membros do grupo racial dominante. Essa análise é importante porque não podemos partir do pressuposto de que o racismo decorre apenas da noção de inferioridade biológica. Certamente não. Ele possui também uma dimensão cultural relacionada com as supostas dimensões morais dos lugares sociais que as pessoas ocupam e nos quais elas circulam.

Demorei a conseguir namorar alguém quando era estudante universitário nos Estados Unidos. Resolvi então seguir algumas estratégias para resolver esse problema. Comecei a frequentar a academia da Faculdade todos os dias. Precisava perder peso e ganhar músculos, o que me tornaria mais atraente, pensei. O lugar sempre estava cheio de gente, a qualquer hora do dia. Embora fosse um lugar para as pessoas se exercitarem, os indivíduos estavam sempre muito preocupados com regras sociais. A forma como eles deviam se vestir, o volume da voz apropriado, a forma de cumprimentar as pessoas, os assuntos que podiam ser discutidos, as formas de cordialidade, o meio de estabelecer contato visual, o tipo de sorriso. Esses eram os mesmos comportamentos que elas apresentavam em todas as outras situações. Obviamente, elas também estavam sempre muito preocupadas com a aparência e com a forma física. As pessoas brancas faziam todo o possível para demonstrar a posição que ocupavam na hierarquia de classes, negros se preocupavam em afastar estereótipos raciais, asiáticos faziam o possível para serem vistos como brancos, até mesmo pela mudança de traços físicos.

Um dia decidi ir a um evento chamado *speed dating*. As pessoas sentavam nas mesas e conversavam por cinco minutos e trocavam contatos se ficassem interessadas. Mas antes perguntei a um conhecido que me falou sobre essas festas se ele tinha tido uma boa experiência. A resposta foi negativa. Ele disse que havia poucas pessoas negras na noite em que ele compareceu. Ele sentou com algumas mulheres brancas e só uma quis o contato dele. Saíram uma única vez. O tema do racismo surgiu no meio da conversa e a menina disse que sempre tinha vivido em um bairro inteiramente branco. O encontro terminou quando ela disse que não era racista, mas temia que a presença de pessoas negras no bairro onde ela morava porque isso poderia trazer o problema do crime. Fiquei pensando sobre esse argumento. Quem tem dinheiro para morar em Brentwood, um dos endereços mais exclusivos do mundo? O que poderia fazer essa pessoa pensar que a burguesia negra teria algum tipo de contato com assaltantes? Que tipo de relação pessoas negras de classe alta poderiam ter com a criminalidade de rua, pessoas que estudaram em colégios mais caros do que a anuidade de Harvard? É claro que para ela todas as pessoas negras circulam em ambientes moralmente degradados, o que fazem delas pessoas perigosas em todas as situações. Negros possuem uma cultura específica, essa cultura influencia as pessoas que nascem nos espaços negros, razão pela qual ela pensa que apenas os lugares nos quais pessoas brancas circulam podem ser ambientes sociais adequados.

Meus colegas negros procuravam mostrar para os outros que eles tinham os traços necessários para circular em todos os espaços sociais, espaços que, devido ao racismo estrutural daquela sociedade, eram espaços brancos. Só depois disso pude perceber que minhas chances de conseguir namorar eram pequenas porque eu não agia de acordo com essas expectativas sociais, eu não tinha crescido em um espaço branco. Além disso, eu era de um país de terceiro mundo, uma origem social ainda mais problemática. Os comportamentos dos meus colegas eram códigos culturais utilizados por pessoas brancas aprendidos no processo de socialização; eles determinam a maneira como elas deveriam se comportar nos espaços públicos. Elas estavam acostumadas a circular em lugares racialmente homogêneos, lugares que são marcados pelas diversas formas de *status* social que elas possuem, notoriamente privilégios de caráter material. A preservação de mecanismos de exclusão permite que elas tenham acesso a várias oportunidades acadêmicas e profissionais responsáveis pelos seus círculos de relação e os lugares onde elas frequentam como espaços que expressam a situação material de grupos específicos. Elas esperam encontrar pessoas brancas nesses lugares, pessoas brancas que possuem um determinado *status* social específico que justifica a presença delas naquele lugar de privilégio social.

Como afirma Elijah Anderson, o conceito de espaço social tem uma variedade de significações. Por um lado, ele pode significar o lugar que as pessoas ocupam nas hierarquias sociais, lugares determinados por diversos tipos de práticas exclusionárias. Por outro lado, ele designa os lugares nos quais as pessoas vivem, circulam e trabalham. A primeira dimensão determina a configuração da segunda: a operação do racismo nas suas formas estruturais e institucionais produz a segregação racial, o que impede ou dificulta a mobilidade social. Assim, o acesso limitado às oportunidades materiais faz com que clubes, cinemas, shoppings, bares, restaurantes, bairros, colégios, faculdades e o trabalho sejam espaços brancos. Os espaços principais responsáveis pela integração social, a escola e o trabalho são transformados em espaços brancos em função da presença hegemônica de pessoas brancas, produto das práticas que as beneficiam em todas as dimensões da vida. Eles são espaços racialmente marcados por causa da associação entre identidade racial e papéis sociais; só pessoas que pertencem à raça branca têm legitimidade para circular nesses espaços. As universidades são espaços brancos, então pessoas brancas esperam encontrar apenas pessoas da mesma raça nesses lugares. Mas não se trata apenas de uma forma de antecipação cognitiva: há uma associação entre a identidade racial dos indivíduos e os papéis sociais que eles podem ocupar e também entre os espaços sociais nos quais eles circulam. Isso significa que ser um médico, ser um professor, ser um político, ser um ator são atividades ocupadas por pessoas brancas, motivo pelo qual muitas delas desenvolvem uma relação de posse em relação a essas funções e aos processos que permitem o acesso a elas. Há então uma relação identitária em relação aos espaços sociais nos quais elas circulam, relação marcada pelo sentimento de posse. O racismo decorre em grande parte do fato de que negros não circulam nos espaços brancos e, portanto, eles não são vistos como pessoas que possuem as características necessárias que as pessoas precisam ter para ocupar esses espaços.[171]

É interessante como isso está presente em diferentes áreas da vida social. Estou neste momento elaborando um projeto de pesquisa sobre a racialização dos espaços sociais. Um estudo recente

---

[171] ANDERSON, Elijah. "The white space". *Sociology of Race and Ethnicity*, vol. 1, nº 1, 2015, p. 2015.

elaborado pela Defensoria Pública do Rio de Janeiro revela uma realidade particularmente preocupante. Quase metade das pessoas condenadas por posse de drogas naquele Estado também foram condenadas por crime de associação ao tráfico de drogas. A condenação não decorre de comprovação efetiva, mas do simples fato de a pessoa morar em uma área dominada pelo tráfico. A imputação de posse de drogas e a de associação com o tráfico tem uma consequência importante: o condenado não poderá ser beneficiado com pedidos de liberdade provisória porque permanecerá na prisão por um período superior a oito anos, o que exige que ela seja cumprida em regime fechado. Essa situação causa inquietação ainda maior quando consideramos o fato de que muitas das acusações contra os moradores desses lugares são falsas. Policiais colocam drogas no carro ou na mochila de homens negros e, como o depoimento de policiais é suficiente para a condenação, os moradores de áreas periféricas estão sempre diante da possibilidade de passarem um longo período na cadeia, embora não tenham cometido qualquer tipo de crime. Há um problema central relacionado com esse procedimento: a convergência entre discriminação institucional, moralidade social e segregação racial. Nosso país enfrenta neste momento um processo maciço de encarceramento, o que atinge de forma especial a população negra. Promotores e magistrados afirmam a existência de um elo entre criminalidade e a residência dos acusados de tráfico de drogas.

6.8 Sobre os problemas da neutralidade racial

A discussão atual sobre políticas de inclusão racial em instituições públicas e privadas apresenta uma questão importante: que princípio deve guiar políticas públicas destinadas à promoção da igualdade racial, a consciência racial ou a neutralidade racial? A primeira está baseada no pressuposto de que a inclusão de minorias raciais depende de medidas que possam proteger membros desses grupos das práticas que imperam em nossa sociedade. Os que defendem essa posição apontam o caráter estrutural do racismo, prática que informa a operação de instituições públicas e privadas; a conversão de diversas formas de discriminação promove desigualdades duráveis que impedem a mobilidade social de pessoas negras e indígenas no nosso país. Os que defendem a segunda posição defendem políticas generalistas como meio para inclusão social, questão que não deve ser restrita à raça porque esse não seria a principal razão das desvantagens sociais sofridas por pessoas negras. Eles alegam ainda que a escolha da raça como parâmetro para políticas públicas promove divisões sociais, além de fomentar a animosidade racial, o que seria algo ausente na nossa sociedade.[172]

A defesa da neutralidade racial parece algo muito razoável para inúmeros juristas brancos, mas a vasta maioria das pessoas negras a compreende como mais uma estratégia para a manutenção de uma ordem social baseada na hegemonia branca. Mas eu não quero partir do pressuposto de que seus defensores atuam apenas de forma estratégica; afirmar isso seria perder a oportunidade de analisarmos a relevância da raça na experiência cotidiana e na percepção da realidade dos indivíduos. Muitos autores apontam que o pertencimento à raça branca insere a pessoa dentro de um sistema hierárquico e também dentro de uma perspectiva cognitiva particular. Muitos juristas brancos não conseguem entender a relevância da consciência racial porque a raça não aparece como um elemento central de suas identidades. Pessoas brancas não são confrontadas com o problema da classificação racial e como o tratamento recebido a partir da sua classificação como um outro absoluto. É claro que elas estão cientes de que não recebem o mesmo tratamento destinado a pessoas negras, mas muitas rapidamente apontam a classe social como origem desse problema. Elas olham para as pessoas brancas pobres e pensam que a classe social é a

---

[172] Esses argumentos podem ser encontrados em um livro que concentra uma série de artigos contrários a ações afirmativas: FRY, Peter (Coord.). *Divisões perigosas*: políticas raciais no Brasil contemporâneo. Rio de Janeiro: Civilização Brasileira, 2007.

única coisa que as separa; a raça não entra dentro dessa lógica porque ela não aparece como algo significativo para elas.[173]

Juristas que pensam como um negro devem defender a consciência racial. Há vários motivos importantes para isso. Ter a consciência de uma individualidade pura não faz parte da experiência psíquica e da realidade material de pessoas negras. Estigmas sociais acompanham negros em todos os lugares e em todas as situações. Temos poucas possibilidades de nos afirmarmos como pessoas porque nossa identidade é parcialmente formada a partir do exterior e não por meio de um processo ativo de construção pessoal. Nosso repertório identificatório – os meios institucionais necessários para tomarmos decisões centrais de nossa existência – é significativamente inferior ao de pessoas brancas. Estereótipos descritivos e prescritivos determinam os lugares que podemos ocupar. Muitos autores afirmam que ser negro significa ter que superar inúmeras presunções sobre o valor pessoal todas as vezes que negros interagem com pessoas de outras raças, todas as vezes que eles se candidatam para um emprego, todas as vezes que circulam em espaços públicos e privados, todas as vezes que se encontram com a polícia.[174] Além disso, precisam enfrentar a indignação por não terem poder para transformar esses estereótipos que determinam quem nós somos. Esses estereótipos não são categorias que circulam no ar, eles fazem parte da forma como brancos percebem negros nas mais diversas interações. Todos eles fazem parte da consciência das pessoas brancas, motivo pelo qual elas constroem círculos de relacionamentos íntimos que são quase exclusivamente brancos.[175]

---

[173] Ver, nesse sentido o artigo seminal de: FLAGG, Barbara. "'Was blind, but now I see': white race consciousness and requirement of discriminatory intent". *Michigan Law Review*, vol. 91, nº 3, 1993, pp. 953-1017.

[174] Ver FEAGIN, Joe. *Living with racism*: Black middle-class experience. Boston: Beacon Press, 2006.

[175] Um estudo sobre o racismo como forma de doença social pode ser encontrado em: PIERCE, Charles. "Psychiatric problems of the black minority".

CAPÍTULO VI – QUAL É O LUGAR DA RAÇA NA INTERPRETAÇÃO...

É muito curiosa a defesa da neutralidade racial em uma sociedade na qual a afirmação da diferença racial sempre fez parte integrante da ação política das elites brasileiras. A consciência racial se torna um problema político e jurídico apenas quando ela informa políticas públicas que pretendem fomentar a igualdade racial. Esse é o momento no qual ela se torna um perigo para a nação brasileira porque retira oportunidades de pessoas brancas. Elas certamente não são treinadas para ouvir a ideia de que há milhões de pessoas no mundo que não podem determinar a própria vida em função da raça à qual pertencem. Há uma explicação óbvia para isso: pessoas brancas não são capazes de perceber a realidade social de pessoas negras porque os processos cognitivos que determinam o funcionamento da mente delas não permite que elas percebam as formas como o racismo opera. Ele é algo que não faz parte do campo cognitivo e perceptivo delas. Como membros desse grupo social enxergam o mundo a partir da cultura dominante, eles não notam o racismo. Eles não se importam com o fato de que seus círculos de amizade sejam inteiramente brancos porque decorre do fato de que eles se sentem motivados a interagirem com essas pessoas porque a raça permite que elas estabeleçam uma identidade imediata com elas. O pertencimento à raça branca faz com que elas se reconheçam como seres humanos que possuem as mesmas características; por outro lado, isso faz com que negros sejam socialmente invisíveis para eles porque são diferentes. Esse pertencimento motiva a ação de automatismos mentais que determinam a forma como os outros são percebidos.[176]

Esse é um dos motivos pelos quais a realidade de opressão sob a qual vivem os negros neste país é difícil de ser percebida por pessoas brancas. Eles não estão convencidos de que nosso passado

---

In: ARIETI, S. (Coord.). *American handbook of psychiatry*. Boston: Basic Books, 1974, pp. 512-523.

[176] Ver, nesse sentido, ALEINKOFF, T. Alexander. "A case for race consciousness". *California Law Review*, vol. 91, nº 4, 1991, pp. 1063-1073.

escravocrata possa ter qualquer relação com a situação atual das pessoas negras, eles também preferem ignorar as relações entre os privilégios históricos que pessoas brancas sempre tiveram nesta sociedade e a situação de vantagem social na qual se encontram. É mais difícil ainda perceber diferenças profundas entre a experiência social entre negros pobres e brancos pobres. Não conseguem perceber que, desparecidos os sinais de pertencimento à classe social, brancos pobres serão tratados como seres humanos em todos os lugares, enquanto a raça impede que negros possam gozar de pleno respeito em toda e qualquer situação.[177]

Disse anteriormente que faço questão de incluir uma aula sobre a psicologia social da discriminação no meu curso de Psicologia Jurídica. É uma oportunidade para que alunos brancos possam conhecer os mecanismos mentais que motivam práticas discriminatórias contra negros. Sempre abro espaço para participação dos alunos; prática que gera alguns problemas. Outro dia estava falando sobre a redução da maioria penal, o que gerou discussões acaloradas. Fiz questão de situar esse debate dentro de um percurso histórico sobre a institucionalização de crianças e adolescentes no Brasil para deixar claro que essas instituições sempre tiveram a mesma clientela: negros e pobres. Após isso, fiz uma análise dessa questão a partir da teoria econômica de Amartya Sen. Pedi que os alunos elaborassem um argumento contrário à redução da maioridade penal a partir da teoria do referido autor. Um aluno fez a seguinte intervenção: se as pessoas não podem ser empregadas, elas podem ser empregadoras. Todos ficaram atônitos com a intervenção. Ele elaborou todo um raciocínio baseado em

---

[177] Ver OLIVEIRA FILHO, Pedro de. "Miscigenação *versus* bipolaridade racial: contradições e consequências opressivas do discurso nacional sobre raças". *Estudos de Psicologia*, vol. 10, nº 2, 2005, pp. 247-253; DULITZKY, Daniel E. "A region in denial: racial discrimination and racism in Latin America". *In*: HARRIS, Angela P. (Coord.). *Race and equality law*. Burlingthon: Ashagate, 2013, pp. 93-133.

CAPÍTULO VI – QUAL É O LUGAR DA RAÇA NA INTERPRETAÇÃO...

uma lógica que parece ser particularmente problemática para a discussão sobre justiça racial no Brasil: o neoliberalismo.

Sim, há outros motivos pelos quais certos setores das elites brancas brasileiras pregam a neutralidade racial como justiça social. A implementação de medidas de inclusão racial ocorre em um momento no qual acontecem profundas transformações na compreensão do papel das instituições estatais dentro da nossa sociedade. A resistência a ações afirmativas também está relacionada com o avanço da ideologia neoliberal e sua pregação da redução drástica da intervenção estatal como forma de afirmação de integração social. Mais uma vez impera a noção de que o mercado é a principal instância de integração social dos indivíduos, que eles mesmos devem criar oportunidades de inclusão. As instituições estatais não devem ser responsabilizadas por todo o processo de inclusão das pessoas, elas também precisam ter uma ação responsável. Alguns afirmam que políticas de inclusão racial impedem a construção de uma sociedade cosmopolita porque dá importância a algo que não deveria ter relevância social. Ações afirmativas aparecem dentro desse discurso como medidas de caráter paternalista, como iniciativas que criam obstáculos a ações individuais responsáveis, porque os indivíduos estarão sempre contando com privilégios estatais, com migalhas estatais. Outra vez a celebridade que mencionei me veio à mente. Se ações afirmativas são exemplos de paternalismo, como devemos classificar alguém que fica rico porque tem olhos verdes? Será que ter olhos verdes é algo relevante apenas quando atores ou atrizes estão sendo escolhidos, ou eles também têm alguma função importante quando estamos diante de um processo de seleção para escritórios de advocacia? Será que os empregadores brasileiros pedem que pessoas brancas anelem seus cabelos ou usem lentes de contato para esconderem seus olhos verdes? Qual será a frequência com a qual pessoas brancas e belas de olhos verdes são paradas pela polícia?

É importante agora fazer alguns esclarecimentos importantes sobre o sentido da raça dentro do discurso jurídico. Vários sentidos são atribuídos a esse termo no debate sobre a legalidade de ações afirmativas. Os que as condenam compreendem a raça como uma variação biológica benigna que não possui significação social e por esse motivo ela tem um caráter apenas formal dentro do sistema jurídico. Mais importante, ela não deve ser utilizada como critério de tratamento diferenciado em função da sua irrelevância na vida social das pessoas. Embora seja um critério para classificação social das pessoas segundo alguns parâmetros, a raça não possui correlação com a realidade. Essa tese sustenta então a neutralidade racial como forma de justiça social porque membros de todos os grupos estão igualmente situados, o que permite a aplicação da igualdade como procedimento.[178] Há também nessa discussão da raça como um traço que designa o *status* que um indivíduo ocupa dentro da sociedade. Ela aparece aqui então como um parâmetro a partir do qual os sujeitos humanos são tratados dentro da sociedade em função do pertencimento a determinados grupos sociais. A raça como *status* reconhece sua operação como um parâmetro de classificação que afeta negativamente a vida das pessoas, motivo pelo qual medidas de inclusão devem ser criadas para que a

---

[178] Ver, por exemplo: BRASIL. Tribunal Federal Regional da 1ª Região, Agravo de Instrumento n. 2009.01.00.054075-7/PI, Órgão Julgador: 6ª Turma, Relatora: Maria Isabel Galloti Rodrigues. 02.03.2010 (afirmando que o sistema de cotas restringe a oferta de vagas à ampla concorrência, o que viola o princípio da igualdade); BRASIL. Tribunal Regional da 2ª Região, Apelação Cível, Órgão Julgador: 1ª Turma, Relator: César Carvalho, 04.08.2011 ("Na verdade, se considerarmos o princípio constitucional da isonomia, que emanda a aplicação da máxima "tratar os desiguais na medida de suas desigualdades", qualquer norma legal que determine cotas para ingresso em universidades públicas do país utilizando como critério de seleção a cor da pele é, no mínimo, absurda e atentatória aos preceitos fundamentais da Constituição"); BRASIL. Tribunal de Justiça do Espírito Santo, Agravo de Instrumento n. 047089000146, Órgão Julgador: 4ª Turma Cível, Relator: Carlos Roberto Mignone, 17.02.2009 (declarando a inconstitucionalidade de ações afirmativas em concursos públicos sob o argumento de que essas medidas precisam adotar critérios adequados, o que não é o caso da raça das pessoas).

situação social delas possa ser alterada.[179] Outros atores sociais a consideram a partir de um critério histórico. Ela designaria então todos os processos responsáveis pela subordinação da população negra ou pelos privilégios das pessoas brancas. Ela aparece aqui como um critério de diferenciação que opera como um motor de processo responsável pela subordinação contínua dos indivíduos ao longo do processo histórico.[180]

Penso que essa última perspectiva é importante para a nossa análise. A raça está muito longe de ser um mero critério de diferenciação benigna entre as pessoas. É importante que a entendamos como um elemento que situa as pessoas dentro de relações hierárquicas de poder; ela deve ser vista como um símbolo que pode ser de privilégio ou de subordinação dependendo das características físicas dos indivíduos. Devemos então rejeitar a noção formal de raça porque ela permite a interpretação da igualdade como procedimento, o que serve para afastar demandas sociais que procuram igualdade de resultados. A raça como categoria histórica e como indicação de *status* social está associada à sua constante utilização como base para estereótipos que têm o propósito específico de manter arranjos

---

[179] BRASIL. Supremo Tribunal Federal, Arguição de Descumprimento de Preceito Fundamental n. 186, Órgão Julgador: Tribunal Pleno, Relator: Ricardo Lewandowski, 26.04.2012 (afirmando que medidas de inclusão racial são relevantes para a correção de injustiças históricas às quais pessoas negras foram submetidas); BRASIL. Supremo Tribunal Federal, Ação Direta de Inconstitucionalidade n. 3300-1, Órgão Julgador: Tribunal Pleno, Relator: Carlos Ayres Brito, 03.05.2010 ("Ora bem, que é o desfavorecido senão o desigual por baixo? E quando esse tipo de desigualdade se generaliza e perdura o suficiente para se fazer de traço cultural de um povo, é dizer, quando a desigualdade se torna uma característica das relações sociais de base, uma verdadeira práxis, aí os segmentos humanos tidos por inferiores passam a experimentar um perturbador sentimento de baixa autoestima. Com seus deletérios efeitos na concretização dos valores humanistas que a Magna Lei brasileira bem sintetizou no objetivo fundamental de "construir uma sociedade livre, justa e solidária" (inciso I do art. 3º).

[180] Sigo aqui o argumento de GOTANDA, Neil. "A critique of 'Our Constitution is color-blind'". *Stanford Law Review*, vol. 44, nº 1, 1991, pp. 2-7.

sociais que reproduzem desigualdades entre negros e brancos. Essas categorias também são relevantes porque elas nos possibilitam identificar um aspecto da lógica dos estereótipos, que é a forma como eles determinam a cognição social dos indivíduos. A raça permite que as pessoas atribuam aos indivíduos problemas que são causados por forças externas a eles. Ao atribuir a exclusão social aos próprios negros, pessoas brancas se tornam mais indispostas a aceitar políticas de transformação social porque elas não conseguem perceber como o funcionamento de sistemas de exclusão contribui para perpetuar uma ordem social baseada na hegemonia branca. Estereótipos permitem a circulação de traços que são atribuídos a membros de minorias raciais, o que se torna verdade para todos eles.[181]

A raça é uma categoria que designa toda uma rede de sentidos culturais que fazem parte da maneira como pessoas são tratadas nas diversas interações sociais. Ela determina a forma como sujeitos operam na qualidade de indivíduos e de representantes de instituições. Ao afirmar isso, estamos dizendo que os membros do grupo racial dominante possuem uma forma de poder central para a construção da ordem social: a possibilidade de criar e reproduzir sentidos sociais. É por esse motivo que muitos autores não falam mais em raça, mas em processos culturais que permitem a racialização de pessoas que possuem traços fenotípicos específicos. É por essa razão que falamos na raça como uma construção social

---

[181] Ver, nesse sentido: BRASIL. Supremo Tribunal Federal, Arguição de Descumprimento de Preceito Fundamental n. 186, Órgão Julgador: Tribunal Pleno, Relator: Ricardo Lewandowski, 26.04.2012 (ademais, a política de cotas não deve ser vista como uma penalidade aos que não se beneficiam diretamente dela. O critério socioeconômico passa a figurar ao lado do mérito aferido na prova técnico-científica, como parâmetro para a admissão na Universidade. Ninguém pode negar, sem contrariar dados empíricos, que o aluno negro oriundo de camada mais pobre da população tem muito mais obstáculos a enfrentar na sua trajetória acadêmica do que o candidato branco e abastado, fator cuja consideração nos exames é absolutamente lícita e não deixa de possuir caráter meritório, com absoluta compatibilidade com o art. 208, V, da Carta Magna ("acesso aos níveis mais elevados do ensino, da pesquisa e da criação artística, segundo a capacidade de cada um").

CAPÍTULO VI – QUAL É O LUGAR DA RAÇA NA INTERPRETAÇÃO...

porque ela funciona como um elemento que estrutura relações de poder. Não podemos ignorar a relevância disso. Atribuir um sentido apenas formal à raça das pessoas permite que todas as relações de poder que estruturam as relações sociais entre negros e brancos sejam encobertas. Juristas brancos frequentemente pensam que a raça é apenas uma categoria formal porque não conseguem perceber como a situação na qual se encontram está relacionada com a inserção social deles dentro de um sistema de relações de poder.[182]

---

[182] Para uma análise das bases psicológicas da doutrina da neutralidade racial, ver: ANSEL, Amy. "Casting a Blind Eye: The Ironic Consequences of Color-Blindness in South Africa and the United States". *Critical Sociology*, vol. 32, nº 2/3, 2006, pp. 333-356.

CAPÍTULO VII
O "HUMANISMO RACIAL BRASILEIRO": O NOSSO RACISMO PARTICULAR

Volto a trabalhar neste livro depois de algumas semanas preocupado com algumas questões pessoais relevantes. Eu me sinto muito motivado para falar sobre temas dessa natureza porque reconheço que sou uma das poucas pessoas negras que tem algum tipo de inserção dentro do espaço acadêmico. Trabalho durante umas duas horas e depois interrompo para relaxar um pouco. Geralmente vejo algum vídeo sobre história ou arqueologia. Não foi fácil retomar o trabalho na última vez que o interrompi. Encontrei um vídeo de uma apresentação de Nina Simone em Montreux que me deixou muito, muito triste. Uma música que fala sobre a vontade de sentir a sensação de ser livre. Eu me lembrei de um filme sobre sua vida e todo o seu engajamento com a luta contra a opressão racial, o que implica a luta contra estigmas raciais. Lembro que ela sucumbiu a uma doença mental por causa dos problemas que todas as mulheres negras enfrentam. Como a letra da música, eu realmente pensei que deve ser uma ótima sensação viver sem ter a sensação de ser uma pessoa marcada pelo olhar do outro. Analisei a interpretação contundente dela como uma mensagem direta à plateia exclusivamente branca que a estava ouvindo, como um protesto contra a opressão, como o racismo impede que as pessoas possam ter uma existência plena.

Mas vivências cotidianas sobre discriminação fazem pouco sentido para pessoas brancas que vivem no nosso país. Liberdade significa apenas a possibilidade de agir de forma autônoma. Negros podem fazer o que eles quiserem, podem chegar ao lugar que eles quiserem. Muitos dizem que minha trajetória pessoal é um exemplo de superação que pode ser reproduzido por quem quiser. Essa afirmação é geralmente seguida por um abraço ou por um sorriso que expressa admiração. Quero recordar alguns momentos da minha história pessoal. Comecei a procurar estágios no quarto ano da Faculdade; tinha sido bolsista de uma agência federal de fomento à pesquisa até aquele momento. Era um bom aluno, minha pesquisa tinha ganhado o prêmio de melhor trabalho na área de Ciências Sociais Aplicadas no ano anterior, no âmbito da universidade onde estudava. Procurar trabalho não foi nada fácil. Sempre via colegas brancos conseguindo estágios em lugares que tinham acabado de me informar que todas as vagas tinham sido preenchidas. Não preciso dizer que estava muito frustrado com essa situação. Mais do que isso. Estava indignado, mas minhas reclamações não encontravam ressonância entre meus colegas e professores brancos. Lembro-me da reação deles em uma discussão de uma obra sociológica clássica, *O povo brasileiro*. O autor exalta a propensão dos brasileiros à miscigenação, o que teria feito de nós um povo que preza a harmonia social. Eu intervi e disse não existir no mundo pessoas mais racistas do que os brasileiros. Todos ficaram indignados. Nem mesmo a citação de inúmeras estatísticas foi suficiente para convencer os colegas brancos. Eles também se recusaram a reconhecer que a minha experiência de racismo no mercado de trabalho representa uma prática social cotidiana no Brasil. Alguns alunos que tinham estagiado nessas instituições disseram que isso era uma simples consequência da melhor formação dos outros candidatos. Mas quantos deles tinham notas melhores do que as minhas, quantos estudavam na mesma Faculdade que a

CAPÍTULO VII – O "HUMANISMO RACIAL BRASILEIRO"...

minha e quantos ganharam os mesmos prêmios que eu? Quantos chefes realmente se preocuparam com o aproveitamento escolar dos candidatos?

Uma das coisas que mais me deixa perplexo é a recusa de juristas brancos em reconhecer a existência e a extensão da forma como o racismo opera no Brasil. Eles utilizam duas estratégias para negar a relevância desse sistema de opressão social entre nós, as mesmas utilizadas pelos meus colegas de Faculdade no episódio acima citado. Alguns fazem referência à suposta superioridade moral dos brasileiros em relação a outros povos. Eles alegam que esse problema não existe entre nós, posição decorrente da compreensão do racismo como um sistema de discriminação legalmente sancionado.[183] Outros argumentam que eventuais manifestações racistas não expressam um problema estrutural, mas apenas preconceito de classe, o que não compromete a afirmação de que temos uma cultura pública baseada na harmonia racial. Alguns admitem que o racismo existe na nossa sociedade e que é praticado em alguma escala, mas também se recusam a reconhecer que ele possui uma dimensão coletiva e sistêmica. A compreensão do racismo de muitos juristas brancos se limita ao problema do preconceito, o que pode ser eliminado com a afirmação de uma cultura pública

---

[183] Ver, nesse sentido: BRASIL. Tribunal Regional Federal da 5ª Região, Apelação Cível n. 513491, Órgão Julgador: 2ª Turma, Relator: Francisco Wildo ("porque a política da adoção de quotas raciais, para aprovação no concurso vestibular era um tremendo equívoco porque, como afirmava – entre outros – o professor Inácio Strieder, professor de Ciências Humanas na Universidade Federal de Pernambuco, 'a situação dos Estados Unidos era diversa da existente no Brasil', considerando que o Brasil é formado por ser um povo mestiço por excelência, desde quando os descendentes lusos – e, portanto, brancos – lutaram, lado a lado, com os descendentes de negros e de índios, para libertar a colônia do jugo holandês"); BRASIL. Tribunal de Justiça do Rio de Janeiro. Ação Direta de Inconstitucionalidade n. 0009/2009, Órgão Julgador: Órgão Especial, Relator: José Carlos S. Murta Ribeiro, 25.05.2009 (argumentando que ações afirmativas criam um "apartheid" social no Brasil, o que seria contrário a uma sociedade baseada na harmonia social entre as raças).

da igualdade.[184] O problema maior reside na utilização estratégica da ideologia da democracia racial, algo que não possui nenhuma correspondência com a realidade: juristas brancos afirmam que cultivamos uma cultura pública da cordialidade racial, argumento que encobre as formas como comportamentos privados concorrem direta e indiretamente para a manutenção da opressão racial.

Não posso deixar de reconhecer que algumas dimensões das teses defendidas por esses indivíduos são realmente atraentes. A percepção de que vivo em uma sociedade que está calcada na exclusão racial é algo que me cansa física e mentalmente. Aliás, eu vivo em uma situação de constante exaustão mental. Seria mesmo ótimo se tivéssemos uma cultura pública baseada no respeito entre grupos raciais. Seria ótimo viver em um país onde a transcendência racial fosse uma realidade. Ficaria mais feliz ainda se o racismo pudesse ser resolvido a partir de uma mudança cognitiva das pessoas. O problema fundamental dessas posições está no fato de que o racismo opera independentemente de motivação pessoal. Práticas institucionais podem não ser implementadas com o objetivo de prejudicar negros, mas elas podem ter um impacto desproporcional para essa coletividade. Há outros problemas. Pessoas brancas não discriminam pessoas negras apenas em função de estereótipos negativos. Elas têm um interesse material no racismo. Todas as pessoas brancas estão cientes que ser branco traz vantagens materiais, motivo pelo qual elas fazem todo o possível para que

---

[184] Ver, por exemplo: BRASIL. Supremo Tribunal Federal. Arguição de Descumprimento de Preceito Fundamental n. 186-2, Relator: Gilmar Mendes, 29.07.2009 (apontando a diferença de moralidade pública entre o Brasil e os Estados Unidos); TJES, Apelação Cível n. 024070612809, Órgão Julgador: 4ª Câmara Cível, Voto: Maurílio Almeida de Abreu, 15.12.2009 (reconhecendo que ações racistas existem no Brasil, mas dizendo que eles não implicam uma cultura da desigualdade).

CAPÍTULO VII – O "HUMANISMO RACIAL BRASILEIRO"...

esses privilégios permaneçam nas mãos de pessoas brancas. Uma educação iluminista não modificará essa realidade.[185]

O racismo opera de forma institucional e sistêmica. Já disse que pessoas brancas controlam praticamente todas as instituições públicas e privadas deste país; isso permite que elas operem de acordo com os interesses do grupo racial dominante. Mais do que isso, essas instituições não atuam de forma isolada. As mesmas motivações que informam a operação de uma também informam a operação de outras. O racismo que torna a escola um ambiente hostil para crianças também motiva o comportamento discriminatório de policiais militares em relação à negros, que também influencia a forma como negros são tratados no Sistema Judiciário. Por ser uma prática coletiva, ele informa o funcionamento de instituições públicas e privadas, afetando diversas dimensões das vidas de pessoas negras neste país.[186]

Estou escrevendo esta parte deste artigo depois de ter assistido a um documentário sobre a história de líderes da luta pelos direitos civis dos negros norte-americanos contada por James Baldwin. Em certo momento, ele utiliza o termo "apatia moral" para caracterizar a atitude da população branca daquele país, grupo que se recusa a admitir o fato de que a opressão negra é produto direto do privilégio branco. O discurso do progresso racial aparece para escamotear o fato de que a justiça racial é algo que está longe de ser realizado e que talvez nunca seja alcançado por causa do aspecto estrutural do racismo. O discurso da neutralidade racial atua para encobrir o fato de que o racismo é o principal problema

---

[185] Ver a importantíssima obra de: LIPSITZ, George. *The possessive investment in whiteness*: how white people benefit from identity politics. Filadélfia: Temple University Press, 2006.

[186] NASCIMENTO, Abdias do; NASCIMENTO, Elisa Larkin. "Dance of deception: a Reading of race relations in Brazil". *In*: HAMILTON, Charles V. et al. (Coord.). *Beyond racism*: race and inequality in Brazil, South Africa, and the United States. Londres: Rienner Publishers, 2001, pp. 105-156.

político daquela nação. O mesmo mecanismo opera entre nós e é por esse motivo que compreendo nossa ideologia de cordialidade racial como o tipo de racismo típico brasileiro. Nossas elites brancas institucionalizaram a narrativa da transcendência racial, a noção de que questões raciais foram superadas pela sociedade brasileira, para afirmar uma imagem positiva de si mesma, com o objetivo de mascarar projetos políticos que sempre estiveram baseados na exclusão racial. Chamo essa estratégia discursiva de *humanismo racial brasileiro*. Ele serve para impedir o reconhecimento da ação pervasiva do racismo na nossa sociedade por meio da reprodução de uma epistemologia social que encobre seu aspecto estrutural. O "humanismo racial brasileiro" está estruturado em cima da premissa de que nós criamos uma cultura pública caracterizada pelo reconhecimento da importância das diferentes heranças culturais na formação da identidade individual e coletiva. Se de um lado princípios liberais permitem a afirmação do valor do indivíduo, a nossa miscigenação magnifica a integração social. Basta então a implementação de políticas sociais universais para que brasileiros de todas as raças possam ser integrados. É curioso perceber que muitos intelectuais brancos recorrem a estudos científicos para corroborar a tese sociológica da relevância do assimilacionismo na interpretação das normas jurídicas. Eles asseveram que as descobertas científicas justificam políticas públicas universais porque cada brasileiro é produto de diversos grupos raciais, que cada brasileiro é um produto genético único. Se a raça não tem relevância entre nós, ela não pode ser utilizada como parâmetro para políticas públicas.[187] Mas eles não são os únicos. Juristas

---

[187] Ver, nesse sentido: MAGGIE, Yvonne; FRY, Peter. "A reserva de vagas para negros nas universidades públicas". *Estudos Avançados*, vol. 18, nº 50, 2004, pp. 67-80; FRY, Peter. "Politics, nationality and the meanings of 'race' in Brazil". *Daedalus*, vol. 129, nº 2, 2000.

CAPÍTULO VII – O "HUMANISMO RACIAL BRASILEIRO"...

brancos seguem o mesmo modelo de pensamento ao enfatizar a nossa suposta natureza híbrida.[188]

A doutrina do *humanismo racial brasileiro* classifica então o racismo como ato individual de caráter irracional; a negação de seu caráter institucional e sistêmico é um dos pontos centrais dessa ideologia racial. Devemos então entender quais são os limites dessa perspectiva que anima o discurso de juristas e pesquisadores brancos. Certos autores acreditam que o racismo é produto de uma hostilidade de indivíduos específicos em relação a membros de minorias raciais. Essa hostilidade tem fundamento em atitudes preconceituosas que expressam julgamentos irracionais sobre esses grupos de pessoas, irracionalidade que decorre do fato de que o indivíduo não os reconhece como membros válidos da sociedade, um dos princípios centrais da cultura democrática. O indivíduo racista é então aquele que expressa hostilidade contra minorias raciais baseadas em percepções que não correspondem à totalidade dos membros de grupos minoritários. O racismo representa então uma maneira incorreta de se perceber o outro. Essas teses têm sido duramente criticadas por estudos recentes sobre atitudes raciais em democracias liberais. Análises sobre racismo aversivo apontam que mesmo pessoas que são publicamente comprometidas com a igualdade de tratamento entre negros e brancos expressam comportamentos racistas. Muitas pessoas podem afirmar e lutar pela igualdade de tratamento no espaço público, embora mantenham círculos de relacionamentos quase ou inteiramente brancos. Elas reconhecem a importância política do comprometimento com a

---

[188] Ver, nesse sentido: BRASIL. Tribunal de Justiça do Rio de Janeiro. Ação Direta de Inconstitucionalidade n. 0009/2009, Órgão Julgador: Órgão Especial, Relator: José Carlos S. Murta Ribeiro, 25.05.2009 (alegando que o Brasil possui uma cultura pública de tratamento igualitário entre grupos sociais); BRASIL. Tribunal Regional do Trabalho da 10ª Região, Recurso Ordinário n. 00936-2005-012-10-00-9, Órgão Julgador: 1ª Turma, Relator: Oswaldo Florência Neme Júnior, 21.03.2007 (indeferindo pedido de adoção de ações afirmativas em bancos privados sob o argumento que construímos uma cultura pública distinta de outros países).

igualdade, mas evitam contato social íntimo com negros porque estereótipos negativos afetam a percepção que elas possuem de pessoas negras. Aqueles que desenvolvem pesquisas sobre o racismo simbólico também expressam desconfiança em relação a uma concepção de racismo como preconceito. Os resultados dessas pesquisas mostram que atitudes negativas em relação a minorias adquiriram novos contornos ao longo das últimas décadas.[189] Muitos indivíduos não expressam o preconceito no espaço público, mas atribuem as diferenças entre negros e brancos a questões culturais. Eles atribuem os problemas que negros enfrentam ao comportamento dessas pessoas, às escolhas que elas fazem no âmbito privado, razão pela qual a sociedade não deve impor restrições aos interesses de pessoas brancas para criar oportunidades para pessoas negras. Vemos então aqui a pressuposição de que negros não se comportam de acordo com critérios da ética social como, por exemplo, a responsabilidade individual pela sua própria condição.[190] A mitologia da democracia racial impede então que tenhamos conhecimento das motivações reais de atitudes racistas, atitudes que não estão relacionadas apenas a visões incorretas do outro, mas sim do interesse em manter e legitimar o sistema de vantagens sociais que pessoas brancas gozam na nossa sociedade.

Um jurista ou uma jurista que pensa como um negro precisa basear sua reflexão em uma epistemologia que reconheça a natureza dinâmica do racismo. O suposto humanismo racial que vigora entre nós impede a percepção desse aspecto porque ele surge dentro dessa retórica apenas como um comportamento irracional. Ele expressa preconceitos que estão calcados em estereótipos, o que permite

---

[189] Uma excelente explicação do racismo aversivo, modalidade que se aplica plenamente ao Brasil, pode ser encontrada em: GONÇALVES, Alessandra de Sá; GARCIA-MARQUES, Teresa. "A manifestação aversiva do racismo: dissociando crenças individuais e crenças culturais". *Psicologia*, vol. 16, nº 2, 2002, pp. 411-424.

[190] DOANE, Ashley Woody. "What is racism? Racial discourse and racial politics". *Critical Sociology*, vol. 32, nº 2/3, 2006, pp. 255-260.

CAPÍTULO VII – O "HUMANISMO RACIAL BRASILEIRO"...

afirmar que ele tem um aspecto basicamente cognitivo e, portanto, individual. Um jurista que pensa como um negro não pode deixar se seduzir por uma mera explicação comportamental do racismo porque ele é muito mais do que isso. O racismo é antes de tudo um sistema de dominação que pode assumir diversas formas em diferentes sociedades e em diferentes momentos históricos. O tipo de epistemologia social presente no "humanismo racial brasileiro" classifica o racismo como algo que existe apenas no plano individual: ele não possui um caráter sistêmico. Por esse motivo, ele não teria relevância no Brasil porque possíveis atos racistas, se existirem, podem ser corrigidos pelas normas penais. É curioso então que o projeto racial brasileiro reconheça a relevância do racismo no âmbito penal, mas nega a sua importância no campo do Direito Público.[191]

Não sou o primeiro a dizer que a mitologia da democracia racial brasileira é um tipo de liberalismo racial. Essa ideologia é uma narrativa que permite apenas às pessoas brancas serem reconhecidas como agentes capazes de atuar na vida pública. Isso acontece porque a defesa do universalismo permite que as formas estruturais de exclusão continuem reproduzindo a estratificação racial, ao mesmo tempo em que defende o tratamento igualitário como a única forma de justiça racial. É assim que a ideologia da democracia racial opera: ela atribui as disparidades entre negros e brancos às questões de classe social, o que legitima a afirmação das nossas elites brancas como grupos comprometidos com princípios liberais. Dentro desse raciocínio, a nossa miscigenação possibilita

---

[191] Ver, nesse sentido: BRASIL. Supremo Tribunal Federal, Medida Cautelar em Arguição de Descumprimento de Preceito Fundamental n. 186-2, Relator: Gilmar Mendes, 31.07.2009 (argumentando que o Brasil viveu um processo de miscigenação, o que torna problemática a criação de políticas públicas baseadas na raça dos indivíduos); BRASIL. Tribunal Regional Federal da 1ª Região, Agravo de Instrumento n. 61893, Órgão Julgador: 2ª Turma, Relator: Paulo Gadelha, DJ 27.01.2006 (afirmando que a presença de africanos, europeus e ameríndios criou a presença de uma sociedade altamente miscigenada, o que cria grandes dificuldades para a classificação de indivíduos segundo critérios raciais).

o pleno funcionamento de princípios liberais em função da nossa homogeneidade racial, elemento importante para a criação de uma cultura pública comum. Essa era a premissa básica por trás da afirmação de que eu não represento a situação da população negra porque minha titulação demonstra que o racismo não afetou minhas chances de ascensão social. O "humanismo racial brasileiro" articula princípios liberais com a ideologia da democracia racial para negar a necessidade de políticas de inclusão racialmente conscientes no Brasil. Assim, as promessas de transformação presentes na Constituição Federal são destituídas de efeito e os mecanismos de exclusão continuam atuando para perpetuar uma ordem social construída para privilegiar pessoas brancas desde a sua fundação.

Como afirmei anteriormente, um dos problemas centrais do "humanismo racial brasileiro" reside na concepção do racismo como um comportamento individual motivado por representações inadequadas de membros de grupos minoritários. Essa concepção do que seja o racismo encobre dois pontos de importância central. Primeiro, o racismo tem o mesmo propósito independentemente de suas manifestações: a defesa do privilégio racial, seja ele de natureza material ou cultural. A racialização dos grupos humanos estabelece uma série de mecanismos de classificação que determinam a inserção dos grupos humanos dentro de hierarquias sociais, sendo então uma forma importante para a legitimação para a distribuição de oportunidades sociais. Esses processos precisam ser legitimados por ideologias que a maioria da sociedade acredita ser verdadeira. Portanto, a dimensão ideológica do racismo opera de acordo como uma lógica que não pode ser reduzida aos mecanismos tradicionais de divisão de classe. A raça é uma forma de identidade social criada para organizar um sistema de vantagens sociais para os membros do grupo racial dominante. Portanto, uma ordem racial é uma ordem pautada em vantagens raciais, motivo pelo qual as pessoas brancas possuem um interesse material na discriminação. Comportamentos racistas não expressam apenas animosidade baseada em estereótipos, eles procuram garantir a continuidade de

CAPÍTULO VII – O "HUMANISMO RACIAL BRASILEIRO"...

uma ordem social que reproduz mecanismos destinados a sempre manter privilégios econômicos e culturais entre pessoas brancas. Como negros e brancos estão posicionados em lugares distintos dentro uma rede de vantagens raciais, a raça aparece como algo que impulsiona o *status* material de pessoas brancas e promove desvantagens materiais para negros. Assim, as vantagens garantidas para brancos sempre produzem desvantagens sociais para negros. Deste modo, devemos ver o racismo fundamentalmente como uma defesa de privilégios raciais e não um mero ato irracional.[192]

Segundo, ela também não permite que as pessoas vejam que ele é um sistema de dominação porque influencia o funcionamento de praticamente todas as instituições sociais. Caracterizar o racismo como um comportamento privado ou atribuir as desigualdades entre negros e brancos a problemas de classe social impede que tomemos consciência do fato de que ele informa o funcionamento de instituições públicas e privadas. Sendo um sistema de dominação, ele influencia a operação de várias daquelas que são relevantes para a inclusão dos grupos sociais, como instituições governamentais, instituições escolares, instituições de saúde, instituições culturais, instituições jurídicas e instituições religiosas. Elas atuam a partir de uma ideologia integrada cujos elementos surgem dentro de um determinado momento histórico, embora sempre tenham o propósito de garantir a estrutura de privilégios que beneficia pessoas brancas. Uma dessas teorias é o princípio da neutralidade racial. Praticamente todas as instituições brasileiras atuam a partir das representações negativas sobre negros e quase todas elas encobrem essas ações negando a relevância da raça na nossa sociedade.[193]

---

[192] WELLMAN, David T. *Portraits of white racism*. Cambridge: Cambridge University Press, 1993, pp. 1-27.

[193] Uma análise crítica desses argumentos pode ser encontrada em PAIXÃO, Marcelo. *A lenda da modernidade encantada*: por uma crítica do pensamento social brasileiro sobre relações raciais e Estado-nação. Rio de Janeiro: CRV, 2014.

Afirmar que o racismo deve ser compreendido com um sistema de dominação social requer que analisemos sua dimensão ideológica, dimensão relevante para a legitimação das desvantagens materiais que seguem claramente as divisões raciais. A legitimação de uma ordem social que procura garantir privilégios raciais para pessoas brancas ocorre por meio de práticas discursivas, por meio de discursos raciais que podem assumir diversas formas. Eles têm o objetivo específico de influenciar e produzir as mentes das pessoas por meio de criação e reprodução de cognições sociais que promovem explicações de alguma forma coerentes sobre os arranjos sociais. Discursos raciais são estratégias que os diversos grupos sociais formulam para influenciar a maneira como questões sociais que envolvem grupos raciais devem ser explicadas em uma dada sociedade. O sucesso desses discursos decorre da capacidade que eles têm em criar consensos sociais que explicam os motivos pelos quais oportunidades sociais são distribuídas entre os diferentes grupos, tendo em vista o interesse desses grupos em encobrir que arranjos sociais existentes procuram legitimar a estrutura de privilégios raciais que beneficiam os membros dos grupos raciais dominantes. Esses mesmos arranjos sociais garantem o controle dos membros desses grupos sobre as instituições que são responsáveis pela criação e difusão de discursos, o que dá a eles a possibilidade de promover a dominação racial por meio do poder político e econômico que possuem. Um dos propósitos centrais dos discursos raciais formulados pelos grupos dominantes é a desqualificação de narrativas sociais que denunciam as estruturas de poder que mantêm a subordinação racial. Assim, eles procuram criar meios para marginalizar essas demandas, minimizar o âmbito das desigualdades raciais, além de transformar as tradições culturais do grupo dominante em referências normativas para todos os seguimentos sociais, de forma que eles se tornem em ideais culturais, uma maneira de tornar a opressão invisível.[194]

---

[194] DIJK, Teun Andreas van. "Discourse and the denial of racism". *Discourse & Society*, vol. 3, nº 1, 1992, pp. 87-188.

CAPÍTULO VII – O "HUMANISMO RACIAL BRASILEIRO"...

Negar o racismo significa tentar bloquear quaisquer pressuposições de que o lugar social privilegiado que brancos ocupam pode ter relação com o propósito de discriminar negros de forma sistemática. Portanto, a negação do racismo, tão característica do discurso racial das elites brancas brasileiras, opera como uma estratégia de defesa e também como uma estratégia de deslocamento da discussão racial para questões de classe. Esse é um dos motivos pelos quais pessoas brancas na nossa sociedade sempre procuram descaracterizar quaisquer atos discriminatórios, como atos racistas praticados por outras pessoas brancas ou pelas instituições que elas controlam. Vemos então que a negação do racismo, elemento chave do liberalismo racial brasileiro, cumpre uma função sócio-política central: questionar a validade de demandas de políticas sociais destinadas a promover medidas distributivas porque isso pode contribuir para a desestruturação do sistema de privilégios raciais. Não podemos deixar de afirmar que a negação do racismo é uma arma importante para o tipo de governança racial existente no nosso país. Ao caracterizar o racismo como algo restrito às pessoas que destoam do consenso social sobre o tratamento igualitário entre as raças, esse discurso racial permite que os privilégios raciais sigam sem questionamento.[195]

As pessoas não discriminam apenas porque têm uma compreensão falsa do outro. As pessoas discriminam porque elas estão comprometidas com um sistema de privilégio social desenhado para garantir a permanência de vantagens materiais nas mãos do grupo racial dominante. Outro dia estava lendo uma decisão judicial na qual uma mulher negra processava uma mulher branca por danos morais. Essa última teria dito que ela não conseguiria as mesmas oportunidades profissionais que uma mulher loira conseguiria. Bem, ela está certa. Pessoas brancas estão cientes de que o pertencimento

---

[195] Sigo aqui o raciocínio elaborado na obra de DIJK, Teun Andreas van. "Discourse and the denial of racism". *Discourse & Society*, vol. 3, n° 1, 1992, pp. 87-118.

ao grupo racial dominante traz benefícios materiais e muitas delas fazem o possível para que eles permaneçam nas mãos de pessoas brancas. Elas sabem que ser branco é uma fonte de recompensas materiais e por isso elas têm um interesse na branquitude. Não podemos então acreditar nesse discurso que aborda o racismo a partir dos pressupostos do liberalismo. É curioso perceber que os problemas são colocados apenas como uma questão de irracionalidade, o que está longe de ser verdade. O maior problema do racismo não decorre apenas do fato que ele desvirtua os princípios de uma sociedade liberal. Na verdade, o problema com o racismo é que ele nunca permitiu que essa sociedade existisse.[196]

Minha experiência dentro de sala de aula serve de exemplo para examinar outro ponto importante da discussão sobre formas de interpretar o mundo. Mais uma vez discutia o tema de inclusão racial em uma aula sobre direitos humanos. Muitos alunos brancos argumentaram que não é possível construir uma sociedade igualitária a partir de políticas que separam as pessoas. Um aluno negro perguntou a um deles como seria possível construir essa sociedade com toda a desigualdade existente, desigualdade causada por membros dos grupos que criticam essas medidas. Uma aluna branca disse que não tinha conhecimento de coisas que pessoas brancas fizeram que justificassem a discriminação delas no atual momento histórico. O aluno negro perguntou se ela já tinha ouvido falar sobre a escravidão de africanos no Brasil. A aluna disse que esse fato histórico não tinha mais consequências no mundo atual. O aluno negro, aparentemente desestimulado em discutir com alguém que se recusa a reconhecer a relevância da história, permaneceu em silêncio.

Penso que essas posições apresentam um problema chave desse debate: a afirmação da inocência branca. Negar o racismo ou concebê-lo como um problema comportamental impede que as

---

[196] Ver FITZPATRICK, Peter. "Racism and the innocence of law". *Journal of Law and Society*, vol. 14, nº 1, 1987, pp. 119-132.

CAPÍTULO VII – O "HUMANISMO RACIAL BRASILEIRO"...

pessoas tomem consciência de que práticas de exclusão racial indiretamente beneficiam todas as pessoas brancas. Juristas brancos, ao negarem a relevância do racismo, criam um mundo social imaginário no qual as atrocidades cometidas no passado não guardam nenhuma relação com a realidade presente. A celebração da nossa suposta superioridade moral em relação a outras nações permite que os processos de estratificação racial não sejam reconhecidos e questionados. As formas como as instituições sociais operam para manter os privilégios raciais também não podem ser abordados, mesmo porque eles não existem; tudo do que foi alcançado por pessoas brancas não é nada mais do que produto do próprio esforço. Juristas brancos progressistas igualmente permitem que a inocência branca seja perpetuada porque também não questionam o privilégio. Não há como construir uma agenda emancipatória sem o reconhecimento das relações entre o privilégio e a opressão.[197]

Juristas brancos cumprem um papel importante na difusão desse discurso racial ao defender o liberalismo e o individualismo como critérios fundamentais para a interpretação da igualdade. Vemos as premissas desse discurso de dominação racial presentes em várias decisões judiciais que articulam o princípio da igualdade formal com a ideologia da homogeneidade racial para declarar a inconstitucionalidade de ações afirmativas e também para descaracterizar crimes de racismo e injúria. Um elemento está sempre presente nesses casos: a suposta superioridade moral do povo brasileiro, quero dizer, das nossas elites brancas em relação a de outros países, por causa de nossa miscigenação. Teses sociológicas duvidosas dão legitimidade a argumentos jurídicos de caráter liberal para escamotear a violência sistêmica de brancos contra negros. Eu me lembro de um discurso do Presidente do Partido dos Democratas no qual ele

---

[197] Uma profunda análise do argumento de que ações afirmativas são medidas discriminatórias contra brancos pode ser encontrada no artigo de HUNT III, Cecil J. "The color of perspective: affirmative action and the constitutional rhetoric of affirmative action". *Michigan Journal of Race and Law*, vol. 11, n° 3, 2005, pp. 477-555.

dizia que nossa mistura se deve ao fato que as mulheres negras e indígenas estavam sempre seduzindo seus senhores, de modo que não podemos caracterizar a escravidão como um regime de violência. O nível de violência simbólica dessa afirmação transcende a minha vontade de fazer quaisquer outros comentários.[198]

O debate sobre a necessidade de adoção de ações afirmativas não se resume a uma discussão sobre a legalidade de políticas públicas baseadas na raça dos indivíduos. Ela acendeu uma discussão sobre a relevância da unidade social para a manutenção do regime democrático. Os argumentos daqueles que são contrários a essas medidas expressam grande descontentamento com o que eles consideram ser uma ameaça posta pelo reconhecimento do pluralismo racial em uma sociedade que cultiva uma cultura pública centrada em torno do princípio da assimilação racial. Ações afirmativas seriam perniciosas porque elas provocam divisões sociais, motivo pelo qual esses indivíduos classificam essas iniciativas como uma vitória do multiculturalismo sobre o universalismo característico da nossa cultura pública. O liberalismo racial brasileiro surge como uma reação contra o que muitos pensam ser um processo de comprometimento democrático por causa da perda da unidade da identidade nacional decorre da classificação racial das pessoas. Os articuladores desse discurso racial articulam uma ética da concordância e da harmonia, requisito essencial para a operação adequada dos princípios de uma sociedade liberal. Ela seria uma parte da nossa forma de socialização porque nossa identidade nacional incorpora a miscigenação como um de seus pontos centrais.[199] É importante notar que os críticos de ações afirmativas pensam que

---

[198] BRASIL. Partidos dos Democratas. Arguição de Descumprimento de Preceito Fundamental n. 186 ("Devemos observar o Brasil como exemplo para o mundo século XXI. O convívio harmônico entre brasileiros natos e imigrantes das mais diferentes culturas, religiões e raças é um ativo absolutamente estratégico nesse século de tantos conflitos e de culturas e religiões").

[199] STRAVAKAKIS, Yannis. "Ambiguous democracy and the ethics of psychoanalysis". *Philosophy and Social Criticism*, vol. 23, n° 2, 1997, pp. 80/81.

a democracia é um regime político que necessita eliminar qualquer tipo de ambiguidade e conflito para que ele possa funcionar. Precisamos então eliminar medidas de inclusão racial porque elas potencializam a desagregação da comunidade política; utilizar a raça seria então uma forma de atacar a lógica democrática.

Bem, devemos ter em mente que a democracia é um regime político que objetiva garantir o exercício de direitos a todos os indivíduos. Eles não possuem uma identidade única e eles não possuem o mesmo *status* social, motivo pelo qual eles fazem demandas de direitos. O funcionamento da democracia permite que eles sejam articulados, passo necessário para que deles possa ser avaliada pela comunidade política. Vemos então que o conflito é inerente ao processo democrático porque ele permite o questionamento constante de seu funcionamento, condição para o seu aprimoramento. Por que devemos procurar meios para eliminar o conflito entre grupos sociais dentro de uma sociedade democrática? Ele deve ser sempre posto para que deliberações políticas possam ocorrer. Penso que a rearticulação de narrativas raciais que pregam a necessidade de unidade social procura simplesmente encobrir estruturas de dominação racial porque representam de maneira equivocada e estratégica a forma com uma comunidade política deve operar. A unidade democrática deve ser produto da identificação de todos os seguimentos sociais da necessidade do comprometimento de todos com os procedimentos que devemos seguir em uma comunidade regulada por meio do discurso de direitos. Não há necessidade procurar a preservação de uma unidade que não pode existir e que não deve ser o propósito de um regime democrático. Criticar ações afirmativas por meio da defesa de uma unidade social orgânica denota um propósito incompatível com o propósito de se criar mecanismos para que todos os seguimentos vejam o espaço democrático como uma instância de encontro entre pessoas que procuram a integração social.[200]

---

[200] Ver, nesse sentido: MOUFFE, Chantal. *The return of the political*. Londres: Verson, 1993, pp. 60-74.

Afinal, o que um jurista negro deve pensar do racismo? Em primeiro lugar, ele deve estar ciente de que a igualdade racial é um ideal difícil de ser alcançado em uma sociedade na qual os membros do grupo racial dominante controlam todas as decisões políticas. Não podemos esquecer que o racismo é um elemento central da operação de instituições públicas e privadas e que uma parte significativa das pessoas brancas fará todo o possível para manter seus privilégios raciais. O racismo é uma ideologia e uma prática de caráter permanente. Isso significa que ele sempre assumirá novas formas para que o poder do grupo racial dominante seja mantido. Nossas possíveis vitórias terão sempre um caráter temporário e precário, motivo pelo qual a luta do povo negro não terá fim. As transformações do *status* legal dos negros brasileiros demonstram isso de forma clara: cada nova conquista de direitos foi acompanhada pela rearticulação de uma nova ideologia que tinha o propósito de manter privilégios raciais. Políticas imigratórias foram implementadas para promover o branqueamento da nação e práticas higienistas foram criadas para limitar a atuação social de negros após a abolição. As elites brasileiras formularam a imagem do Brasil como uma democracia racial para impedir a mobilização política em torno da raça e agora temos uma rearticulação dessa ideologia para coibir a expansão de políticas de inclusão racial. Assim, devemos estar cientes que sempre haverá uma luta para que a condição de subordinação do povo negro seja sempre mantida.

CAPÍTULO VIII
SOBRE A IMPORTÂNCIA DO PROTAGONISMO NEGRO

Estou terminando de escrever este livro em uma bela tarde de domingo. O resultado parece interessante; creio que ele terá boas chances de ser aceito para publicação. Olho para a janela e penso que poderia estar no cinema, uma das minhas atividades favoritas. Entretanto, também estou escrevendo este texto porque penso que quanto maior for o número de publicações, maiores serão as minhas chances de me afirmar profissionalmente. Negros aprendem desde cedo que vivem dentro de um sistema desenhado para reproduzir o privilégio branco, mesmo de pessoas brancas medíocres. Isso significa que precisamos mostrar um nível de excelência muitas vezes maior para recebermos metade do reconhecimento, sendo que, muitas vezes, não obtemos reconhecimento algum. Estudei em uma das melhores escolas públicas de Belo Horizonte. Sempre era um dos poucos alunos negros da turma. Muitas vezes era o único. Havia vários outros alunos negros na escola, mas eu tinha pouco contato com eles. As turmas eram organizadas em função do desempenho dos alunos. Elas eram numeradas de 1 a 6 ou de 1 a 8. As turmas que terminavam com os números 1, 2 e 3 eram quase todas brancas; os alunos negros estavam concentrados nas turmas de numeração mais alta. A atitude dos professores em relação aos alunos que estavam nas turmas com menor desempenho era sempre ruim. Eles tinham poucas expectativas em relação a eles, atitude típica da sociedade brasileira em relação a negros.

Eu sempre estava nas turmas destinadas a alunos com melhor desempenho, mas isso não significava muita coisa. O dia de devolução das provas era um desses momentos nos quais a pessoa negra percebe que o ambiente escolar é um lugar imensamente hostil. Estava na sétima série. Via uma professora sempre exaltar os alunos brancos pelo desempenho nas avaliações, mas ela nunca mencionava o meu nome. Eu levantava, pegava a prova, via a minha nota e perguntava quanto meus colegas tinham conseguido. Algo triste aconteceu em uma dessas vezes que tinha obtido a melhor nota da sala. Um colega branco me perguntou como tinha conseguido a melhor nota da turma em uma prova de inglês com o meu cabelo carrapicho. Toda a sala riu, a professora riu. Fui reclamar com a diretora. A professora disse que o fato não tinha importância. Ela afirmou que não era nada mais do que uma brincadeira. Nada poderia estar mais distante da realidade. Ela nunca mais permitiu que eu respondesse a perguntas, apesar do meu desempenho sempre excelente.

Voltei para casa transtornado com o que tinha acontecido, mas minha tristeza durou pouco, pois minha mãe disse que tinha uma correspondência para mim. Era um grande envelope marrom e dentro dele havia um prêmio para aqueles que tinham conseguido completar um álbum sobre os membros da Liga da Justiça. Fiquei extasiado. Tinha recebido um cartão e um diploma assinado por aqueles seres poderosos, além de um livreto contando como eles adquiriram suas habilidades sobre-humanas. Meus irmãos e meus amigos morreram de inveja. Confesso, porém, que meu entusiasmo por super-heróis diminuiu muito ao longo dos anos. Um amigo branco me convidou para ir ao cinema ver o mais novo filme do Super-Homem algum tempo atrás. Disse a ele que estava cansado de ver homens brancos salvando o mundo. Minha fala o

CAPÍTULO VIII – SOBRE A IMPORTÂNCIA DO PROTAGONISMO NEGRO

deixou muito constrangido e eu imediatamente tentei me explicar. Disse que não aguentava mais ver essas representações da suposta superioridade moral de homens brancos. Ele ficou ainda mais chateado e então entrei em uma discussão sobre os motivos pelos quais todos os meios de comunicação deste país passam cotidianamente a mensagem de que apenas homens brancos são atores sociais competentes. Embora isso seja algo invisível para ele, eu vejo as consequências desse problema quando entro em sala de aula. A surpresa e o desagrado de certos alunos e alunas com um professor negro é patente. Esse problema também está presente em milhares de decisões judiciais sobre discriminação no mercado de trabalho. O empregador que pede para a mulher negra alisar o seu cabelo é um exemplo clássico. O que está por trás de todos esses casos é a ideia de que pessoas brancas são um ideal estético, um ideal moral, enfim, o ideal de pessoa, aquelas que podem ser chamadas de seres humanos.[201]

Sou um homem negro e tenho calafrios quando ouço alguém dizer que é conservador, mas sinto a mesma coisa quando encontro alguém que diz ser progressista. Isso pode parecer meio problemático porque alianças com pessoas progressistas são de grande importância para a justiça racial. Tenho acompanhado com interesse a formação de movimentos de renovação política. Eles estão interessados em criar uma nova prática política, uma prática baseada em um tipo de moralidade que leva em consideração os interesses públicos e não os de grupos específicos. Um amigo me convidou para participar de uma reunião de um desses movimentos

---

[201] BRASIL. Tribunal Regional do Trabalho da 1ª Região, Recurso Ordinário n. 01005232020165010062 Órgão Julgador: 1ª Turma, Relator: Marcia Regina Leal Campos, 27.02.2017 (deferindo pedido de danos morais à empregada constrangida a alisar o cabelo para conseguir emprego); BRASIL. Tribunal Regional do Trabalho da 1ª Região, Recurso Ordinário n. 00101105420155010204 Órgão Julgador: 5ª Turma, Relator: Enoque Ribeiro dos Santos, 03.16.2016 (deferindo pedido de danos morais à empregada obrigada a alisar o cabelo para seguir padrões de moda).

que pretende operar como ação coletiva de caráter suprapartidário. O evento tinha dois propósitos: apresentar os objetivos da instituição e também alguns candidatos. Todas as pessoas que estavam lá eram brancas, bem como todos os candidatos e candidatas. Todos eles tinham estudado em uma das mais prestigiadas universidades do mundo e voltaram para o nosso país para buscar uma carreira pública. Um deles disse que eles tinham uma agenda progressista, o que chamou minha atenção. Perguntei a ele qual era o sentido do termo "progressista". Ele afirmou que era favorável a ações afirmativas e ao casamento entre pessoas do mesmo sexo. Pedi a ele que me desse uma resposta um pouco mais complexa, mas ele continuou dizendo que reconhece a legitimidade dos direitos de minorias raciais e sexuais. Disse que certos conservadores também são favoráveis a ações afirmativas e ao casamento entre pessoas do mesmo sexo. O líder do movimento interveio e disse que essas pautas eram extremamente importantes e que eles as abraçavam com todo empenho possível. A isso se resumia então a pauta progressista desse movimento que quer promover a renovação da nossa vida política: a celebração das conquistas políticas dos grupos minoritários, fato para o qual eles não contribuíram em nada.

    A presença de pessoas brancas progressistas em posições de poder parece não trazer todas as consequências para a construção de uma agenda de transformação social. Quase todos os membros desses movimentos de renovação política são brancos, notoriamente homens brancos. Eles afirmam a importância da pauta racial, eles reconhecem a relevância de políticas setoriais, mas seus quadros são formados apenas por pessoas brancas. É pouco provável que homens brancos heterossexuais de classe média tenham conhecimento sobre questões relativas a direitos de minorias raciais ou sexuais, uma vez que temas dessa natureza são raramente discutidos nas nossas universidades. A maioria deles apresenta uma visão muito restrita de como mecanismos de exclusão social operam. Estou inteiramente convencido de que nenhum candidato, nenhum ocupante de um cargo público poderá ter uma

CAPÍTULO VIII – SOBRE A IMPORTÂNCIA DO PROTAGONISMO NEGRO

ação minimamente relevante se não tiver grande conhecimento das formas de discriminação racial, tema que atravessa quase todas as questões sociais e políticas desse país. O desenvolvimento da nossa nação depende diretamente de medidas direcionadas a mitigar as diversas consequências do racismo estrutural.[202]

Isso também se aplica ao espaço acadêmico. Estou convicto de que não há possibilidade de construção de um ensino crítico se você não tem minorias raciais e sexuais falando e pesquisando nas nossas universidades. A transformação social não será alcançada sem um compromisso com o protagonismo de minorias raciais e sexuais e aqui reside o problema de muitos progressistas: eles não estão interessados em compartilhar poder com negros ou homossexuais. A questão da justiça social é importante, mas desde que ela não altere as relações de poder. O racismo pode ser discutido, mas desde que o resultado da discussão não seja o deslocamento de pessoas brancas do poder. Algumas vezes sou convidado para eventos sobre racismo no qual sou a única pessoa negra e é claro os homens brancos que participam estão convictos de que apenas eles sabem os significados do racismo no nosso país. Alguns ainda escrevem textos afirmando que negros não têm conhecimento adequado da dinâmica racial brasileira, que a agenda do movimento negro não deveria influenciar as instituições sociais porque eles não têm conhecimento sobre esse tema. Pasmem, isso é verdade.[203]

Esse cinismo acadêmico determina quem pode falar sobre racismo e a ideia é clara: só pessoas brancas podem se pronunciar sobre o tema, só pessoas brancas podem fazer uma análise objetiva

---

[202] Para uma análise sistemática do tema do racismo estrutural, ver: ALMEIDA, Silvio Luiz. *O que é racismo estrutural?* Belo Horizonte: Letramento, 2017.

[203] Ver: RIBEIRO, Antônio. *A utopia brasileira e os movimentos e os movimentos negros.* São Paulo: Editora 34, 2007; GRIN, Mônica. "A invenção (racial) da República Brasileira". *Insight/Inteligência*, 2006, pp. 22-30; MAGGIE, Yvonne. "Mário de Andrade ainda vive". *Revista Brasileira de Ciências Sociais*, vol. 20, nº 58, 2005, pp. 5-25.

dele. Discussões sobre questões raciais e, principalmente, sobre políticas públicas, pareciam estar sob a tutela branca para que possam ser legitimadas. Esse argumento é parte de um projeto de dominação que tem como principal objetivo promover o silenciamento. Muitos dos intelectuais que assinaram manifestos e escreveram artigos contrários às ações afirmativas são participantes ativos do processo do epistemicídio negro. Eles elaboram vários trabalhos de natureza histórica e sociológica sobre questões relacionadas à população negra, mas esse tema é apenas um tópico de pesquisa e não de ação social. Eles quase sempre citam apenas autores brancos, selecionam sempre pessoas brancas para os seus departamentos, sempre convidam essas pessoas brancas para congressos que falam sobre questões negras. Vozes dissidentes não fazem parte desse grupo de famílias que dominam as instituições públicas e privadas, geração após geração, porque negros não conseguem entrar nesses espaços.[204] Observamos muito claramente no debate intelectual sobre ações afirmativas uma tentativa de autoproteção de pessoas brancas para que as instituições universitárias permaneçam um espaço branco, um espaço que produz as únicas pessoas que podem se pronunciar sobre quaisquer questões sociais relativas sobre a significação do racismo na nação brasileira.[205]

---

[204] Uma discussão sobre os mecanismos responsáveis da endogamia presentes dentro do meio acadêmico pode ser encontrada em DELGADO, Richard. "The imperial scholar: reflections on a review of civil rights literature". *University of Pennsylvania Law Review*, vol. 132, nº 2, 1984 (investigando os mecanismos a partir dos quais homens brancos heterossexuais dominam as discussões sobre direitos civis no meio acadêmico). Uma discussão sobre o tema do epistemicídio pode ser encontrada em GRASFOGUEL, Ramón Grasfoguel. "A estrutura do conhecimento nas universidades ocidentalizadas: racismo/sexismo epistêmico e os quatro genocídios/epistemicídios do longo século XVI". *Estado e Sociedade*, vol. 31, nº 1, 2016, pp. 25-49; MUNOZ, Mario Enrique Correa; GRISALES, Dora Cecilia Saldarriaga. "El epistemicidio indígena latinoamericano: algunas reflexiones desde el pensamiento crítico decolonial". *Revista CES Derecho*, vol. 5, nº 2, 2014, pp. 155-163.

[205] Ver CARVALHO, José Jorge de. "Usos e abusos da antropologia em um contexto de tensão racial: o caso das cotas para negros na UnB". *Horizontes Antropológicos*, vol. 11, nº 23, 2005, pp. 237-246; MAGGIE, Yvonne.

CAPÍTULO VIII – SOBRE A IMPORTÂNCIA DO PROTAGONISMO NEGRO

Eu atraio a antipatia e perco a amizade de pessoas brancas com alguma facilidade. Esse fato está geralmente relacionado com minha titulação. Não preciso fazer qualquer esforço para que pessoas brancas me achem arrogante. Algumas delas se mostram amigáveis quando me conhecem, mas essa atitude muda quando tomam conhecimento da minha trajetória acadêmica. Sempre as vejo dizendo que eu deveria ser um pouco mais humilde, mesmo quando toda a nossa conversa tenha sido restrita a filmes e viagens, mesmo quando elas tomam conhecimento da instituição na qual estudei por outras pessoas. A explicação para isso não deve surpreender ninguém. A convicção psicológica de superioridade racial inata de pessoas brancas é o elemento central do racismo, motivo pelo qual pessoas brancas racistas acreditam que elas devem ter acesso privilegiado ou exclusivo às oportunidades sociais. Ver pessoas negras em posições de poder e prestígio é uma ameaça direta à identidade social delas porque se deparam com pessoas que conseguiram algo que brancos não tiveram acesso. Isso está em desacordo com as diversas mensagens segundo as quais apenas pessoas brancas são capazes de agir de forma competente no espaço público, de que as instituições sociais sempre atuarão para perpetuar o privilégio branco. Atitudes racistas decorrem então da dissonância entre a convicção de que todas as pessoas negras são inferiores a todas as pessoas brancas e da percepção de que pessoas negras são igualmente ou mais capazes do que pessoas brancas, de que pessoas negras estão tentando ingressar em espaços sociais aos quais apenas pessoas brancas deveriam ter acesso.[206]

"Pela igualdade". *Revista Estudos Feministas*, vol. 16, nº 3, 2005, pp. 897-912; PAIXÃO, Marcelo. "A santa aliança: estudo sobre o consenso crítico às políticas de promoção da equidade racial no Brasil". *In*: ZONINSEIN, Jonas; FERES JÚNIOR, João (Coord.). *Ação afirmativa no ensino superior brasileiro*. 1ª ed. Belo Horizonte: UFMG, 2009.

206 Para uma análise dessa dinâmica ver: SCHUCMAN, Lia Vainer. *Entre o encardido, o branco e o branquíssimo*: branquitude, hierarquia e poder na cidade de São Paulo. São Paulo: Annablume, 2014; BENTO, Maria Aparecida

Algum tempo atrás eu fui visitar um grupo de amigos da Faculdade que eu não via desde que fui para os Estados Unidos. Fui apresentado aos namorados e namoradas das pessoas presentes. Algum tempo depois, alguém fez perguntas sobre minha experiência em instituições de ensino daquele país. O namorado de um amigo me perguntou como eu tinha chegado à Harvard. Disse que peguei um avião em Belo Horizonte, fiz escalas em São Paulo e Nova York e depois cheguei à Boston. Obviamente, minha resposta causou grande incômodo na mesa, mas a conversa teve continuidade. Algum tempo depois o mesmo sujeito me perguntou se eu não me sentia incomodado por ter chegado naquela Instituição por ações afirmativas. Perguntei se ele tinha participado do comitê de seleção dos alunos. Meu amigo interveio dizendo que a pergunta não representava uma ofensa, mas uma questão importante posta pela discussão de cotas raciais: a desconfiança de pessoas brancas sobre a qualidade acadêmica de pessoas negras. Eu me lembrei de todas as experiências escolares nas quais pessoas brancas obtinham melhor tratamento do que eu por apenas serem brancas. Falei que nunca me preocupei, que não me preocupo e jamais me preocuparei com isso porque sempre estive ciente de que meritocracia não tem absolutamente nenhuma relevância neste país. Disse que sempre estive ciente de que muitas pessoas brancas estão no lugar que estão por uma combinação de privilégio racial, privilégio de classe, privilégio heterossexual e privilégio masculino.[207] Minhas colocações não agradaram essas pessoas e nunca mais tivemos qualquer contato.

A perda de amizades também está geralmente relacionada com um problema que negros enfrentam cotidianamente no mundo acadêmico: o epistemicídio. Fiz uma boa amizade com um brasileiro

---

Silva. *A psicologia social do racismo*: estudos sobre a branquitude e branqueamento no Brasil. Petrópolis: Vozes, 2002.

[207] Para uma análise das formas como diversas formas de privilégios beneficiam os membros de grupos majoritários, ver: BLACK, Linda; STONE, David. "Expanding the definition of privilege: the concept of social privilege". *Journal Multicultural Counseling and Development*, vol. 33, out. 2005, pp. 243-255.

CAPÍTULO VIII – SOBRE A IMPORTÂNCIA DO PROTAGONISMO NEGRO

quando estava estudando nos Estados Unidos. Ele sempre foi muito cordial desde o momento em que nos conhecemos. Como não poderia deixar de ser, ele perguntou qual era o tema da minha tese de doutorado quando nos conhecemos. Falei que estava analisando discursos sobre raça e nação em decisões judiciais de tribunais brasileiros e americanos sobre ações afirmativas. Eu estava empolgado e então dei uma explicação bem pormenorizada do meu trabalho. Recentemente, ele me telefonou para me convidar para uma palestra que seria dada pelo orientador dele, um famoso especialista sobre nosso país. Não me interessei pelo evento porque sei que esse professor compartilha os mesmos pontos de vista das elites acadêmicas brancas brasileiras: todos os nossos problemas sociais decorrem de problemas de distribuição de renda. Eu me encontrei com esse amigo algumas semanas depois e ele disse que eu deveria ter ido à palestra porque ela teria iluminado muitos elementos do meu trabalho. Esse professor teria identificado uma mudança significativa nos discursos de legitimação de dominação social nos últimos anos. Se em tempos passados isso ocorria em função de uma cultura social na qual relações públicas eram mediadas por princípios de interação do espaço privado, nos últimos trinta anos surgiu uma nova narrativa fundamentada no neoliberalismo. Fiquei atônito quando ouvi isso. Disse a ele que não havia nada nesse argumento que eu não conhecia porque esse foi um dos pontos centrais do meu doutorado. Ele retrucou dizendo que o referido professor elaborou esse argumento de uma forma muito mais sofisticada. Perguntei a ele, e esse professor teria lido cerca de seiscentas decisões judiciais e mais de cem artigos acadêmicos sobre a discussão sobre ações afirmativas ao longo de seis anos para elaborar esse argumento. O possível fim da amizade ocorreu quando disse a ele que esse argumento soa como algo novo porque ele foi expresso por um homem branco, frase que o deixou muito exaltado.

Assisti a um belo filme de Stanley Kubrick no início do ano passado e resolvi voltar para casa caminhando, embora já fosse tarde da noite. Passei em frente a um bar na Rua Augusta e alguém chamou o meu nome. Era um grupo de conhecidos do meio acadêmico. Eles me convidaram para sentar e resolvi aceitar o convite; queria discutir o filme com alguém pois estava extasiado com a beleza plástica daquela obra. Um dos indivíduos que estava na mesa me apresentou à sua namorada, uma aluna do mestrado de uma famosa Faculdade de Direito. Ela disse que já me conhecia pelo nome porque tinha lido um artigo de um famoso professor que citava várias vezes meu livro sobre discriminação. Meu amigo sugeriu que ela lesse o livro inteiro porque era muito bom. Ela afirmou que isso não era preciso porque ela já tinha obtido toda a informação necessária sobre o tema pela leitura do artigo do famoso professor. Essa moça alisou meu ombro e disse em tom bastante maternal que eu deveria estar me sentindo muito orgulhoso por ter sido citado por um professor tão famoso. Profundamente ofendido com o tom de condescendência dela, disse que *ele* deveria se sentir muito, muito agradecido por ter acesso a uma obra pioneira, o primeiro estudo jurídico sistemático sobre o tema da discriminação publicado no Brasil. Afirmei que o aparecimento desse livro fez muito bem ao trabalho dele, visto que sua produção era falha porque nunca apresentou uma explicação adequada sobre os mecanismos responsáveis pela violação de direitos fundamentais. Não preciso dizer que todos na mesa ficaram enfurecidos com a minha fala. A cara do meu amigo que namorava essa moça estava vermelha de raiva. Eu fiz mais um ou dois comentários irônicos e me retirei.

Esses dois episódios retratam um problema sério enfrentado por intelectuais negros. Como estamos fora dos círculos do poder que permitem o acesso e a formação de carreiras acadêmicas, pessoas brancas são sempre representadas como as únicas que possuem autoridade para falar sobre quaisquer temas científicos. São muitos os exemplos de intelectuais negros de peso que escrevem obras de grande magnitude intelectual, mas que permanecem desconhecidos porque não conseguem ter acesso aos meios necessários para a divulgação de suas ideias. Isso não ocorre com juristas brancos com a mesma frequência. Muitos deles nascem em famílias de classe alta, têm acesso aos melhores colégios, conseguem entrar nas melhores

CAPÍTULO VIII – SOBRE A IMPORTÂNCIA DO PROTAGONISMO NEGRO

faculdades, depois nos programas de mestrado e doutorado por fazerem parte dos círculos de relacionamentos que controlam essas oportunidades. Esse mesmo grupo de pessoas facilita o acesso deles à publicação de seus livros, à participação em congressos, à publicação de artigos nas melhores revistas. Essas pessoas que muitas vezes repetem o que outros autores já disseram, tornam-se referências nos seus campos de estudo em função da influência social que possuem. E alguns deles certamente são contrários às políticas afirmativas no mundo acadêmico porque isso contraria o princípio da meritocracia.

O comprometimento de grande parte das nossas instituições universitárias com o privilégio branco não apenas impede o acesso de negros às oportunidades sociais, mas também provoca o epistemicídio negro. Você pode comprovar que homens brancos e mulheres brancas estão repetindo a mesma coisa que homens negros e mulheres negras já disseram, mas o público branco ainda permanece convencido de que eles falam com mais autoridade, de que eles foram os primeiros a elaborar os argumentos. Tive a curiosidade de ler o livro que o orientador desse meu amigo veio lançar no Brasil. Ele elabora o argumento acima mencionado em oito páginas, enquanto eu escrevi um capítulo doze vezes maior sobre esse tema, que integra o que chamo de "humanismo racial brasileiro". Esse colega estava ciente do trabalho que estava fazendo, mas nunca atribuiu qualquer relevância ao que eu estava dizendo; a iluminação ocorreu apenas quando o mesmo argumento foi reproduzido por um professor branco. Mas um homem branco é um homem branco, então ele poderá desenvolver um argumento de forma mais sofisticada em oito páginas do que eu em quase cem. Tenho certeza de que muitas pessoas brancas, após a publicação da minha tese, dirão que esse professor branco foi a primeira pessoa a elaborar esse argumento. A simples notoriedade dele é suficiente para dar a ele a originalidade da argumentação que já estava sendo mencionada por autores negros.

Esse é um dos problemas decorrentes da ausência de qualquer tipo de protagonismo negro no espaço acadêmico na nossa sociedade. As vozes de juristas negros não encontram o devido lugar, elas não conseguem ter a mesma expressão em função dos vários mecanismos utilizados por pessoas brancas para que elas permaneçam nesses lugares e para que suas interpretações dos problemas jurídicos possam ser vistas como as únicas formas possíveis de interpretação da realidade social. Políticas de diversidade racial procuram garantir a presença de pessoas negras para que elas possam participar do processo de produção do conhecimento, para que elas possam abordar aspectos da realidade que permanecem encobertos em função da ignorância estratégica de professores brancos. Mais uma vez, ser progressista significa ter compromisso com o protagonismo negro, atitude que beneficia a sociedade como um todo porque muitos desses indivíduos estarão mais interessados em abordar temas que não fazem parte dos interesses de pesquisa de homens brancos heterossexuais, o grupo que domina as instituições de ensino superior neste país. Ser progressista significa permitir que pessoas negras possam ter acesso aos meios necessários para a divulgação dos seus estudos, o que beneficia a sociedade brasileira como um todo.

A discussão sobre justiça social, tema central da Hermenêutica Negra, precisa ser situada dentro das discussões sobre protagonismo e empoderamento. Juristas que pensam como um negro estão ciente de que a interpretação da igualdade tem uma função essencial: a promoção da transformação social. Ela só pode ocorrer na medida em que pessoas negras têm as mesmas chances de participar dos processos decisórios, articulando demandas de direitos que expressam a experiência de subordinação negra. É interessante observar como alguns juristas que pensam como um negro reconhecem a importância disso. Vemos em decisões recentes sobre ações afirmativas o argumento segundo o qual as instituições públicas e privadas de uma sociedade verdadeiramente democrática devem representar o pluralismo existente na realidade. Ações afirmativas contribuem para isso, na medida em que promovem o protagonismo negro, na medida em que permitem a presença

CAPÍTULO VIII – SOBRE A IMPORTÂNCIA DO PROTAGONISMO NEGRO

de pessoas que poderão fazer com que a agenda da justiça racial faça parte das deliberações que ocorrem dentro de uma instituição. É por isso que eu não posso ignorar a minha experiência de subordinação quando estou produzindo porque eu estou em uma posição na qual posso promover o protagonismo negro ao trazer para dentro de sala de aula e para a discussão jurídica temas que são ignorados por pessoas brancas, que são quase a totalidade dos professores de Direito no Brasil.[208]

Juristas que pensam como um negro também precisam estar comprometidos com o empoderamento. Ser protagonista na produção de trabalhos que permitem a discussão de temas caros a minorias raciais significa estar criando possibilidades de distribuir poder, o que deve ser visto como um processo coletivo que procura permitir o reconhecimento pessoal e social de grupos minoritários como agentes capazes de atuar dentro da esfera pública de forma competente. Isso ocorre na medida em que essas pessoas têm acesso aos meios necessários para que elas possam se afirmar como sujeitos humanos, como sujeitos históricos, como sujeitos culturais, como sujeitos políticos. O conceito de empoderamento implica uma série de transformações que ocorrem no plano individual e coletivo que permite que o agente tenha um papel ativo na construção de sua própria subjetividade.

Uma afirmação dessa natureza requer então uma mudança subjetiva e coletiva, de forma que possam ser criados os meios para que as pessoas possam conquistar seu próprio existir dentro da sociedade. As tremendas disparidades de *status* cultural e material

---

[208] Para uma análise da relevância de programas de ações afirmativas na promoção da igualdade racial, ver: GOMES, Nilma; MARTINS, Aracy (Coord.). *Afirmando direitos – acesso e permanência de jovens negros na universidade – tempos de lutas e tempos de desafios*: a trajetória de um programa de permanência voltado para alunos e alunas negras da graduação da UFMG. Belo Horizonte: Autêntica, 2007; HERINGER, Rosana (Coord.). *Caminhos convergentes*: Estado e Sociedade na superação das desigualdades raciais no Brasil. Rio de Janeiro: Actionaid, 2009.

presentes na nossa sociedade criam dificuldades significativas para a construção de uma percepção positiva de si mesmo porque suas identidades não são construídas, mas atribuídas por outras pessoas. Nas palavras de Joice Berth, empoderar significa reconstruir as bases sociais e políticas a partir das quais lugares e valores sociais são atribuídos aos indivíduos para que eles tenham maiores chances de determinar sua própria existência. A imposição externa precisa ser contraposta a uma afirmação interna que permita ao sujeito identificar aqueles valores culturais e oportunidades materiais que permitem uma construção pessoal ativa. Mais do que um processo individual, o empoderamento permite o fortalecimento da comunidade como um todo porque todos os seus membros podem passar por esse mesmo processo.[209]

Quais serão as possíveis consequências da predominância de pessoas brancas e mais particularmente de homens brancos nas instâncias de poder para a busca de justiça racial? Muitos deles podem estar, e realmente estão, comprometidos com os ideais acima mencionados, mas podem estar impedidos de atuar da forma mais efetiva em função da perspectiva epistemológica a partir da qual eles operam. O racismo pode assumir uma forma sistêmica porque a discriminação racial é invisível para a quase totalidade das pessoas brancas. Elas podem defender uma forma de funcionamento institucional baseada em princípios de caráter liberal, mas isso compromete o ideal de justiça racial porque essas instituições não estão equipadas para tratar as questões relacionadas com as vidas de pessoas que têm um pertencimento social distinto de outros indivíduos. Vejam a discussão sobre a preservação de secretarias destinadas à proteção de minorias raciais na cidade de São Paulo. Muitos diziam que a existência delas é uma forma de racismo porque destina recursos públicos a um grupo específico. Eles afirmavam que a possível discriminação sofrida por negros deveria ser combatida pelas instituições já existentes. A retórica

---

[209] BERTH, Joice. *Empoderamento*. São Paulo: Pólen Livros, 2019, pp. 12-17.

CAPÍTULO VIII – SOBRE A IMPORTÂNCIA DO PROTAGONISMO NEGRO

do racismo é hoje igualmente utilizada por aqueles que eliminam as instituições destinadas a combater o racismo visto que esses indivíduos alegam que elas promovem o separatismo social.

É interessante perceber como esses argumentos refletem a lógica do opressor. O racismo não é medido a partir da realidade concreta de exclusão social da população negra, mas a partir das formas como essas medidas podem afetar as pessoas brancas. Assim, o que determina a necessidade de existência dessas instituições é o interesse branco. Brancos se sentirão segregados, brancos perderão oportunidades, brancos também precisam de proteção estatal. A retórica da inocência branca aparece aqui mais uma vez para legitimar uma ordem social que sempre existiu para reproduzir o privilégio branco. Porém, ele permanece socialmente invisível, o que permite a reprodução da retórica da meritocracia.[210] Esse argumento da inocência branca está baseado no que algumas pessoas chamam de "epistemologia da ignorância". O termo "epistemologia" está relacionado com as condições adequadas do conhecimento, enquanto o termo "ignorância" implica a ausência dele. Porém, alguns autores dizem que a ignorância pode ter um caráter estratégico quando ela impede o conhecimento da realidade ou reproduz um tipo de percepção inadequada dos fatos para garantir a manutenção da ordem social.[211] O "humanismo racial brasileiro" é um exemplo claro dessa epistemologia da ignorância: a realidade de opressão racial é estrategicamente deturpada para encobrir os mecanismos de exclusão racial.

Mais uma vez quero afirmar que minhas reflexões como um jurista negro me levaram a reconhecer a relevância do protagonismo negro. Não há possibilidade de construção de uma sociedade

---

[210] Ver FREEMAN, Alan. "Legitimizing discrimination through antidiscrimination law. A critical review of Supreme Court doctrine". *Minnesota Law Review*, vol. 62, nº 4, 1978, pp. 1049-1055.

[211] MILLS, Charles. *The racial contract*. Ithaca: Cornell University Press, 1997, pp. 41-91.

racialmente justa quando praticamente todas as instituições sociais são controladas por pessoas do mesmo grupo racial. Muitos brancos rejeitam essa tese. Eu me lembro de uma ocasião na qual um colega de faculdade se mostrou profundamente ofendido eu quando disse que a chapa da qual ele fazia parte não era representativa porque não tinha negros ou mulheres. Ele sentiu aquilo como um ataque pessoal. Sua face ficou vermelha de raiva e senti que ele iria reagir fisicamente. Mas ele se conteve e disse que minha fala não tinha sentido porque a plataforma política procurava defender os interesses de todos os alunos. Perguntei se ele tinha se reunido com os alunos negros da faculdade e perguntado se eles tinham alguma demanda específica. Ele disse que isso não era necessário porque negros não enfrentam problemas específicos enquanto negros naquela instituição. Perguntei a ele se o assédio moral sofrido por alunos homossexuais também era uma experiência universal. Ele sorriu ironicamente. Em função desse comportamento, eu disse que a reação dele era o motivo pelo qual precisávamos de uma chapa mais diversificada.

Embora muitos suspeitem da ideia de diversidade, creio que ela possui alguns elementos muito relevantes. Se inicialmente ela era defendida simplesmente porque facilitava a troca de experiências no espaço acadêmico, ela adquiriu depois um aspecto político. A diversidade é uma prática institucional necessária porque permite a representação adequada dos diferentes grupos no processo decisório, algo desejável em sociedades multiculturais. Esse sentido de diversidade é particularmente importante no Brasil porque praticamente todas as instituições públicas e privadas são controladas por homens brancos heterossexuais. Isso não seria problema se eles fossem as pessoas mais competentes para tais postos e se atuassem a partir do interesse de todos. Contudo, sabemos que isso está longe de ser o caso. A preponderância de homens brancos heterossexuais de classe média e de classe alta no controle de instituições públicas e privadas decorre do fato de que eles não estão submetidos a processos de exclusão. Como muitas pessoas compreendem o mundo a partir da própria experiência social, os membros desse grupo aprendem o

CAPÍTULO VIII – SOBRE A IMPORTÂNCIA DO PROTAGONISMO NEGRO

mundo a partir de uma posição interpretativa que pode ter efeitos racistas.[212] A ausência de experiências de discriminação produz o fenômeno da transparência: meu colega partia do pressuposto de que todas as pessoas enfrentam os mesmos problemas na vida acadêmica e profissional. A chapa foi eleita e durante o período que eles permaneceram na direção do Centro Acadêmico questões como discriminação racial e sexual nunca foram abordadas. Eles nunca procuraram saber qual era a experiência dos negros dentro da Faculdade e temas relacionados à sexualidade não eram nem mesmo considerados um ponto relevante de discussão.

Volto à questão da transparência. Essa pequena história reflete uma moralidade bastante difundida, que parte do pressuposto de que algumas pessoas podem representar as outras porque todos nós temos experiências homogêneas. Porém, basta começarmos a enumerar os critérios a partir dos quais as pessoas são discriminadas, para verificarmos que pessoas brancas não podem falar por pessoas negras, homens não podem falar por mulheres, nem heterossexuais podem falar por homossexuais. Esses grupos precisam ter um processo político assegurado para que possam influenciar decisões políticas. Uma jurista disse que esse espaço deve começar dentro das faculdades de Direito e eu concordo plenamente com ela nesse aspecto. As faculdades de Direito formam pessoas que atuarão em uma série de instituições relevantes, motivo pelo qual as pessoas precisam aprender a pensar como um negro. A diversificação das Faculdades de Direito é uma necessidade premente para a nossa sociedade porque a vasta maioria delas é composta por pessoas brancas heterossexuais de classe média alta, pessoas que possuem uma perspectiva de interpretação da realidade distante da vasta maioria da população brasileira. O protagonismo negro, o protagonismo feminino, o protagonismo homossexual

---

[212] Ver: IENSUE, Geziela; CARVALHO, Luciani Coimbra de. "Educação e ações afirmativas como direito à participação e ao procedimento". *Revista de Direito Brasileira*, vol. 10, nº 5, 2015, pp. 200-227.

são extremamente relevantes porque são essas as pessoas que estão primordialmente interessadas em pesquisas sobre as condições sociais que as afetam. Na maioria das vezes, são elas que produzem o conhecimento necessário para a transformação social.[213]

---

[213] BRASIL. Supremo Tribunal Federal, Ação de Descumprimento de Preceito Fundamental n. 186, Órgão Julgador: Tribunal Pleno, Relator: Ricardo Lewandowski, 26.04.2012 (afirmando que a noção de diversidade é um parâmetro importante para a interpretação da igualdade porque os diferentes grupos sociais precisam estar igualmente representados nos processos decisórios). ESTADOS UNIDOS. Suprema Corte dos Estados Unidos. *Grutter v. Bolinger*, 539 U.S. 306, 2003 (argumentando que a diversidade possui uma dimensão material expressa na necessidade de se garantir a presença de representantes dos diversos grupos sociais nas instituições que tomam decisões que afetam todos os membros da sociedade política).

CAPÍTULO IX
ALGUMAS CONSIDERAÇÕES SOBRE O PRIVILÉGIO

Pensar como um negro requer que consideremos os motivos pelos quais indivíduos são sempre excluídos de oportunidades sociais em função da raça, mas exige também reflexões sobre os benefícios sistemáticos que pessoas brancas obtêm do racismo, direta ou indiretamente, mesmo quando não o pratiquem ou até mesmo quando o condenam. Quero iniciar esse debate seguindo o mesmo caminho: demonstrando as articulações entre espaço público e espaço privado. Penso que essa será a estratégia mais adequada para falar sobre esse tema. A primeira pessoa que namorei era branca. Estava no terceiro ano do segundo grau. Fiquei muito feliz; foram meses de grande alegria, pois pensei que nunca conseguiria encontrar alguém porque, reconheço, não sou uma pessoa muito atraente. Vivia em um mundo inteiramente branco e meus colegas e minhas colegas queriam namorar pessoas brancas que pertencessem à mesma classe social. Um namoro com uma pessoa de raça diferente e de classe social diferente parecia muito improvável. Tudo estava correndo muito bem até o vestibular. Tive a felicidade de ser aprovado em uma universidade pública; essa pessoa não teve a mesma sorte. Um dia tivemos uma discussão por um motivo muito tolo, aquelas ocasiões nas quais você se pergunta por que uma discussão daquela natureza teve início. Essa rusga terminou com uma frase que eu jamais esquecerei: "Você pode ter passado na UFMG, mas eu sou branca!" Esse foi o fim de nosso relacionamento. Jurei nunca mais namorar pessoas brancas.

Terminei a graduação em Psicologia e em Direito, estudei em instituições famosas no mundo inteiro. Tenho um currículo invejável que proporcionaria a qualquer homem branco os melhores empregos disponíveis no país. Bem, esse não tem sido o meu caso. Vários colegas brancos que se formaram em instituições de menor prestígio conseguiram colocações bem melhores do que a minha porque, antes de tudo, eles são brancos e têm acesso aos círculos de relacionamentos que controlam o acesso a essas instituições. Algum tempo atrás um amigo disse que teria uma entrevista com o diretor de uma das melhores Faculdades privadas de Direito do país. Ele me perguntou se poderia mencionar o meu nome para essa pessoa. Disse que seria uma boa ideia, afinal a instituição paga altos salários. Meu amigo me telefonou algumas semanas depois e disse que tinha falado sobre mim com esse diretor. Esse indivíduo teria dito que tinha me conhecido. O famoso diretor se referiu a mim como "neguinho" e disse que eu não tinha perfil para lecionar naquela Faculdade. Há vários profissionais nessa instituição que estão longe de ter um currículo recheado com artigos publicados nas revistas nacionais e internacionais mais consagradas. Há professores que trabalham em período integral que não têm o título de doutor, que têm apenas duas ou três publicações, que foram contratados porque estudaram na mesma instituição ao mesmo tempo e foram orientados pelos mesmos professores que orientaram pessoas que determinam quem será admitido ou não. Publiquei quatro livros nos últimos dois anos, vários artigos em revistas nacionais e internacionais com a maior nota segundo os critérios de avaliação institucional. Mas pessoas negras não têm perfil para trabalhar naquela Faculdade. As que trabalham lá têm uma vantagem: são homens brancos heterossexuais de classe alta e

CAPÍTULO IX – ALGUMAS CONSIDERAÇÕES SOBRE O PRIVILÉGIO

são amigos dos homens brancos heterossexuais de classe alta que lá lecionam. Relato esse episódio para demonstrar a irrelevância da meritocracia na nossa sociedade. Vi esse diretor fazer uma defesa pública da meritocracia alguns meses atrás. Ele disse ser contra ações afirmativas porque isso feriria critérios meritocráticos. Claro, ações afirmativas reduzem as oportunidades de pessoas brancas se beneficiarem do racismo, do nepotismo e do clientelismo.

Mas voltemos ao meu primeiro relacionamento. Não preciso dizer que aquela frase provocou uma imensa ferida emocional. Por anos eu imaginava as pessoas brancas pelas quais eu me interessava repetindo essa fala na minha cara. Hoje vejo que aquela pessoa agiu de forma ingênua. Ela não tinha motivos para pensar que eu conseguiria estar em uma posição melhor do que a dela porque eu fui aprovado em uma universidade pública. Ela não tinha e não tem nenhuma razão para pensar que minha aprovação alteraria o fato que ela continuaria sendo beneficiada por ser branca, independentemente de sua capacidade. A vida demonstrou isso. Fiquei décadas sem ter qualquer notícia dela. Ela foi aprovada em uma Faculdade privada um ano depois, fez estágio em uma boa instituição bancária e hoje tem um negócio muito bem-sucedido. Tem uma renda muito, muito superior à minha. Mas isso não é tudo. Ela também está casada. Começou a namorar alguém assim que entrou na Faculdade, frequentada, naquela época, exclusivamente por pessoas brancas. Nunca teve dificuldades de encontrar relacionamentos. É uma pessoa branca que sempre conviveu em ambientes brancos, sua raça nunca foi um obstáculo para conseguir sucesso na vida profissional ou afetiva. Pelo contrário, isso impulsionou sua vida profissional. Eu não tive a mesma sorte no plano afetivo. Algo acontece quando você é uma pessoa negra que circula em ambientes majoritariamente brancos: você pode ser visto como um bom profissional, mas raramente como um amigo íntimo ou como um parceiro romântico. A ascensão profissional aumenta ainda mais as chances de pessoas brancas encontrarem sucesso na vida afetiva, mas priva muitas pessoas negras da mesma possibilidade. Quando você é negro, a porcentagem de possíveis parceiros ou parceiras românticas da mesma raça diminui na medida em que você alcança um nível maior de formação, mas ele se mantém inalterado quando você é branco. Você se torna uma pessoa desejada por brancos pobres e ricos. Ser branco e profissionalmente bem-sucedido faz com que as chances de conseguir alguém aumentem ainda mais. Ser negro dificulta sua vida afetiva quando você se torna uma pessoa profissionalmente bem sucedida; a situação fica mais difícil quando você ainda está no meio acadêmico, um universo integralmente branco. Você pode ser admirado, mas ainda permanece afetado pelos estigmas que determinam quem são os parceiros sexuais e amorosos ideais.[214]

Algumas pessoas poderiam dizer: meu caro, seu relato retrata o simples fato de que algumas pessoas são mais atraentes do que outras, motivo pelo qual elas conseguem parceiros sexuais com maior facilidade. Mas o ponto-chave dessa discussão está na designação do que torna algumas pessoas mais atraentes do que as outras. E a questão é a seguinte: não podemos esquecer que esses parâmetros são culturalmente determinados. Nossas concepções de beleza têm como referência os traços fenotípicos de pessoas brancas e isso significa que elas possuem um capital simbólico que traz a elas vantagens significativas na esfera pública e na esfera privada. Ser uma pessoa branca é uma forma de capital simbólico que garante acesso, permanência e maiores chances de promoção no emprego. Ser branco é uma vantagem significativa no mercado do amor porque pessoas brancas são socialmente construídas como os únicos parceiros românticos aceitáveis para pessoas brancas e também para as que não são brancas. E as vantagens presentes no espaço privado afirmam as vantagens no espaço público: ser

---

[214] Para uma discussão sobre o tema, ver: BARROS, Zelinda dos Santos. *Casais inter-raciais e suas representações acerca de raça*. Salvador: Universidade Federal Bahia, 2003; BERQUO, Elza. *Nupcialidade da população negra no Brasil, Núcleo de Estudos de População*. Campinas: UNICAMP, ago. 1987 (texto nº 11).

CAPÍTULO IX – ALGUMAS CONSIDERAÇÕES SOBRE O PRIVILÉGIO

solteiro pode diminuir oportunidades profissionais quando as pessoas chegam a uma certa idade. Ser casado é um símbolo de respeitabilidade social, o que beneficia aqueles que correspondem aos padrões que nossa sociedade determina como aceitáveis.[215]

Meu caro leitor, minha cara leitora, você pode ter dúvidas sobre a relevância dessa discussão em um livro sobre hermenêutica constitucional, razão pela qual eu faço questão de explicar por que eu estou falando sobre isso. Tenho afirmado ao longo deste ensaio que um jurista que pensa como um negro deve estar atento ao contexto social quando ele interpreta normas constitucionais. Nossa cultura jurídica está baseada nas ideias do individualismo e do universalismo, o que impede que juristas brancos percebam como o capital racial decorrente de vantagens materiais e simbólicas permite que hierarquias sociais sejam reproduzidas mesmo na ausência de mecanismos abertos de discriminação. Psicólogos sociais demonstram que beleza determina nosso julgamento moral sobre as pessoas. Fazemos várias inferências falsas quando vemos pessoas bonitas. Pensamos que elas são honestas, que são inteligentes, que são amáveis, que são cordiais, que são boas amantes. Vemos então que todas as vezes que negros e brancos interagem, eles estão fazendo julgamentos morais que estão baseados em critérios estéticos derivados da raça das pessoas. Eles influenciam nossas decisões sobre quem serão nossos amigos, nossos amantes, nossos funcionários e também nossos líderes.[216]

---

[215] Para uma análise da discriminação estética no mercado de trabalho, ver: MAHAJAN, Ritu. "The naked truth: appearance discrimination, employment discrimination and the law". *Asian American Law Journal*, vol. 14, n° 1, 2007, pp. 165-203 (examinando os mecanismos inconscientes e conscientes da discriminação estética no mercado de trabalho).

[216] Para uma análise da branquitude como critério estético, cultural e político ver a obra fundamental de DYEAR, Richard. *White*: Essays on race and culture. Nova York: Routledge, 1997. Para um estudo sobre o ideal estético da branquitude no Brasil, ver: LOO, Jolie van. *The color of beauty*: race and it's representation in Brazil. Utrecht: University of Utrecht, 2011. (Dissertação de Mestrado). Ver ROTH-GORDON, Jennifer. *Race and the Brazilian body*:

Como isso aparece de forma concreta em decisões judiciais? O indeferimento de um pedido de adoção de ações afirmativas em bancos privados demonstra isso de forma clara. O tribunal, pensando que discriminação se resume a atos intencionais e arbitrários, afirmou que não pode identificar nenhuma forma de exclusão porque, embora fossem minoria, as instituições bancárias tinham funcionários negros. Mas a decisão não se preocupa em perguntar sobre as funções que eles ocupam no banco, se eles têm acesso a cargos de comando, nem mesmo como ocorre a contratação de funcionários. Bem, é aqui que o capital racial entra em jogo. A maioria das pessoas que trabalham nesses bancos são brancas e quando elas fazem indicações para seus chefes, elas indicam pessoas que são igualmente brancas porque mantêm círculos de relacionamentos que são brancos. Ser branco garante acesso aos grupos que controlam o acesso a essas instituições e ele está também ligado ao impacto que a raça faz no julgamento moral e estético feitos sobre as pessoas a partir do pertencimento racial.[217]

Bem, voltei a namorar outra pessoa branca vários anos depois. A descoberta de vários interesses em comum fez com que nos aproximássemos. Ela dizia ser inteiramente identificada com a cultura negra e seus gostos musicais, suas roupas e seu cabelo demonstravam isso de certa forma. Nosso relacionamento era ótimo, contudo, certas questões sempre criavam situações conflituosas. Ela achava que eu não era suficientemente identificado com a cultura negra. Meu interesse por ópera, meu desconhecimento das religiões de matriz africana e de escritores negros contemporâneos eram, segundo ela, indicações de que eu estava lutando contra o opressor,

---

blackness, whiteness, and everyday language in Rio de Janeiro. Oakland: University of California, Press, 2017.

[217] BRASIL. Tribunal Regional do Trabalho da 10ª Região, Recurso Ordinário n. 00936-2005-012-10-00-9, Órgão Julgador: 1ª Turma, Relator: Oswaldo Florêncio Júnior. 21.03.2007 (indeferindo pedido de adoção de ações afirmativas baseadas na raça sob o argumento de que o MPFT não conseguiu provar a existência de práticas de discriminação direta).

CAPÍTULO IX – ALGUMAS CONSIDERAÇÕES SOBRE O PRIVILÉGIO

mas identificado com a cultura dele. Perguntei a essa pessoa se ela achava que eu poderia deixar de me sentir como negro, mesmo que por um segundo, em uma sociedade como a nossa. Questionei também se ela já tinha sido impedida de ter acesso a alguma oportunidade acadêmica ou profissional em função da cor da pele dela. Também indaguei se a identificação com a cultura negra e o uso de trajes africanos alguma vez foram motivo de discriminação. Ela respondeu que não e eu disse que a fala dela indicava que ela precisava amadurecer um pouco mais para que a luta dela por igualdade pudesse ser alcançada. Não ficamos muito tempo juntos por causa da dificuldade de percepção das diferenças estruturais existentes entre negros e brancos neste país.

É interessante notar como essa situação está refletida em outra decisão recente sobre ações afirmativas. Em um exemplo de uma jurista branco que pensa como um negro, o relator do voto reconheceu a relação hierárquica existente entre os vários tipos de identidade que existem dentro da sociedade. Membros do grupo racial dominante podem adotar essas identidades, podem seguir práticas culturais de outros povos sem que isso afete negativamente a vida deles. Porém, os indivíduos que criaram e lutam para manter essas tradições permanecem em uma condição subordinada. Brancos podem vestir roupas com referências a outras culturas, podem utilizar também símbolos corporais de outros povos, mas eles raramente serão parados pela polícia. Algumas instituições até gostam de contratar esses indivíduos brancos para sinalizar o interesse deles na prática da diversidade.[218] Vejam! Temos pessoas

---

[218] BRASIL. Arguição de Descumprimento de Preceito Fundamental n. 186, Órgão Julgador: Tribunal Pleno, Relator: Ricardo Lewandowski, 26.04.2012 ("a identificação é também um fator poderoso na estratificação, uma de suas dimensões mais divisivas e fortemente diferenciadoras. Num dos polos da hierarquia global emergente estão aqueles que constituem e desarticulam as suas identidades mais ou menos à própria vontade, escolhendo-as no leque de ofertas extraordinariamente amplo, de abrangência planetária. No outro polo se abarrotam aqueles que tiveram negado o acesso à escolha da identidade, que não tem o direito de manifestar as suas preferências e que

aqui que são abertas a outras tradições culturais. Somos tão progressistas! É a mesma coisa da campanha da diversidade de uma famosa marca de refrigerantes: somos diversos! Reconhecemos a pluralidade na nossa sociedade! Aí você olha para os membros do comitê incumbido da promoção da diversidade. Todos são brancos, todos são homens, todos são de classe média, todos se vestem da mesma maneira, todos são iguais. Alguns deles são supostamente homossexuais. Parece que eles estão dizendo: famílias brancas de classe média, nós ainda reconhecemos vocês como os únicos consumidores dos nossos produtos que merecem nosso respeito. Resolvemos mostrar para vocês que nós estamos mudando, que nós acompanhamos as transformações sociais. Então agora nós também contratamos homossexuais. Mas vocês não devem se revoltar porque todos eles são bons moços brancos de classe média.

Algum tempo atrás li uma reportagem curiosa na *internet*. Falava de um mendigo de uma cidade do sul do Brasil que despertou a solidariedade de muitas pessoas. Ele era um belo homem branco de olhos azuis que a imprensa chamou de "mendigo gato". Ver um homem que corresponde ao ideal ariano de beleza que os brasileiros cultuam de forma obsessiva permitiu que esse indivíduo, um dependente químico, saísse da rua e conseguisse um emprego. Por que as pessoas se sentiram tão comovidas com essa situação? A resposta é óbvia. A estética branca é um fator que cria um sentimento de solidariedade entre pessoas brancas. Elas acham que pessoas brancas não merecem estar em uma situação dessa natureza, principalmente se elas têm olhos azuis. Muitos não foram capazes de expressar qualquer empatia com os rapazes negros e pobres que foram assassinados por policiais enquanto voltavam para casa depois da comemoração da conquista de um novo emprego por um deles. Vários disseram que os policiais estavam

---

no final se veem oprimidos por identidades aplicadas e impostas por outros – identidades de que eles próprios se ressentem, mas não tem permissão de abandonar nem das quais conseguem se livrar").

CAPÍTULO IX – ALGUMAS CONSIDERAÇÕES SOBRE O PRIVILÉGIO

fazendo o trabalho deles e que aquelas mortes não poderiam ser classificadas como assassinatos. Porém, eles se emocionam com o homem branco de olhos azuis que foi parar na rua em função do seu envolvimento com drogas. Obviamente, a raça é o fator que determina a forma como essas pessoas são tratadas, como as pessoas direcionam a empatia. As histórias do "mendigo gato" e dos meninos negros assassinados mostram que negros e brancos não possuem e nunca possuíram o mesmo apreço social na nossa sociedade. O respeito pelas pessoas é o parâmetro fundamental a partir do qual oportunidades materiais são distribuídas. Isso significa que a constante reprodução da branquitude como um ideal estético e moral faz com que pessoas brancas estejam sempre sendo privilegiadas e pessoas negras sempre sofrendo desvantagens sociais, mesmo que elas pertençam à mesma classe social.

Estou inteiramente ciente de que a luta contra a opressão racial não pode ser vencida apenas a partir da mobilização das pessoas negras. A justiça racial depende da mobilização de todos os grupos, razão pela qual devemos fazer o possível para criar redes de solidariedade social. Entretanto, devemos ter em mente que as pessoas existem dentro de uma estrutura hierárquica de poder e isso significa que muitas delas estão em uma posição permanente de privilégio, enquanto outras estão em uma situação permanente de subjugação. Vimos que uma pessoa branca pode assumir uma variedade de identidades dentro da nossa realidade multicultural. Ela tem diante de si uma série de possibilidades de experimentar estilos de vida e ainda manter seus privilégios raciais. Essa oportunidade não está aberta da mesma maneira para aqueles que são marcados socialmente. Meu suposto interesse em querer parecer branco só poderia ser uma forma de falsa consciência. Ao contrário do que aquela pessoa argumentou, estou ciente de todos os sentidos sociais associados à negritude. Ela não tinha compreendido até aquele momento que a cor da sua pele a coloca em uma situação de privilégio estrutural em relação a todos os negros, mesmo os que ela julga não ser genuinamente negros. Sei que nunca serei integralmente respeitado como um ser humano em uma sociedade baseada no privilégio branco. Nós negros não temos como fugir disso.

A fala dessa pessoa é interessante porque a eliminação do privilégio branco é um ponto central da luta contra o racismo. Pessoas brancas são beneficiadas pelo racismo, inclusive aquelas que estão engajadas na luta contra esse sistema de opressão. Nunca podemos esquecer que o racismo tem o objetivo de garantir vantagens econômicas para os membros do grupo dominante, motivo pelo qual o simples pertencimento a ele garante acesso a vantagens indevidas. Essas vantagens variam da representação positiva dos membros do grupo racial dominante, o que lhes permite construir uma imagem positiva de si mesmos, até a inexistência de barreiras raciais no mercado de trabalho, o que torna o planejamento da vida pessoal algo muito mais fácil, desde que você não pertença a uma minoria sexual. O privilégio aparece até mesmo dentro das relações pessoais. Essa pessoa que mencionei nunca precisou questionar a sua identidade racial dentro dos relacionamentos porque a raça não é um problema social para ela. Mais uma vez, brancos também se beneficiam por serem construídos como o único tipo de parceiro sexual aceitável. Enquanto negros estão desprovidos da segurança ontológica que deveria ocorrer dentro de uma sociedade verdadeiramente comprometida com a democracia, indivíduos brancos podem gozar dela porque não são sujeitos sociais marcados, eles são a referência cultural. É então curioso notar como a questão da exclusão e do privilégio afeta diversas esferas da vida das pessoas. Enquanto pessoas brancas podem planejar a vida afetiva delas sem preocupações de exclusão sistemática no mercado de trabalho, pessoas negras sempre sofrem com a possibilidade de desestruturação familiar em função do racismo em várias dimensões da vida social. Uma pessoa branca pode usar o cabelo africano hoje e adotar outro estilo amanhã. Já uma pessoa negra sempre sofrerá exclusões por causa do referencial estético branco.

CAPÍTULO IX – ALGUMAS CONSIDERAÇÕES SOBRE O PRIVILÉGIO

Encontrar alunos fora do ambiente escolar pode ser uma experiência constrangedora. Fique calmo, eu não frequento lugares inapropriados.

O problema é que eles não sabem se devem nos cumprimentar e nós também não queremos criar uma situação de intimidade que não existe. Semanas atrás eu estava em um dos meus restaurantes favoritos, aqueles lugares que você acha por mera sorte e depois nunca para de frequentar. Notei que uma aluna estava sentada ao lado da mesa que tinha reservado; eu me sentei sem que ela percebesse. Meu convidado estava atrasado e ela não notou minha voz ou minha presença. Uma das pessoas que estava na mesa perguntou se ela se formaria no final do semestre. Ela disse que não; faltavam ainda quatro semestres. A mesma pessoa perguntou se ela conhecia um amigo dela que lecionava na instituição. Ela disse que sim, que ela gostava muito dele, que ela adorava olhar para ele, um belo homem de olhos verdes. Ela afirmou que nem prestava atenção no que ele estava dizendo porque olhar para um homem bonito como ele era mais importante do que ele estava falando. Isso chamou minha atenção imediatamente. Essa aluna sempre se sentava ao lado de outra estudante. Elas passaram todo o semestre sem olhar para mim. Elas olhavam para o chão, para o celular ou para a janela. Durante algum tempo pensei que elas não tinham interesse pela disciplina, mas depois tive notícias que elas são muito interessadas em direitos humanos. Alguns alunos também disseram que achavam estranho elas não gostarem de mim, tendo em vista o fato de que sempre falo sobre temas que as interessa. Eles me confidenciaram que elas ficavam incomodadas com a minha barriga, que eu devia me preocupar mais com minha aparência porque, afinal, sou um professor.

Menciono esse fato porque ele reflete uma experiência cotidiana nas vidas de pessoas negras: o julgamento de nossa competência pessoal em função da nossa raça. É claro que essas alunas não olhavam para mim por causa de minha barriga; há professores que têm barrigas muito maiores do que a minha. Elas estavam simplesmente incomodadas com o fato de terem um professor negro, elas estavam incomodadas com a situação de ter que olhar para uma pessoa negra, elas estavam incomodadas por verem uma pessoa negra ocupando uma posição de poder e prestígio. Esse é mais um exemplo de como julgamentos estéticos também determinam como elas avaliam a capacidade dos indivíduos. Eles estão por trás do que muitos chamam de automatismo mental: nossas mentes fazem julgamentos sobre o valor moral e a competência pessoal a partir de julgamentos estéticos. Essa aluna não é a única pessoa branca que faz considerações sobre o valor de indivíduos a partir da raça. Empregadores fazem esses julgamentos todos os dias, motivo pelo qual eles querem funcionários brancos e bonitos. Policiais decidem quais pessoas serão abordadas em função de julgamentos estéticos que supostamente atestam o valor moral das pessoas. É importante mencionar experiências dessa natureza porque a defesa de igualdade como procedimento parte do pressuposto de que os indivíduos possuem as mesmas experiências sociais. Nada poderia estar mais distante da realidade. Isso porque membros de grupos raciais distintos não possuem o mesmo *status* cultural em função de estigmas que são criados e reproduzidos com o objetivo específico de se manter a dominação racial. Se, por um lado, estigmas operam para construir minorias raciais como pessoas indesejadas, por outro, eles permitem que pessoas brancas sejam sempre representadas como referências estéticas e morais. Mas todo esse processo permanece invisível porque vivemos em uma sociedade dominada pelas referências culturais europeias, referências que são postas como universais.

Vimos então que a questão do privilégio branco não se resume a problemas de ordem pessoal. O que observamos no debate sobre políticas de inclusão racial é uma recusa do Judiciário em questionar o privilégio racial, o que não poderia nos surpreender, uma vez que eles também se recusam a reconhecer a exclusão racial. O maior problema do privilégio é a sua invisibilidade social. Os que se beneficiam dos sistemas de exclusão acreditam que suas

CAPÍTULO IX – ALGUMAS CONSIDERAÇÕES SOBRE O PRIVILÉGIO

oportunidades decorrem exclusivamente de seus méritos pessoais, o que não poderia ser mais distante em uma sociedade baseada na desigualdade social. Vemos então que a mesma dificuldade de comunicação que impediu a continuidade daquele namoro também dificulta imensamente um consenso entre juristas negros e brancos, já que eles falam de realidades construídas a partir de pressupostos inteiramente distintos. Mas há algo que também precisa ser discutido. Iniciei este capítulo falando sobre uma vivência pessoal que demonstra a forma como o racismo afeta diretamente as relações entre negros e brancos. Esse é um pequeno exemplo de como o racismo impede diariamente a construção da solidariedade social entre os indivíduos, requisito essencial para a construção de uma sociedade democrática. Da mesma forma que todas as outras pessoas negras que vivem neste país, eu tenho que fazer um esforço maior para poder acreditar na sinceridade de pessoas brancas do que faço quando interajo com pessoas negras. Além disso, o privilégio sistemático que pessoas brancas possuem nesta sociedade faz com que negros desconfiem que elas tenham alcançado o lugar que elas estão por mérito ou competência pessoal. Pessoas negras frequentemente pressupõem que pessoas brancas estão no lugar que estão em função do privilégio racial e do privilégio de classe, da mesma forma que muitos indivíduos homossexuais estão convencidos que pessoas heterossexuais não chegam aos lugares que estão apenas por mérito. O que estamos dizendo com tudo isso: estamos muito longe de construir uma sociedade efetivamente democrática. Se não nos preocuparmos com os temas paralelos do privilégio e do empoderamento, jamais vamos construir uma verdadeira nação porque não há possibilidade de alcance desse objetivo sem a eliminação da desconfiança generalizada entre os diferentes grupos sociais. O privilégio branco não é apenas um problema jurídico, como tem sido reconhecido pelos nossos tribunais. Ele é também um problema de ordem política.

CAPÍTULO X
SOBRE RESPEITABILIDADE SOCIAL

Sempre tive uma imaginação muito ativa. Creio que ela teve um papel muito importante na minha vida porque me permitiu criar mecanismos mentais para superar a grande solidão que enfrentei na infância e na adolescência. Passei boa parte dessas fases tentando encontrar saídas para a situação de marginalização social que aflige minorias raciais e sexuais; durante algum tempo eram apenas planos, mais tarde eles se tornaram propostas concretas. Uma questão em particular sempre me preocupava. Com exceção do meu bairro, os lugares nos quais eu circulava eram dominados por pessoas brancas e isso criava um problema de duas ordens. A racialização desses espaços sociais pressupõe que todas as pessoas brancas que transitam neles possuem características positivas, motivo pelo qual elas merecem estar neles e ocupar funções de prestígio neles. Em função disso, a minha presença naqueles ambientes era sempre problematizada, o que gerava a necessidade de um escrutínio permanente do meu caráter. Como o imaginário social brasileiro associa traços positivos apenas a pessoas brancas, negros e negras que ocupam lugares de prestígio e poder enfrentam o problema da solidão institucional. Você está presente nos espaços brancos, mas sua inserção sempre será parcial porque, com poucas exceções, pessoas brancas se associam apenas com outras pessoas brancas. Muitas delas podem ser cordiais com você, elas podem interagir com você *dentro* da instituição, mas a maioria nunca te tratará da mesma forma que tratam pessoas da própria raça. Essa solidão institucional será ainda maior quando outras formas de identidades subordinadas se somam à identidade racial. Membros de minorias raciais e sexuais serão alvo de ataques, sendo que um deles são as piadas racistas, sexistas e homofóbicas. De que forma podemos explicar esse fenômeno que mulheres, que homossexuais, que pessoas periféricas enfrentam quando transitam em espaços que são conformados a partir da identidade masculina, da identidade branca e da identidade heterossexual? Acredito que não podemos formular uma resposta adequada para essa pergunta sem uma análise do tema da respeitabilidade social, elemento que determina o nível de inserção das pessoas nas diversas instituições às quais elas estão vinculadas.

Passei alguns anos lendo centenas e centenas de decisões judiciais sobre crimes de injúria racial. Estava especialmente interessado nos casos nos quais a ofensa racial assume a forma de piadas e brincadeiras racistas. Várias delas estão centradas em estereótipos raciais que pressupõem a degeneração moral de pessoas negras, o que aparece muitas vezes por meio de referências a estereótipos sexuais. Representações negativas dos membros desse grupo também assumem a forma da comparação deles com animais, o que procura negar a humanidade deles. Há também aquelas que representam homens negros e mulheres negras como seres incapazes de desenvolver qualquer tipo de atividade laboral de maneira satisfatória em função da sua suposta inferioridade cognitiva. Todas essas imagens de pessoas negras têm um propósito específico: reproduzir a ideia de que elas não são atores sociais competentes, requisito central para a manutenção do sistema de supremacia branca que vige na sociedade brasileira. Todas elas corroboram a noção de que negros e negras não merecem o mesmo nível de respeitabilidade social que pessoas brancas possuem. Para

CAPÍTULO X – SOBRE RESPEITABILIDADE SOCIAL

os indivíduos que praticam o crime de injúria racial, membros de minorias raciais não têm qualquer direito ou expectativa de direitos que brancos devam respeitar. Afinal, o gozo de direitos decorre da respeitabilidade social, o que essas piadas representam como um atribuído exclusivo de pessoas brancas e especialmente de homens brancos. Em função disso, elas se sentem livres para praticar todo tipo de ato racista, pois também estão cientes de que dificilmente sofrerão qualquer tipo de sansão institucional ou judicial.[219]

Devemos fazer duas perguntas relevantes. O que está por trás da ideia comum entre muitas pessoas brancas de que negros e negras não merecem o mesmo nível de respeitabilidade que elas possuem? Por que tantas pessoas brancas e instituições controladas por pessoas brancas lutam tenazmente para que esse valor social seja um patrimônio exclusivo dos membros do grupo racial hegemônico? Creio que minha teoria do racismo recreativo oferece elementos muito relevantes para respondermos a primeira questão. Esse projeto racial opera por meio da criação de uma política cultural a partir da qual a negritude e a branquitude são criadas e elaboradas como elementos antitéticos. Observamos a presença de expressões de humor racista nas quais negros são sempre tratados como pessoas inferiores cotidianamente na nossa sociedade. Vejam, estereótipos possuem uma natureza relacional: todas as vezes que digo algo sobre um grupo, estou afirmando algo sobre um grupo cognato.[220] Assim, programas humorísticos que representam a negritude como expressão da feiura dizem, ao mesmo tempo, que só os traços fenotípicos de pessoas brancas são esteticamente agradáveis. Programas humorísticos que representam homens negros como malandros e bêbados, expressam também a ideia de que homens brancos são empreendedores e comedidos. Programas

---

[219] MOREIRA, Adilson José. *Racismo recreativo*. São Paulo: Pólen, 2019, pp. 117-147.
[220] KATE, Mary; WHITLEY, Bernard. *Psychology of prejudice and discrimination*. Nova York: Routledge, 2009, pp. 1-46.

humorísticos que associam negros à criminalidade, afirmam que brancos são essencialmente honestos. Essas produções culturais criam um campo representacional que dissemina parâmetros culturais para a construção da representação de pessoas negras nas diversas formas de interação social entre os grupos raciais.[221]

Esse campo representacional cumpre funções de grande relevância. Primeiro, ele estabelece referências culturais a partir das quais pessoas brancas retratam pessoas negras, imagens fundadas em falsas generalizações dos membros desse grupo, mas que se tornam os únicos parâmetros a partir dos quais brancos tratam pessoas negras, independentemente do nível de contato que tenham com elas. Como esse campo representacional se forma a partir de ideias que disseminam a suposta inferioridade constitutiva de negros, muitos brancos pensam que não temos qualquer direito ou expectativa de direito que eles devam respeitar. Segundo, ele cria elementos para a formação de uma identidade de grupo entre pessoas brancas como indivíduos que merecem acesso privilegiado ou exclusivo a oportunidades sociais porque apenas eles possuem qualidades morais e intelectuais para desempenharem atividades socialmente relevantes de forma competente. Terceiro, a constante circulação de representações culturais baseadas na noção de que grupos raciais são naturalmente distintos e destinados para funções distintas legitima um imaginário que promove a racialização de espaços e das funções sociais. Assim, o gozo da respeitabilidade social se torna um requisito essencial para as pessoas poderem ser vistas como agentes que podem atuar de forma competente no espaço público.[222]

---

[221] OLIVEIRA, D. "Novos protagonismos midiáticos-culturais: a resistência a opressão da sociedade da informação". *Revista de Estudos de Gestão, Informação e Tecnologia*, vol. 6, 2016, pp. 21-41; GRAY, Herman. *Watching race*: television and the struggle for blackness. Minneapolis: University of Minnesotta Press, 2004, pp. 3-35.

[222] MOREIRA, Adilson José. *Racismo recreativo*. São Paulo: Polén, 2019, pp. 147-159.

CAPÍTULO X – SOBRE RESPEITABILIDADE SOCIAL

De que maneira esse problema se manifesta concretamente na vida de pessoas negras? Eu me lembro do que acontecia quase todas as segundas-feiras durante a minha infância e adolescência: esse era o dia no qual crianças brancas e adolescentes brancos vinham me tripudiar com as novas piadas que tinham aprendido com o famigerado personagem Didi Mocó interpretado por Renato Aragão. Eu me lembro do imenso prazer que essas pessoas sentiam ao reproduzirem os estereótipos racistas contidos nessas piadas, via o quanto elas se sentiam engrandecidas por poderem ser abertamente racistas e estar certas de contar com a ampla aprovação dos colegas e professores brancos. Essa era uma oportunidade que nós negros tínhamos para aprender um aspecto importante do pacto narcísico formado entre pessoas brancas para poderem manter a hegemonia racial: alunos e alunas negras que reagiam às ofensas dos alunos e alunas brancas eram imediatamente repreendidos e punidos. O campo representacional alimentado por Renato Aragão permitia a reprodução da ideia de superioridade racial das pessoas brancas e ensinava uma lição importante para pessoas negras: qualquer um de nós que reagisse a ofensas raciais de pessoas brancas seria penalizado. O futuro profissional de milhares de crianças negras foi comprometido porque esse sistema de dominação social que acabo de descrever ensinou a elas que o ambiente escolar sempre lhes seria hostil, que elas não podiam contar com qualquer tipo de respeitabilidade social por parte de muitos de seus colegas e professores.

Os estereótipos racistas que circulam por meio de programas humorísticos são exatamente os mesmos que estão presentes nos milhares de casos de injúria racial que ocorrem na nossa sociedade todos os anos. Piadas que procuram afirmar a suposta inferioridade de negros têm um propósito comum como afirmamos anteriormente: reproduzir a ideia de que apenas pessoas brancas podem atuar de forma competente no espaço público. Não há nada de circunstancial na prática do racismo recreativo, pois ele procura degradar pessoas negras para que pessoas brancas possam ter acesso privilegiado ou exclusivo a oportunidades sociais. Minha teoria do racismo recreativo está construída sobre três teses fundamentais. Primeiro, praticamente todas as sociedades humanas ao longo da história criaram normas morais e jurídicas para protegerem a reputação social dos indivíduos e quase todas elas fizeram isso porque sempre estiveram cientes de que a respeitabilidade social é um requisito central para a integração social. Pessoas desprezadas encontram grande dificuldade para sobreviverem socialmente. Segundo, não podemos esquecer que o racismo é um sistema de dominação social que tem dois objetivos centrais: reproduzir privilégios raciais e garantir que a respeitabilidade social seja um patrimônio exclusivo de pessoas brancas. A reprodução de privilégios raciais exige que a sociedade seja permanentemente convencida de que só pessoas brancas podem desempenhar funções sociais de maneira competente. Por isso, membros de minorias raciais não podem ter o mesmo nível de respeito que pessoas brancas possuem em nenhuma circunstância. Qualquer tipo de protagonismo negro é visto como uma ameaça à identidade pessoal e coletiva de pessoas brancas racistas. Terceiro, pessoas brancas utilizam o humor hostil para expressar animosidade contra minorias raciais, mas elas afirmam que não podem ser classificadas como racistas porque o humor é sempre benigno. O racismo recreativo permite que elas mantenham uma imagem social positiva, mesmo quando manifestam desprezo e ódio contra minorias raciais. Pessoas brancas podem ser racistas sem que produza a perda de qualquer nível de respeitabilidade social; elas podem contar com o silêncio e absolvição social de qualquer tipo de piada racista que contam. Algumas pessoas brancas podem condenar esse comportamento, mas esse crime dificilmente comprometerá o *status* social delas.[223]

Mas esse campo representacional não se forma apenas a partir de estereótipos raciais baseados na suposta degradação moral de

---

[223] MOREIRA, Adilson José. *Racismo recreativo*. São Paulo: Polén, 2019, pp. 147-178; FONSECA, Dagoberto José. *Você conhece aquela?* a piada, o riso e o racismo à brasileira. São Paulo: Selo Negro, 2012.

pessoas negras. Ele também é produto da presença hegemônica de pessoas brancas em todas as produções culturais e da associação exclusiva de qualidades positivas apenas a elas. Filmes de ação são um exemplo contundente desse processo. Homens brancos sempre são protagonistas dessas produções culturais, o que possibilita a construção da imagem deles como uma representação arquetípica da superioridade branca. Filmes de ação são um ritual repetitivo e entediante de afirmação da superioridade da masculinidade branca. A presença quase exclusiva de homens brancos como personagens principais dessas produções atende interesses bastante definidos. Eles são representados como agentes civilizadores, como salvadores do mundo, como os únicos parceiros sexuais aceitáveis, como pessoas moralmente superiores, como indivíduos destemidos, como expressão da masculinidade hegemônica. A presença exclusiva de homens brancos desempenhando esses personagens reforça continuamente a noção de que o mundo só pode funcionar se integrantes desse grupo ocuparem posições de comando. Obviamente, a representação da superioridade do homem branco heterossexual em todos os meios de comunicação é acompanhada da representação de homens de todos os outros grupos raciais como pessoas que só podem ocupar funções subordinadas. As obras cinematográficas que estamos analisando são expressões grotescas de como a masculinidade negra é construída como uma identidade subordinada à masculinidade branca. A relação entre Capitão América e o Falcão Negro é um bom exemplo disso. O primeiro aparece como a representação suprema da identidade nacional de uma nação branca, enquanto cabe ao segundo criar os meios para que o homem branco cumpra seu destino de salvador do mundo. Sempre noto um padrão nesse tipo de filme. Morrem primeiro os homens asiáticos, depois os homens latinos, depois os homens negros. O homem branco sobrevive porque ele foi o mais sensato, o mais corajoso, o mais inteligente, o mais atlético, o mais másculo, o mais astuto. Membros de minorias raciais morrem em função de sua inferioridade constitutiva. Mas há alguns que agem de forma altruísta, para permitir que o homem branco heterossexual cumpra o seu propósito de salvar a humanidade, o que só ele pode fazer. Após isso, ele alcançará o prêmio máximo: o acesso sexual à mulher branca. A conquista sexual é o ponto culminante da vitória do herói branco. Membros de minorias raciais jamais poderiam ter acesso a esse fator que coroará a masculinidade branca como a forma máxima de humanidade. A eles cabe apenas morrer.[224]

    Os impactos dessa política cultural na vida cotidiana de membros de minorias raciais são significativos. Ela determina quem será visto como melhor candidato para uma vaga profissional e também como o melhor parceiro sexual. Os alunos brancos que riam da minha pretensão de ser um físico carregavam nas suas mentes uma ideia muito clara de quem pode desempenhar essa função e todas as representações dela estão associadas à figura do homem branco. As piadas que eles contavam eram também uma forma de pedagogia racial porque estipulavam as aspirações que eu poderia ter dentro desta sociedade e elas não incluíam funções monopolizadas por homens brancos. Essa política cultural que se manifesta na fala de pessoas brancas tem o objetivo de matar as aspirações profissionais de pessoas negras para que elas não almejem ocupar lugares que são vistos como prerrogativas brancas. Não consigo me lembrar do número de vezes que não conseguia construir um senso de dignidade pessoal por só ter referências culturais associadas a representações de homens brancos. É uma sensação permanente de não poder se afirmar como um ser humano. Mas as coisas mudaram ao longo tempo. Eu gosto de uma música que diz *"Tenho sangrado demais, tenho chorado pra cachorro, ano passado eu morri, mas este ano eu não morro"*. Deixei de buscar muitos caminhos possíveis porque me convenceram de que não era capaz de alcançá-los por causa

---

[224] Para uma análise do culto da branquitude em produções culturais ver sobretudo DYER, Richard. *White*. Nova York: Routledge, 2017, pp. 84-187; ARAÚJO, Joel Zito. "O negro na dramaturgia: um caso exemplar da decadência do mito da democracia racial". *Revista de Estudos Feministas*, vol. 16, nº 3, 2008, pp. 979-985.

CAPÍTULO X – SOBRE RESPEITABILIDADE SOCIAL

da minha raça. Essa foi uma pequena morte, porque um futuro possível desapareceu. Mas isso não voltará a acontecer porque eu não permitirei que ninguém dite o que eu posso fazer da minha vida. O destino do herói, esse ser que goza de respeitabilidade social máxima, também deve ser o meu destino: eu devo escolher as trajetórias que quero seguir, eu devo explorar todo o meu potencial na forma que achar melhor, eu devo enfrentar desafios para que o meu caminho seja um meio contínuo de conhecimento e exploração de minhas potencialidades. Homens brancos heterossexuais gozam de respeitabilidade social porque são os únicos indivíduos representados como seres humanos plenos, o que garante a eles a possibilidade de traçar o próprio destino.

Recentemente participei de um evento dirigido a alunos e alunas brasileiras que estudaram na Universidade de Harvard. Havia várias pessoas de destaque, entre elas membros do judiciário brasileiro. Uma dessas autoridades fez uma apresentação e depois respondeu perguntas formuladas pelo público. Falei dos obstáculos enfrentados por membros de minorias raciais em função da prática do racismo recreativo no espaço de trabalho, fala que causou um silêncio constrangedor no auditório. A famosa magistrada disse que devemos lutar contra todas as formas de discriminação, mas que não se deixava intimidar por comportamentos discriminatórios porque ela tinha certeza do seu valor. Muitas pessoas brancas presentes a aplaudiram efusivamente, um possível sinal de que concordavam com a ideia de que representações negativas de minorias não impedem o alcance de objetivos pessoais. Mas será que a mera convicção pessoal é suficiente para que alguém possa desenvolver uma imagem positiva de si mesmo e alcançar todas as suas metas individuais? Tendo em vista a influência dessa mentalidade na nossa sociedade, precisamos saber exatamente o que é respeitabilidade social e qual é o papel dela na construção das hierarquias sociais. Será que um membro de uma minoria pode mesmo conseguir ter pleno acesso à inclusão social apenas a partir de sua segurança subjetiva? É mesmo possível desenvolver um senso de valor individual sem ter plena respeitabilidade dos outros membros da sociedade na qual vivemos?

Tenho lido muitos autores que elaboraram a teoria relacional da igualdade. A ênfase no caráter intersubjetivo desse princípio permite a promoção de um requisito necessário para a construção de uma sociedade justa: o respeito próprio. Esse conceito possui conexões próximas com outros valores importantes de teorias de justiça, tais como dignidade, autonomia, igualdade e segurança. David Middleton nos diz que a classificação do respeito próprio como um bem primário implica a necessidade da compreensão de suas diferentes dimensões. Para o referido autor, podemos identificar três tipos de respeito e, consequentemente, três tipos de respeito próprio: respeito como reconhecimento da dignidade humana, respeito como expressão de apreço e o respeito como afirmação de *status* social. O primeiro tipo de respeito está relacionado com a ideia segundo a qual todos os seres humanos possuem o mesmo valor moral; eles devem ser igualmente respeitados por pertencerem a uma sociedade política organizada segundo valores democráticos, valores estruturados a partir da igualdade jurídica entre todas as pessoas. Assim, a construção de uma sociedade justa está diretamente relacionada com a possibilidade de seus membros desenvolverem um senso de respeito pelos outros. Isso será possível em regimes políticos que criam as condições para isso, o que implica a ausência de relações de subordinação entre os indivíduos. O senso de respeito próprio pode ser desenvolvido quando as pessoas são capazes de reconhecer a si mesmas como agentes que possuem vários tipos de capacidades e de objetivos, o que permite o desenvolvimento do senso de que somos pessoas únicas. Consequentemente, elas também poderão reconhecer no outro as mesmas habilidades e finalidades. Esse sentido de respeito próprio possui então um caráter reflexivo e intersubjetivo porque está relacionado com o reconhecimento que temos dos outros e também com a visão que possuímos de nós mesmos.[225]

---

[225] MIDDLETON, David. "Three types of self-respect". *Res Publica*, vol. 12, nº 1, 2006, pp. 63-69.

CAPÍTULO X – SOBRE RESPEITABILIDADE SOCIAL

O conceito de respeito próprio compreende então a noção de apreço: mais do que reconhecer nós mesmos como merecedores de respeito, também precisamos nos afirmar como pessoas que merecem ser apreciadas e admiradas em função do que podemos construir a partir das nossas qualidades. Ter orgulho de si mesmo significa ter acesso às condições necessárias para alcançar objetivos. Isso permite a construção de uma imagem pública que pode atrair o apreço social e também funciona como um motivo de realização individual. Da mesma maneira que o tipo de respeito analisado no parágrafo anterior, o respeito como apreço tem um caráter reflexivo e um caráter intersubjetivo: ele é um mecanismo por meio do qual os outros reconhecem nosso valor, o que possibilita a formação de uma imagem positiva de nós mesmos. Por esse motivo, o desrespeito causa a perda temporária da nossa estima pessoal; os membros de grupos minoritários que sofrem formas estruturais de exclusão estão sob um constante estado de insegurança porque a sociedade não os reconhece como agentes capazes de participar e alcançar objetivos da mesma forma que grupos raciais dominantes.[226]

O respeito próprio ainda encontra expressão na avaliação do nosso lugar dentro da sociedade: ele está relacionado com as diversas formas de *status* que ocupamos nas nossas vidas. Nosso pertencimento a certas comunidades pode ser voluntário, quando é resultado de nossos esforços pessoais. Isso acontece, por exemplo, quando nos tornamos membros de um grupo de pessoas reconhecidas como particularmente competentes. Entretanto, ele também pode ser involuntário em função de identidades que nos são impostas por normas sociais e culturais. Se no primeiro caso temos a expressão de respeito como apreço, no segundo o pertencimento pode implicar formas de subordinação incompatíveis com a noção de respeito próprio, porque seus membros não possuem estima social. O respeito próprio como *status* significa a possibilidade de

---

[226] MIDDLETON, David. "Three types of self-respect". *Res Publica*, vol. 12, nº 1, 2006, pp. 68-70.

se reconhecer como membro de uma coletividade. Significa que a pessoa possui uma posição dentro da sociedade como alguém que tem os mesmos direitos, o que deve ser reconhecido como expressão de apreço. Ele decorre do reconhecimento desse *status* pelos membros do grupo ao qual pertencemos, o que permite a afirmação de aspectos importantes de nossa identidade. Esse sentido de respeito próprio depende do tipo de tratamento social que as pessoas recebem, o que pode ter uma dimensão negativa ou positiva, tendo em vista seus pertencimentos. Se os que ocupam certas posições socialmente valorizadas em função do seu esforço pessoal atraem o apreço social, os que pertencem certos grupos podem ser desrespeitados em função de identidades a eles atribuídas e que os coloca dentro de uma posição desfavorável dentro da sociedade.[227]

A expressão do respeito entre as pessoas impede a construção de relações de dominação baseadas em distinções inadequadas de *status* entre os indivíduos. Dessa forma, o conceito de igualdade relacional pressupõe o reconhecimento do outro como um agente moral, sentimento de reciprocidade essencial para a construção de uma comunidade fundada em relações igualitárias. O reconhecimento moral do outro como um igual implica também o reconhecimento de que ele é um agente capaz de agir de forma autônoma. O igualitarismo relacional que ora abordamos propõe um modelo de sociedade no qual as instituições sociais criam as mesmas condições para todos os indivíduos, o que impede a criação de hierarquias de *status* entre eles. Relações de dominação não apenas impedem a construção de solidariedade social, mas elas são em si mesmas uma forma de tratamento injusto entre indivíduos, pois envolvem a imposição de relações de dominação. Relações sociais fundadas em hierarquias arbitrárias de *status* dificultam o desenvolvimento

---

[227] MIDDLETON, David. "Three types of self-respect". *Res Publica*, vol. 12, nº 1, 2006, pp. 71-74.

CAPÍTULO X – SOBRE RESPEITABILIDADE SOCIAL

de um senso de respeito próprio, o que implica a possibilidade ação livre como agente e o reconhecimento de tal capacidade.[228]

Partindo do pressuposto de que os indivíduos estão dentro de relações sociais igualitárias, devemos então pensar o problema dos padrões a serem seguidos para a distribuição de bens e oportunidades entre os indivíduos. A igualdade relacional também possui uma dimensão distributiva, pois uma sociedade que procura eliminar hierarquias injustas de *status* também estabelece padrões distributivos igualitários. Parte-se do pressuposto de que uma coletividade política comprometida com esse tipo de isonomia leva as pessoas a desenvolverem disposições e motivações para considerarem os interesses do outro como igualmente relevantes. Relações sociais igualitárias são, portanto, marcadas por uma distribuição igualitária de oportunidades entre indivíduos, o que informa também políticas sociais. Esses padrões de distribuição são igualitários quando estão pautados no reconhecimento do outro como um agente capaz, o que implica a necessidade do estabelecimento de padrões de conduta que podem ser reconhecidos pelo outro como válidos.[229] A forma como as instituições tratam os indivíduos é uma questão relevante para a justiça, afirma Christian Schemmel. Por esse motivo, o tema da isonomia precisa ser examinado em primeiro lugar a partir das formas de tratamento impostas às pessoas porque elas determinam o sucesso de políticas distributivas. Como eles estão submetidos a diferentes formas de opressão, a busca pela equalização de todos a partir da distribuição de um determinado bem não será alcançada porque eles estão estruturalmente situados de maneira distinta. Por esse motivo,

---

[228] SCHEMEL, Christian. "Why relational egalitarians should care about distributions". *Social and Theory and Practice*, vol. 37, n° 3, 2011, pp. 365-390.
[229] ANDERSON, Elizabeth. "What is the point of equality". *Ethics*, vol. 109, n° 2, 1999, pp. 313/314.

precisamos considerar também o nível de respeitabilidade social que eles gozem dentro da sociedade.[230]

O conceito de respeitabilidade social está amplamente associado à noção de honra, um valor que durante muito tempo era tido como uma característica exclusiva de grupos sociais específicos. Ele começa a ser pensado como um atributo universal apenas na modernidade em função de sua correlação com a ideia de racionalidade, o que permite então sua caracterização como um atributo de todos os membros de comunidade política democrática. Os crimes contra a honra procuram proteger a respeitabilidade dos indivíduos porque certos atos podem comprometer a imagem social deles, o que poderá criar obstáculos para que eles possam ser vistos pelos seus pares como sujeitos sociais competentes. O fato de o sistema jurídico criar uma categoria de crimes para proteger a honra deve chamar nossa atenção; isso significa que ele reconhece o papel central que ela tem na vida cotidiana dos seres humanos. A honra está relacionada com a imagem que as pessoas possuem no espaço das interações econômicas que elas desenvolvem com outras pessoas; um indivíduo se torna uma pessoa honrada na medida em que opera de forma correta nos tratos de natureza econômica com outros indivíduos. A honra também decorre da concepção do valor que o indivíduo tem de si mesmo; ela existe quando a pessoa está ciente de que se comporta de acordo com as regras morais que regem a sociedade, o que lhe dá certeza de sua retidão moral e de ser um membro valioso da comunidade a qual pertence. Mas, sendo um valor social, a honra possui uma natureza essencialmente intersubjetiva. Algumas pessoas são vistas como mais honradas do que outras, tendo em vista a forma que seus atos são interpretados a partir dos valores que regem as interações sociais em uma dada comunidade. A honra expressa então o *status* cultural do indivíduo, sendo que ele poderá ser comprometido quando outros lhe

---

[230] SCHEMMEL, Christian. "Distributive and relational equality". *Politics, Philosophy & Economics*, vol. 11, nº 2, 2011, pp. 137-141.

CAPÍTULO X – SOBRE RESPEITABILIDADE SOCIAL

atribuem comportamentos incompatíveis com a moral social. Mas não podemos esquecer que alguns grupos de indivíduos estão excluídos da possibilidade de serem vistos como pessoas honradas em função de processos culturais estigmatizantes. Membros de grupos marginalizados não são socialmente percebidos como indivíduos honrados porque não pertencem aos grupos sociais majoritários; eles não podem ter honra porque, de acordo com os membros dos grupos hegemônicos, porque suas características constitutivas os impedem de terem o mesmo estatuto moral que os outros.[231]

Para entendermos a dinâmica cultural associada ao conceito de honra, precisamos analisar um conceito conexo a ele que possui grande relevância: *a vergonha*. Eu me lembro de situações ao longo da minha vida na qual expressava interesse erótico por pessoas brancas e elas começavam a rir da minha pretensão de querer obter atenção sexual delas. Algumas riam histericamente e ridicularizavam publicamente a minha expectativa de que elas poderiam se interessar por mim. Esses episódios mostravam duas coisas: essas pessoas brancas não me reconheciam como alguém que possui o mesmo nível de respeitabilidade que elas gozam e por isso elas procuravam despertar em mim um sentimento especialmente poderoso: a percepção de que eu não gozo do mesmo apreço social atribuído a pessoas brancas. Ao dizerem que eu sou um ser humano de menor valor, elas estavam provocando o sentimento oposto à honra e isso fazia com que eu me percebesse a partir do olhar delas. A vergonha surge todas as vezes que alguém deixa de ser percebido como alguém que merece respeitabilidade social por não viver ou não estar de acordo com parâmetros socialmente estabelecidos. Como uma pessoa negra pode pressupor que pode ser um objeto de interesse sexual de uma pessoa branca? Eu deveria sentir vergonha da minha

---

[231] POST, Robert C. "The social foundations of defamation law: reputation and the Constitution". *California Law Review*, vol. 74, nº 3, 1986, pp. 710-720; TAYLOR, Charles. *Argumentos filosóficos*. São Paulo: Loyola, 2000, pp. 241-275.

raça, eu deveria sentir vergonha do meu corpo, vergonha do meu *status* social, vergonha da minha aparência física. Esse sentimento me impelia a me recolher ao lugar de invisibilidade social que a sociedade brasileira escolheu para mim. O sentimento de vergonha me ensinava que a respeitabilidade social não é um mero atributo de pessoas honestas, mas dos membros dos grupos dominantes que podem formular construções culturais que transformam seus traços identitários como expressões universais de *status* social. Os que não fazem parte desses grupos não podem ser vistos como pessoas honradas porque são constantemente estigmatizadas. A ausência de respeitabilidade social só pode produzir a vergonha, um tipo de sentimento que consome a vida das pessoas, impede a criação de equilíbrio emocional e aniquila ambições pessoais. Eu vejo esse sentimento nos olhos de pessoas negras em situação de rua que me pedem dinheiro: vejo que algumas olham para mim com um olhar de desespero e melancolia porque elas não têm coragem nem mesmo para pedir auxílio. Vejo que a vergonha faz com que elas definhem e morram.[232]

Minha teoria sobre o racismo recreativo está baseada no pressuposto de que o humor hostil deve ser visto como um tipo de discurso de ódio porque ele compromete duas dimensões centrais da vida dos membros de minorias raciais. Primeiro, ele impede que integrantes desses grupos possam gozar de respeitabilidade social, condição para que eles possam ser vistos como atores sociais competentes. Segundo, ele legitima práticas discriminatórias que impedirão o acesso de minorias raciais a oportunidade materiais. Dessa forma, o racismo recreativo compromete de forma direta o *status* cultural e o *status* material de minorias raciais. Portanto, não estamos falando de uma mera forma de sensibilidade individual, mas sim da possibilidade mesma das pessoas poderem sobreviver socialmente por meio do gozo de respeito social e oportunidades

---

[232] Ver, nesse sentido, MAIBOM, Heidi. "The descente of shame". *Philosophy and Phenomemological Research*, vol. 80, nº 3, 2010, pp. 566-594.

CAPÍTULO X – SOBRE RESPEITABILIDADE SOCIAL

materiais. O racismo recreativo cria obstáculos para que negros possam coletivamente ter acesso à respeitabilidade necessária para que possam ser percebidos como atores sociais competentes. Temos um número significativo de pessoas brancas – homens e mulheres, ricas e pobres, heterossexuais e homossexuais – empenhadíssimos na degradação moral de minorias raciais porque elas estão cientes de que a preservação dessa estratégia é essencial para a reprodução do sistema de privilégios que pessoas brancas gozam neste país.[233]

O conceito de consciência múltipla se mostra especialmente relevante para a nossa análise da respeitabilidade social. O que um jurista ou uma jurista que pensa como um negro deve fazer quando está analisando um caso de injúria racial? Ele deve se preocupar apenas com a avaliação da presença do elemento subjetivo do tipo penal? Ele ou ela deve se perguntar, primeiro, sobre as consequências psicológicas que uma pessoa enfrenta ao notar, desde a infância, que ela não possui o mesmo nível de respeitabilidade que uma pessoa branca goza na nossa sociedade. Ele ou ela deve ser sensível em relação às consequências da ausência de apreço social de membros de minorias raciais. Ele ou ela deve estar ciente das inúmeras consequências que a reprodução de estigmas sociais podem ter no psiquismo de membros de minorias raciais. Segundo, ele ou ela também precisa se preocupar com as consequências que a circulação de estereótipos tem no *status* coletivo de minorias raciais. Ele ou ela deve estar ciente de que crimes de injúria racial expressam um imaginário cultural que tem como propósito reproduzir a noção de que negros não são atores sociais competentes. O jurista ou a jurista que pensa como um negro não pode esquecer, ao analisar o crime de injúria racial, que o destino individual da pessoa negra está ligado ao destino coletivo dos membros desse grupo. Esse crime se dirige a um traço coletivo e que ele tem o objetivo de afirmar que todas as pessoas negras são

---

[233] MOREIRA, Adilson José. *Racismo recreativo*. São Paulo: Pólen, 2018, pp. 84-93.

inerentemente inferiores, uma vez que ele se dirige a uma forma de identidade coletiva. O crime de injúria racial não pode ser individualizado porque ele parte de representações coletivas sobre minorias raciais; ele é uma prática social que almeja impedir que minorias raciais possam ter o mesmo nível de respeitabilidade social de pessoas brancas. Quando um jurista branco afirma que esse crime não pode ser caracterizado quando uma mulher branca diz para uma mulher negra que ela deve ter muitos macacos em casa porque ela está comprando muitas bananas, ele está referendando uma ordem social baseada na função estratégica do desrespeito na construção de negros como pessoas inferiores, algo incompatível com uma ordem social democrática.[234]

A ausência de respeitabilidade social em relação a pessoas negras fundamenta uma série de comportamentos individuais e institucionais. A reprodução constante de estigmas raciais impede que pessoas negras possam ser reconhecidas como indivíduos que merecem o mesmo nível de empatia que pessoas brancas gozam na nossa sociedade. A ausência de estima social em relação a negros faz com que eles não sejam percebidos como profissionais que podem desempenhar suas funções de maneira adequada, que eles sejam preteridos nas oportunidades de promoções no espaço do trabalho, que eles sempre sejam vítimas da desconfiança de pessoas brancas sobre sua idoneidade moral, que eles não sejam classificados como parceiros sexuais adequados até mesmo por muitos membros de sua própria raça. A ausência de respeitabilidade social também significa que violações de direitos humanos cometidas contra pessoas negras não terão as mesmas consequências se tivessem sido cometidas contra pessoas brancas; na verdade, elas provavelmente não terão qualquer tipo de consequência para os autores. Imediatamente surgirão pessoas brancas e instituições controladas por pessoas brancas tentando descaracterizar o crime como uma violação

---

[234] BRASIL. Tribunal de Justiça de São Paulo. Apelação Criminal n. 990.08.068488-44, Órgão Julgador: 16ª Câmara Criminal, Relator: Pedro Menin, 18.11.2008.

CAPÍTULO X – SOBRE RESPEITABILIDADE SOCIAL

de direitos humanos. Assim, o assassinato de um homem negro dentro de um supermercado não será classificado como um ato de racismo porque a vítima tinha atitude suspeita. O assassinato será atenuado porque o homem negro já tinha passagem pela polícia. A polícia pode assassinar nove jovens negros na saída de uma festa e pessoas brancas de classe alta soltarão foguetes e dirão que a polícia agiu corretamente. A vasta maioria dos que se classificam como progressistas poderão protestar nas redes sociais, mas não tomarão nenhuma iniciativa concreta para que a investigação e a punição de crimes cometidos contra negros ocorram.

O tema da respeitabilidade social abre espaço para a discussão de outro aspecto relevante da experiência de pessoas negras nas sociedades liberais contemporâneas. Vários estudos no campo da psicologia e da sociologia demonstram que a experiência frequente de discriminação afeta a saúde mental de membros de certos grupos sociais, especialmente grupos raciais subalternizados. A vida em uma sociedade democrática implica um tipo bem específico de socialização: a utilização de direitos fundamentais como parâmetros para a autocompreensão dos indivíduos. Eles partem do pressuposto de que o *status* de cidadãos permitirá que eles possam atribuir sentidos e propósitos para a própria existência, que eles poderão construir planos de vida por meio do acesso a direitos. Direitos fundamentais operam então como um horizonte de sentidos para a construção de possibilidades de ser das pessoas que vivem em sociedades democráticas.[235] O gozo desses direitos é relevante para a manutenção de um processo psicológico muito importante: o desenvolvimento do sentimento de *autoeficácia*. Os indivíduos desenvolvem a percepção de que são atores sociais competentes na medida em que vivem em um entorno que permite a realização dos propósitos de suas ações, que elas surtirão os efeitos desejados, condição para que eles possam construir seus planos de vida. A

---

[235] *Cf.* COHN, Ellen S.: WHITE, Susan O. *Legal Socialization*: a study of norms and rules. Nova York: Springer-Verlag, 1990.

realização do mecanismo psicológico da autoeficácia depende diretamente do gozo de direitos, o que permite a formação da integridade psíquica, uma vez que a pessoa desenvolve as capacidades para poder enfrentar dificuldades que encontrará ao longo da vida. Observamos assim uma correlação direta entre gozo de direitos e saúde mental: quanto maior o acesso a direitos, maiores serão as condições para que os indivíduos possam se reconhecer como pessoas capazes de operar de forma autônoma, condição para o desenvolvimento da integridade psíquica dos indivíduos.[236]

Por outro lado, a experiência permanente de discriminação cria obstáculos para que uma pessoa possa desenvolver as habilidades necessárias para atuar de forma competente. Se membros dos grupos dominantes possuem meios mais extensos para desenvolver a consciência de sua eficácia pessoal, os que pertencem a grupos subalternizados enfrentam uma série de obstáculos para poderem realizar seus propósitos individuais. Essa experiência social pode ser responsável pelo aparecimento sobre o que tem sido chamado de *desamparo aprendido*, termo que designa a percepção de que a pessoa não tem controle sobre aspectos básicos de sua vida. Essa consciência influencia diretamente a operação do psiquismo do indivíduo porque ele passa a observar que o resultado de suas ações será sempre contingente, será quase sempre influenciado por forças sociais sobre as quais ele não tem controle. Essa realidade determina também a operação dos processos cognitivos do indivíduo, fazendo com que ele desenvolva a percepção de que suas ações nunca terão qualquer tipo de eficácia, o que influencia a maneira como ele interpreta a si mesmo. Consequentemente, essa representação que ele tem de si afetará seu comportamento, diminuindo suas expectativas sobre possíveis realizações pessoais.

---

[236] *Cf.* BANDURA, Albert. "Toward a psychology of human agency: pathways and reflections". *Perspectives on Psychological Science*, vol. 13, nº 2, 2017, pp. 130-136; BANDURA, Albert. "Self-reinforcement: theoretical and methodological considerations". *Behaviorism*, vol. 4, nº 2, 1976, pp. 135-155.

CAPÍTULO X – SOBRE RESPEITABILIDADE SOCIAL

Mais do que isso, essa situação de desamparo aprendido opera como uma fonte permanente de estresse emocional, elemento que provoca transtornos mentais diversos. Vários estudos demonstram que membros de grupos raciais subalternizados são especialmente vulneráveis a problemas dessa natureza, uma vez que são vítimas frequentes das mais diversas formas de práticas discriminatórias.[237]

Estudos recentes no campo da sociologia da saúde mental se debruçam sobre o tema do sofrimento social, termo que designa danos psíquicos decorrentes de uma pluralidade de fatores relacionados com a ausência de respeitabilidade social e de mecanismos capazes de promover maiores níveis de inclusão de grupos sociais que sofrem formas sistêmicas de desvantagem. Esse fenômeno decorre de processos socialmente produzidos e que se tornam responsáveis pela desestabilização de condições de vida. Ele é o resultado da consciência da existência de forças que operam contra a nossa existência, de forças que estão além do nosso controle pessoal e que comprometem nosso senso de humanidade e de necessidade de controle sobre nossas vidas, condição para estabilidade social e emocional. Por esse motivo, o que tem sido chamado de sofrimento social pode ser uma experiência destrutiva porque acarreta uma perda do nosso senso de humanidade. Embora as pessoas desenvolvam um sentimento de resiliência psíquica, esse problema pode causar a desestruturação psicológica dos indivíduos.[238] Mesmo sendo um tema presente nas representações de quase todas as culturas humanas, a reflexão sobre a *experiência coletiva* do sofrimento começa agora a ser objeto de análises sociológicas. O aparecimento de estudos que procuram pensar o sofrimento como uma experiência de desestabilização psíquica socialmente produzida possui

---

[237] Cf. PETERSON, Christopher; MAIER, Steven; SELIGMAN, Martin. *Learned helplessness*. Oxford: Oxford University Press, 3-13.

[238] WILKINSON, Iain. "Social suffering and human rights". *In*: CUSHMAN, Thomas. *Handbook of human rights*. Nova York: Routledge, 2016, pp. 146-156.

grande relevância para nossa reflexão sobre respeitabilidade social. Seguindo inúmeras pesquisas sobre eventos que produziram diferentes formas de devastação, estudos recentes priorizam a análise da significação humana deles, especialmente do ponto de vista psicológico. Mais do que relatar os fatos que provocam desestabilização social, essas análises sociológicas também examinam suas consequências existenciais, especialmente quando ele decorre de processos socialmente produzidos por forças econômicas, por arranjos políticos, pela reprodução permanente de representações culturais que retratam membros de grupos subalternizados como pessoas que não podem atuar de forma competente. A produção da desestabilização psíquica dos indivíduos opera como outro fator responsável pela estratificação entre diferentes segmentos sociais, uma vez que dificulta a mobilização psíquica deles para que possam superar a situação na qual se encontram.[239]

As evidências do impacto de práticas discriminatórias sobre a saúde mental de pessoas negras nas sociedades democráticas atuais são abundantes. O caráter sistêmico do racismo impede o acesso a gozo de direitos necessários para que indivíduos possam realizar seus planos de vida; essa realidade opera como um processo permanente de estresse emocional para essas pessoas. Esse problema adquire o *status* de um trauma coletivo responsável pela percepção de que elas nunca gozarão de respeitabilidade social, realidade que produz um processo de caráter intergeracional baseado na reprodução de desigualdades de oportunidades e de disparidades em equilíbrio emocional. Esses fatores estruturam uma experiência social coletiva baseada no enfrentamento constante de estresse emocional que resulta em um processo constante de exaustão mental que compromete todos os outros aspectos da vida

---

[239] WILKINSON, Iain. *Suffering*: a sociological introduction. Cambridge: Polity Press, 2005, pp. 2-10; WERLANG, Rosangela; MENDS, Jussara Maria Rosa. "Sofrimento social". *Serviço Social e Sociedade*, nº 116, out./dez. 2013, pp. 743-768.

de pessoa negras. A superação desse problema requer altos gastos de energia psíquica, de esforços coletivos, de recursos financeiros, de mobilização política por parte das pessoas por ele afetadas, o que adiciona outra desvantagem significativa para grupos raciais subalternizados. Pessoas negras são especialmente vulneráveis a alterações físicas e psíquicas em função da experiência permanente do racismo, situação que se mostra ainda mais grave em relação àquelas que pertencem a mais de uma minoria.[240] A intersecção entre racismo, sexismo, classismo e homofobia produz formas de desajustamento mental que podem desestabilizar os indivíduos e suas famílias, realidade que analisaremos no capítulo seguinte.

---

[240] Cf. WINTERS, Mary-Frances. *Black fatigue*: How racism erodes the mind, body, and spirit. Oakland: Berret-Koelher, 2020; WILLIAMS, Terrie. *Black pain*. Nova York: Scribner, 2009; HEAD, John. *Black men and depression*: Saving our lives, healing our families and friends. Nova York: Broadway Books, 2004; ROCHA, Renan; TORRENTÉ; Mônica; COELHO, Maria Thereza. *Saúde mental e racismo à brasileira*. São Paulo: Devires, 2021.

CAPÍTULO XI

INTERSECCIONALIDADE, MULTIDIMENSIONALIDADE E CONSCIÊNCIA MÚLTIPLA

Passo boa parte das minhas férias com meus familiares. Voltar para a cidade na qual nasci sempre me revigora; estar no lugar no qual construí relações pessoais e tive boa parte da minha formação acadêmica me traz um sentimento de pertencimento que não experimento em outros espaços. Sempre gostei muito de andar. Este livro foi em grande parte intelectualmente elaborado durante longas caminhadas pelas ruas do bairro no qual nasci e cresci. Esse lugar me lembra das histórias de pessoas negras com as quais convivi, mas que tiveram um percurso diferente do meu. Sempre tenho essa necessidade de tentar entender os motivos pelos quais os membros da milha família conseguiram obter formação superior, mas várias outras pessoas negras que lá moram não alcançaram esse objetivo. Éramos negros e pobres, morávamos no mesmo lugar, muitos estudavam nas mesmas escolas. Essas lembranças são sempre interrompidas com recordações de discursos de juristas brancos que defendem políticas sociais universais como medidas capazes de promover inclusão social de negros e brancos. Muitas famílias brancas que moravam nessas mesmas ruas mudaram para lugares mais afluentes ao longo do tempo. Às vezes chegavam notícias sobre elas. Alguns tinham chegado à faculdade, outros imigraram para os Estados Unidos, alguns se tornaram bem sucedidos depois que pequenos empreendimentos se tornaram grandes negócios. Minha família sempre fez parte de um dos poucos grupos que obtiveram algum nível de ascensão social. Esse bairro é agora habitado quase exclusivamente por pessoas negras. Quase todas elas não tiveram acesso aos mecanismos que possibilitaram a melhoria de condições de vida dos antigos moradores brancos.

Eu me recordo especialmente de uma família negra que morava quase em frente da minha casa. Um casal com quatro filhos e uma filha. Crescemos juntos, brincávamos juntos. Não tinha um único dia que não estávamos fazendo alguma coisa em grupo. Mas nossas experiências não eram exatamente iguais. Meu pai conseguiu se tornar funcionário público e isso permitiu que ele tivesse um nível de estabilidade material que a maioria das famílias negras do bairro não tinha. O fato de ele ser funcionário público nos garantiu acesso às melhores escolas públicas da cidade. Essa base material e uma relação harmoniosa entre meus pais na maior parte do tempo permitiram a mim e a meus irmãos e irmãs desenvolvermos um senso de resiliência mental e emocional. Bem, nós sempre conversávamos sobre nossos planos profissionais, embora essas conversas sempre tivessem um alto grau de incerteza, tendo em vista o fato de que já sabíamos dos obstáculos que a vida em uma sociedade violentamente racista reserva para pessoas negras. O importante é que tinham as mesmas ambições e esperança sobre nosso futuro.

Uma série de problemas não permitiu que as ambições desses amigos de infância se tornassem realidade. O pai não conseguia arrumar um emprego estável porque era um homem negro com baixa escolaridade e morador de uma área periférica. A extrema dificuldade de sustentar a família fez com que ele se voltasse para a bebida com frequência cada vez maior, até que esse problema tomou conta de sua vida. As agressões aos filhos e à esposa começaram. A esposa também não conseguia trabalho com facilidade por ser

CAPÍTULO XI – INTERSECCIONALIDADE...

uma mulher negra com apenas alguns anos de educação formal, o que a relegava a uma situação de dependência econômica do marido. Eles passaram a depender da aposentadoria da avó, uma pessoa especialmente difícil que se referia aos netos como produto de uma "barrigada maldita". A mãe deles não aguentou essa situação e saiu de casa com a filha. A situação de desespero desses amigos de infância não poderia ter sido maior. Eles abandonaram a escola para poder trabalhar porque as chances de o pai conseguir emprego eram ainda menores com o alcoolismo. Chegou um momento no qual o pai efetivamente não conseguia qualquer tipo de ocupação, pois a adicção comprometeu sua saúde por completo. Um perigo se mostrou cada vez mais concreto na medida em que se aproximaram da vida adulta e as condições pioravam: a repetição do mesmo destino do pai. Aqueles homens negros pobres com baixa escolaridade tinham poucas chances de conseguirem qualquer tipo de emprego que pudesse dar algum tipo de vida minimamente digna. A convergência do racismo e da pobreza tornou os projetos de infância impossíveis de serem alcançados. A filha, que depois também foi rejeitada pela mãe, passava por situações ainda mais problemáticas, pois às questões acima mencionadas se juntava o problema do sexismo. Uma gravidez indesejada ocorreu na adolescência; a ausência de acesso a serviços médicos qualificados fez com que ela tomasse remédios que prejudicaram a criança que esperava, menina que nasceu sem a mão direta. Junto a tudo isso, a avó reclamava continuamente de ter que sustentar os netos que agora seguiam os mesmos passos do pai.

Todos os filhos se tornaram alcoólatras e morreram por razões relacionadas a essa forma de adicção. O mais velho morreu na prisão; ele matou a companheira durante uma discussão gerada pelo excesso de bebida. Os outros três irmãos morreram de cirrose. Os dois irmãos do meio faleceram alguns anos depois do irmão mais velho. As pessoas que ainda moravam no bairro me contavam que eles viviam tão bêbados que não conseguiam abrir o portão da casa e acabavam dormindo na rua. O caçula foi o último a falecer.

Além de ser um homem negro pobre, era também um homossexual bastante efeminado. Era sempre ridicularizado por todos os vizinhos; muitos tinham nojo da forma como ele se comportava. A família pensou que ele conseguiria superar o problema com a bebida depois que começou a trabalhar em um salão de beleza, mas a lembrança de ter sido abandonado pela mãe o torturava. Ele descobriu onde ela estava, pediu para ir morar com ela, mas ela tinha constituído outra família. Também perdeu a vida pelo mesmo motivo dos outros irmãos. O pai viu todos os seus filhos morrerem em função do alcoolismo, o que veio também a ser a causa de seu falecimento. Apesar de sofrer a convergência da discriminação racial, da discriminação sexual e pela discriminação baseada na classe social, a filha foi a única que sobreviveu.

Muitos culparam o pai pela situação dos filhos, outros responsabilizaram a mãe pela morte deles. Mas será mesmo que eles morreram somente por causa do alcoolismo e do abandono? Podemos atribuir a esses indivíduos responsabilidade total por esses acontecimentos? Tenho dificuldade de fazer uma análise meramente acadêmica de uma história tão triste e tão próxima de mim como essa. Um homem negro testemunha seus irmãos negros e irmãs negras caindo ao longo da vida e esse fato é uma fonte permanente de consternação. De qualquer forma, eu preciso superar essa dificuldade. Devo encontrar uma explicação para esse problema porque juristas brancos não têm ideia dos efeitos devastadores do racismo na vida de pessoas negras. Durante muito tempo eu não tinha elementos intelectuais para compreender essa situação, mas anos de estudo sobre teorias de discriminação me proporcionaram os elementos para entender a dimensão social dos problemas que essas pessoas enfrentaram. Muitos participantes do debate sobre a constitucionalidade de medidas de inclusão racial por instituições públicas e privadas defendem políticas inclusivas universais, tese baseada no pressuposto de que negros e brancos possuem a mesma experiência social. Essa premissa é bastante questionável porque nem mesmo pessoas negras têm experiências sociais comuns. Há uma pluralidade de identidades dentro desse segmento social, sendo que ela é decorrente da ação paralela e convergente de diferentes sistemas de opressão, razão pela qual os membros de uma mesma família negra podem ter experiências sociais distintas. Boa parte da população negra brasileira está atravessada pelos problemas gerados pelo racismo e pela pobreza. O racismo é um sistema de dominação social que procura garantir vantagens competitivas para pessoas brancas, o que requer a exclusão sistemática de minorias raciais de oportunidades sociais. Mas a experiência de pessoas negras também é permeada por outros sistemas de dominação social como o sexismo e a homofobia, o que torna a vida dos membros desse grupo inteiramente distinta de pessoas brancas, uma vez que o racismo as situa em um lugar de vantagem estrutural em todos os âmbitos da vida social.[241]

Os membros daquela família ocupavam posições de subordinação nas várias estruturas criadas por mecanismos de marginalização. O racismo, o sexismo, a homofobia e o classismo os deixavam em uma situação de grande desvantagem e esse acúmulo de desvantagens os tornava pessoas extremamente vulneráveis. Juristas brancos acreditam que todas as pessoas são capazes de tomar decisões sobre suas vidas; eles partem do pressuposto de que elas não encontram impedimentos estruturais para que possam operar como agentes autônomos. Essa perspectiva individualista não os permite perceber os meios a partir dos quais formas de exclusão afetam a vida de minorias raciais e sexuais. Que tipo de ação autônoma aquelas pessoas negras podiam ter se o sistema de dominação racial e o sistema dominação sexual que vigora neste país as submetem a diferentes tipos de subordinação? Os seres humanos só podem agir de maneira autônoma na medida em que encontram meios para exercer controle sobre aspectos centrais das suas vidas, o que está longe de ser a realidade de parte significativa da população negra

---

[241] COLLINS, Patricia Hill; BILGE, Sirma. *Intersectionality*. Cambridge: Polity Press, 2016, pp. 1-31.

brasileira, pois elas são diariamente excluídas de oportunidades sociais. A pobreza extrema na qual se encontravam gerada pela ação do racismo restringiu de forma significativa a possibilidade de eles construírem um futuro; limitou de forma significativa a possibilidade de poderem se reconhecer como atores sociais competentes e de serem reconhecidos pelos outros dessa forma.

O caráter estrutural e interseccional do racismo nos ajuda a entender a história daquelas pessoas negras, situação semelhante à de várias outras que vivem na nossa sociedade. Essas duas dimensões desse sistema de dominação nos mostram que ele não pode ser pensado apenas como um tipo de comportamento individual, mas sim como um modo de operação social que possui uma complexidade significativa. O racismo opera paralelamente com outros sistemas para promover a marginalização de minorias raciais, o que afeta seus membros de forma distinta. Se a experiência de negros e brancos é estruturalmente diferente, a experiência de homens negros e de mulheres negras também está marcada por distinções, o mesmo vale para a vida de pessoas negras heterossexuais e homossexuais. O caráter estrutural do racismo nos mostra que ele possui uma natureza sistêmica porque faz parte da operação de inúmeras instituições públicas e privadas. Isso significa que desvantagens sociais são acumuladas em diferentes esferas da vida de minorias raciais, situação que se repete geração após geração. O pai dos meus amigos de infância não conseguia emprego que lhe proporcionasse renda suficiente para cuidar dos filhos porque tinha permanecido poucos anos na escola. Como as pessoas das gerações anteriores, ele também teve que parar de estudar quando criança para ajudar a família, o que o impediu de acumular património e transmitir segurança material para seus filhos. A ausência de qualificação profissional dificultou de forma significativa acesso a um bom emprego, o que criou obstáculos para a aquisição de moradia, motivo pelo qual vivia com sua esposa e cinco filhos em um terreno de trezentos metros quadrados com outras duas famílias. Essa situação era fonte de estresse para a sua esposa, pessoa

CAPÍTULO XI – INTERSECCIONALIDADE...

que precisava resolver os conflitos com o marido, as desavenças entre os filhos e também os problemas que surgiam com as outras famílias que moravam no mesmo lugar. Aliada à discriminação no mercado de trabalho e ao fato que o marido não permitia que engajasse em qualquer atividade laboral, aquela mulher sofria as consequências de formas de subordinação que lhe custavam sua estabilidade mental.[242]

A interseccionalidade é uma proposta analítica baseada na premissa segundo a qual a luta contra a subordinação requer a consideração da ação concomitante de diferentes vetores de discriminação que colocam os sujeitos em uma posição estruturalmente distinta daqueles com os quais são geralmente comparados. Juristas brancos alegam que medidas universais podem promover a plena integração de minorias raciais, mas ignoram que a ideia de justiça simétrica defendida por eles não considera a pluralidade de experiências existente entre grupos raciais e dentro dos grupos raciais. A compreensão da igualdade a partir de um único parâmetro de comparação encobre a experiência de grupos sociais que sofrem as consequências da convergência de mecanismos discriminatórios como o racismo e o sexismo. Esse fato mostra que a simples análise da racionalidade do critério de tratamento diferenciado possui uma limitação significativa porque o caráter estrutural dos sistemas de opressão coloca esses indivíduos em situações inteiramente distintas das de outros segmentos com os quais têm identidades comuns. Minorias raciais e sexuais não estão e nunca estiveram similarmente situadas em relação aos membros de grupos majoritários em função da ação conjunta de diferentes formas vetores de discriminação. Parte-se do pressuposto de que a luta contra a subordinação requer a consideração daqueles que sofrem diferentes formas de opressão, pois seu entendimento como algo que opera

---

[242] CRENSHAW, Kimberlé. "Mapping the margins: intersectionality, identity politics, and violence against women of color". *Stanford Law Review*, vol. 43, n° 5, 1991, pp. 1241-1299.

apenas a partir de um único vetor contribui para a permanência das hierarquias que operam entre nós.[243]

Falar sobre interseccionalidade requer o reconhecimento dos problemas associados a uma concepção essencialista dos grupos humanos e dos seus pertencimentos: certas comunidades são representadas como um conjunto de pessoas que possuem as mesmas características e as mesmas experiências. Embora esse expediente possa ser relevante para os processos de mobilização política, ele se mostra problemático quando consideramos a diversidade interna sempre presente nos agrupamentos humanos. Esse fato faz com que as experiências de certos segmentos de uma minoria sejam diferentes da dos demais, motivo pelo qual a vida dos membros dos grupos dominantes não pode ser tomadas como universais. Certos sujeitos não experienciam a discriminação da mesma forma porque compartilham algum tipo de privilégio com os grupos majoritários. Poucas pessoas estão apenas em uma posição de privilégio ou só de subordinação; muitas delas ocupam as mais variadas posições dentro das estruturas de poder existentes dentro de uma sociedade. Homens negros sofrem as consequências da discriminação racial, mas são beneficiados pelo sistema patriarcal, o que distingue a situação deles daquela enfrentada por mulheres negras. O pai dos meus amigos era discriminado no mercado de trabalho, mas, mesmo assim, conseguia emprego com mais facilidade do que sua esposa. O sistema patriarcal legitimava sua decisão de exigir que sua mulher só se ocupasse de serviços domésticos. A divisão sexual do trabalho faz com que empregadores pressuponham que mulheres casadas não precisam ter uma atividade profissional porque serão responsáveis por atividades domésticas. Mulheres brancas

---

[243] CRENSHAW, Kimberlé. "Demarginalizing the intersection of race and sex: a black feminist critique of antidiscrimination doctrine, feminist theory, and antiracist politics". *University of Chicago Legal Forum*, vol. 1989, nº 1, 1989, pp. 145-151.

CAPÍTULO XI – INTERSECCIONALIDADE...

e negras sofrem igualmente as consequências do sexismo, mas as primeiras compartilham os privilégios decorrentes de serem brancas. As mulheres negras formam então uma minoria dentro de uma minoria por enfrentarem a exclusão a partir de vetores distintos. Mais especificamente, a experiência social da mulher negra é marcada pela ação concomitante do racismo e do sexismo. A atuação desses dois vetores de discriminação tem um papel expressivo na construção na experiência social desses indivíduos, fazendo com que a raça se constitua parcialmente em função das relações de opressão baseados no gênero e o gênero também seja um reflexo das relações hierárquicas decorrentes da raça. Essa é uma experiência distinta de boa parte de pessoas brancas cujo *status* como membro do grupo dominante sempre as situarão em uma situação de vantagem. A defesa de medidas universais opera então como um meio de invisibilização da experiência de grupos que são duplamente marginalizados, motivo pelo qual a experiência da mulher branca pobre não é a mesma da mulher negra pobre na sociedade brasileira.[244]

Penso que essa convergência de fatores de exclusão teve um peso significativo na decisão da mãe de deixar seu o marido e os filhos. É certo que outros fatores também tiveram importância nesse processo, mas ela procurava se afastar de uma situação de subordinação na qual se encontrava. De um lado ela enfrentava uma situação de violência constante decorrente do racismo presente na sociedade como um todo, o que a tornava economicamente dependente do marido. Ela também se afastou de uma situação que poderia ter lhe custado a vida. Ações judiciais estavam fora daquela realidade, não havia mecanismos de proteção estatal contra a violência doméstica naquele momento histórico. A violência que sofria do marido está relacionada com processos sociais que constroem a masculinidade negra como um tipo de identidade subordinada,

---

[244] DELGADO, Richard; STEFANCIC, Jean. *Critical race theory*: an introduction. Nova York: New York University Press, 2001, pp. 51-56.

uma identidade formada a partir da identidade racial e também da posição que o indivíduo ocupa dentro do sistema de classes. A impossibilidade de se adequar a esse ideal de humanidade é um dos motivos pelos quais ele descarregava sua agressividade na mulher. A mulher negra se torna a vítima de um mecanismo de violência que determinava em grande parte o comportamento de seu marido. O abandono de uma realidade de pura violência decorre da necessidade de ela proteger a própria integridade física e psíquica.

A teoria da interseccionalidade fornece elementos de extrema relevância para entendermos a situação dessa mulher negra que procura fugir do problema da violência. Mas devemos nos perguntar se ela se mostra suficiente para analisarmos a situação de todos os membros dessa família. O caráter estrutural do racismo e do classismo fornece parâmetros muito relevantes para entendermos a situação dos filhos, mas não do filho mais novo que também enfrentava o problema da discriminação baseada na orientação sexual. A perspectiva acima mencionada mostra que mulheres negras são sujeitos interseccionais, mas o racismo e o sexismo não são os únicos sistemas de dominação que possuem uma natureza estrutural. Dentro de uma sociedade capitalista e patriarcal, o classismo e a homofobia cumprem um papel central na manutenção de uma ordem social que estabelece o homem branco heterossexual de classe alta como o parâmetro fundamental de humanidade. Dessa forma, a questão da sexualidade precisa ser vista como um elemento central da agenda antirracista porque ela também opera como um fator de exclusão de homens e mulheres negros que pertencem a minorias sexuais. A representação da heterossexualidade como a única expressão aceitável da sexualidade humana significa que homossexuais sofrerão formas de discriminação em todas as instâncias da vida, situação que se tornará ainda mais problemática quando essa pessoa também é membro de uma minoria sexual. A teoria da multidimensionalidade surge com o objetivo específico de analisar como desigualdades baseadas na raça e na classe impactam o *status* material e o *status* cultural de minorias sexuais. Essa análise multidimensional procura revelar as relações entre várias dimensões ou aspectos da identidade pessoal. Se a teoria da interseccionalidade surgiu com o propósito de examinar as relações entre racismo e sexismo na experiência das mulheres negras, a teoria da multidimensionalidade analisa o racismo, o classismo e a homofobia como mecanismos de subordinação de homossexuais negros. Ela procura demonstrar a complexidade dos sistemas de opressão, como também da identidade individual. Argumenta-se então que a comunidade negra está composta por pessoas de sexos diferentes que possuem vivências sociais distintas, mas também por pessoas que possuem uma orientação sexual dissidente, além dos que sofrem as consequências da marginalização econômica. Esse tem sido um dos principais motivos pelos quais a questão da identidade se tornou um ponto central do debate sobre direitos humanos: o sujeito humano deve ser visto a partir das várias posições que ele ocupa dentro da realidade social. Aqueles que são discriminados em função da orientação sexual podem também ser oprimidos por causa da identidade racial, o que gera a exclusão econômica. A racialização da sexualidade e a sexualização da raça provocam desigualdades de respeitabilidade e também a desigualdade material que atingem heterossexuais e homossexuais dentro da comunidade negra.[245]

Eu me lembro de maneira muito vívida como essa situação afetou a vida do membro mais novo daquela família negra. É certo que os irmãos heterossexuais também sofriam as indignidades do racismo, mas nunca tiveram que enfrentar violência física e simbólica por serem homossexuais. Seu comportamento efeminado se manifestou desde muito cedo, motivo pelo qual sofria frequentes ataques verbais dos vizinhos e também de estranhos. Essas agressões não decorriam apenas do fato de ser efeminado, mas porque

---

[245] HUNTCHINSON, Darren Lenard. "Ignoring the sexualizartion of race: heteronormativity, critical race theory and anti-racist politics". *Buffalo Law Review*, vol. 47, nº 1, 1999, pp. 1-16; BENITEZ, Maria Elvira Diez. "Além de preto, viado. Etiquetando sujeitos experiências nos mundos homossexuais". *Sexualidade, Gênero e Sociedade*, vol. 13, nº 26, 2006, pp. 1-10.

seu comportamento era visto como uma afronta à masculinidade negra. "É preto e ainda viado", ouvi as pessoas dizerem dezenas de vezes. Esse comportamento também era motivo para a reprovação do pai, pessoa que simplesmente fingia que ele não existia. Bem, essa era a atitude dele em relação a todos os filhos, mas o desgosto dele em relação à ausência de virilidade do mais novo era patente. Ele procurava encontrar explicações para o comportamento do filho mais velho que agredia a companheira com frequência, mas não hesitava em expressar seu desgosto em relação ao filho efeminado. Como ele era visto como um homem que queria ser uma mulher, o pai atribuía a ele a tarefa de cuidar da casa, o que ele entendeu ser uma forma de negociar a sua identidade dentro daquela família, embora isso não impedisse agressões do genitor e dos irmãos.

Os problemas com a bebida tiveram início na adolescência. Lembro que uma vez falei com ele sobre a necessidade de estudar, de procurar algum futuro que ele escolhesse, mas essa fala parecia ser uma conversa muito abstrata para um homem negro, homossexual, periférico e efeminado. De certa forma, ele aprendeu a rir dos olhares reprovadores e das ofensas que os vizinhos lhes dirigiam, mas isso não eliminava o fato de que percebia o desprezo e o olhar de ódio deles. Na medida em que o tempo passava, o problema da solidão ao qual estaria submetido ficava cada vez mais evidente. Ele era um homem negro, homossexual e periférico de um país periférico vivendo dentro de um grupo social no qual o ideal estético e afetivo é construído a partir das referências hegemônicas estabelecidos por elites homossexuais brancas de países do norte global. Seu corpo só poderia ser reconhecido como um objeto de mera satisfação sexual ou como algo que não pode ser sexualizado porque era totalmente fora dos padrões culturalmente celebrados no meio homossexual. Ao problema da solidão afetiva se somava a questão da solidão familiar porque ele não podia contar com o apoio emocional de seu pai e irmãos. Os irmãos heterossexuais conseguiam encontrar companheiras, mas ele não podia aspirar nada mais do que encontros sexuais fortuitos com alguns dos homens que o condenavam publicamente.

Não tive mais contato com ele, mas conhecidos comuns me diziam que no fim de sua vida, de apenas dezenove anos, ele bebia álcool com água para poder saciar sua adicção, um problema causado pela convicção de que não tinha valor algum.

O racismo, o sexismo, o classismo e a homofobia determinaram o destino dessas pessoas de outra forma importante. O seio familiar é um lugar no qual as pessoas desenvolvem mecanismos básicos para que possam construir uma imagem pessoal positiva, o que se dá pela construção de referenciais afetivas estáveis e positivas. A possibilidade de os pais desempenharem a função de apoio no desenvolvimento emocional dos filhos está amplamente relacionada com o *status* material e cultural que possuem. Na medida em que pessoas conseguem se perceber como atores sociais competentes, elas também conseguem se reconhecer como referências positivas para os outros, mas isso depende do tipo de repertório identificatório disponível para elas. Esse repertório identificatório engloba oportunidades materiais, mas também o gozo de respeitabilidade social. O desenvolvimento psicológico dos indivíduos ficará amplamente comprometido se eles não possuem comando dos elementos necessários para que o que psicólogos cognitivistas chamam de processo de autoverificação, a possibilidade de as pessoas terem acesso aos meios psicológicos para se reconhecerem como atores sociais competentes. Em uma sociedade marcada por desigualdades de *status* cultural e de *status* material entre negros e brancos, muitas pessoas que não têm referências afetivas e bens materiais que lhes permitam o desenvolvimento de um senso de resiliência mental poderão desenvolver o desamparo aprendido, a certeza de que nunca terão comando sobre meios necessários para poderem ser reconhecidas e se reconhecerem como atores sociais competentes. A operação desses sistemas de opressão contribui então para o comprometimento da estabilidade emocional das pessoas, principalmente de minorias raciais e sexuais.[246]

---

[246] Ver, nesse sentido, BURKE, Peter. "Identity processes and social stress". *American Sociological Review*, vol. 56, n° 6, 1991, pp. 836-849; ROSS,

Os conceitos de interseccionalidade e de multidimensionalidade indicam dois caminhos possíveis para compreendermos o princípio da igualdade no mundo atual. Tenho afirmado desde o início deste livro que esse preceito deve procurar promover a emancipação de grupos tradicionalmente subordinados. A situação de marginalização na qual os membros daquela família se encontravam não pode ser vista como consequência de formas de exclusão social que operam apenas por meio de desvantagem de classe, mesmo porque essa forma de desvantagem decorre da ação conjunta de outros sistemas de dominação. Pensar a igualdade a partir da noção de simetria implica uma compreensão da sociedade como um conjunto de indivíduos que possuem uma experiência social unificada, o que está longe da realidade de todas as sociedades humanas. Essa perspectiva mostra-se problemática porque as pessoas possuem uma pluralidade de identidades que são produto da inserção delas nas estruturas sociais, identidades que não são necessariamente construídas pelos indivíduos, mas atribuídas pelos grupos sociais hegemônicos, o que torna a comparação um elemento inadequado para tratar pessoas que estão em situações estruturalmente diferentes. O conceito de justiça simétrica parte do pressuposto de que as relações humanas dentro de uma democracia liberal estão isentas de hierarquias arbitrárias, o que leva o jurista branco a interpretar uma norma sem considerações do contexto social no qual os sujeitos vivem. Assim, mais do que pensar o indivíduo a partir de critérios singulares de comparação, deve-se também observar a posição que esse sujeito ocupa dentro das relações sociais. O conceito psicanalítico de posições de sujeito nos ajuda aqui a compreender a peculiaridade da experiência humana: a identidade e a posição social do sujeito são criadas e recriadas dentro de uma rede de sentidos culturais que funcionam como uma estrutura que dá significado à sua experiência. Por esse motivo, a igualdade

---

Catherine; SASTRY, Jaya. "The sense of personal control". *In*: ANEHENSEL, Carol (Coord.). *Handbook of the sociology of mental health*. Nova York: KluwerAcademic, 1999, pp. 369-394.

precisa estar baseada em uma equivalência entre as várias formas de lutas emancipatórias, ponto de partida para a compreensão desse princípio como um mecanismo de transformação social.[247]

Devemos então fazer a seguinte pergunta: a realidade dessa família poderia ser diferente se tivéssemos programas bastante amplos de ações afirmativas nas instituições públicas e privadas? Penso que a resposta para essa questão deve ser positiva porque essas iniciativas têm um objetivo importante: proteger minorias raciais e sexuais de práticas discriminatórias que as impedem de ter acesso a oportunidades profissionais. Ações afirmativas para negros na iniciativa privada poderiam ter garantido emprego para o pai dessa família, o que teria evitado o comportamento depressivo que contribuiu para o alcoolismo. O mesmo raciocínio vale para a sua esposa, que também poderia ter mais independência econômica se não tivesse que enfrentar os problemas decorrentes dos problemas associados com a convergência do racismo, do sexismo e do classismo. A estabilidade econômica da família teria contribuído para que os filhos pudessem ter tido acesso a escolas de melhor qualidade, o que lhes teria garantido um futuro profissional melhor. A segurança econômica também teria evitado o grande custo emocional dos filhos testemunharem a violência doméstica; eles poderiam estar em um meio familiar no qual a violência não fosse uma forma de exercício doentio da masculinidade. O acesso a melhores condições de estudo teria possibilitado a quebra de um ciclo de exclusão que se perpetua de uma geração para outra, impedindo que o racismo estrutural definisse o destino dos membros daquela família.[248]

---

[247] LACLAU, Ernesto. *Emancipation(s)*. Nova York: Verso, 1996, pp. 1-20; MOUFFE, Chantal. *The return of the political*. Londres: Verson, 1993, pp. 64-74.

[248] Para uma análise de ações afirmativas como políticas de integração social e como mecanismos antidiscriminatório ver, entre outros, MOREIRA, Adilson José. "Miscigenando o círculo do poder: ações afirmativas, diversidade racial e sociedade democrática". *Revista de Direito da Universidade Federal do Paraná*, vol. 6, nº 2, 2016, pp. 117-148; CARVALHO, José Jorge de. *Inclusão*

A existência de medidas de inclusão racial na iniciativa pública e na iniciativa privada também protege homens negros e mulheres negras homossexuais de forma significativa. Homossexuais negros enfrentam dificuldades no acesso à educação porque a escola é um ambiente especialmente hostil para eles; os que conseguem passar por essa fase enfrentam a discriminação sistemática por serem homossexuais e por serem negros no mercado de trabalho, o que será ainda mais insidioso em relação aos que são efeminados. Por esses motivos, eles precisam ainda mais de proteção legal contra formas de discriminação pervasivas, uma vez que o homem branco heterossexual sem deficiência física de tipo ariano é tipo como o empregado ideal. Medidas de reconhecimento e de redistribuição são então extremamente importantes. Devemos promover mudanças nas formas como as instituições públicas e privadas tratam membros de minorias sexuais, elas devem também se engajar na promoção de políticas redistributiva como ações afirmativas para garantir que essas pessoas poderão ter uma base material de existência. Políticas de acesso ao ensino superior, acompanhadas de políticas de diversidade nas empresas privadas, constituem uma forma de proteção social dos membros desse grupo. Eles poderão ainda ter ainda mais protagonismo na própria comunidade negra, de forma que a promoção da inclusão de minorias sexuais seja também uma pauta importante para essa coletividade.

Devemos nos perguntar ainda: essa argumentação possui base constitucional? Afirmamos anteriormente que o conceito de igualdade está ancorado em uma representação do nosso texto constitucional como um programa de transformação social. Essa perspectiva é confirmada pela menção a normas jurídicas que pretendem garantir diferentes dimensões desse princípio a diversos grupos tradicionalmente discriminados. Depreende-se da

---

racial étnica e racial no Brasil. São Paulo: Attar, 2006; FAIR, Bryan. *Notes of a racial caste baby*: color blindness and the end of affirmative action. Nova York: New York University Press, 1997.

sua argumentação que a Constituição Federal procura garantir a igualdade de *status* entre grupos sociais: os diferentes segmentos devem gozar das mesmas oportunidades, não sendo legítimas diferenciações baseadas em critérios de tratamento diferenciado que o sistema jurídico considera moralmente insignificantes. A ordem social que esta forma de constitucionalismo pretende criar não tem como fundamento apenas a igualdade formal ou proporcional entre os indivíduos, mas também a isonomia jurídica à qual se chega por meio do respeito pelo pluralismo cultural, o que implica a necessidade do reconhecimento da igualdade moral como uma prática política. Por meio da respeitosa convivência dos contrários, chega-se à superação de relações servis entre grupos sociais, um dos objetivos da nossa ordem constitucional. A ênfase na importância da noção de reconhecimento em decisões recentes do Supremo Tribunal Federal está também diretamente relacionada com a visão da liberdade, outro princípio basilar da ordem constitucional brasileira. Devemos eliminar aquelas diferenciações que restringem a autonomia dos indivíduos de forma indevida. A possibilidade de ação autônoma exige que eles tenham acesso a garantias e direitos para que possam tomar decisões centrais sobre suas vidas, possibilidade vedada àqueles grupos que se encontram em uma situação de grande vulnerabilidade social.

Acreditamos então que ações afirmativas permitem o gozo de direitos fundamentais que possuem relevância considerável para a solução de um problema central da teoria jurídica: o descompasso entre a presunção da capacidade do Direito Constitucional de regular a sociedade e uma realidade que opera segundo mecanismos distintos daqueles presentes no discurso dos direitos. Pensar a igualdade como um princípio destinado à garantia do tratamento simétrico entre indivíduos permite a continuidade de modos de operação que condicionam o acesso a direitos à conformidade às identidades normativas. A ideia de justiça simétrica está baseada em uma forma de homogeneidade social que simplesmente não existe em nenhuma comunidade política democrática. Por esse motivo, precisamos estar atentos às múltiplas inserções sociais dos indivíduos e as consequências concretas que elas podem ter na vida deles. O jurista e a jurista que pensam como um negro não podem nunca se afastar da análise da interseccionalidade e da multidimensionalidade porque são instrumentos de importância fundamental para compreendermos a pluralidade de experiências de pessoas negras. Essas perspectivas devem servir como parâmetros para a construção de sua consciência múltipla, pois elas fornecem elementos para que ele possa entender o contexto social e histórico no qual as pessoas vivem.

A análise dessas duas perspectivas interpretativas tem grande importância para refletirmos sobre o tema da consciência múltipla. A pressuposição de que brancos e negros possuem a mesma experiência social está baseada em um tipo de essencialismo que ignora a pluralidade de experiências dos grupos humanos e das identidades que eles possuem. Para o jurista branco, todos os brancos são iguais, todos os negros são iguais. Aliás, para o jurista branco, raça não existe, motivo pelo qual não podemos classificar as pessoas a partir desse critério. Mas esse raciocínio é exatamente o fator que demonstra sua concepção essencialista dos seres humanos. Todas as pessoas têm as mesmas experiências sociais, então todas elas devem ser tratadas da mesma forma. A história dessa família nos mostra que as pessoas possuem uma pluralidade de identidades que as situam em diferentes relações hierárquicas responsáveis por processos de subordinação. Por esse motivo, o jurista e a jurista que pensam como um negro deve interpretar normas constitucionais a partir da perspectiva de um subordinado: ele deve considerar a experiência daqueles que enfrentam situações de desvantagem sistêmica. Ele não precisa ter acesso à experiência subjetiva daqueles que são discriminados; ele precisa apenas conhecimento dos modos de operação dos sistemas de dominação e como eles afetam a vida de minorias. Quando examina um caso de racismo ou a constitucionalidade de políticas de diversidade, ele deve considerar qual será o impacto dessas medidas no *status* de minorias raciais.

CAPÍTULO XII

QUAL É O SENTIDO DA IGUALDADE PARA UM JURISTA QUE PENSA COMO UM NEGRO?

É muito interessante observar como nossa compreensão da igualdade muda ao longo do tempo. Como disse antes, nunca fui tratado de forma igualitária dentro do ambiente escolar quando era criança. Minhas professoras sempre motivavam meus colegas brancos a seguirem as mais diversas carreiras. Elas aplaudiam suas escolhas e diziam que eles certamente conseguiriam alcançar seus objetivos. Minha situação era bem diferente. Elas sempre me diziam que eu deveria ter pretensões menos ambiciosas. Negros aprendem a identificar a condescendência de pessoas brancas desde cedo. Eu dizia que queria ser um físico ou advogado e elas indagavam se eu realmente achava que poderia alcançar esse objetivo. Elas diziam que eu era até inteligente, mas que deveria ser mais realista. Os outros alunos brancos não tinham condições econômicas melhores do que as minhas, mas o fato de serem brancos já determinava que eles tinham os propósitos certos. Bem, eu ansiava naquele momento pelo mesmo tipo de tratamento, a mesma motivação, o mesmo reconhecimento da minha capacidade. Eu desejava o mesmo procedimento. Elas também deveriam me incentivar da mesma maneira do que os outros meninos; isso satisfaria minha busca pelo mesmo tipo de apreço. Comecei a buscar outra forma de igualdade quando era adolescente, momento no qual teve início minha atuação no movimento negro. Era uma instituição inspirada pelo marxismo e muitos de seus membros achavam que disparidades entre negros e brancos seriam resolvidas com políticas distributivas. Ainda passei por outro movimento negro de inspiração culturalista: seus líderes achavam que os problemas da população negra poderiam ser resolvidos com a afirmação cultural dos negros, que essa seria a principal forma de afirmação da dignidade do povo negro.

Não abandonei a defesa dessas diferentes formas de igualdade, mas não penso que elas sejam suficientes para a promoção da emancipação população negra. O amadurecimento pessoal e intelectual nos mostra que elas possuem um ponto em comum: são dimensões necessárias na formulação de estratégias da luta contra a subordinação, objetivos que requerem articulações mais complexas. Sabemos que o racismo estabelece diferenciações de *status* cultural e *status* econômico e essa é a razão pela qual devemos pensar a interpretação do princípio da igualdade a partir de uma perspectiva integrada. A interpretação da igualdade deve ter um propósito claro: a promoção da igualdade de *status* entre grupos sociais. As formas paralelas de discriminação que pessoas negras sofrem concorrem para a reprodução de tipos de desigualdades no plano cultural e material. Esses dois âmbitos estão sempre se reforçando para reproduzir uma realidade social que juristas brancos pensam estar relacionada apenas com questões de ordem material. Nossa moralidade pública baseada na ideia de neutralidade racial não permite que eles considerem no processo de interpretação desse preceito os mecanismos que são construídos para afirmar a diferença de valor entre os grupos raciais. Eles também não dão conta de que a reprodução de disparidades raciais entre negros e brancos independe de meios diretos de discriminação racial, nem que elas são um projeto de dominação social.[249]

A consequência mais problemática do mito da neutralidade racial é a defesa do indivíduo como o parâmetro principal para a implementação de políticas sociais. Vejam, afirmei repetidamente que um jurista ou uma jurista que pensa como um negro deve rejeitar o individualismo como princípio central de interpretação da igualdade. Essa perspectiva precisa ser afastada porque ela parte do pressuposto de que a igualdade exige apenas tratamento simétrico. Ao pressupor que todas as pessoas possuem a mesma vivência, essa posição permite a desconsideração do contexto social no processo de interpretação da igualdade. Análises que possuem um caráter meramente procedimental dificultam a emancipação de minorias raciais porque elas estão fundamentalmente preocupadas com relações de racionalidade entre meios e fins. Essa compreensão descontextualizada impede que a situação de subordinação permanente da população negra seja reconhecida, o que torna esse princípio uma forma de opressão da população negra. A defesa de uma concepção meramente negativa desse princípio é uma forma de dominação racial porque causa um impacto negativo tremendo nesse segmento. Dizer que a igualdade é um princípio que procura apenas identificar formas de irracionalidade significa anular seu potencial emancipatório.[250] A articulação entre igualdade formal e

---

[249] Para uma análise da influência da raça na história do constitucionalismo brasileiro, ver: QUEIRÓZ, Marcos Lustoza. *Constitucionalismo brasileiro e o atlântico negro*. Rio de Janeiro: Lumem Juris, 2017.

[250] Ver, por exemplo: BRASIL. Supremo Tribunal Federal, Ação Direta de Inconstitucionalidade n. 3330, Órgão Julgador: Tribunal Pleno, Relator: Carlos Ayres Brito, 03.05.2016 ("Ora bem, que é o desfavorecido senão o desigual por baixo? E quando esse tipo de desigualdade se generaliza e perdura o suficiente para se fazer de traço cultural de um povo, é dizer, quando a desigualdade se torna uma característica das relações sociais de base, uma verdadeira práxis, aí os segmentos humanos tidos por inferiores passam a experimentar um perturbador sentimento de baixa autoestima. Com seus deletérios efeitos na concretização dos valores humanistas que a Magna Lei

neutralidade racial, elementos centrais do liberalismo racial brasileiro, oferece legitimidade para a defesa da igualdade como tratamento simétrico. Devemos fazer todo o possível para combater essa visão.

Vejam, não estou descartando a importância do caráter procedimental da igualdade. O princípio da igualdade está baseado na premissa de que indivíduos devem ser tratados da mesma forma porque estão igualmente situados. Isso tem uma importância fundamental no processo penal. Bem, isso significa que o conceito de igualdade como antidiscriminação procura garantir que as pessoas serão tratadas de forma adequada. Qual é a melhor forma de proteger pessoas negras da discriminação estética, da exigência que elas alisem o cabelo ou que homens negros raspem cabelos longos para que possam ter acesso a empregos? Certamente a legislação antidiscriminatória, conjunto de normas baseadas no pressuposto de que a análise da qualificação de um indivíduo para o acesso a uma oportunidade deve estar baseada na correção entre a qualificação da pessoa e as habilidades exercidas pela função. Portanto, não posso descartar a importância que a igualdade tem em permitir uma garantia procedimental para os indivíduos.[251] Ao defender a igualdade de *status* procuro afirmar a prioridade das consequências de uma prática discriminatória do que uma simples análise de meios e fins. Isso porque essa última está por trás da lógica do nosso humanismo racial.

---

brasileira bem sintetizou no objetivo fundamental de "*construir uma sociedade justa, livre e solidária*" (inciso I do art. 3º). Pois como negar o fato de que o desigual por baixo, assim *macrodimensionado* e renitente, se configure como um fator de grave desequilíbrio social? A condenar inteiros setores populacionais a uma tão injusta quanto humilhante exclusão dos benefícios da própria vida humana em comum?"); BRASIL. Tribunal de Justiça de Santa Catarina, Arguição de Inconstitucionalidade n. 2005.021645-7/0001.00, Órgão Julgador: Tribunal Pleno, Relator: Luiz César Medeiros, 27.09.2007 (declarando a inconstitucionalidade de um programa de ações afirmativas em curso superior porque o princípio da igualdade não admite a utilização de critério que viole o ideal da universalidade das normas jurídicas).

[251] FISS, Owen. "Another equality. The origins and Faith of antisubordination theory". *Issues in Legal Scholarship*. Paper 20, Berkeley Eletronic Press, 2004.

CAPÍTULO XII – QUAL É O SENTIDO DA IGUALDADE PARA UM...

12.1 O que um jurista branco entende por igualdade?

Muitos juristas brancos advogam um conceito bastante específico de igualdade. Eles pensam esse princípio a partir de características centrais dos direitos fundamentais, principalmente as noções de individualismo e do universalismo. Elas tiveram um papel central na formulação da igualdade formal, preceito que exige o mesmo tratamento de todas as pessoas perante as normas jurídicas. Essa exigência decorre da representação de todos os membros da comunidade política como sujeitos de direitos, categoria que designa o *status* político e jurídico do indivíduo em uma sociedade democrática. Suas características pessoais não são relevantes porque eles devem ser tratados apenas a partir da condição de sujeitos de direitos. A igualdade formal pressupõe então a aplicação do mesmo procedimento a todas as pessoas para que o ideal democrático da proteção dos direitos individuais possa ser alcançado. Violações de direitos são vistas, dentro dessa perspectiva, como um defeito dentro do processo decisório, ato que desconsidera a necessidade de tratamento igualitário entre todas as pessoas. Devemos entender como a doutrina tradicional entende a forma como o intérprete deve analisar casos de ofensa a esse princípio constitucional.

Normas jurídicas ou práticas sociais frequentemente classificam indivíduos com o propósito de atingir algum objetivo, o que pode gerar alguma discussão sobre a adequação do uso de determinados critérios para atribuir consequências jurídicas a indivíduos ou a situações. O ideal da igualdade exige que classificações sejam utilizadas de modo que todos os membros de uma determinada classe sejam afetados da mesma maneira. Se uma regra cria uma classe de indivíduos em função do uso de algum critério comum a eles, todas as pessoas devem ser atingidas da mesma maneira. O princípio da igualdade será violado quando a norma ou prática utiliza uma forma de classificação imprecisa, fazendo com que pessoas que não deveriam ser atingidas por consequências jurídicas da norma sejam incluídas no grupo. O desrespeito ao ideal de igualdade como procedimento também ficará patente quando nem todas as pessoas que deveriam ser atingidas pela norma são atingidas por ela. Esse preceito constitucional também pode ser desrespeitado quando uma norma utiliza uma classificação vedada pelas normas jurídicas em certos contextos. A igualdade formal está sendo atingida em todas essas situações por causa da exigência de que as pessoas sempre estarão em uma situação de equidade.[252]

Devemos utilizar um caso clássico para que os casos acima mencionados possam se compreendidos detalhadamente. Foram criados, durante a Segunda Guerra Mundial, vários campos de concentração para pessoas de ascendência japonesa que moravam perto de bases militares. As autoridades partiram do pressuposto de que eles eram uma ameaça à segurança nacional, motivo pelo qual eles deveriam ser removidos dos locais onde moravam. Essa decisão pode ser classificada como uma violação da igualdade porque ela inclui pessoas que não deveriam ter sido enviadas para aqueles lugares. É possível que alguns norte-americanos de origem japonesa pudessem realmente ser uma ameaça à segurança da nação, mas a vasta maioria das pessoas delas não poderia ser enquadrada nessa categoria. Ela também não corresponde ao ideal de tratamento simétrico porque nem todas as pessoas que poderiam ser uma ameaça à nação estavam incluídas nelas. Aquele país também estava em guerra contra italianos e alemães, mas os cidadãos com esse tipo de ascendência não foram enviados para campos de concentração. A norma também poderia ser vista como inconstitucional porque ela representa um *animus* negativo em relação a pessoas de ascendência japonesa; ela está baseada na raça das pessoas, critério que não poderia ser utilizado para atribuir consequências negativas às pessoas. Estamos diante de um caso no qual o conceito de igualdade formal nos ajuda de forma bastante clara a identificar um defeito no processo decisório, uma decisão

---

[252] Ver o artigo clássico de TUSMANN, Joseph; TENBROEK, Jacobus. "The equal protection of the laws". *California Law Review*, vol. 37, nº 3, 1949, pp. 341-355.

CAPÍTULO XII – QUAL É O SENTIDO DA IGUALDADE PARA UM...

que afeta aqueles que não estão adequadamente representados no processo político.[253]

Os regimes democráticos partem do pressuposto de que todas as pessoas possuem o direito de participar no processo decisório, o que garante à pessoa a possibilidade de participar do processo de formação das normas que regularão as vidas de todos os indivíduos. A isonomia de *status* político no regime democrático implica então o gozo dos mesmos direitos para que todas as pessoas possam ser partes ativas no processo político. As normas jurídicas pretendem então garantir os meios necessários para que elas possam exercer a liberdade, princípio que guarda uma dimensão individual e também política. Porém, a evolução social fez com que essa noção de igualdade fosse contestada porque a vida das pessoas tem uma dimensão material que não pode ser ignorada. A dimensão substantiva da igualdade surge então como um elemento importante porque considera as dificuldades de afirmação da autonomia individual em um contexto no qual as pessoas não possuem segurança material. Essa nova dimensão da igualdade legitima direitos que procuram agora garantir aos indivíduos condições mínimas para que eles possam ser agentes sociais competentes, o que depende de acesso a direitos sociais.[254]

É muito interessante perceber como juristas brancos interpretam essas dimensões da igualdade quando tratam de classificações raciais. Primeiro, vale a pena notar a maneira como a igualdade material substitui a noção de igualdade formal. Essa evolução está ligada ao que alguns juristas chamam de especificação ou categorização do Direito, um afastamento do ideal da universalidade do Direito para que a situação específica de grupos sociais pudesse ser

---

[253] ESTADOS UNIDOS. Suprema Corte. *Korematsu v. United States*, 323 U. S. 214, 1944.

[254] Para uma análise da evolução conceitual do princípio da igualdade, ver: MARTÍN VIDA, Maria Angeles. *Evolución histórica del princípio de igualdad e paradojas de exclusión*. Granada: Universidad de Granada, 2004.

contemplada. A passagem de direitos de primeira geração para os de segunda geração pode ser vista como um exemplo desse processo ligado ao fato que as normas jurídicas precisam reconhecer a situação real das pessoas. Alguns casos sobre ações afirmativas demonstram como juristas brancos utilizam estrategicamente a lógica de um paradigma constitucional anterior para atacar políticas públicas que procuram promover a igualdade racial. Eles argumentam que mesmo medidas que visam garantir a igualdade material entre as pessoas precisam responder às exigências de racionalidade ligadas ao princípio da igualdade formal. Para eles, ações afirmativas violam a igualdade formal e a igualdade material porque não há correspondência direta entre identidade racial e marginalização social. Embora eles reconheçam a legalidade de políticas que procuram promover a redistribuição de recursos, elas precisam estar baseadas em uma relação racional entre os critérios utilizados e finalidades legítimas.[255]

12.2 Como um jurista que pensa como um negro deve analisar a igualdade?

O uso desse tipo de argumentação em uma decisão judicial demonstra a grande necessidade de questionarmos uma postura interpretativa de atores sociais que olham para o sistema jurídico a partir de uma perspectiva desconectada da realidade social.

---

[255] BRASIL. Tribunal de Justiça do Espírito Santo. Apelação Cível n. 024070612809, Órgão Julgador: 4ª Turma, Relator: Ney Batista Coutinho, 15.12.2009 (declarando a ilegalidade de ações afirmativas em concursos públicos porque o princípio da igualdade material não justificam ações afirmativas por si mesmo porque também exige a existência de uma relação racional entre critérios de tratamento diferenciado e finalidades estatais); BRASIL. Tribunal de Justiça de Minas Gerais. Ação Direta de Inconstitucionalidade n. 1.0079.05.183566-2/001(2), Órgão Julgador: Suprema Corte, Relator Albergaria Costa, 06.09.2009 (declarando a ilegalidade de ações afirmativas sob o argumento de que todas as diferenças precisam estar relacionadas com uma finalidade estatal, o que não é o caso da raça).

Confesso que essa leitura me causa uma imensa frustração pessoal porque ela me faz lembrar de todas as minhas experiências diárias de subordinação. Fazer uma análise da noção de igualdade material a partir da exigência de racionalidade de classificações raciais me parece algo fora de propósito. Mas não para juristas brancos. Muitos deles têm um objetivo: impedir que a raça seja utilizada como um parâmetro para a adoção de políticas públicas. Então eles articulam a igualdade formal e assimilação racial para impor à nossa sociedade uma unidade social que ela não possui, de forma que o privilégio branco não seja questionado. É interessante observar como a jurisprudência brasileira sobre ações afirmativas demonstra como juristas brancos estão empenhados na articulação de uma política da identidade: ao classificar a raça como algo sem relevância social no nosso país, eles permitem a continuidade de práticas sociais públicas e privadas que têm o claro propósito de preservar arranjos sociais que os beneficiam.

Precisamos então voltar a discutir a evolução da noção de igualdade para que os problemas associados à defesa da igualdade como procedimento fique mais claro. O princípio da isonomia constitucional sofreu transformações significativas ao longo das últimas décadas, na medida em que grupos minoritários começaram a enfatizar a relevância da identidade no processo de marginalização social. Violações da dimensão formal e da dimensão material da igualdade não são produtos apenas de irracionalidade no uso de classificações sociais, nem de uma mera ausência de condições materiais de existência. Elas são produto de dinâmicas sociais decorrentes da marginalização de diversos tipos de identidades, razão pela qual muitos grupos minoritários construíram uma agenda política que procura expandir a noção de cidadania para também englobar a proteção de violações de direitos baseadas nesse aspecto. A razão para isso é clara: os processos de marginalização incidem sobre os tipos de pertencimentos de indivíduos a certos grupos sociais. As pessoas não são marginalizadas enquanto indivíduos, mas sim porque pertencem a grupos que não possuem o mesmo *status* cultural e material que os membros dos grupos hegemônicos.[256]

É por esse motivo que teóricos começaram a enfatizar o caráter relacional do princípio da igualdade, perspectiva que eu considero muito relevante para a presente discussão. Eles se afastam da noção segundo a qual uma sociedade justa deve garantir às pessoas o acesso a determinado fator que garanta a elas uma vida dignificada, como, por exemplo, bens primários ou direitos políticos. Embora reconheçam que padrões de igualdade têm implicações significativas para o estabelecimento de critérios distributivos, eles afirmam que o princípio da igualdade no mundo contemporâneo deve ter como propósito central a eliminação de relações hierárquicas arbitrárias entre os membros de uma sociedade que pretende ser democrática. Mais do que a criação de critérios distributivos justos, a igualdade no mundo atual deve estar preocupada com relações sociais igualitárias. O conceito de igualdade social ou igualdade relacional está baseado na ideia de que uma cultura democrática precisa eliminar relações hierárquicas responsáveis pela marginalização de grupos sociais. Essas relações são estabelecidas a partir das disparidades de *status* cultural entre os diversos grupos sociais, sendo que elas podem ser vistas como exemplos paradigmáticos tendo em vista a relevância social da raça nas democracias liberais.[257]

Como vimos anteriormente, o conceito de igualdade relacional parte do pressuposto de que uma sociedade comprometida com valores democráticos deve fomentar o respeito entre as pessoas, conceito que deve ser entendido a partir de parâmetros específicos. Desigualdades de *status* social estão baseadas em desigualdades de estima entre grupos. A circulação de estereótipos descritivos e prescritivos referentes a minorias raciais e sexuais faz com que eles

---

[256] Para uma análise do processo de diferenciação do Direito ver ATTAL-GALY, Yael. *Droits de l'homme et categories d'individus*. Paris: L.G.D.J., 2003.

[257] SCHEMMEL, Christian. "Distributive and relational equality". *Politics, Philosophy & Economics*, vol. 11, nº 3, 2011, pp. 123-148.

não tenham o mesmo apreço dos membros de grupos dominantes, o que motivará também desigualdades de acesso a oportunidades materiais.[258] Os autores que refletem sobre esse tema prestam atenção especial a esse aspecto, conceito que pode assumir formas diferentes. Ele pode expressar respeito como reconhecimento da dignidade pessoal dos indivíduos, respeito como expressão de apreço social e também como afirmação de *status* social. O primeiro faz referência ao valor moral dos indivíduos, o segundo à possibilidade do nosso reconhecimento como atores sociais competentes, o terceiro como possibilidade de se reconhecer como membro de uma comunidade sem que isso possa afetar negativamente a vida das pessoas.[259]

12.3 A igualdade constitucional e as desigualdades de *status*

Essas reflexões me fazem lembrar da trajetória de algumas pessoas afetadas pela influência nefasta do racismo em todas as áreas de suas vidas. Eu morava em uma área periférica quando era adolescente, uma área extremamente pobre. Apesar disso, eu tenho boas lembranças daquele período, principalmente das boas amizades que pude fazer. Eu era muito amigo de um rapaz que se chamava Sérgio. Seu apelido era Tigrilim. Eu não tinha uma vida fácil, mas a dele era ainda pior. Ele tinha a pele extremamente escura e era também muito pequeno. Cerca de oito pessoas viviam em uma casa de três cômodos, o que era uma fonte de conflitos familiares constantes. O desprezo que enfrentava em quase todas

---

[258] SCHEFFLER, Samuel. "The practice of equality". *In*: FOURIE, C.; SCHUPPERT, F.; WALLIMAN-HELMER, I. *Social equality*: on what it means to be equals. Oxford: Oxford University Press, 2015, pp. 21-44.

[259] Para uma análise dos problemas decorrentes da utilização desses problemas na jurisprudência brasileira sobre ações afirmativas, ver: MOREIRA, Adilson José. "Discourses of Citizenship in American and Brazilian affirmative action court decisions". *American Journal of Comparative Law*, vol. 64, n° 3, 2012, pp. 455-504.

as suas interações sociais dificultava a criação de qualquer senso de valor pessoal. Ele era sempre ridicularizado pelas meninas quando tentava se aproximar delas; lembro que ele chegou a ser agredido por causa disso algumas vezes. As coisas na sua casa não eram mais fáceis. Ele não conseguia ficar dentro de casa, consequentemente ele não tinha espaço ou tranquilidade para estudar, o que também comprometia sua vida escolar. Ele abandonou a escola aos quatorze anos e perdeu a vida alguns anos depois ao se envolver em uma briga em um bar depois de ter reagido a uma brincadeira relacionada ao tom de sua pele. Sua morte causou problemas ainda maiores porque sua ajuda era de importância fundamental para uma família composta por seis mulheres negras, pessoas que também estavam sempre sendo discriminadas no mercado de trabalho por causa da raça, do sexo e da classe.

Esse é um dos exemplos de como a presença onipresente do estigma racial impede o alcance da igualdade. É também um dos motivos pelos quais devemos pensar esse princípio como um parâmetro que não pode ser interpretado apenas a partir do individualismo e do universalismo. A defesa de grupos como objeto de proteção da igualdade encontra legitimidade ainda em outra dimensão importante do nosso texto constitucional: a noção de que não podemos permitir a existência de castas sociais, de grupos que estejam em uma situação permanente de subordinação em função de estigmas associados a traços que não possuem qualquer relevância para o julgamento moral das pessoas, nem que possam ser vistos como requisitos para a operação competente delas na esfera pública ou privada. A interpretação da igualdade, além de estar baseada na noção de uma cidadania igualitária, deve também operar segundo um princípio que procura impedir a criação e reprodução de castas sociais. Isso significa que ele precisa levar em consideração alguns elementos importantes, segundo Paul Dimont. Ele examina a persistência dos efeitos dos processos históricos da discriminação, o que compromete o *status* cultural e material dos membros de um determinado grupo. Também não devemos pensar que a responsabilidade pela condição da situação de subordinação se deve a atos praticados por indivíduos específicos. Processos de estratificação social são produtos da operação de agentes sociais que atuam na condição de agentes públicos e privados, um processo que produz efeitos em diversas esferas da vida das pessoas. Embora a intenção de identificar e eliminar práticas que reproduzem castas sociais seja necessária, não podemos restringir essa análise à busca de atos intencionais de discriminação. Já vimos que a discriminação pode ser produto de ações que não fazem quaisquer tipos de menção a grupos específicos, mas que podem ter um aspecto desproporcional sobre eles. Tal fato decorre dos efeitos intergeracionais da discriminação, fator responsável pela perpetuação da condição de subordinação de certos grupos sociais.

Devo lembrar que uma proposta de uma forma de interpretação que privilegia grupos não abre mão das noções de razoabilidade ou de proporcionalidade. Elas ainda são relevantes para a análise da constitucionalidade de atos estatais, mas elas não podem ser reduzidas a uma avaliação procedimental da igualdade por causa do caráter substantivo desse princípio. Este tem sido o propósito central da argumentação que desenvolvi neste livro: demonstrar que não podemos analisar esse princípio a partir de uma mera relação entre meios adequados e fins legítimos. Não podemos nos iludir com a afirmação dos que pensam que procedimentos dessa natureza são neutros e objetivos. Juristas brancos utilizam juízos de valor para fazer interpretar o princípio da igualdade, embora afirmem o contrário. A opção pela ideia de justiça simétrica em uma realidade marcada pela opressão racial é uma decisão valorativa porque o intérprete está afirmando que a raça é uma categoria que não tem relevância social. Não há nenhum tipo de argumento neutro nessa afirmação: é uma opção ideológica contrária ao caráter material do nosso texto constitucional.[260]

---

[260] Para uma análise da forma como julgamentos morais são disfarçados de argumentos jurídicos, ver: CHEMERINKY, Erwin. *We the people*: A progressive

Um dos problemas centrais dos princípios que nossos tribunais utilizam para verificar se uma norma viola o mandamento da igualdade reside no fato de que eles privilegiam o exame da adequação de certo critério de tratamento diferenciado. Por meio do uso da razoabilidade e da proporcionalidade, eles procuram identificar normas ou práticas que violam a exigência de tratamento simétrico entre indivíduos. O objetivo reside então na necessidade de reconhecimento daqueles critérios de tratamento diferenciado que são irracionais porque não atendem à exigência de uma relação racional entre meios e fins. Por causa desse propósito, esses dois princípios apresentam limitações quando se discute normas destinadas a proteger grupos sociais. Esse problema aparece de forma evidente em várias decisões que utilizam um desses dois princípios interpretativos e chegam à conclusão de que medidas de inclusão racial são constitucionais, enquanto outros, fazendo referência aos mesmos parâmetros, entendem que elas são inconstitucionais.[261]

Penso que as duas posições são altamente problemáticas porque não consideram de forma adequada a questão da raça no processo interpretativo de maneira adequada. Os que chegam à conclusão de que ações afirmativas são inconstitucionais fazem uma análise

---

Reading of the Constitution for the twenty-first century. Nova York: Picador, 2017, pp. 27-51.

[261] Ver, por exemplo: BRASIL. Tribunal Regional Federal da 4ª Região, Apelação Cível n. 009.72.00.001078-7/SC, Órgão Julgador: 3ª Turma, Relator: João Pedro Gebran Neto, 20.10.2009 (argumentando que cotas raciais violam o princípio da proporcionalidade porque não há relação entre a raça e a capacidade intelectual dos indivíduos); BRASIL. Tribunal de Justiça do Estado do Espírito Santo, Ação Direta de Inconstitucionalidade n. 100070023542, Órgão Julgador: Tribunal Pleno, Voto: Arnaldo Santos Souza, 22.09.2011 (classificando programa de ações afirmativas em concursos públicos como ilegal em função da violação do princípio do requisito da adequação, um dos elementos da proporcionalidade); BRASIL. Supremo Tribunal Federal, Arguição de Descumprimento de Preceito Fundamental n. 186, Órgão Julgador: Tribunal Pleno, Relator: Ricardo Lewandowski (reconhecendo a constitucionalidade de ações afirmativas nos vestibulares para ensino superior porque essas medidas são compatíveis com os princípios da razoabilidade e da proporcionalidade).

procedimental da igualdade que foca na racionalidade do uso da raça como critério de tratamento diferenciado. Os que afirmam a legalidade dessas medidas dizem que elas são constitucionais porque elas estão racionalmente relacionadas com um interesse estatal legítimo. Dessa maneira, as duas posições não chegam a uma conclusão importante: a afirmação da igualdade como um princípio que tem o propósito de eliminar processos de marginalização social precisa considerar grupos sociais e não indivíduos como parâmetro de proteção da igualdade. Por esse motivo, a análise procedimental baseada nos princípios na relação racional entre meios e fins precisa ser substituída por outra que leve em consideração a promoção da igualdade de *status* entre grupos sociais.[262]

Um princípio de interpretação da igualdade comprometido com a igualdade de *status* entre grupos, afirma Owen Fiss, deve considerar as consequências de uma norma ou prática no *status* de um grupo. Isso significa que esse princípio interpretativo estará interessado no impacto positivo ou negativo que uma medida pode ter na inserção social de seus membros. Se uma norma ou prática cria ou agrava uma situação de desvantagem de um grupo social ela deverá ser considerada inconstitucional.

Mas se ela concorre para a promoção de uma igualdade substantiva dos membros do grupo, elevando o *status* social deles, ela será considerada como compatível com o princípio da igualdade. Portanto, o elemento central não reside apenas no exame da racionalidade da classificação que uma norma utiliza, mas sim no potencial que ela pode ter em promover a igualdade ou manter desigualdades sociais. Isso implica então um abandono de uma posição procedimental da igualdade porque esse princípio tem o propósito de lutar contra formas de subordinação. Enquanto a análise da relação entre meios e fins está preocupada com a coerência

---

[262] Ver, nesse sentido: BALKIN, Jack M.; SIEGEL, Reva. "The American civil rights tradition: antidiscrimination or antisubordination?" *University of Miami Law Review*, vol. 58, nº 1, 2003, pp. 9-34.

do critério do tratamento diferenciado em relação a uma finalidade estatal, a adoção da luta contra formas de subordinação surge como o elemento central do processo interpretativo, motivo pelo qual o operador do Direito precisa considerar o contexto social no qual os grupos estão situados.[263]

A defesa da perspectiva antissubordinatória como princípio de interpretação da igualdade encontra fundamento em uma série de pressupostos que devem ser explicados de forma minuciosa. Como pudemos observar, essa perspectiva não considera a igualdade apenas como uma exigência de tratamento simétrico, nem apenas como uma exigência de distribuição de oportunidades materiais. Os autores que formularam essa perspectiva afirmam que a permanência de grupos sociais em uma situação contínua de marginalização contraria preceitos básicos de uma sociedade democrática. As relações de poder responsáveis pela condição de marginalização de um grupo devem ser identificadas e eliminadas, para que eles possam ser reconhecidos e que eles possam operar como agentes competentes dentro do espaço público e privado. O sistema político deve então implementar medidas que almejam mitigar as consequências imediatas e duráveis das disparidades existentes entre grupos sociais. Elas serão consideradas inconstitucionais apenas se elas agravarem ainda mais a situação dos membros de grupos minoritários. Elas deverão ser consideradas inconstitucionais se promoverem a desigualdade indiretamente, se causarem danos às pessoas que são duplas minorias, se permitirem a perpetuação da discriminação por ação de atores institucionais, se forem causa de uma convergência de mecanismos de exclusão protagonizados por diversas instituições.[264]

---

[263] Ver: FISS, Owen. "Groups and the equal protection clause". *Philosophy and Public Affairs*, vol. 5, n° 2, 1976, pp. 107-127.

[264] Ver, nesse sentido: BALKIN, Jack M.; SIEGEL, Reva. "The American civil rights tradition: antidiscrimination or antisubordination?" *University of Miami Law Review*, vol. 58, n° 1, 2003, pp. 9-22; DIMOND, Paul. "The Anti-Caste Principle". *Wayne Law Review*, vol. 30, n° 1, 1983, pp. 1-17.

Esse princípio interpretativo considera grupos sociais como objeto de proteção da igualdade, parâmetro que requer algumas considerações importantes, tendo em vista sua consideração substantiva desse princípio constitucional. Essa perspectiva reconhece o papel da sociedade na criação dos mecanismos da marginalização. A situação da população negra e da população indígena é produto de séculos de opressão de todas as formas e em todos os aspectos das vidas desses indivíduos. Isso significa que ele possui uma dimensão jurídica e uma dimensão política: ele opera como um princípio de interpretação da igualdade e também como um parâmetro para a atuação política do poder público. As instituições devem implementar medidas que visam a eliminação da marginalização de minorias raciais, sendo que a mesma premissa se aplica às minorias sexuais.[265] Os autores que interpretam a igualdade como um mecanismo de luta contra a subordinação procuram identificar aquelas práticas que causam danos ao *status* social dos indivíduos, o que pode ter dimensões culturais e materiais. Essa análise precisa considerar o pertencimento da pessoa a um grupo social específico porque esses danos recaem sobre traços identitários. Embora a luta contra o uso irracional de critérios de tratamento diferenciado seja relevante para a justiça racial, ela está longe de encerrar os meios necessários para a inclusão de minorias raciais, motivo pelo qual precisamos defender um princípio interpretativo que leve em consideração as necessidades institucionais para a promoção da igualdade de *status*.[266]

O conceito de igualdade de *status* está relacionado com a noção de que as sociedades humanas criam diferenciações entre grupos, sendo que elas cumprem uma série de objetivos que

---

[265] Ver: FISS, Owen. "Groups and the equal protection clause". *Philosophy and Public Affairs*, vol. 5, nº 2, 1976, pp. 143-167; YOUNG, Iris Marion. "Polity and group difference: a critique of the idea of universal citizenship". *Ethics*, vol. 99, nº 2, 1991, pp. 205-274.
[266] Ver BALKIN, Jack M. "The constitution of status". *Yale Law Journal*, vol. 106, nº 6, 1996, pp. 2313-2374.

podem ser legítimos ou ilegítimos. Muitas delas não são questões de justiça porque as instituições fazem distinções entre as pessoas para critérios que não procuram afirmar a superioridade de certas pessoas sobre outras em todas as situações e em todos os momentos da vida. As diferenças de *status* que levantam questões de justiça social são as que situam certos grupos de pessoas em uma situação permanente de subordinação, o que decorre de um arranjo social no qual diversas instituições operam para situar indivíduos em uma situação de desvantagem sistemática em todas as situações de suas vidas. O caráter sistemático dessas práticas sociais faz com que essas desvantagens apareçam em diversos aspectos das vidas desses indivíduos ao longo de diversas gerações, limitando ou impedindo que eles possam ter mobilidade social. Tais processos estão sempre reforçando um ao outro: sentidos culturais são sempre reproduzidos para legitimar práticas institucionais responsáveis pela exclusão das pessoas. A condição de marginalização limita também as possibilidades que membros desses grupos têm de poder transformar esses sentidos culturais e as práticas sociais que afetam o *status* que eles possuem dentro da sociedade.[267]

Além de sofrer as consequências intergeracionais do racismo, o que contribuía para a permanência da minha família em uma situação de desvantagem econômica, o fato de ser negro piorava essa situação em função dos sentidos culturais que impediam pessoas brancas de interagir comigo até mesmo em uma mera situação comercial. A desigualdade de *status* aparece aqui para demonstrar como membros de minorias raciais se encontram em uma situação de clara desvantagem nas dimensões materiais da vida social, como também no que diz respeito ao apreço e respeito social, o que dificulta ou impossibilita uma vida autônoma e plena. Como aponta Marion Iris Young, o conceito de desigualdade de *status* está então diretamente relacionado com a noção de grupos sociais

---

[267] Ver SUNSTEIN, Cass. "The anticaste principle". *Michigan Law Review*, vol. 92, nº 6, 1993, pp. 2410-2455.

porque o apreço social que alguns indivíduos possuem mais do que outros decorre do fato de que a sociedade os classifica a partir de parâmetros distintos e atribuem consequências distintas a eles. Os privilégios sistemáticos que membros dos grupos dominantes recebem por ter maior apreço social têm como contrapartida o fato que minorias estão sendo excluídas de oportunidades sociais por não serem vistas como merecedoras da mesma estima social.[268]

    Entender o princípio da igualdade como luta contra a subordinação exige ainda que consideremos sua natureza substantiva também a partir de outra perspectiva. Nosso texto constitucional estabelece a dignidade e a cidadania como princípios centrais da nossa ordem jurídica, motivo pelo qual devemos questionar quais são os deveres que isso cria para nossas instituições. Penso que esses termos determinam de forma clara que o princípio da igualdade contém uma dimensão substantiva que precisa ser considerada pelos seus aplicadores, sejam eles magistrados ou legisladores. Ela não pode ser reduzida a seu aspecto formal como vários juristas brancos fazem todos os dias nesta sociedade, ela não pode ser identificada apenas como parâmetro para medidas de caráter distributivo. Muitas decisões sobre a legalidade de ações afirmativas e sobre a possibilidade do casamento entre pessoas do mesmo sexo apontaram que esse mandamento constitucional possui uma dimensão substantiva fundamente em torno da noção de uma cidadania igualitária. Ela está baseada na noção de que os membros da comunidade política devem ser vistos e tratados como pessoas que possuem a mesma possibilidade de atuar de forma competente dentro do espaço público, o que requer a obrigação jurídica e política de garantir a eles o mesmo respeito social e também as mesmas oportunidades materiais necessárias para o desenvolvimento pessoal. Portanto, o elemento central da noção de uma cidadania

---

[268] Ver YOUNG, Iris Marion. "Status inequality and social grupos. The origins and faith of antisubordination theory". *Issues in Legal Scholarship*. The Berkeley Eletronic Press, 2002, pp. 1-8.

igualitária, parâmetro que contêm um caráter substantivo, reside na possibilidade de pertencimento pleno na sociedade, o que requer a igualdade de *status* entre seus membros. Seguindo as reflexões de Kenneth Karst, a igualdade de *status* implica a igualdade de *status* jurídico entre os indivíduos, o que impede diferenciações arbitrárias, a igualdade de *status* cultural entre eles. Isso requer a construção de uma ética baseada no respeito mútuo entre as pessoas e também nas condições materiais de existência que permite às pessoas desenvolverem suas habilidades individuais.[269]

Como a noção de igualdade de *status* que fundamenta a noção de uma cidadania igualitária engloba essas diferentes dimensões, ela faz sentido dentro de uma sociedade na qual as pessoas são vistas como membros plenos da sociedade. Isso significa que na luta contra a subordinação, a igualdade deve ser pensada como um princípio que não permite o tratamento de pessoas como inferiores ou como pessoas que não são dignas de participação social em termos igualitários. Esse pressuposto estabelece então um parâmetro de imensa importância para a nossa reflexão: a centralidade do princípio da dignidade humana como elemento do nosso sistema jurídico e político significa que as instituições sociais não podem atuar para impor estigmas sociais aos indivíduos porque isso impede que elas sejam reconhecidas como pessoas socialmente competentes. Embora nem todas as formas de desigualdade tenham essa consequência, aquelas que representam a pessoa como inferior devem ser repudiadas porque elas concorrem para a negação de acesso a bens materiais, o que reforça indefinidamente a percepção de que elas não merecem o mesmo respeito das pessoas por serem diferentes, por não serem seres humanos.[270]

---

[269] KARST, Karl. "Foreword: equal Citizenship under the Fourteenth Amendment". *Harvard Law Review*, vol. 91, n° 1, 1976, pp. 1-17.

[270] Ver, nesse sentido: GRINSEL, Scott. "'The prejudice of caste': the misreading of justice Harlan and the ascension of anticlassification". *Michigan Journal of Race and Law*, vol. 15, n° 2, 2010, pp. 324-367.

CAPÍTULO XII – QUAL É O SENTIDO DA IGUALDADE PARA UM...

Os vários relatos pessoais mencionados nesta obra mostram de forma evidente os danos que estigmas culturais causam no *status* social de membros de minorias raciais. As várias formas de desigualdade que indivíduos enfrentam ao longo da vida podem afetar um aspecto central da vida dos indivíduos que é o respeito próprio. Privar membros de um grupo de respeito social causa problemas de ordem psicológica para essa coletividade porque essas pessoas são constantemente lembradas de que não possuem dignidade pessoal aos olhos de outras pessoas. Esse pensamento não ocorre em situações esporádicas; elas são parte da experiência cotidiana de minorias raciais e sexuais. Elas têm um efeito desmoralizador nesses indivíduos, o que é uma grave violação do princípio da dignidade humana. Mais do que isso, elas provocam problemas de longo prazo como a internalização de estereótipos negativos, o que convence muitos indivíduos de que suas aspirações devem ser sempre limitadas por causa de sua incapacidade natural. É certo que muitas pessoas podem criar mecanismos para evitar o desenvolvimento de uma identidade deteriorada, mas não podemos deixar de levar em consideração as implicações para a saúde mental de minorias. Minha experiência pessoal mostra de maneira contundente que a sociedade não apenas estigmatiza minorias raciais, mas também atua a partir desses estigmas culturais, o que coloca indivíduos em uma situação de desvantagem material. Grupos estigmatizados perdem respeito social e também oportunidades materiais, sendo que estereótipos negativos legitimam o tratamento discriminatório desses grupos ao atribuir a eles a responsabilidade pela situação na qual se encontram, um trabalho que formas de racismo cultural fazem todos os dias em diversas sociedades liberais.[271]

---

[271] Ver a obra clássica de FANON, Frantz. *Black sin, white masks*. Nova York: Grove Press, 1967.

CAPÍTULO XIII
HERMENÊUTICA NEGRA E INTERPRETAÇÃO DA IGUALDADE

Preciso agora abordar um tema importante para finalizar as minhas reflexões sobre a Hermenêutica Negra: qual deve ser a postura interpretativa daquele que pensa como um negro? Você pode estar pensando que minha proposta tem um caráter subjetivo, que estou defendendo algo que interessa apenas à população negra, que ela não pode ter caráter sistemático. Não é o caso, caro leitor, cara leitora. Demonstrei ao longo deste trabalho os problemas relacionados a um tipo de hermenêutica que não problematiza aquele que aplica o Direito ao dar atenção quase exclusiva às questões relacionadas com a norma jurídica enquanto objeto do conhecimento. Um jurista ou uma jurista que pensa como um negro não opera apenas a partir de suas presunções da objetividade porque ele está ciente da dimensão social da formação da subjetividade jurídica. A subjetividade jurídica, esse lugar a partir da qual fala o intérprete do Direito, tem uma natureza narrativa porque está baseada em uma série de cognições sociais responsáveis pela construção do sujeito como um efeito de sentidos sociais. Esse é um ponto importante desse processo porque a subjetividade jurídica não pode ser vista como pura abstração; o intérprete fala a partir de um lugar específico e precisamos pensar sobre ele.

13.1 Hermenêutica Negra e princípios constitucionais

Devemos estar cientes de que essa posição interpretativa não pode partir daquele velho pressuposto epistemológico de uma consciência unitária que permite uma compreensão racional de si mesmo e também do mundo. Não estamos mais em uma realidade social e política na qual as pessoas pensam que podemos fundamentar o conhecimento a partir de categorias metafísicas que expressam verdades transcendentais. Juristas que pensam como um negro não estão interessados em buscar o sentido concreto das palavras presentes em um texto jurídico porque ele sabe que estes sentidos são construções sociais também responsáveis pela sua própria subjetividade. Ele precisa estar atento ao fato de que o processo de construção de sua subjetividade, de sua perspectiva interpretativa ocorre dentro de um horizonte histórico particular, motivo pelo qual a norma também adquire sentido dentro dessa dimensão.[272]

O tipo de subjetividade jurídica presente dentro da Hermenêutica Negra está baseado no reconhecimento de que o intérprete ocupa uma série de posições sociais, que ele deve falar a partir de diferentes posições de sujeito. Os indivíduos estão inseridos em várias interações que são constituídas por meio de relações de poder, relações que marcam o lugar e sua experiência. Portanto, a subjetividade jurídica subjacente a essa posição hermenêutica precisa reconhecer a dimensão política da atividade interpretativa, uma vez que as normas jurídicas também são expressões dessas hierarquias dentro das quais ele está situado. Esse é um dos motivos pelos quais o jurista ou a jurista que pensa como um negro

---

[272] COURA, Alexandre Coura. *Hermenêutica jurídica e Jurisdição (in)constitucional*. Belo Horizonte: Mandamentos, 2009, pp. 31-59.

CAPÍTULO XIII – HERMENÊUTICA NEGRA E INTERPRETAÇÃO DA...

está ciente de que não pode pensar a partir da pressuposição de uma experiência universal, de um lugar de plena inteligibilidade, mas de uma consciência múltipla. A interpretação do princípio da igualdade não pode partir do pressuposto de que a vida em sociedade produza uma experiência social homogênea; ele precisa considerar a situação dos que estão em uma posição estruturalmente distinta da dele, ele precisa refletir sobre o valor normativo das experiências daqueles que falam de um lugar distinto. O tema da consciência múltipla precisa ser enfatizado. Os sujeitos humanos estão situados em uma série de pertencimentos sociais porque eles possuem identidades distintas. O conjunto delas faz com que ele esteja presente dentro de uma forma diferente daqueles que possuem identidades dominantes.[273]

Juristas que pensam como um negro não podem deixar de considerar o caráter objetivo dos direitos fundamentais, mas ele deve estar atento ao fato de que eles possuem uma dimensão particularmente relevante para grupos minoritários. Além de imporem uma obrigação de ação estatal para melhorar as condições materiais de vida dos indivíduos, os direitos fundamentais devem ser pensados como mecanismos que procuram desestabilizar relações hierárquicas arbitrárias, sendo que elas estão centradas no tema da identidade. Mais do que instrumentos para legitimar medidas de caráter redistributivo, eles devem ser vistos como mecanismos

---

[273] BRASIL. Supremo Tribunal Federal, Arguição de Descumprimento de Preceito Fundamental n. 186, Órgão Julgador: Tribunal Pleno, Relator: Ricardo Lewandowski, 26.04.2012 ("Outro aspecto da questão consiste em que os programas de ação afirmativa tomam como ponto de partida a consciência de raça existente nas sociedades com o escopo final de eliminá-la. Em outras palavras, a finalidade última desses programas é colocar um fim àquilo que foi seu termo inicial, ou seja, o sentimento subjetivo de pertencer a determinada raça ou de sofrer discriminação por integrá-la. Para as sociedades contemporâneas que passaram pela experiência da escravidão, repressão e preconceito, ensejadora de uma percepção depreciativa de raça com relação aos grupos tradicionalmente subjugados, a garantia jurídica de uma igualdade meramente formal sublima as diferenças entre as pessoas, contribuindo para perpetuar as desigualdades de fato existentes entre elas").

que devem ser empregados para desestabilizar práticas sociais que estabelecem o pertencimento aos grupos dominantes como critério para o acesso a direitos. Eles são então uma forma de promover a igualdade relacional, aquela forma de isonomia que procura eliminar relações arbitrárias no espaço público e no espaço privado que impedem o reconhecimento do indivíduo como um ator capaz de operar de forma competente dentro da esfera pública. A consciência múltipla do jurista ou da jurista que pensa como um negro permite que ele avalie os mecanismos que reproduzem diferenças de *status* cultural e de *status* material entre os grupos raciais de forma que ele possa contribuir para a luta contra formas de subordinação que operam a partir dessa lógica.[274]

---

[274] BRASIL. Supremo Tribunal Federal, Arguição de Descumprimento de Preceito Fundamental n. 132, Órgão Julgador: Tribunal Pleno, Relator: Carlos Ayres Britto, 05.05.2011 ("Bem de todos", portanto, constitucionalmente versado como uma situação jurídica ativa a que se chega pela eliminação do preconceito de sexo. Se se prefere, "bem de todos" enquanto valor objetivamente posto pela Constituição para dar sentido e propósito ainda mais adensados à vida de cada ser humano em particular, com reflexos positivos no equilíbrio da sociedade. O que já nos remete para o preâmbulo da nossa Lei Fundamental, consagrador do "Constitucionalismo fraternal", tipo de constitucionalismo, esse, o fraternal, que se volta para a integração comunitária das pessoas (não exatamente para a "inclusão social"), a se viabilizar pela imperiosa adoção de políticas públicas afirmativas da fundamental **igualdade civil-moral** (mais do que simplesmente econômico-social) dos estratos sociais historicamente desfavorecidos e até vilipendiados. Estratos ou segmentos sociais como, por ilustração, o dos negros, o dos índios, o das mulheres, o dos portadores de deficiência física e/ou mental e o daqueles que, mais recentemente, deixaram de ser referidos como "homossexuais" para ser identificados pelo nome de "homoafetivos". Isto de parelha com leis e políticas públicas de cerrado combate ao preconceito, a significar, em última análise, **a plena aceitação e subsequente experimentação do pluralismo sócio-político-cultural**. Que é um dos explícitos valores do mesmo preâmbulo da nossa Constituição e um dos fundamentos da República Federativa do Brasil (inciso V do art. 1º). Mais ainda, pluralismo que serve de elemento conceitual da própria democracia material ou de substância, desde que se inclua no conceito da democracia dita substancialista **a respeitosa convivência dos contrários**").

CAPÍTULO XIII – HERMENÊUTICA NEGRA E INTERPRETAÇÃO DA...

Juristas que pensam como um negro devem pautar a atividade interpretativa a partir do reconhecimento de certos propósitos centrais do constitucionalismo moderno. Primeiro, sua atuação deve estar baseada na premissa de que o sistema constitucional está construído a partir de certos princípios estruturantes porque representam o caráter paradigmático de uma ordem constitucional. Eles adquirem esse *status* porque são partes necessárias do constitucionalismo, sistema de regulação destinado a servir como parâmetro para a organização social e política de uma democracia. Como nos diz José Joaquim Gomes Canotilho, esses princípios que estruturam a vida política e jurídica de uma sociedade atuam de forma complementar porque fornecem legitimidade para a ação estatal nas mais diversas instâncias. Assim, o princípio do Estado Democrático de Direito cria os elementos para a concretização do princípio democrático, pressuposto que por sua vez permite a realização do pluralismo social e político, elemento particularmente importante para nossa reflexão.[275]

Segundo, um jurista ou uma jurista que pensa como um negro deve considerar que esses princípios expressam uma visão antropológica que busca fomentar a liberdade e a igualdade de todos os membros da comunidade política, um objetivo que só pode ser alcançado quando se reconhece a dimensão política da pluralidade de pertencimentos sociais. A proteção da integridade moral dos indivíduos depende de um tipo de inserção social que permite a igualdade de *status* entre os membros da comunidade política, requisito para que o respeito pelo pluralismo social possa ser concretizado.[276] William Eskridge oferece alguns elementos

---

[275] CANOTILHO, José Joaquim Gomes. *Direito Constitucional*. 6ª ed. Lisboa: Almedina, 1993, p. 355.

[276] Ver, nesse sentido: BRASIL. Tribunal de Justiça do Acre, Ação Cível, n. 2007.001819-4, Órgão Julgador: Câmara Cível, Relatora: Miracele Lopes, 25.09.2007 (apontando a importância de se reconhecer tanto o pluralismo social quanto o pluralismo familiar, duas possibilidades albergadas pelo texto constitucional e que justifica a extensão de direitos previdenciários a

importantes para entendermos como uma comunidade política comprometida com o pluralismo deve operar. Todos os grupos sociais devem ter acesso à participação nos processos decisórios nas instituições governamentais, de forma que eles possam ter voz na produção das normas que regularão suas vidas. Essas instituições não podem ser um meio para que os grupos sociais dominantes possam utilizar o Direito para avançar seus interesses particulares. O governo deve estar então comprometido com uma política de proteção de grupos minoritários. Uma democracia pluralista deve garantir ainda proteção contra atos que têm como objetivo impedir uma vida integrada dos membros de grupos minoritários. Em conjunto, esses elementos possibilitarão a construção de um processo de governo no qual os grupos sociais estarão integrados no processo político, o que fortalece o regime democrático.[277]

Terceiro, juristas que pensam com um negro devem ter sempre em sua mente a função central do constitucionalismo: servir como um elemento de articulação entre identidade e diferença. Um de seus elementos principais, direitos fundamentais como limites ao poder estatal, têm um papel fundamental na possibilidade de convivência da pluralidade de identidades e diferenças presentes dentro de uma democracia. As normas jurídicas não podem ser vistas como um documento jurídico que incorpora um tipo específico de identidade porque isso impede que outras possam gozar direitos. O processo de reificação das normas jurídicas produz a exclusão social ao estabelecer de forma durável ou definitiva a exclusão de

---

casais homossexuais); BRASIL. Tribunal de Justiça do Rio Grande do Sul, Apelação Cível, n. 70016239949, Órgão Julgador: 7ª Câmara Cível, Relator: Luiz Felipe Brasil Santos, 20.12.2006 (negando provimento à apelação que procurava anular decisão que reconheceu uma união homossexual como união estável sob o argumento de que a Constituição Federal deve reconhecer novas perspectivas culturais e relações sociais, salvaguardando assim os direitos de todos os cidadãos à busca de tutela jurisdicional).

[277] ESKRIDGE, William. "A pluralist theory of the equal protection clause". *University of Pennsylvania Journal of Constitutional Law*, vol. 11, nº 5, 2008, pp. 1239-1245.

CAPÍTULO XIII – HERMENÊUTICA NEGRA E INTERPRETAÇÃO DA...

certos sujeitos do gozo de direitos. Portanto, interpretar o princípio da igualdade de forma que ele represente exclusivamente os interesses dos membros de um grupo específico significa impedir a realização de uma democracia pluralista, um dos objetivos centrais da nossa ordem constitucional. Os direitos fundamentais existem para regular a tensão entre identidade e diferença, o que está sempre presente em novas demandas de direitos. Ao contrário do que acreditam muitos juristas brancos, esse processo representa o funcionamento normal de uma democracia porque sua expansão sempre implica o surgimento de demandas de direitos de grupos que estavam impedidos de articulá-las até aquele momento. O jurista ou a jurista que pensa como um negro não pode esquecer o fato de que todos os indivíduos possuem uma mesma identidade como sujeitos de direito, mas essa identidade não pode ser vista com uma única classe de pessoas.[278]

Quarto, juristas que pensam como um negro devem considerar que a igualdade, um dos princípios estruturantes da nossa ordem jurídica, tem um papel importante no processo de articulação entre identidade e diferença. Sua evolução doutrinária e jurisprudencial esteve sempre diretamente ligada a esse tema porque a reprodução da desigualdade ocorre em função da imposição de identidades forçadas aos indivíduos, de tipos de identidade que se tornam requisitos para o acesso a direitos. A igualdade deixa ser vista como um mero *status* jurídico de caráter formal para integrar questões que giram em torno do conflito entre identidade e diferença; a luta por direitos de minorias raciais e sexuais são claros exemplos desse processo. O ponto fundamental desse conflito está na institucionalização de certos elementos identitários referentes aos grupos majoritários no sistema jurídico, de forma que eles se tornam um

---

[278] Ver, nesse sentido: ROSENFELD, Michel. *A identidade do sujeito constitucional*. Belo Horizonte: Mandamentos, 2003; SUNSTEIN, Cass. "Against tradition". *Social Philosophy and Policy*, vol. 13, nº 1, 1997, pp. 207-229.

parâmetro para aferição de direitos.²⁷⁹ Outras questões também surgem quando certos tipos de identidade não são considerados como socialmente relevantes, o que deixa grupos de indivíduos sem a devida proteção jurídica. Esse é um dos motivos pelos quais o jurista ou a jurista que pensa como um negro deve estar atento às teorias que procuram garantir um ponto importante para a vida democrática: a paridade de participação, o reconhecimento dos indivíduos como sujeitos capazes de atuar na esfera pública de forma competente. Isso requer, por um lado, condições subjetivas de paridade de participação, o que exige o combate da forma como estereótipos culturais negativos afetam o tratamento institucional dos indivíduos. A igualdade também pode promover a emancipação dos indivíduos na medida em que permite o alcance de medidas distributivas que permitem a igualdade de condições objetivas de participação das pessoas na esfera pública.²⁸⁰

Uma vez mencionados os elementos constitucionais que regulam a atuação do jurista que pensa como um negro, devo agora mencionar mais uma vez alguns parâmetros centrais do processo de interpretação da igualdade. O intérprete deve ter em mente que esse princípio constitucional opera para proteger grupos sociais, requisito para que ele possa cumprir seu papel de ser um elemento articulador entre identidade e diferença. Observamos que mecanismos de discriminação estão voltados para traços identitários, traços que criam grupos de pessoas a partir dos quais a sociedade passa a atuar em relação a esses grupos. A interpretação desse

---

²⁷⁹ Ver, nesse sentido, CANADÁ. Corte Estadual de Ontário. *Halpern v. Ontário*. C39172 and C39174, 2003 (afirmando que normas que contribuem para a marginalização de pessoas que já enfrentam situações de desvantagens devem ser consideradas como inconstitucionais); ÁFRICA DO SUL. Corte Constitucional. Fourié v. Ministers of Home Affairs, CCT 60/04, 2005 (afirmando que a cidadania moral é um elemento central do sistema constitucional, motivo pelo qual normas jurídicas não devem tratar homossexuais como pessoas de segunda classe).

²⁸⁰ FRASER, Nancy. "Recognition without ethics?" *Theory, Culture & Society*, vol. 18, nº 2-3, 2001, pp. 21-42.

CAPÍTULO XIII – HERMENÊUTICA NEGRA E INTERPRETAÇÃO DA...

mandamento constitucional não pode ser reduzida a uma avaliação da relação racional entre critérios de tratamento diferenciado e fins estatais legítimos porque a esse processo possui um caráter político. Ele objetiva criar as condições de paridade de participação entre todos os membros da comunidade política, principalmente aqueles que são membros de grupos minoritários.

Por causa de sua dimensão política, a interpretação da igualdade considera a condição social e histórica dos membros dos grupos sociais afetados pela norma jurídica em questão, sendo que sua constitucionalidade deverá decorrer de sua capacidade em promover a integração social dos indivíduos, de promover condições objetivas e subjetivas de paridade de participação para grupos minoritários. Ela procura então garantir a igualdade de *status* entre as pessoas, o que inclui a igualdade de *status* cultural e de *status* material. A interpretação da igualdade deve então ser vista como um elemento importante para a proteção de uma democracia pluralista ao garantir a afirmação da possibilidade de participação dos membros da comunidade política no espaço público. O jurista ou a jurista que pensa como um negro deve estar ciente de que o processo de interpretação da igualdade pode produzir deslocações compreensivas tendo em vista sua necessidade de considerar a forma como uma norma ou prática jurídica afeta o *status* de um grupo social. De qualquer maneira, isso não abre necessariamente espaço para conclusões meramente pessoais porque a lógica de interpretação da igualdade oferece elementos bastante claros pra sua atuação.[281]

---

[281] Ver, nesse sentido: BRASIL. Supremo Tribunal Federal. Ação Direta de Inconstitucionalidade n. 3330-1, Órgão Julgador: Tribunal Pleno, Relator: Carlos Ayres Britto: "Ora bem, que é o desfavorecido senão o desigual *por baixo*? E quando esse tipo de desigualdade se generaliza e perdura o suficiente para se fazer de traço cultural de um povo, é dizer, quando a desigualdade se torna uma característica das relações sociais de base, uma verdadeira práxis, aí os segmentos humanos tidos por inferiores passam a experimentar um perturbador sentimento de baixa autoestima. Com seus deletérios efeitos na concretização dos valores humanistas que a Magna Lei brasileira bem sintetizou no objetivo fundamental de "*construir uma sociedade justa, livre e*

Disse anteriormente que anseio ser tratado como um indivíduo, mas temo que isso nunca acontecerá. Esse é o motivo principal pelo qual precisamos tratar as pessoas como membros de grupo. Os danos que sofri com racismo ao longo da vida não se resumem à minha pessoa. São práticas que possuem um caráter estrutural e sistêmico, razão pela qual devemos medir os danos que elas causam à comunidade negra como um todo. As diversas formas históricas de exclusão social criaram modos de desigualdades de caráter durável, fazendo com que negros sejam uma casta social com poucas chances de mobilidade. Mais do que isso, esses danos são decorrentes das desvantagens materiais e também das injúrias psicológicas que pessoas negras enfrentam cotidianamente e durante toda a vida. Não podemos perder de vista propostas de autores norte-americanos que procuraram criar parâmetros gerais para a interpretação da igualdade baseados na premissa segundo a qual as pessoas devem ter o direito de se verem livres das consequências de atos de atores públicos e privados que permitem a reprodução da marginalização. O objetivo da igualdade seria então eliminar as práticas sociais responsáveis pela perpetuação da condição de subalternos nas quais minorias raciais se encontram.[282]

Mais uma vez é preciso dizer que essas propostas não negam a relevância do caráter antidiscriminatório da igualdade, o que

---

solidária" (inciso I do art. 3º). Pois como negar o fato de que o desigual por baixo, assim *macrodimensionado* e renitente, se configure como um fator de grave desequilíbrio social? A condenar inteiros setores populacionais a uma tão injusta quanto humilhante exclusão dos benefícios da própria vida humana em comum? 34. Acontece que a imperiosa luta contra as relações desigualitárias muito raro se dá pela via do descenso ou do rebaixamento puro e simples dos sujeitos favorecidos (personifiquemos as coisas, doravante). Geralmente se verifica é pela ascensão das pessoas até então sob a hegemonia de outras".

[282] Ver, nesse sentido: BINDER, Guyora Binder; WEISBERG, Robert. "Cultural criticism of law". *Stanford Law Review*, vol. 43, nº 4, 1997, pp. 1149-1221; KARST, Kenneth. "Sources of status-harm and group disadvantage in private behavior. The origins and faith of antisubordination theory". *Issues In Legal Scholarship*, 2002.

prevê a necessidade de correção da discriminação intencional e arbitrária contra grupos minoritários. A posição acima mencionada pretende corrigir também as consequências históricas de mecanismos discriminatórios que afetam particularmente grupos minoritários. Isso requer então uma avaliação da continuidade do impacto de práticas sociais passadas que foram responsáveis pela transformação de certos grupos em verdadeiras castas sociais.[283] É importante lembrar também que a finalidade de eliminarmos castas sociais decorre do interesse em erradicarmos os diversos estigmas culturais que surgem em função das disparidades entre grupos raciais. A discriminação que possui caráter sistêmico permite a reprodução de estigmas que motivam a ação de membros dos grupos raciais dominantes e que também afeta a percepção dos membros de grupos minoritários sobre si mesmos. Assim, uma Hermenêutica Negra está interessada apenas no combate das desigualdades materiais, mas também nas várias formas de estigmas que impedem a conquista de respeitabilidade social por minorias.[284]

O que estamos chamando de uma Hermenêutica Negra parte do pressuposto de que a cidadania racial deve ser compreendida como um parâmetro substantivo de controle de constitucionalidade. Essa perspectiva interpretativa a considera como um princípio constitucional estruturante porque ela presta sentido ao sistema de normas que governam nossa vida política. A cidadania racial

---

[283] DIMOND, Paul. "The Anti-Caste Principle". *Wayne Law Review*, vol. 30, n° 1, 1983, pp. 1-7.

[284] LINK, Bruce Link; PHELAN, Jo. "Conceptualizing stigma". *Annual Review of Sociology*, vol. 27, 2001, pp. 363-385. Ver: ESTADOS UNIDOS. *Romer v. Evans*, 517 U.S. 620, 1996 (declarando a inconstitucionalidade de plebiscito que procurava garantir o direito de discriminar homossexuais sob o argumento que ela partia de estigmas e animosidade contra grupos minoritários, o que constitui uma violação da igualdade); ESTADOS UNIDOS. *Lawrence v. Texas*, 539 U.S. 558, 2003 (declarando a inconstitucionalidade de normas que proibiam atos sexuais entre homossexuais porque uma de suas consequências era a construção de uma casta social que não tinha os mesmos direitos).

como um postulado interpretativo de normas jurídicas encontra fundamentação na noção de igualdade relacional, teoria que enfatiza a importância da eliminação de relações hierárquicas arbitrárias no espaço público e no espaço privado. Essa concepção de igualdade também está relacionada com a noção de respeito que deve ser acordada aos indivíduos para que eles possam ser vistos e se perceberem como pessoas capazes de atuar de forma competente no espaço público. Tratar minorias raciais dessa forma significa criar os meios necessários para que elas também possam ter protagonismo social, para que elas possam ter acesso aos meios necessários para participarem dos processos decisórios.

Devemos também estar atentos à dimensão psicológica da cidadania racial. Esse tema está relacionado com o ideal de aprimoramento humano presente na cultura moderna, o que se torna possível pelo pertencimento a uma comunidade política, a uma comunidade que reconhece pessoas de todas as raças como indivíduos que merecem a mesma consideração e respeito. Devemos estar cientes de que a cidadania moderna possui uma clara dimensão psicológica relacionada com a experiência de pertencimento a uma sociedade, lugar no qual as pessoas formam seu senso de individualidade por meio dos processos de caráter intersubjetivo do qual a igualdade de direitos é um aspecto central.[285] A identidade

---

[285] A noção de cidadania como parâmetro substantivo de controle de constitucionalidade tem sido elaborada em decisões importantes do Supremo Tribunal Federal. Ver: BRASIL. Supremo Tribunal Federal, Ação Direta de Inconstitucionalidade n. 2649, Órgão Julgador: Tribunal Pleno, Relator: Carmem Lúcia, 17.10.2008 (afirmando que "A Lei n. 8.899/1994 é parte das políticas públicas para inserir os portadores de necessidades especiais na sociedade e objetiva a igualdade de oportunidades e a humanização das relações sociais, em cumprimento aos fundamentos da República de cidadania e dignidade da pessoa humana, o que se concretiza pela definição de meios para que eles sejam alcançados"); BRASIL. Supremo Tribunal Federal. Arguição de Descumprimento de Preceito Fundamental n. 132, Órgão Julgador: Tribunal Pleno: Relator: Carlos Ayres Britto (reconhecendo uniões homoafetivas como uniões estáveis sob o argumento que o princípio constitucional da cidadania também inclui a noção de cidadania sexual).

pessoal se desenvolve a partir de vários processos identificatórios que ocorrem nas diversas relações pessoais no espaço público, o que indica o caráter normativo que elas possuem. Assim, as pessoas poderão desenvolver um senso de dignidade pessoal porque são tratadas de forma digna pela comunidade política. O tratamento igualitário possui então um papel muito relevante na afirmação da estabilidade emocional das pessoas porque ela permite a afirmação do valor pessoal que os indivíduos podem ter, elemento necessário para o processo de formação da personalidade dos indivíduos.[286] O conceito de cidadania racial também encontra fundamento nos objetivos fundamentais da nossa ordem política delimitados no nosso texto constitucional. Vemos ali que o legislador constituinte estabeleceu a eliminação da marginalização como um propósito central da ação das instituições estatais. Interpreto essa norma constitucional como um dos elementos centrais do postulado interpretativo que estamos discutindo, outra indicação de que a Hermenêutica Negra não se restringe a meras considerações subjetivas sobre como normas jurídicas devem ser interpretadas.[287]

---

[286] BRASIL. Tribunal de Justiça de Minas Gerais, Ação Cível n. 1.0024.06.930324-6/001(1), Órgão Julgador: 7ª Câmara Cível, Relator: Heloisa Combat, 22.05.2007 (afirmando que o reconhecimento da diferença pelo sistema jurídico constitui uma exigência do atual paradigma constitucional); BRASIL. Tribunal de Justiça de São Paulo, Ação Cível n. 552.574-44-00, Órgão Julgador: 8ª Câmara de Direito Privado, Caetano Lacastra, 12.03.2008 (argumentando que a atividade jurisdicional exige que o juiz utilize uma interpretação sistemática porque a Constituição traz princípios abertos, indeterminados e plurisisignificativos, cujas normas dependem de uma correlação entre todas as normas); BRASIL. Tribunal de Justiça do Rio Grande do Sul, Ação Cível, n. 598362655, Órgão Julgador: 8ª Câmara Cível, Relator: José Siqueira Trindade, 01.03.2000 (mencionando os objetivos anti-subordinatórios presentes na nossa Constituição para justificar o reconhecimento das uniões homoafetivas como uniões estáveis).

[287] Para uma análise da noção de cidadania como parâmetro de controle de constitucionalidade, ver: MOREIRA, Adilson José. *Cidadania sexual*: estratégia para ações inclusivas. São Paulo: Arraes, 2017.

Portanto, a Hermenêutica Negra que delineamos neste ensaio tem alguns propósitos centrais. Em primeiro lugar, ela está interessada em combater aquelas normas e práticas que impedem um aceso às oportunidades sociais. É necessária então a correção dos processos decisórios que têm o propósito específico de impedir acesso às oportunidades para grupos minoritários. Juristas que pensam como um negro devem estar atento aos procedimentos destinados a manter hierarquias sociais. Segundo, o processo hermenêutico precisa estar ciente da necessidade de correção dos danos causados às minorias raciais, danos que ainda impedem a integração social dos membros desse grupo. A Hermenêutica Negra precisa considerar a legalidade de uma norma ou prática dentro do contexto histórico no qual os membros de um determinado grupo estão situados. Terceiro, o jurista ou a jurista que pensa como um negro precisa ainda levar em consideração as possibilidades que o Direito pode ter em combater os estigmas decorrentes dos processos de marginalização.[288]

13.2 O jurista que pensa como um negro é um ativista?

Os temas aqui debatidos estão situados na discussão mais ampla sobre dos objetivos políticos estabelecidos no texto constitucional brasileiro. Decisões de Cortes Constitucionais que garantem ou estendem proteção jurídica a grupos subalternizados são

---

[288] Ver, nesse sentido: BRASIL. Superior Tribunal de Justiça, Recurso Especial n. 395.904, Órgão Julgador: 6ª Turma, Relator: Hélio Quaglia Barbosa, DJ 06.02.2005 (estendendo direito previdenciário a um companheiro homossexual sob o argumento de que cabe às instituições estatais, por meio dos direitos fundamentais, a criação de uma sociedade multicultural e hiperinclusiva); BRASIL. Tribunal de Justiça de do Rio de Janeiro, Ação Cível n. 2005.001.22849, Órgão Julgador: 14ª Câmara Cível, Relator: Ferdinaldo Nascimento, 11.04.2006 (afirmando que o texto constitucional estabelece a construção de uma sociedade igualitária como fundamento central da ordem constitucional).

frequentemente apontadas como exemplos de ativismo judicial. Os que utilizam esse argumento afirmam que elas não possuem legitimidade por violarem o sentido de normas constitucionais, o que para eles provoca a desestabilização do sistema democrático. É mesmo possível dizer que medidas destinadas a promover a emancipação de grupos minoritários podem ser classificadas como ativismo judicial? Devemos mesmo fazer uma leitura restritiva de normas constitucionais para garantir a legitimidade das instituições jurídicas? Uma resposta adequada a essas perguntas requer que consideremos o tema da legalidade de medidas de inclusão racial a partir dos pressupostos filosóficos e políticos que estruturam o atual paradigma constitucional.[289]

A decisão do Supremo Tribunal Federal que afirmou a constitucionalidade de ações afirmativas oferece uma série de parâmetros importantes para situarmos essa questão. Primeiro, ela está baseada no pressuposto de que o princípio constitucional da igualdade procura garantir reconhecimento e redistribuição, dimensões centrais das demandas atuais de justiça. Essa argumentação oferece fundamento para uma postura interpretativa que procura observar o impacto de medidas governamentais no *status* social de grupos minoritários. O racismo impede que negros possam ser reconhecidos como atores sociais competentes, fator que contribui para a marginalização econômica dos membros desse grupo.[290]

---

[289] Para uma análise dos fundamentos do neoconstitucionalismo, ver principalmente: SANCHIS, Luis Pietro. *Justicia constitucional y derechos fundamentales*. Madrid: Editoral Trotta, [s.d.], pp. 101-133; KLARE, Karl. "Legal culture and transformative constitutionalism". *South African Journal of Human Rights*, vol. 146, nº 1, 1998, pp. 146-183.

[290] BRASIL. Supremo Tribunal Federal, Arguição de Descumprimento de Preceito Fundamental n. 186, Órgão Julgador: Tribunal Pleno, Relator: Ricardo Lewandoviski, 26.04.2012 (afirmando que "ainda sob essa ótica, há que se registrar uma drástica transformação na própria compreensão do conceito de justiça social nos últimos tempos. Com efeito, para além das políticas meramente redistributivas surgem, agora, as políticas de reconhecimento e valorização de grupos étnicos e culturais. (...) Dito de outro

Assim, reconhecimento e redistribuição estão relacionados com o *status* cultural e com o *status* material das pessoas dentro de uma sociedade. A decisão em questão encontra ampla legitimidade no nosso sistema jurídico porque ele estabelece a eliminação da marginalização como um dos objetivos centrais da nossa ordem política. O jurista que pensa como um negro, ao reconhecer a constitucionalidade de medidas de integração racial, ao considerar o impacto do estigma racial na reputação social de grupos minoritários nos casos de injúria, não está engajado em nenhum tipo de ativismo jurídico porque ele está decidindo a partir de um dos valores centrais do nosso sistema constitucional: a dignidade humana, princípio que só pode ser concretizado a partir da igualdade de *status* entre grupos.[291]

Segundo, o Supremo Tribunal Federal reconheceu a raça como uma construção social que motiva uma série de mecanismos que produzem a exclusão de pessoas negras.[292] Mais do que reconhecer

---

modo, justiça social, hoje, mais do que simplesmente redistribuir riquezas criadas pelo esforço coletivo, significa distinguir, reconhecer e incorporar à sociedade mais ampla valores culturais diversificados, muitas vezes considerados inferiores àqueles reputados dominantes. Esse modo de pensar revela a insuficiência da utilização exclusiva do critério social ou de baixa renda para promover a integração social de grupos excluídos mediante ações afirmativas, demonstrando a necessidade de incorporar-se nelas considerações de ordem étnica e racial").

[291] BRASIL. Supremo Tribunal Federal, Arguição de Descumprimento de Preceito Fundamental n. 186, Órgão Julgador: Tribunal Pleno, Relator: Ricardo Lewandoviski, 26.04.2012 ("Ora, as políticas que buscam reverter, no âmbito universitário, o quadro histórico de desigualdade que caracteriza as relações étnico-raciais e sociais em nosso país, não podem ser examinadas apenas sob a ótica de sua compatibilidade com determinados preceitos constitucionais isoladamente considerados, ou a partir da eventual vantagem de certos critérios sobre outros. Elas devem, ao revés, ser analisadas à luz do arcabouço principiológico sobre o qual se assenta o próprio Estado brasileiro, desconsiderando-se os interesses contingentes e efêmeros que envolvem o debate").

[292] BRASIL. Supremo Tribunal Federal, Arguição de Descumprimento de Preceito Fundamental n. 186, Órgão Julgador: Tribunal Pleno, Relator: Ricardo Lewandoviski, 26.04.2012 ("Cumpre afastar, para os fins dessa

o caráter estrutural do racismo, os ministros também indicaram seu propósito central: a manutenção de privilégios sociais nas mãos dos membros do grupo racial dominante.²⁹³ Isso significa que ela deve ser utilizada como um parâmetro para a adoção de política pública, uma vez que ela opera como um fator de produção de opressão. Um jurista ou uma jurista que pensa como um negro não está de forma alguma procurando criar conflitos sociais ao afirmar a constitucionalidade dessas iniciativas; ele também não está trabalhando para beneficiar certos grupos em detrimento de outros. A filosofia que informa o atual paradigma constitucional atribui uma função transformadora às instituições estatais, motivo pelo qual elas possuem legitimidade para criar políticas destinadas a elevar o *status* de determinados grupos sociais.²⁹⁴

---

discussão, o conceito biológico de raça para enfrentar a discriminação social baseada nesse critério, porquanto se trata de um conceito histórico-cultural, artificialmente construído, para justificar a discriminação ou, até mesmo, a dominação exercida por alguns indivíduos sobre certos grupos sociais, maliciosamente reputados inferiores. Ora, tal como os constituintes de 1988 qualificaram de inafiançável o crime de racismo, com o escopo de impedir a discriminação negativa de determinados grupos de pessoas, partindo do conceito de raça, não como fato biológico, mas enquanto categoria histórico--social, assim também é possível empregar essa mesma lógica para autorizar a utilização, pelo Estado, da discriminação positiva com vistas a estimular a inclusão social de grupos tradicionalmente excluídos").

293 BRASIL. Supremo Tribunal Federal, Arguição de Descumprimento de Preceito Fundamental n. 186, Órgão Julgador: Tribunal Pleno, Relator: Ricardo Lewandoviski, 26.04.2012 (Aliás, Dalmo de Abreu Dallari, nessa mesma linha, adverte que a ideia de democracia, nos dias atuais, exige a superação de uma concepção mecânica, estratificada, da igualdade, a qual, no passado, era definida apenas como um direito, sem que se cogitasse, contudo, de convertê-lo em uma possibilidade, esclarecendo o quanto segue: *"O que não se admite é a desigualdade no ponto de partida, que assegura tudo a alguns, desde a melhor condição econômica até o melhor preparo intelectual, negando tudo a outros, mantendo os primeiros em situação de privilégio, mesmo que sejam socialmente inúteis ou negativos"*).

294 Ver, nesse sentido, o artigo clássico de KLARE, Karl. "Legal culture and transformative constitutionalism". *South African Journal of Human Rights*, vol. 146, nº 1, 1998, pp. 146-183.

Terceiro, a decisão sob análise parte do pressuposto de que o Judiciário tem a função de atuar no processo político quando ele impossibilita a proteção de determinados setores da sociedade. A necessidade de contrabalançar o poder político dos grupos mais poderosos tem sido uma das funções centrais do controle de constitucionalidade. O caráter contramajoritário da atuação de Cortes Constitucionais encontra ampla fundamentação na teoria democrática, tendo em vista a necessidade de proteção de grupos minoritários. Essa função não deve ser vista como uma intromissão indevida no processo democrático, mas sim algo necessário para que ele possa funcionar de maneira adequada. A garantia de uma governança social democrática não pode ser equacionada a qualquer tipo de ativismo judicial porque não podemos ignorar o caráter estrutural do racismo na sociedade brasileira.[295]

Quarto, aquele órgão julgador afirmou diversas vezes na decisão que nosso texto constitucional tem propósitos políticos muito claros, razão pela qual a consideração da legalidade de ações afirmativas deve ser feita a partir dos valores morais e políticos que estão presentes neste texto. A decisão que segue esses valores e objetivos não pode ser imediatamente tachada de ativismo político quando ela encontra base legal. A promoção da emancipação de grupos minoritários é um propósito norteador da Constituição Brasileira, documento que atribui às instituições estatais a função

---

[295] BRASIL. Supremo Tribunal Federal, Arguição de Descumprimento de Preceito Fundamental n. 186, Órgão Julgador: Tribunal Pleno, Relator: Ricardo Lewandoviski, 26.04.2012 ("De fato, critérios ditos objetivos de seleção, empregados de forma linear em sociedades tradicionalmente marcadas por desigualdades interpessoais profundas, como é a nossa, acabam por consolidar ou, até mesmo, acirrar as distorções existentes. Os principais espaços de poder político e social mantém-se, então, inacessíveis aos grupos marginalizados, ensejando a reprodução e perpetuação de uma mesma elite dirigente. Essa situação afigura-se ainda mais grave quando tal concentração de privilégios afeta a distribuição de recursos públicos"). Para uma análise das cortes constitucionais na garantia do processo democrático ver a obra central de ELY, John Hart. *Democracy and distrust*: a theory of judicial review. Cambridge: Harvard University Press, 1980.

de promoção da cidadania. Esse objetivo não poder ser alcançado sem a modificação do *status* social de grupos minoritários. Utilizar a narrativa da transcendência racial de maneira estratégica para atacar ações afirmativas pode ser classificado como um tipo de ativismo judicial porque não há qualquer relação entre esse discurso e a realidade social brasileira. Muitos juristas empregam o formalismo jurídico de maneira estratégica alegando que estão decidindo de forma neutra quando, na verdade, estão defendendo interesses dos grupos aos quais eles pertencem. É importante dizer que nossos tribunais reconhecem e condenam esse tipo de ação bastante característica de muitos juízes.[296]

Sexto, é importante observar que os valores presentes na Constituição Federal são manifestações de um processo de transformação da formulação da igualdade e do papel do Estado em um regime democrático. Essa mudança também estabelece novas funções para a ciência jurídica, campo de estudo que precisa agora reconstruir seus fundamentos em função de uma realidade política que atribui novas funções à hermenêutica. Os valores morais presentes no nosso texto constitucional indicam o caráter teleológico das normas constitucionais, sendo que eles condensam aspectos normativos derivados da razão pública que legitima as escolhas políticas de uma nação. Promover a inclusão de minorias raciais não pode ser visto como ativismo judicial porque esse propósito está de pleno acordo com a forma de racionalidade presente na história do constitucionalismo, tradição que sempre teve o propósito de expandir o sistema de proteção de direitos individuais. A necessidade de considerarmos o papel da raça e de ideologias no processo de formação da subjetividade do intérprete nos ajuda a identificar e rejeitar o uso estratégico

---

[296] Um estudo sobre o tema das relações entre Direito e Moral no atual paradigma constitucional pode ser encontrado em POZZOLO, Susanna. "Un constitucionalismo ambíguo". *In*: CARBONELL, Miguel. *Neoconstitucionalismo(s)*. Madri: Editorial Trotta, 2005, pp. 187-211.

formalismo estratégico presente no debate sobre ações afirmativas e crimes de injúria e racismo. O jurista que decide de acordo com valores constitucionais não engaja necessariamente em ativismo político porque a hermenêutica constitucional deve superar a leitura positivista de normas jurídicas baseadas na separação tradicional entre moral e Direito.[297]

O jurista ou a jurista que pensa como um negro não pode ser considerado como um ativista porque ele cumpre uma função importantíssima para a sociedade brasileira: construir uma cultura pública democrática. Muitas pessoas negras e brancas afirmam que nosso texto constitucional carece de normatividade social. Elas atribuem esse problema àquele documento jurídico como se ele tivesse uma vontade própria, o que seria um indício de sua ausência de legitimidade. Esse raciocínio não está correto porque uma Constituição espelha a cultura pública presente em uma dada sociedade. Estamos aqui diante de um grande problema: a construção de uma comunidade política democrática depende da formação de uma cultura pública igualitária, o que só pode ocorrer quando as pessoas enxergam as outras como atores sociais competentes. A dimensão cultural do racismo impede que isso ocorra porque esse sistema de opressão está construído sobre a premissa de que minorias raciais não podem atuar de forma adequada no espaço público. Esse é o aspecto central de todos os episódios de racismo que sofri durante toda a minha vida. Para que oportunidades sociais possam permanecer concentradas nas mãos dos membros do grupo racial dominante, as minorias precisam ser vistas como pessoas que não são capazes de desempenhar funções sociais básicas de maneira adequada, fato que decorre de sua suposta inferioridade constitutiva.

---

[297] Ver, nesse sentido: FIGUEROA, Alfonso García. "La teoria del derecho em tempos de neoconstitucionalismo". *In*: CARBONELL, Miguel. *Neoconstitucionalismo(s)*. Madrid: Editorial Trotta, 2005, pp. 159-185; COMANDUCCI, Paolo. "Formas de (neo) constitucionalismo: um análisis metateórico". *In*: CARBONELL, Miguel. *Neoconstitucionalismo(s)*. Madrid: Editorial Trotta, 2005, pp. 75-98.

CAPÍTULO XIII – HERMENÊUTICA NEGRA E INTERPRETAÇÃO DA...

A divisão social entre negros e brancos tem sido um elemento central da história do Direito brasileiro. Não podemos esquecer que a reflexão teórica sobre a inferioridade constitutiva de minorias raciais sempre cumpriu um papel central nesse processo. Nossa primeira Constituição Federal reconhecia a legitimidade da escravidão como sistema de exploração econômica, corroborando assim as teorias raciais que representavam negros como pessoas que não poderiam ter o mesmo *status* social e jurídico que pessoas brancas. Mais do que meras elaborações intelectuais, elas sustentaram políticas públicas que tinham o objetivo de promover a transformação racial da população brasileira, o que seria um requisito para que pudéssemos alcançar o progresso nacional. Se várias medidas jurídicas e legislativas foram adotadas com o propósito de garantir oportunidades econômicas para imigrantes brancos, outras foram criadas para manter pessoas negras em um estado de exclusão. Nossas elites intelectuais e políticas ainda percebiam a presença de pessoas negras como um problema social a ser resolvido e políticas eugênicas são adotadas para resolver esse problema durante o primeiro período republicano. Observamos no momento posterior a construção de uma narrativa responsável pelo encobrimento da questão racial, narrativa que se afirma ao lado de inúmeras práticas institucionais que têm reproduzido a opressão negra.

Teóricos afirmam que a esfera pública é o lugar essencial da vida política, motivo pelo qual devemos enfatizar a relevância da reflexão sobre o papel do racismo na sua formação. A prática democrática requer a existência de uma cultura pública igualitária, o que só pode ocorrer quando não há impedimentos para a criação de um senso de solidariedade democrática entre os membros de uma comunidade política. Não é segredo que os próprios gregos reconheciam as relações próximas entre vínculos pessoais e a vida política, motivo pelo qual a amizade cívica era vista como algo a ser promovido porque dela dependia a formação do interesse coletivo na promoção dos interesses comuns entre aqueles que tinham o *status* de cidadãos. Observamos na modernidade o surgimento da noção de solidariedade como um princípio revolucionário que permite o reconhecimento da igualdade moral entre todos os seres humanos. Essa formação paralela entre a noção de solidariedade com a democracia moderna demonstra a importância do cultivo de uma cultura igualitária que possibilite a criação de uma esfera pública baseada na operação de direitos como fontes de legitimação do poder político.[298]

O racismo impede que isso ocorra porque cria cisões estruturais entre grupos sociais que não se reconhecem como pessoas que possuem o mesmo valor moral. Ele está em choque direto com o ideal do universalismo dos direitos, princípio pautado no reconhecimento de todos os seres humanos como agentes racionais e autônomos. Assim, as relações hierárquicas de poder estruturadas a partir desse sistema de opressão fazem com que membros do grupo racial dominante não vejam membros de grupos minoritários como pessoas que possuem o mesmo nível de humanidade. Aliás, a noção de que pessoas brancas devem sempre ocupar lugares de poder e prestígio faz parte da identidade social de muitas delas, fator que torna a defesa da igualdade racial uma ameaça à ordem social. A existência de uma cultura pública democrática é incompatível com uma realidade cujas instituições reproduzem direta e indiretamente a opressão racial. O racismo não permite a afirmação de uma solidariedade democrática, conceito que implica a relação entre liberdade e política. O processo político, moldado a partir dos interesses dos grupos majoritários, trabalha para impedir que a liberdade individual das pessoas negras possa ser realizada.

Assim, os que refletem sobre a centralidade da esfera pública no regime democrático asseveram que o sentimento de pertencimento e de identidade comum entre os indivíduos é fundamental para a construção de uma cultura pública igualitária. Práticas

---

[298] Ver, nesse sentido: FRAISSE, Jean-Claude. *Philia, la notion de l'amitié dans la pensée antique*. Paris: Vrin, 1974; BRUNKHORST, Hauke. *Solidarity*: from civil friendship to a global legal community. Cambridge: MIT Press, 2005.

racistas pretendem reproduzir a noção de que minorias raciais não são capazes de comportamento racional e autônomo em função de sua suposta inferioridade intelectual e moral. Eles então não se encaixam em uma noção básica da esfera pública moderna que é a representação do sujeito humano como um ser capaz de agir de maneira autônoma. É importante lembrar que a existência de uma esfera pública democrática atua como uma justificação da existência dos Estados liberais, instância que existe para proteger a liberdade de pessoas que são vistas como indivíduos. Esse espaço de existência dos indivíduos tem um papel central na afirmação de sua humanidade porque nele os indivíduos podem participar do processo de produção da vontade estatal, o que requer o reconhecimento deles como agentes racionais que podem atuar de forma reflexiva, que podem participar das trocas de razões a partir das quais os destinos da sociedade são determinados.[299]

O racismo nega esse *status* ontológico a pessoas negras em função da reprodução constante de estereótipos e estigmas. Assim, ele opera como um mecanismo que promove uma dupla forma de marginalização: além de promover a estigmatização social, ele também impede que as pessoas possam transformar a própria condição de existência. A narrativa do "humanismo racial brasileiro" cria dificuldades significativas para que o tema da igualdade racial seja um objeto de debate político, primeiro passo para o alcance de mudanças estruturais na nossa sociedade. O jurista e a jurista que pensam como um negro têm então o papel importante de contribuir para a instauração de uma ordem social na qual a participação de pessoas negras na esfera pública possa se ocorrer porque essa instância existe para a adoção de normas que têm o propósito de estabelecer parâmetros para a racionalização do

---

[299] Ver, nesse sentido: TAYLOR, Charles. "Modernity and the rise of the public sphere". *Tanner Lectures on Human Values*, Stanford University, fev. 1992; HABERMAS, Jurgen. *The structural transformation of the public sphere*. Cambridge: MIT Press, 1991.

poder estatal. Esse é um passo de suma importância para a luta contra a opressão racial: o reconhecimento de negros como atores sociais competentes, como representantes de grupos que precisam atuar no espaço público para a transformação de suas condições de existência. Esse é um dos motivos pelos quais ações afirmativas nas instituições de ensino superior e em concursos públicos não tem um caráter meramente paliativo. É preciso que membros desse grupo estejam adequadamente representados nos espaços de poder.

O dever premente de eliminação das formas estruturais do racismo não decorre apenas da necessidade de reconhecimento da igualdade entre os membros da comunidade política. A discriminação racial sistemática de pessoas negras compromete a sociedade como um todo. Nossas instituições estatais investem dezenas de bilhões de dólares na formação acadêmica de pessoas negras, mas impedem que elas possam desenvolver todas as suas potencialidades por causa da operação do racismo. Os que discriminam negros querem garantir a permanência de oportunidades nas mãos dos membros do grupo racial dominante, mesmo daqueles que não são competentes. Ações afirmativas não tem apenas uma função protetiva, elas também são corretivas, uma vez que contribuem para a eliminação de práticas sociais que impedem o pleno desenvolvimento da personalidade humana, o que interessa à toda a sociedade. Eu me lembro de um filme recente que conta a história de mulheres negras que tiveram um papel central na corrida espacial e também no desenvolvimento da computação.

Os americanos nunca teriam sido bem-sucedidos naquela empreitada se não fossem os cálculos de uma mulher negra, que teve que recorrer ao Judiciário para que pudesse frequentar uma escola de engenharia que não aceitava pessoas negras.

Nossa situação é ainda mais problemática porque a narrativa da democracia racial simula uma esfera pública democrática enquanto mantêm desigualdades raciais intactas. O discurso da neutralidade racial encobre a necessidade de criarmos uma cultura pública voltada para a eliminação de relações arbitrárias no espaço público e no espaço privado que reproduzem hierarquias sociais. Muitos não consideram isso como um propósito adequado porque não conseguem reconhecer as formas a partir das quais a noção de transcendência racial permite a reprodução da marginalização racial. Outros procuram impedir de todas as formas que esse tema se torne uma pauta política importante porque não querem perder as vantagens injustas às quais têm acesso. Para isso, elas recorrem a um discurso meritocrático baseado na noção da neutralidade racial, o que seria uma forma de justiça social. Esse raciocínio está baseado na seguinte premissa: as pessoas vivem em uma realidade na qual as estruturas sociais operam segundo critérios neutros, sendo que as pessoas são recompensadas a partir das qualidades pessoais que são produto do esforço individual. Dessa maneira, todas elas são capazes de competir por oportunidades de forma igualitária; o sucesso e a inserção delas dentro do mercado são então produtos de fatores que operam de maneira impessoal e objetiva. Essa tese é altamente problemática porque mecanismos de exclusão racial operam de forma articulada para promover a opressão de grupos, opressão que incide sobre diferenciações culturais produzidas por essa mesma sociedade.

Juristas que pensam como um negro não podem se deixar seduzir por esse discurso porque ele precisa estar atento à importância do pluralismo racial na operação das instituições sociais. Garantir a presença de pessoas de diferentes grupos nos espaços de poder é uma forma importante de garantirmos a consideração dos interesses de todos os grupos na formação da vontade estatal, de políticas públicas que influenciam as vidas de todas as pessoas. Muitos atores sociais que defendem o discurso da neutralidade racial pensam que ações afirmativas promovem conscientização racial do país, o que seria algo muito pernicioso. Esse raciocínio está errado porque nossa sociedade precisa reconhecer o pluralismo como um dado central da nossa realidade, elemento encoberto pela ideologia da assimilação racial. O acesso às instituições de ensino superior e a empregos públicos é uma forma de partilhar lugares que possuem uma importância estratégica porque são lugares de concentração de poder social e todos os grupos sociais precisam ter acesso a eles. Uma sociedade comprometida com o pluralismo deve promover a diversificação das suas instituições para que elas se tornem mais democráticas.

Muitas pessoas argumentam que ações afirmativas dificultam a construção de uma cultura pública democrática porque fomentam conflitos raciais, além de reproduzir uma imagem negativa de pessoas negras. Há também aqueles que se recusam a condenar pessoas por racismo porque isso também poderia gerar ressentimento entre negros e brancos. O primeiro argumento é altamente problemático porque ações afirmativas produzem imensos benefícios para a nação como um todo. Elas permitem que pessoas negras e indígenas possam ter acesso às oportunidades no meio acadêmico e profissional, inclusive aquelas altamente talentosas, cuja qualidade do trabalho pode beneficiar toda a comunidade. A maior presença de profissionais altamente qualificados em posições de comando permite que os afetados por normas jurídicas possam ter maior participação em políticas públicas que regulam suas vidas, o que implica em maior eficácia e legitimidade. A presença de pessoas negras em cargos de poder e prestígio contribui para que a noção de que negros não são atores sociais competentes seja questionada. Além disso, ela também serve como uma fonte de inspiração para as pessoas negras.

É importante ainda considerar a recusa de muitos juízes em condenar pessoas por crimes de injúria e racismo. Muitos argumentam que os fatos do caso em questão não podem ser caracterizados como atos criminosos por causa da ausência do elemento subjetivo do tipo penal. Muitos acusados recorrem às premissas do nosso humanismo racial para tentar provar ausência de dolo: eles afirmam que têm familiares e amigos negros. Classifiquei esse comportamento em outra obra como "inocência por associação" e também "culpa por associação". A primeira importa a ideia de que a convivência diária com pessoas negras impede que elas possam nutrir pensamentos racistas, a segunda está baseada na premissa segundo a qual a condenação de pessoas por crimes raciais pode comprometer a imagem social coletiva de pessoas brancas. Essa atitude é extremamente problemática porque encobre a relevância social do racismo na sociedade brasileira, o que promove o ressentimento racial por parte dos negros e uma cultura do desrespeito entre pessoas brancas. Por esse motivo, o jurista ou a jurista que pensa como um negro deve analisar os crimes raciais não a partir da significação deles para as pessoas brancas, mas a partir dos interesses das vítimas. A lógica do opressor utilizada em muitos casos de injúria e racismo concorre para o cultivo de uma cultura da impunidade e para a perpetuação da imagem de pessoas negras como seres que não possuem valor.

CONCLUSÃO: PENSAR COMO UM NEGRO

Estabeleci um propósito que considero muito importante para a reflexão sobre o avanço da justiça racial na nossa sociedade: a formulação de uma crítica à concepção procedimental da igualdade, proposta que exige o tratamento simétrico entre indivíduos. Essa perspectiva anima o debate sobre medidas de inclusão racial na nossa sociedade. Embora muitos tribunais as considerem compatíveis com o nosso sistema jurídico, muitos atores sociais ainda se mobilizam para combater essas iniciativas. Eles fazem referência exclusiva à noção de igualdade formal, princípio articulado com a narrativa racial da homogeneidade racial. Essa posição encobre uma estratégia discursiva contrária a essas medidas porque elas podem desestabilizar os vários sistemas de privilégios raciais que estruturam a sociedade brasileira. Pudemos verificar ao longo desta obra que essa questão transcende o debate sobre cotas raciais porque ela levanta uma série de problemas que raramente estiveram presentes nos estudos hermenêuticos no nosso país, temas como o papel da raça no processo de interpretação jurídica, os vários fatores que atuam no processo de formação da subjetividade jurídica, os elementos presentes na construção da realidade social como um campo de conhecimento objetivo. Embora tenham centrado a discussão sobre o tema da constitucionalidade de ações afirmativas e sobre casos de injúria racial, esse debate levanta questões sempre presentes nos debates sobre direitos de minorias.

É possível que nosso percurso tenha levantado mais questões do que respondido as que foram apresentadas no início desta obra, mas creio que atingimos alguns objetivos relevantes. Os leitores e leitoras desta obra tiveram contato com alguns desenvolvimentos importantes da Teoria Racial Crítica, principalmente aqueles que enfatizam o caráter narrativo do Direito e suas conexões com diversas ideologias sociais. Estou convencido de que esses estudos são referências privilegiadas para pensarmos as relações entre a raça e o Direito, elementos que sempre foram discutidos a partir de perspectivas que não apresentam elementos adequados para abarcar todos os problemas postos pela interpretação da legalidade de demandas de igualdade racial. Observamos os limites que perspectivas interpretativas baseadas em premissas liberais apresentam para o debate desse tema. Também notamos a importância de refletirmos sobre a raça como um critério estruturante de relações de poder, o que nos levou à necessidade de reconhecer o caráter dinâmico do racismo e também como operadores do Direito podem referendar ideologias destinadas a preservar desigualdades raciais, embora estejam, em última instância, apenas aplicando princípios jurídicos a casos concretos.

Quero acreditar que a análise de todos esses elementos permitiu a formulação de um tipo de perspectiva hermenêutica que permite aos leitores e leitoras pensarem como um negro. Pensar como um negro significa compreender o Direito como um instrumento de transformação social, como algo que pode ter o poder de afirmar a dignidade do povo negro. Isso exige a rejeição de uma perspectiva interpretativa segundo a qual o sistema jurídico existe para manter o consenso sobre formas de organização social. Uma posição dessa natureza não pode ser apoiada por juristas que pensam como um negro porque essas normas são produtos das relações de poder existentes dentro de uma sociedade. Os que estão comprometidos com o aspecto transformativo do Direito

CONCLUSÃO: PENSAR COMO UM NEGRO

devem ter em mente que o princípio de isonomia constitucional pretende promover a igualdade de *status* entre grupos sociais. Isso tem suma importância porque a ideologia do individualismo sempre cria um grave problema para o alcance desse objetivo: ela pressupõe que as pessoas possuem uma vivência separada dos destinos dos grupos aos quais elas pertencem. Nada pode estar mais distante da realidade. A proteção do indivíduo não pode ser a única forma de interpretação da igualdade porque eles existem fundamentalmente como membros de grupos. Um operador do Direito que pensa como um negro – e ele pode ser negro ou branco – deve estar atento ao fato que as pessoas são excluídas a partir de diferentes vetores de exclusão. Ele também não pode ignorar o fato de que a raça é uma categoria constituída a partir de outras. Isso significa que ela é um meio de exclusão econômica capaz de criar uma classe de subalternos que possuem uma cor específica. Assim, como afirmei antes, pensar como um negro significa possuir uma consciência múltipla, uma consciência capaz de construir empatia com todos aqueles que vivem em uma situação de subordinação.

Pensar como um negro significa reconhecer as relações entre o privilégio branco e a opressão negra. Juristas que pensam que pensam como um negro precisam interpretar a igualdade tendo em vista as relações de poder que estruturam os lugares sociais dos diferentes grupos raciais. Isso significa que ele deve rejeitar a afirmação de que a raça não possui relevância nos processos de estratificação. Argumentos dessa natureza encobrem o fato de que a raça designa uma relação de poder e estabelece o lugar que negros e brancos ocupam dentro da sociedade. É por meio dela que lugares sociais são prescritos, é por meio dela que sujeitos sociais são construídos. Infelizmente, esse processo permanece encoberto por uma epistemologia da ignorância, elemento central da ideologia racial brasileira. A compreensão da raça como uma categoria meramente formal no processo de interpretação promove a invisibilidade do racismo. É por esse motivo que juristas que pensam como um negro devem estar comprometidos com uma interpretação da Constituição Federal que possa promover a igualdade de *status* entre grupos. Ele não pode perder de vista o fato de que as pessoas são discriminadas porque pertencem a certas comunidades, pertencimento que indica uma forma de identidade que determina a vida das pessoas. Assim, a igualdade deve ser voltada para a proteção de grupos sociais, única forma de promovermos uma transformação da nossa nação.

REFERÊNCIAS BIBLIOGRÁFICAS

ALEINKOFF, T. Alexander. "A case for race consciousness". *California Law Review*, vol. 91, nº 4, 1991.

ALMEIDA, Silvio Luiz. *O que é racismo estrutural?* Belo Horizonte: Letramento, 2017.

AMATO, Salvatore. *Il soggetto e il soggetto di diritto*. Torino: Giapichelli, 1990.

ANDERSON, Elijah. "The white space". *Sociology of Race and Ethnicity*, vol. 1, nº 1, 2015.

ANDERSON, Elizabeth. "What is the point of equality". *Ethics*, vol. 109, nº 2, 1999.

ANSEL, Amy. "Casting a Blind Eye: The Ironic Consequences of Color-Blindness in South Africa and the United States". *Critical Sociology*, vol. 32, nº 2/3, 2006.

ANTUNES, Pedro Paulo. *Homofobia internalizada*. São Paulo: Annablume, 2017.

APPIAH, K. Anthony. "Stereotypes and the shapping of identity". *California Law Review*, vol. 88, nº 1, 2000.

ARAÚJO, Joel Zito. "O negro na dramaturgia: um caso exemplar da decadência do mito da democracia racial". *Revista de Estudos Feministas*, vol. 16, nº 3, 2008.

ARMOUR, Jody. "Stereotype and prejudice: helping legal decisionmakers break the prejudice habit". *California Law Review*, vol. 89, n° 3, 1995.

ATTAL-GALY, Yael. *Droits de l'homme et categories d'individus*. Paris: L.G.D.J., 2003.

AYRES, Toni. "China doll: the experience of being a gay Chinese Australian". *Journal of Homosexuality*, vol. 36, n° 3/4, 1999.

AZEVEDO, Célia Maria Marinho de. "Cota racial e Estado: eliminação do racismo ou direito de raça?" *Cadernos de Pesquisa*, vol. 34, n° 121, 2004.

BALKIN, Jack M. "The constitution of status". *Yale Law Journal*, vol. 106, n° 6, 1996.

_____. "Understanding legal understanding: the legal subject and the problem of legal coherence". *Yale Law Journal*, vol. 103, n° 1, 1993.

BALKIN, Jack M.; SIEGEL, Reva. "The American civil rights tradition: antidiscrimination or antisubordination?" *University of Miami Law Review*, vol. 58, n° 1, 2003.

BANDURA, Albert. "Self-reinforcement: theoretical and methodological considerations". *Behaviorism*, vol. 4, n° 2, 1976.

BANDURA, Albert. "Toward a psychology of human agency: pathways and reflections". *Perspectives on Psychological Science*, vol. 13, n° 2, 2017.

BARON, Robert. "The influence of hostile and nonhostile humor upon physcial aggression". *Personality and Social Psychology Bulletin*, vol. 4, n° 1, 1978.

BARROS, Zelinda dos Santos. *Casais inter-raciais e suas representações acerca de raça*. Salvador: Universidade Federal Bahia, 2003.

BELL, Derick. *And we are not saved*: the elusive quest for racial justice. Boston: Basic Books, 1989.

_____. "Racial realism". *Connecticut Law Review*, vol. 24, n° 2, 1991.

BENITEZ, Maria Elvira Diez. "Além de preto, viado. Etiquetando sujeitos experiências nos mundos homossexuais". *Sexualidade, Gênero e Sociedade*, vol. 13, n° 26, 2006.

BENTO, Maria Aparecida Silva. *A psicologia social do racismo*: estudos sobre a branquitude e branqueamento no Brasil. Petrópolis: Vozes, 2002.

REFERÊNCIAS BIBLIOGRÁFICAS

BERQUO, Elza. *Nupcialidade da população negra no Brasil, Núcleo de Estudos de População*. Campinas: UNICAMP, ago. 1987. (texto n. 11).

BERTH, Joice. *Empoderamento*. São Paulo: Pólen Livros, 2019.

_____. *O que é empoderamento?* Belo Horizonte: Letramento/ Justificando, 2018.

BEVERLEY, John. "Theses on subalternity, representation, and politics". *Postcolonial Studies*, vol. 1, n° 3, 1998.

_____. *Subalternidad y representación*: Debates en teoria cultural. Madri: Iberoamericana, 2004.

BINDER, Guyora Binder; WEISBERG, Robert. "Cultural criticism of law". *Stanford Law Review*, vol. 43, n° 4, 1997.

BLACK, Linda; STONE, David. "Expanding the definition of privilege: the concept of social privilege". *Journal Multicultural Counseling and Development*, vol. 33, out. 2005.

BLUMER, Herbert. "Prejudice as a sense of group position". *The Pacific Sociological Review*, vol. 1, n° 1, 1958.

BOHLER-MULLER, Narnia. "Western liberal legalism and its discontents: a perspective from South Africa". *Socio-Legal Review*, vol. 3, n° 1, 2007.

BONILLA-SILVA, Eduardo. "Rethinking racism: toward a structural interpretation". *American Sociological Review*, vol. 62, n° 3, 1997.

BOXILL, Bernard R. *Blacks and social justice*. Nova York: Rowmann & Littlefield, 1992.

BOYKIN, Keith. *One more river to cross*: black & gay in America. Nova York: Anchor Books, 1996.

BOYLE, James. "Is subjectivity possible? The post-modern subject in legal theory". *University of Colorado Law Review*, vol. 62, n° 2, 1991.

BREST, Paul. "Defende of the anditidiscrimination principle". *Harvard Law Review*, vol. 90, n° 1, 1977.

_____. "In defense of the antidiscrimination principle". *Harvard Law Review*, vol. 90, n° 1, 1976.

BRUNKHORST, Hauke. *Solidarity*: from civil friendship to a global legal community. Cambridge: MIT Press, 2005.

BURKE, Peter. "Identity processes and social stress". *American Sociological Review*, vol. 56, n° 6, 1991.

CALMORE, John. "Exploring the significance of race and class in representing the black poor". *Oregon Law Review*, vol. 61, n° 1, 1982.

CAMILLOTO, Bruno. *Hermenêutica jurídica*: a construção do conceito de objetividade. Ouro Preto: Ouro Preto Editora, 2014.

CANOTILHO, José Joaquim Gomes. *Direito Constitucional*. 6ª ed. Lisboa: Almedina, 1993.

_____. *Direito Constitucional*. Coimbra: Almedina, 1991.

_____. *Direito Constitucional e Teoria da Constituição*. Lisboa: Almedina, 2008.

CARBADO, David (Coord.). *Black me on race, gender, and sexuality*: a critical reader. Nova York: New York University Press, 1999.

CARBADO, Devon; MORAN, Rachel. "The story of law and American race consciousness". *UMKC Law Review*, vol. 76, n° 4, 2006.

CARMO, Cláudio Marcio do. "Grupos minoritários, grupos vulneráveis e o problema da (in)tolerância: uma relação linguístico-discursiva e ideológica entre o desrespeito e a manifestação do ódio no contexto brasileiro". *Revista do Instituto de Estudos Brasileiros*, n° 64, 2016.

CARPENTER, Dale. *Flagrant conduct*: the story of Lawrence v. Texas. Nova York: Norton & Company, 2012.

CARVALHO NETTO, Menelick de. "Requisitos pragmáticos para a interpretação jurídica no Estado Democrático de Direito". *Revista Brasileira de Direito Comparado*, Belo Horizonte, vol. 3, 1999.

CARVALHO, José Jorge de. "Usos e abusos da antropologia em um contexto de tensão racial: o caso das cotas para negros na UnB". *Horizontes Antropológicos*, vol. 11, n° 23, 2005.

_____. *Inclusão racial étnica e racial no Brasil*. São Paulo: Attar, 2006.

CAUDILL, David. *Lacan the subject of law*: Toward psychoanalytical legal theory. Nova York: Humanity Books, 1997.

CHEMERINKY, Erwin. *We the people*: A progressive Reading of the Constitution for the twenty-first century. Nova York: Picador, 2017.

CHO, Sumi. "Post-racialism". *Iowa Law Review*, vol. 9, n° 5, 2008.

CHOI, Kying-Hu *et al*. "Strategies for managing racism and homophobia among U.S. ethnic and racial minority men who have sex with men". *AIDS Educational Prevention*, vol. 23, n° 2, 2011.

REFERÊNCIAS BIBLIOGRÁFICAS

COCHRAN, David Caroll. *The color of race and freedom*: Contemporary American liberalism. Albany: State University of New York Press, 1999.

COLLINS, Patricia Hill; BILGE, Sirma. *Intersectionality*. Cambridge: Polity Press, 2016.

COMANDUCCI, Paolo. "Formas de (neo) constitucionalismo: um análisis metateórico". *In*: CARBONELL, Miguel. *Neoconstitucionalismo(s)*. Madrid: Editorial Trotta, 2005.

CONNOLLY, William. *Identity/difference*: Democratic negotiations of the political paradox. Ithaca: Cornell University Press, 1992.

_____. *Identity/difference*: negotiation of politcal paradox. Minneapolis: University of Minnesota Press, 2002.

COOMBE, Rosemanry. "'Same as it ever was': rethinking the politics of legal interpretation". *McGill Law Review*, vol. 34, n° 3, 1988.

COURA, Alexandre Coura. *Hermenêutica jurídica e Jurisdição (in)constitucional*. Belo Horizonte: Mandamentos, 2009.

CRENSHAW, Kimberlé. "Demarginalizing the intersection of race and sex: a black feminist critique of antidiscrimination doctrine, feminist theory and antiracist policits". *University of Chicago Legal Forum*, vol. 1989, n° 1, 1989.

_____. "Mapping the margins: intersectionality, identity politics, and violence against women of color". *Stanford Law Review*, vol. 43, n° 5, 1991.

_____. "Race, reform and retrenchment: transformation and legitimation in antidiscrimination law". *Harvard Law Review*, vol. 101, n° 7, 1988.

CULP JR, Jerome McCristal. "Autobiography and legal scholarship and teaching: finding the me in the legal academy". *Virginia Law Review*, vol. 77, n° 3, 1991.

_____. "Telling a black legal story: privilege, authenticity, blunders and transformation in outsider narratives". *Virgina Law Review*, vol. 82, n° 1, 1996.

_____. "Toward a black legal scholarship: race and original understandings". *Duke Law Journal*, vol. 1991, n° 1, 1991.

CUNDALL, Michael. "Toward a better understanding of racist and ethnic humor". *Humor*, vol. 25, n° 2, 2012.

DASGUPTA, Nilanjana. "Implicit ingroup favoritism, outgroup favoritism, and their behavioral manifestations". *Social Justice Research*, vol. 17, n° 2, 2004.

DAVIES, Peggy. "Law as microaggresion". *Yale Law Journal*, vol. 98, n° 5, 1989.

DELGADO, Richard. "Critical legal studies and the realities of race – does the fundamental contradction have a corollary?" *Harvard Review Civil Rights Civil Law Review*, vol. 23, n° 2, 1988.

_____. "Storytelling for oposicionits and other: a plea for narrative". *Michigan Law Review*, vol. 87, n° 6, 1989.

_____. "The imperial scholar: reflections on a review of civil rights literature". *University of Pennsylvania Law Review*, vol. 132, n° 2, 1984.

DELGADO, Richard; STEFANCIC, Jean. *Critical race theory*: an introduction. Nova York: New York University Press, 2001.

DESAULTELS-STEIN, Justin. "Race as a legal concept". *Columbia Journal of Race and Law*, vol. 2, n° 1, 2012.

DIAS, Felipe da Veiga. "A violência (mortal) do Estado contra crianças e adolescentes: um estudo do retrato midiático do caso Jhonata Dalber Mattos Alves". *Revista Brasileira de Ciências Criminais*, vol. 130, 2017.

DIJK, Teun Andreas van. "Discourse and the denial of racism". *Discourse & Society*, vol. 3, n° 1, 1992.

_____. *Elite discourse and racism*. Londres: Sage, 1993.

_____. *Society and discourse*: how social context influence text and talk. Cambridge: Cambridge University Press, 2009.

DIMOND, Paul. "The Anti-Caste Principle". *Wayne Law Review*, vol. 30, n° 1, 1983.

DOANE, Ashley Woody. "What is racism? Racial discourse and racial politics". *Critical Sociology*, vol. 32, n° 2/3, 2006.

_____. "The changing politics of color-blind racism". *Research in Race and Ethnic Relations*, vol. 14, 2007.

DULITZKY, Daniel E. "A region in denial: racial discrimination and racism in Latin America". *In*: HARRIS, Angela P. (Coord.). *Race and equality law*. Burlingthon: Ashagate, 2013.

REFERÊNCIAS BIBLIOGRÁFICAS

DYEAR, Richard. *White*: Essays on race and culture. Nova York: Routledge, 1997.

_____. *White*. Nova York: Routledge, 2017.

ELLISON, Ralph. *O homem invisível*. São Paulo: Marco Zero, 1990.

ELY, John Hart. *Democracy and distrust*: a theory of judicial review. Cambridge: Harvard University Press, 1980.

EMYRBAYER, Mustafa; DESMOND, Matthew. *The racial order*. Chicago: University of Chicago Press, 2015.

ESKRIDGE, William. "A pluralist theory of the equal protection clause". *University of Pennsylvania Journal of Constitutional Law*, vol. 11, n° 5, 2008.

_____. "Channeling: identity-based social movements and public law". *University of Pennsylvania Law Review*, vol. 150, n° 2, 2001.

ESTLUND, Cynthia L. "Putting Grutter to work: diversity, integration, and affirmative action in the workplace". *Berkeley Journal of Employment and Labor Law*, vol. 26, n° 1, 2005.

EWICK, Patricia; SILBEY, Susan. "Subversive stories and hegemonic tales: toward a sociology of narrative". *Law & Society Review*, vol. 29, n° 2, 1996.

FAIR, Bryan. *Notes of a racial caste baby*: color blindness and the end of affirmative action. Nova York: New York University Press, 1997.

FANON, Frantz. *Black sin, white masks*. Nova York: Grove Press, 1967.

FAUSTO, Boris. *História do Brasil*. 14ª ed. São Paulo: Edusp, 2013.

FEAGIN, Joe. *The many costs of racism*. Lanham: Rowman & Littlefield, 2002.

_____. *Living with racism*: Black middle-class experience. Boston: Beacon Press, 2006.

_____. *The many costs of white racism*. Lanhan: Norton & Littlefield, 2001.

FIGUEROA, Alfonso García. "La teoria del derecho em tempos de neoconstitucionalismo". *In*: CARBONELL, Miguel. *Neoconstitucionalismo(s)*. Madrid: Editorial Trotta, 2005.

FINEMAN, Martha Albertson. "Beyond identities: the limits to an antidiscrimination approach to equality". *Boston University Law Review*, vol. 92, n° 5, 2012.

FISS, Owen. "Another equality. The origins and Faith of antisubordination theory". *Issues in Legal Scholarship*. Paper 20, Berkeley Eletronic Press, 2004.

_____. "Groups and the equal protection clause". *Philosophy and Public Affairs*, vol. 5, n° 2, 1976.

FITZPATRICK, Peter. "Racism and the innocence of law". *Journal of Law and Society*, vol. 14, n° 1, 1987.

FLAGG, Barbara. "'Was blind, but now I see': white race consciousness and requirement of discriminatory intent". *Michigan Law Review*, vol. 91, n° 3, 1993.

FONSECA, Dagoberto José. *Você conhece aquela?* a piada, o riso e o racismo à brasileira. São Paulo: Selo Negro, 2012.

FORBATH, William. "Caste, class, and equal citizenhip". *Michigan Law Review*, vol. 98, n° 1, 1999.

FORD, Richard. *Universal rights down to earth*. Nova York: Northon & Thompson, 2013.

FORDE-MAZUI, Kim Forde. "Taking conservatives seriously: a moral justification for affirmative action and reparations". *California Law Review*, vol. 92, n° 3, 2004.

FRAISSE, Jean-Claude. *Philia, la notion de l'amitié dans la pensée antique*. Paris: Vrin, 1974.

FRASER, Nancy. "Recognition without ethics?" *Theory, Culture & Society*, vol. 18, n° 2-3, 2001.

FREDMAN, Sandra. "Redistribution and recognition: reconciling inequalities". *South African Journal of Human Rights*, vol. 23, n° 2, 2007.

_____. *Discrimination law*. Oxford: Oxford University Press, 2012.

FREEMAN, Alan. "Legitimizing discrimination through antidiscrimination law. A critical review of Supreme Court doctrine". *Minnesota Law Review*, vol. 62, n° 4, 1978.

FRIEDMAN, Robert. "Institutional racism: how to discriminate without really trying". *In*: PETTIGREW, Thomas. *Racial discrimination in the United States*. Nova York: Harper & Row, 1975.

FRY, Peter (Coord.). *Divisões perigosas*: políticas raciais no Brasil contemporâneo. Rio de Janeiro: Civilização Brasileira, 2007.

REFERÊNCIAS BIBLIOGRÁFICAS

_____. "Politics, nationality and the meanings of 'race' in Brazil". *Daedalus*, vol. 129, n° 2, 2000.

GADAMER, Hans-Georg. *Verdade e método*: Traços fundamentais de uma hermenêutica filosófica. Petropólis: Vozes, 1997.

GAETNER, Samuel Gaertner; MCLAUGHLIN, John. "Racial stereotypes: associations and ascriptions of positive and negative characteristics". *Social Psychology Quarterly*, vol. 46, n° 1, 1983.

GARNER, Steve. *Racisms*: an introduction. Londres: Sage, 2010.

GOLDBERG, David. *The racial state*. Malden: Blackwell Publishers, 2002.

GOLDBERG, Suzane. "Discrimination by comparison". *Yale Law Review*, vol. 120, n° 3, 2011.

GOMES, Nilma; MARTINS, Aracy (Coord.). *Afirmando direitos – acesso e permanência de jovens negros na universidade – tempos de lutas e tempos de desafios*: a trajetória de um programa de permanência voltado para alunos e alunas negras da graduação da UFMG. Belo Horizonte: Autêntica, 2007.

GONÇALVES, Alessandra de Sá; GARCIA-MARQUES, Teresa. "A manifestação aversiva do racismo: dissociando crenças individuais e crenças culturais". *Psicologia*, vol. 16, n° 2, 2002.

GORDON, Milton G. *Assimilation in American Life*: the role of race, religion, and national origins. Oxford: Oxford University Press, 1964.

GORENDER, Jacob. *O escravismo colonial*. 4ª ed. São Paulo: Fundação Perseu Abramo, 2011.

GOTANDA, Neil. "A critique of 'Our Constitution is color-blind'". *Stanford Law Review*, vol. 44, n° 1, 1991.

GRASFOGUEL, Ramón Grasfoguel. "A estrutura do conhecimento nas universidades ocidentalizadas: racismo/sexismo epistêmico e os quatro genocídios/epistemicídios do longo século XVI". *Estado e Sociedade*, vol. 31, n° 1, 2016.

GRAY, Herman. *Watching race*: television and the struggle for blackness. Minneapolis: University of Minnesotta Press, 2004.

GREEN, Tristin. "A structural approach as antidiscrimination mandate: locating employer wrong". *Vanderbilt Law Review*, vol. 60, n° 3, 2007.

GRIN, Mônica. "A invenção (racial) da República Brasileira". *Insight/Inteligência*, 2006.

GRINSEL, Scott. "'The prejudice of caste': the misreading of justice Harlan and the ascension of anticlassification". *Michigan Journal of Race and Law*, vol. 15, n° 2, 2010.

GROSS, Karine Pereira. "Retóricas em disputa: o debate entre intelectuais em relação às políticas de ação afirmativa para estudantes negros no Brasil". *Ciências Sociais Unisinos*, vol. 45, n° 2, 2009.

GUIÉRREZ-JONES, Carl. *Critical race narratives*: a study of race, rethoric, and injury. Nova York: New York University, 2001.

GUIMARÃES, Antônio Sérgio Alfredo. *Preconceito e discriminação*. São Paulo: Editora 34, 2004.

GUINIER, Lani. "Of gentlemen and role models". *Berkeley Women Law Journal*, vol. 6, n° 1, 1991.

HABERMAS, Jurgen. *The structural transformation of the public sphere*. Cambridge: MIT Press, 1991.

HANCHARD, Michel. *Orpheus and power*: the movimento negro of Rio de Janeiro and Salvador, 1945-1988. Princeton: Princeton University Press, 1994.

HARRIS, Angela. "Race and essentialism in feminist legal theory". *Stanford Law Review*, vol. 42, n° 2, 1989.

HARRIS, Cheryl L. "Whiteness as property". *Harvard Law Review*, vol. 106, n° 8, 1993.

_____. "Equal treatment and the reproduction of inequality". *Fordham Law Review*, vol. 69, n° 5, 2001.

HASENBALG, Carlos. *Discriminação e desigualdades raciais no Brasil*. Belo Horizonte: UFMG, 2005.

HEAD, John. *Black men and depression*: Saving our lives, healing our families and friends. Nova York: Broadway Books, 2004.

HERINGER, Rosana (Coord.). *Caminhos convergentes*: Estado e Sociedade na superação das desigualdades raciais no Brasil. Rio de Janeiro: Actionaid, 2009.

HISTCH, Günter J.; HORTAÇSU, Ali; ARIELY, Dan. "What Makes You Click? – Mate Preferences and Matching Outcomes in Online Dating". *MIT Sloan Working Paper*, fev. 2006. Disponível em: http://www.asian-nation.org/docs/online-dating-study.pdf. Acessado em: 27.09.2023.

REFERÊNCIAS BIBLIOGRÁFICAS

HOFBAUER, Andreas. *Uma história de branqueamento ou o negro em questão*. São Paulo: UNESP, 2007.

HOFFER, Peter Charles. "Blind to history: the uses of history in affirmative action suits". *Rutgers Law Journal*, vol. 23, n° 1, 1991.

HONNETH, Axel. *Luta pelo reconhecimento*: a gramática dos conflitos sociais. São Paulo: Editora 34, 2003.

HUNT III, Cecil J. "The color of perspective: affirmative action and the constitutional rhetoric of affirmative action". *Michigan Journal of Race and Law*, vol. 11, n° 3, 2005.

HUNTCHINSON, Darren Lenard. "Ignoring the sexualizartion of race: heteronormativity, critical race theory and anti-racist politics". *Buffalo Law Review*, vol. 47, n° 1, 1999.

IENSUE, Geziela; CARVALHO, Luciani Coimbra de. "Educação e ações afirmativas como direito à participação e ao procedimento". *Revista de Direito Brasileira*, vol. 10, n° 5, 2015.

JACCOUD, Luciana. "O combate ao racismo e à desigualdade: o desafio das políticas públicas de promoção da igualdade racial". *In*: THEODORO, Mário (Coord.). *As políticas públicas e as desigualdades raciais no Brasil*. Brasília: IPEA, 2008.

JOHNSON JR, Alex M. "Racial critiques of legal academia: a reply in favor of context". *Stanford Law Review*, vol. 43, n° 1, 1990.

_____. "The new voice of color". *Yale Law Review*, vol. 100, n° 7, 2012.

JOHNSON, Kecia *et al*. "Black marriage through the prism of gender, race and class". *Journal of Black Studies*, vol. 46, n° 2, 2015.

JORDAN, Winthrop. *The white man's burden*: historical origins of racism in the United States. Oxford: Oxford University Press, 1974.

JOSEPH, Peniel E. *Waiting til the midnight hour*: a narrative history of black power in America. Nova York: Henry Holt Books, 2006.

KANG, Jerry. "Trojan horses of race". *Harvard Law Review*, vol. 118, n° 4, 2004.

_____. "Trojan horses of race". *Harvard Law Review*, vol. 118, n° 5, 2005.

KARST, Karl. "Foreword: equal Citizenship under the Fourteenth Amendment". *Harvard Law Review*, vol. 91, n° 1, 1976.

KARST, Kenneth. "Citizenship, race, and marginality". *William & Mary Law Review*, vol. 30, n° 1, 1988.

_____. "Sources of status-harm and group disadvantage in private behavior. The origins and faith of antisubordination theory". *Issues In Legal Scholarship*, 2002.

KATE, Mary; WHITLEY, Bernard. *Psychology of prejudice and discrimination*. Nova York: Routledge, 2009.

KAUFMANN, Roberta Fragoso. *Ações afirmativas à brasileira*: necessidade ou mito. Curitiba: Livraria do Advogado, 2005.

_____. *Ações afirmativas*: necessidade ou mito? Curitiba: Livraria do Advogado, 2007.

KENNEDY, Duncan. "Legal formality". *The Journal of Legal Studies*, vol. 2, n° 2, 1973.

_____. "Two globalization of law and legal thought, 1850-1968". *Suffolk Law Review*, vol. 37, n° 3, 2003.

_____. *A critique of adjudication*. Cambridge: Cambridge University Press, 1999.

_____. *A critique of adjudication*: fin de siècle. Cambridge: Harvard University Press, 1989.

KENNEDY, Randall. *For discrimination*: affirmative action and the law. Nova York: Vintage Books, 2013.

KLARE, Karl. "Legal culture and transformative constitutionalism". *South African Journal of Human Rights*, vol. 146, n° 1, 1998.

KNNEPER, Paul. "Rethinking the racialization of crime". *Ethnic and Racial Studies*, vol. 31, n° 3, 2008.

LACLAU, Ernesto. "Os novos movimentos sociais e a pluralidade do social". *Revista Brasileira de Ciências Sociais*, vol. 2, 1986.

_____. *Emancipation(s)*. Nova York: Verso, 1996.

LACLAU, Ernesto; MOUFEE, Chantall. *Hegemony and socialist strategy*: towards a radical democratic politics. Londres: Verso, 1985.

LANGA, Pius. "Transformative Constitutionalism". *Stellenbosch Law Review*, vol. 17, n° 3, 2006.

LINK, Bruce Link; PHELAN, Jo. "Conceptualizing stigma". *Annual Review of Sociology*, vol. 27, 2001.

LIPPERT-RASMUSSEN, Kasper. *Born free and equal?* a philosophical inquire into the nature of discrimination. Oxford: Oxford University Press, 2014.

REFERÊNCIAS BIBLIOGRÁFICAS

LIPSITZ, George. *The possessive investment in whiteness*: how white people benefit from identity politics. Filadélfia: Temple University Press, 2006.

LONGRES, John. "Minority groups: an interest-group perspective". *Social Work*, vol. 27, n° 1, 1992.

LOO, Jolie van. *The color of beauty*: race and it's representation in Brazil. Utrecht: University of Utrecht, 2011. (Dissertação de Mestrado).

LOOMBA, Ania. *Colonialism/postcolonialism*. Nova York: Routledge, 2005.

LOPEZ, Ian Hainez. "The social construction of race: some observations on illusion, fabrication and choice". *Harvard Civil Righs Civil Law Review*, vol. 29, n° 1, 1994.

LOURY, Glenn. *The anatomy of racial inequality*. Cambridge: Harvard University Press, 2002.

LOSURDO, Domenico. *Contra-história do liberalismo*. São Paulo: Ideias e Letras, 2006.

MAGGIE, Yvonne. "Mário de Andrade ainda vive". *Revista Brasileira de Ciências Sociais*, vol. 20, n° 58, 2005.

_____. "Pela igualdade". *Revista Estudos Feministas*, vol. 16, n° 3, 2005.

MAGGIE, Yvonne; FRY, Peter. "A reserva de vagas para negros nas universidades públicas". *Estudos Avançados*, vol. 18, n° 50, 2004.

MAHAJAN, Ritu. "The naked truth: appearance discrimination, employment discrimination and the law". *Asian American Law Journal*, vol. 14, n° 1, 2007.

MAIBOM, Heidi. "The descente of shame". *Philosophy and Phenomemological Research*, vol. 80, n° 3, 2010.

MARTÍN VIDA, Maria Angeles. *Evolución histórica del princípio de igualdad e paradojas de exclusión*. Granada: Universidad de Granada, 2004.

MARX, Anthony. *Making race and nation*: a comparison of South Africa, the United States and Brazil. Cambridge: Cambridge University Press, 1999.

MATSUDA, Mari. "Looking from the bottom: critical legal studies and reparations". *Harvard Civil Rights – Civil Liberties Law Review*, vol. 22, n° 2, 1987.

_____. "When the first quail calls: multiple consciousness as a jurisprudential method". *Women's Rights Law Report*, vol. 11, n° 1, 1989.

MATTOS, Hebe. *Das cores do silêncio*. 2ª ed. Campinas: Editora Unicamp, 2013.

MAY, Vivian. *Pursuing intersectionality, unsettling dominant imaginaries*. Nova York: Routledge, 2015.

MCINTOSH, Simeon. "Legal hermeneutics: a philosophical critique". *Okhlahoma Law Review*, vol. 35, n° 1, 1982.

MIDDLETON, David. "Three types of self-respect". *Res Publica*, vol. 12, n° 1, 2006.

MIGNOLO, Walter D. "The geopolitics of knowledge and the colonial difference". *The South Atlantic Quarterly*, vol. 101, 2002.

_____. "On subalterns and other agencies". *Postcolonial Studies*, vol. 8, n° 4, 2005.

MILLAZO, Marzia. "The rhetorics of racial power: enforcing colorblindness in post-apartheid". *Journal of International and intercultural Communication*, vol. 8, n° 1, 2015.

MILLS, Charles. *Black rights, white wrongs*: the critique of racial liberalism. Oxford: Oxford University Press, 2017.

_____. *The racial contract*. Ithaca: Cornell University Press, 1997.

MINDA, Gary. *Postmodern legal movements*: law and jurisprudence at century's end. Nova York: New York University Press, 1995.

MOREIRA, Adilson José. "Direitos fundamentais como estratégias anti-hegemônicas: um estudo sobre a multidimensionalidade de opressões". *Quaestio Iuris*, vol. 9, n° 3, 2016.

_____. "Discourses of Citizenship in American and Brazilian affirmative action court decisions". *American Journal of Comparative Law*, vol. 64, n° 3, 2012.

_____. "Igualdade formal e neutralidade racial: Retórica jurídica e manutenção de desigualdades raciais". *Revista de Direito do Estado*, vol. 19/20, 2010.

_____. "Miscigenando o círculo do poder: ações afirmativas, diversidade e sociedade democrática". *Revista da Faculdade de Direito da UFPR*, vol. 61, n° 2, 2016.

REFERÊNCIAS BIBLIOGRÁFICAS

_____. *Cidadania sexual*: estratégia para ações inclusivas. São Paulo: Arraes, 2017.

_____. *O que é discriminação?* São Paulo: Letramento, 2017.

_____. *O que é racismo recreativo?* Belo Horizonte: Letramento, 2017.

_____. *Racismo recreativo*. São Paulo: Pólen, 2018.

MOREIRA, Adilson José. *Racismo recreativo*. São Paulo: Pólen, 2019.

MORISSON, Toni. *The origin of others*. Cambridge: Harvard University Press, 2017.

MOUFFE, Chantal. *The return of the political*. Londres: Verson, 1993.

MUNOZ, Mario Enrique Correa; GRISALES, Dora Cecilia Saldarriaga. "El epistemicidio indígena latinoamericano: algunas reflexiones desde el pensamiento crítico decolonial". *Revista CES Derecho*, vol. 5, nº 2, 2014.

NASCIMENTO, Abdias do. *O genocídio do negro brasileiro*. São Paulo: Perspectiva, 2016.

NASCIMENTO, Abdias do; NASCIMENTO, Elisa Larkin. "Dance of deception: a Reading of race relations in Brazil". *In*: HAMILTON, Charles V. et al. (Coord.). *Beyond racism*: race and inequality in Brazil, South Africa, and the United States. Londres: Rienner Publishers, 2001.

O'BYRNE, Shanon. "Legal criticism as storytelling". *Ottawa Law Review*, vol. 3, nº 2, 1991.

OLIVEIRA FILHO, Pedro de. "A mobilização do discurso da democracia racial no combate às cotas para afrodescendentes". *Estudos de Psicologia*, vol. 26, nº 4, 2009.

_____. "Miscigenação *versus* bipolaridade racial: contradições e consequências opressivas do discurso nacional sobre raças". *Estudos de Psicologia*, vol. 10, nº 2, 2005.

OMI, Michael; WINANT, Howard. *Racial formation in the United States*: From the 1960s to 1990s. Nova York: Routledge, 1994.

OWEN, David. "Towards a critical theory of whiteness". *Philosophy and social criticism*, vol. 33, nº 2, 2007.

PAIM, Altair dos Santos; PEREIRA, Marcos Emanoel. "Aparência física, estereótipos e discriminação racial". *Ciências e Cognição*, vol. 16, nº 1, 2011.

PAIXÃO, Marcelo. "A santa aliança: estudo sobre o consenso crítico às políticas de promoção da equidade racial no Brasil". *In*: ZONINSEIN, Jonas; FERES JÚNIOR, João (Coord.). *Ação afirmativa no ensino superior brasileiro*. 1ª ed. Belo Horizonte: UFMG, 2009.

_____. *A lenda da modernidade encantada*: por uma crítica do pensamento social brasileiro sobre relações raciais e Estado-nação. Rio de Janeiro: CRV, 2014.

PELLER, Gary. "The metaphisics of American law". *California Law Review*, vol. 73, nº 3, 1985.

PENA, Sérgio; BORTOLINI, Maria Cátira. "Pode a genética definir quem deve se beneficiar das cotas universitárias e demais ações afirmativas?" *Estudos Avançados*, vol. 18, nº 50, 2004.

_____. "Pode a ciência determinar quem pode se beneficiar de cotas universitárias e demais ações afirmativas?" *Estudos Avançados*, vol. 18, nº 50, 2004.

PEREIRA, Rodolfo Viana. *Hermenêutica filosófica e constitucional*. 2ª ed. Belo Horizonte: Del Rey, 2007.

PETERSON, Christopher; MAIER, Steven; SELIGMAN, Martin. *Learned helplessness*. Oxford: Oxford University Press, 1995.

PIERCE, Charles. "Psychiatric problems of the black minority". *In*: ARIETI, S. (Coord.). *American handbook of psychiatry*. Boston: Basic Books, 1974.

PINHO, Osmundo. "@s outras carioc@as: homoerotismo, hegemonia e história". *Cadernos Pagú*, vol. 31, 2008.

PIZZA, Edith *et al*. *Psicologia social do racismo*: Estudos sobre branquitude e branqueamento no Brasil. Petrópolis: Vozes, 2002.

POST, Robert C. "The social foundations of defamation law: reputation and the Constitution". *California Law Review*, vol. 74, nº 3, 1986.

POZZOLO, Susanna. "Un constitucionalismo ambíguo". *In*: CARBONELL, Miguel. *Neoconstitucionalismo(s)*. Madri: Editorial Trotta, 2005.

QUEIRÓZ, Marcos Lustoza. *Constitucionalismo brasileiro e o atlântico negro*. Rio de Janeiro: Lumem Juris, 2017.

RIBEIRO, Antônio. *A utopia brasileira e os movimentos e os movimentos negros*. São Paulo: Editora 34, 2007.

REFERÊNCIAS BIBLIOGRÁFICAS

RIBEIRO, Djamila. *Quem tem medo do feminismo negro?* São Paulo: Companhia das Letras, 2018.

ROCHA, Renan; TORRENTÉ; Mõnica; COELHO, Maria Thereza. *Saúde mental e racismo à brasileira.* São Paulo: Devires, 2021.

RODRIGUES, Petrônio. *Uma história não contada*: negro, racismo e branqueamento em São Paulo. São Paulo: Senac, 2003.

ROSENFELD, Michel. *A identidade do sujeito constitucional.* Belo Horizonte: Mandamentos, 2003.

ROSO, Adriane *et al.* "Cultura e racismo: a mídia relevando estereótipos raciais de gênero". *Psicologia e Sociedade*, vol. 14, n° 2, 2002.

ROSS, Catherine; SASTRY, Jaya. "The sense of personal control". *In*: ANEHENSEL, Carol (Coord.). *Handbook of the sociology of mental health.* Nova York: KluwerAcademic, 1999.

ROSS, Thomas. "The Richmond narratives". *Texas Law Review*, vol. 68, n° 2, 1989.

ROTH-GORDON, Jennifer. *Race and the Brazilian body*: blackness, whiteness, and everyday language in Rio de Janeiro. Oakland: University of California, Press, 2017.

SAMPAIO, José Adércio Leite. *Teoria da Constituição e dos direitos fundamentais.* Belo Horizonte: Del Rey, 2013.

SANCHIS, Luis Pietro. *Justicia constitucional y derechos fundamentales.* Madrid: Editoral Trotta, [s.d.].

SANTOS, Boaventura de Souza. *A gramática do tempo*: para uma nova cultura política. São Paulo: Editorial Cortez, 2008.

SANTOS, Gislene Aparecida dos. *A invenção do ser negro.* São Paulo: Pallas, 2002.

SANTOS, Ricardo Ventura; MAIO, Marcos Chor. "Qual 'retrato do Brasil'? Raça, biologia, identidades e política na era da genômica". *Mana*, vol. 10, n° 1, 2004.

SCHAUER, Frederick. "Formalism". *Yale Law Journal*, vol. 97, n° 2, 1988.

SCHEFFLER, Samuel. "The practice of equality". *In*: FOURIE, C.; SCHUPPERT, F.; WALLIMAN-HELMER, I. *Social equality*: on what it means to be equals. Oxford: Oxford University Press, 2015.

SCHEMEL, Christian. "Why relational egalitarians should care about distributions". *Social and Theory and Practice*, vol. 37, n° 3, 2011.

_____. "Distributive and relational equality". *Politics, Philosophy & Economics*, vol. 11, n° 3, 2011.

SCHIAVONI, Eduardo. "Ordem da PM determina revista em pessoas 'da cor parda e negra' em bairro nobre de Campinas (SP)". *Uol*, 23 jan. 2013. Disponível em: https://noticias.uol.com.br/cotidiano/ultimas-noticias/2013/01/23/ordem-da-pm-determina-revista-em-pessoas-da-cor-parda-e-negra-em-bairro-nobre-de-campinas-sp.htm. Acessado em: 31.10.2023.

SCHLAG, Pierre. "The problem of the subject". *Texas Law Review*, vol. 69, n° 5, 1990.

SCHOROEDER, Jeanne. "Subject/object". *University of Miami Law Review*, vol. 47, n° 1, 1992.

SCHUCMAN, Lia Vainer. *Entre o encardido, o brando e o branquíssimo*: branquitude, hierarquia e poder na cidade de São Paulo. São Paulo: Annablume, 2014.

SHAPIRO, Scott. *Legality*. Cambridge: Harvard University Press, 2011.

SHAPIRO, Thomas. *The hidden cost of being african american*: how wealth perpetuates inequality. Oxford: Oxford University Press, 2004.

SHROEDER, Jeanne. "Subject: object". *University of Miami Law Review*, vol. 41, n° 1, 1992.

SIEGEL, Reva. "Discrimination in the eyes of the law: how 'color blindness' discourse disrupts and rationalizes social stratification". *California Law Review*, vol. 77, n° 1, 2000.

SINHORETO, Jacqueline; SILVESTRE, Giane; SCHLITER, Maria Carolina. *Desigualdade e política pública em São Paulo*: letalidade policial e prisões em flagrante. Disponível em: http://www.ufscar.br/gevac/wp-content/uploads/Sum%C3%A1rio-Executivo_FINAL_01.04.2014.pdf. Acessado em: 13.05.2019.

SOUZA, Flora Sartorelli Venâncio de. "A responsabilidade do judiciário no encarceramento em massa juvenil". *Revista Brasileira de Ciências Criminais*, vol. 129, 2017.

STRAVAKAKIS, Yannis. "Ambiguous democracy and the ethics of psychoanalysis". *Philosophy and Social Criticism*, vol. 23, n° 2, 1997.

_____. *Lacan and the political*. Londres: Routledge, 1999.

SUNSTEIN, Cass. "Against tradition". *Social Philosophy and Policy*, vol. 13, nº 1, 1997.

_____. "The anticaste principle". *Michigan Law Review*, vol. 92, nº 6, 1993.

TAYLOR, Charles. "Modernity and the rise of the public sphere". *Tanner Lectures on Human Values*, Stanford University, fev. 1992.

_____. *Argumentos filosóficos*. São Paulo: Loyola, 2000.

TELLES, Edwar. *Race in another America*. Princeton: Princeton University Press, 2003.

_____. *Race in another America*: the significance of skin color in Brazil. Princeton: Princeton University Press, 2004.

THOMAS, Kendall. "Racial justice: moral or political?" *National Black Law Journal*, vol. 17, nº 2, 2002.

TILLY, Charles. *Durable inequality*. Berkeley: University of California Press, 1999.

TOMKINS, Alam; OURSLEN, Kevin. "Social and scientific perspectives in judicial interpretation of the Constitution". *Law and Human Behavior*, vol. 15, nº 2, 1991.

TURRA, Cleusa; VENTURINI, Gustavo. *Racismo cordial*: a mais análise do preconceito de cor no Brasil. São Paulo: Ática, 1995.

TUSMANN, Joseph; TENBROEK, Jacobus. "The equal protection of the laws". *California Law Review*, vol. 37, nº 3, 1949.

VALIM, Rafael. *Estado de exceção*: a forma jurídica do neoliberalismo. São Paulo: Contracorrente, 2017.

WEINRIB, Ernest. "The jurisprudence of legal formalism". *Harvard Journal of Law and Public Policy*, vol. 16, nº 2, 1993.

WELLMAN, David T. *Portraits of white racism*. Cambridge: Cambridge University Press, 1993.

WERLANG, Rosangela; MENDS, Jussara Maria Rosa. "Sofrimento social". *Serviço Social e Sociedade*, nº 116, out./dez. 2013.

WEST, Cornell. *Race matters*. Nova York: Vintage Press, 1994.

WEST, Robin. "Progressive and conservative constitutionalism". *Michigan Law Review*, vol. 88, nº 2, 1989.

WILKINSON, Iain. "Social suffering and human rights". *In*: CUSHMAN, Thomas. *Handbook of human rights*. Nova York: Routledge, 2016.

_____. *Suffering*: a sociological introduction. Cambridge: Polity Press, 2005.

WILLHEN, Sidney M. "Equiality: America's racist ideology". *In*: LADNER, Joyce (Coord.). *The death of white sociology*. Nova York: Vintage Books, 1973.

WILLIAMS, Patricia. *The alchemy of race and rights*. Cambridge: Harvard University Press, 1992.

WILLIAMS, Robert. "Taking rights aggressively: the perils and promise of critical legal theory for peoples of color". *Law and Inequality Journal*, vol. 5, n° 1, 1987.

WILLIAMS, Terrie. *Black pain*. Nova York: Scribner, 2009

WINTERS, Mary-Frances. *Black fatigue*: How racism erodes the mind, body, and spirit. Oakland: Berret-Koelher, 2020.

YANCEY, George. "Who interracially dates: an examination of those who have dated interracially". *Journal of Family Studies*, vol. 33, n° 2, 2002.

YOUNG, Iris Marion. "Equality of whom? Social groups and judgments of injustice". *The Journal of Political Philosophy*, vol. 9, n° 1, 2001.

_____. "Polity and group difference: a critique of the idea of universal citizenship". *Ethics*, vol. 99, n° 2, 1991.

_____. "Status inequality and social grupos. The origins and faith of antisubordination theory". *Issues in Legal Scholarship*. The Berkeley Eletronic Press, 2002.

ZARKA, Yves Charles. "L'invention du sujet du droit". *Archives de Philosophie*, Paris, vol. 60, 1997.

NOTAS

NOTAS

NOTAS

A Editora Contracorrente se preocupa com todos os detalhes de suas obras! Aos curiosos, informamos que este livro foi impresso no mês de abril de 2024, em papel Bold 80g.